投資の王道

A COMPLETE GUIDE to TECHNICAL ANALYSIS in STOCK MARKET

株式市場のテクニカル分析

著 Arai Kunihiro 新井邦宏

日経BP社

はじめに

　インターネットとオンライン取引の普及により、個人投資家でもプロのトレーダー並みの投資環境を手に入れることが可能になりました。株式相場の情報はリアルタイムに入手できますし、情報を分析するためのテクニカル指標も何十種類とあります。自宅にいながらにして24時間、安い手数料で簡単に注文を出すことができます。

　その効果でしょうか、個人投資家の投資手法が向上し、着実に利益を出す人が増えてきたことは事実です。しかしその反面、投資についての正しい知識がないまま安易にオンライン取引にのめり込み、損失を拡大させる投資家が後を絶たないのもまた事実なのです。

　日本における投資教育は欧米の状況と比較すると格段に遅れています。また、それ以前に投資に対する意識が全く異なります。そうした事情が投資のやり方に大きな違いを生み出しています。

　種を蒔き時間をかけて収穫を待つ農耕民族にたとえられる日本人の考え方と、リスクをとり自ら獲物を狙う狩猟民族にたとえられる欧米人の考え方に違いがあるように、日本人投資家と欧米人投資家の投資行動にも大きな違いがあるのです。

　これは、投資における合理性追求の差にあると私は思います。簡単に言えば、儲かる気分で資金を投下することと、儲かるように資金を投下することとの違いです。種を蒔いておけばいつか収穫できると希望的・楽観的に考えるか、そこに獲物がいるのでそれを捕りに行こうと現実的に考えるかの違いです。

　種を蒔き、それを確実に収穫できればよいのですが、収穫直前に台風や洪水ですべてを失ってしまう可能性も決して小さくありません。それよりも常に獲物を狙い、捕り損ねればすぐに見切りをつけ、

次なる獲物を狙うほうが、よほど確実で安全だとは言えないでしょうか。投資の世界では、前者を「逆張り」、後者を「順張り」といいます。

株式に限らず相場には一定期間・一定方向へ動くトレンドがあります。このトレンドを認識し、その流れに乗ることで投資収益を確保するという考え方が順張り（トレンド・フォロー）です。

欧米の投資家の多くは、相場の状況が変化すればそれに合わせて自分のポジション（建て玉）も有利な方向へと変化させます。つまりトレンド・フォローです。そうすることが自分の資産の減少を最小限度に抑え、自分の資産を増やすのに合理的な行動だからです。

ところが日本の投資家は、相場の方向性に関係なく、株価が高くなれば売り、安くなれば買うという逆張り型の考え方を好む傾向にあります。私は、この逆張り的発想こそが、日本人投資家が損を繰り返す最大の原因であると考えています。

もちろん、欧米の投資家が必ず利益を上げ、日本人投資家が必ず損をするということではありませんが、私には、日本のほうが損を出している投資家が多いように見受けられます。おそらく、そこには投資に対する正しい知識・認識の欠如があるのでしょう。

本書は、そんな不幸な状況に置かれている日本人投資家のために書いた本です。投資を本気で考える人のために最低限度考えていただきたいと私が思っている内容を網羅しました。

既にいろいろな著者の方が多くの投資関連書を書かれていますが、その多くは知識集約型のもので、実際に投資家の立場に立って書かれた本は数えるほどしかありません。なかには投資経験がない著者が書いているケースも見受けられますが、本書は違います。

本書の内容はすべて、私のこれまでの経験がベースになっています。何よりも「相場はどうなるかわからない」という前提に立ち、私の相場哲学である「相場は科学である」「科学は客観的な基準に

基づかなければならない」という合理性を追求するものです。

　これから説明することの中には、これまで投資の世界で常識とされていた考え方を完全否定するものさえありますが、それらは皆、私の経験と哲学に基づいています。独善的な意見・解釈が目につくかもしれませんが、その点はお許し願いたく存じます。

　本書の一貫した考え方はトレンド・フォローです。本書の第一の目的は、このきわめて自然で合理的な考え方を徹底的に追及することです。その結果として損失を抑え込み、利益を追求するという相場本来の売買手法を日本人投資家に定着させることにあります。

　トレンド・フォローの考え方に立つのであれば、使用するテクニカル指標はおのずから絞られてきます。逆張りの考え方に立つテクニカル指標や時代遅れになったテクニカル指標は排除する必要があります。こうしたテクニカル指標の整理が本書の第二の目的です。

　また、これが一番大事なことでもあるのですが、テクニカル指標を使う以前に押さえておかなければならない「暗黙の了解事項」を身につけていただくことが第三の目的です。もっとも、これは言葉にして伝えるのは困難で、実際に相場に参加しながらその感覚をわかってもらうしかありません。ですから、本書ではポイントとなる考え方を暗示することしかできません。

　以上のことを踏まえ、株式投資で利益を上げるためには結局どうすればよいのかを示すのが第四の目的です。

　投資とは本来、自分自身で考えるべきものです。相場は百人百様の考え方のもとに成立しています。画一的なやり方など本来あり得ません。まして、必ず儲かる方法など存在するはずもなく、これから説明するテクニカル分析とて万能ではありません。

　私はここでテクニカル分析の難解な理論を論じるつもりはなく、マニアックな売買手法を解説するつもりもありません。一部の相場

巧者の人は、自分で考え、自分で行動し、しっかり利益を積み上げていることでしょう。しかし、相場のプロといわれるディーラーでさえ、相場で生き残れるのはごくわずかの人間に限られます。

　彼らのやり方を真似することは困難です。相場の世界では、利益を生み出してくれる自分のノウハウを一般に公開するような愚かな者は存在しません。ノウハウの公開は、それによりパフォーマンス低下につながることが米国の投資顧問会社（ＣＴＡ）などの間では常識になっています。

　ですから、本書でテクニカル分析の基本を理解したとしても、現実の相場の中では同じテクニカル指標を使いながらも人によってパフォーマンスが異なってくることでしょう。ある人は利益を出すかもしれませんが、別な人は損失を出すかもしれません。相場とはそういうもので、「もうこれで研究は終わり」ということはありません。どうか自分のやり方は自分で考えてください。

　もっとも、そこまで突きつめて考えなくとも、基本に忠実な取引さえしていれば、利益を上げることはそれほど難しいものではありません。相場にはわかりやすい局面、利益を出しやすい局面が必ずありますから、そうした局面だけをしっかり選んで売買することができれば利益は上がります。高度なテクニカル指標など必要なく、誰もが使える基本的なテクニカル指標を使えばいいのです。常に相場に参加している投資家だけが利益を上げているわけではありません。

　実は、この基本に忠実というところで極めて重要なのが「ストップ・オーダー」、つまり「損切り」という考え方なのです。これについては本書で再三説明しますが、要は、危なくなったときにはすぐに、何も考えずに手仕舞いすることなのです。これができている投資家とできていない投資家では、パフォーマンスに格段の差が出ます。信用取引の評価損益を対象とした最近の調査でも、常にスト

ップ・オーダーを入れながら売買している投資家のパフォーマンスのほうが、マーケット全体のパフォーマンスより圧倒的に優れているという結果が出ています。

　本書の巻末にはセブンデータ・システムズ株式会社のご厚意により、同社の株価分析ソフト「株の達人」(Windows版、デモ版)を添付いたしました。このソフトは多くの個人投資家が愛用している株価分析ソフトの定番品です。私も毎日の相場分析や各種セミナーでフル活用しており、もはやこのソフトなしでは日々の相場を考えられないといっても過言ではありません。

　本書で掲載したチャートも、すべて「株の達人」の画面をベースにして作成したものです。なかにはチャートが入り組んだ図版もあり、モノクロの紙面ではわかりにくい部分があるかと思いますが、その場合には「株の達人」を使ってパソコン画面に同じ銘柄のチャートを表示してみてください（※CD-ROM収録データのほうが新しいため、掲載期間が紙面と若干異なります）。複雑なチャートでも色分けされますからわかりやすいと思います。なお、同ソフトのインストール方法、使い方は巻末のマニュアルに掲載してあります。

　繰り返しになりますが、投資の目的が自分の資産を増やすことであるならば、すべての考え方・行動がその目的遂行のために合理的・効率的でなければなりません。この根本的なところに立ち返って考えてみれば、自らどのように行動すればよいかがおのずと決定されます。このことを常に頭に置いて、本書を皆さんの投資活動に活用していただければ幸いです。

2003年3月吉日
新井邦宏

【目次】

はじめに ——————1

第1章　テクニカル分析の考え方 ——————17

テクニカル分析の原理原則 ——————18

1. 「高値」と「安値」　19
2. ファンダメンタルズ分析とテクニカル分析　20
   すべての相場変動要因は価格に反映される
3. テクニカル分析の概念　22
   テクニカル分析はトレンド分析である
   常に相場の背景には人間の心理がある
4. テクニカル分析に求めること　25
   予測ではなく、観測し、認識する
5. テクニカル売買とシステム運用　27
   テクニカル指標の使い方は投資家次第
6. テクニカル指標は投資家行動の表れ　29
   間違っているのは常に投資家である

トレンドの考え方 ——————32

7. トレンドの定義とダウ理論　32
   トレンドの定義＝ダウ理論
   レジスタンスとサポートの逆転
   高値の確認
   安値の確認
   三尊構成
8. トレンドの強さ　44
   チャートのタテヨコ比率に要注意
   上昇相場の加速と下落相場の収束

9. トレンド・ライン　51
　　　トレンド・ラインは相場を支配する基準
　　　上昇トレンド・ラインと下落トレンド・ライン
　　　トレンド・ラインのブレイク
　　　相場の加速とトレンド・ライン
　　　チャネル・ライン
　　　さまざまなパターンと対処法
　　　最後の売り場と買い場
　　　「騙し」への対応
10. エリオット波動　68
　　　フィボナッチ数列
11. 相場の考え方――まとめ　76
　　　相場は「暗黙の了解事項」に従って動く

第2章　使える指標と使えない指標 ―― 79

テクニカル指標をどう選ぶべきか ―― 80
　　　テクニカル指標はカーナビのようなもの
　　　時代遅れのカーナビは使えない
　　　道具の選び方、使い方はあなた次第
　　　σバンドと一目均衡表があれば十分

【主要なテクニカル指標の解説と評価】―― 87
ローソク足　88
陰陽足　99
３日平均線　100
株価移動平均線　102
株価移動平均乖離率　112
移動平均2線乖離率　114
MACD　116
出来高　118
出来高移動平均線　119
売買代金移動平均線　120
信用取引残高　121

価格帯レシオ　122
OBV　124
ボリューム・レシオ　126
ボリンジャー・バンド、σバンド　128
一目均衡表　132
HLバンド　138
パラボリック・タイム・プライス　140
ピボット　144
DMI、ADX　146
線形回帰トレンド　150
ベクトル　152
ポイント・アンド・フィギュア　154
時系列新値足　156
時系列カギ足　158
RCI　162
SRV−K・D　164
ストキャスティクス　166
RSI　168
モメンタム、モメンタム％　170
サイコロジカル・ライン　172
％Rオシレーター　174
コポック　176
篠原レシオ　178
騰落レシオ　183
レシオケーター　184

第3章　新井邦宏の相場哲学 ——— 187

投資の目的とテクニカル分析 ——— 188

テクニカル指標は使い方次第
投資の目的は「人生を豊かにすること」

1. 合理的な投資行動とは何か　190

資産の運用先はマーケットが決めること

2. テクニカル分析の役割　193
　　　上昇か下落かを判断するのがテクニカル指標
　　　将来の相場は予測できない
3. トレンドの認識　197
　　　相場を当てるのではなくトレンドに乗ることが重要
4. 投資家として「できること」と「できないこと」　199
　　　機関投資家も個人投資家も条件は同じ
　　　逆張り投資家が陥りがちなナンピンの罠
　　　投資家にできることは損失を抑えることだけ
5. テクニカル分析における心構え　204
　　　テクニカル分析は退屈でつまらないもの
　　　相場参加者の意思を知ることが大事
　　　ファンダメンタルズ分析の落とし穴
6.「定義」の重要性　208
　　　相場には「暗黙の定義」がある
7. 自分で判断し、行動すること　211
　　　相場はポジションとの兼ね合いで論じるもの
　　　「プロに預けて元本が半分」では到底納得できない
　　　投資は自分の力でやるのが当たり前
8. 自分の投資スタイルの確立　215
　　　過去のデータは当てにならない
　　　自分で取引しないと理解できないこと
　　　自分のやり方は自分でしか確率できない
9. 年齢に見合った投資スタンス　219
　　　老齢富裕層はリスクをとるべきではない
　　　若年層は目標に向かってガムシャラに稼ぐべし
　　　最後はポジションを持つ「気迫」が重要

トレンドの見方・考え方　222
　　　相場の基本はトレンドの確認

1. トレンドに乗れば利益、トレンドに反すれば損失　223
2. ルールを遵守すること　224
　　　相場は常識を超える動きを見せる
　　　自分の資産を安全圏に置くことが重要

3. トレンドの認識とロス・カット　228
　　　一度の取引で大負けしてはいけない
4. 株価の動きとファンダメンタルズ　229
　　　ファンダメンタルズ分析ではリスク管理ができない
5. 株価はすべてを織り込んでいる　231
　　　「すごい情報」はみんな知っている
6. 結局、誰も何もわからない　233
　　　すべての投資家の意思を確認するのは不可能
　　　ローソク足が言わんとしていることを理解する
　　　買う人が多いから上がり、売る人が多いから下がる
7. わからないから「定義」が生まれる　236
　　　「定義」が投資家の行動を制約する
8. 「定義」に従うためにローソク足を使う　237
　　　ローソク足がわからなければ相場がわからない
　　　売り手と買い手の均衡点を見極める
　　　暫定値と確定値の確認
9. 高値と安値の確認　242
　　　上昇相場では下値、下落相場では上値を押さえる
　　　考えるべき基準は毎日変わる
10. トレンドの定義――ダウ理論　248
　　　上昇へ転換するにはテストを受ける
　　　信用取引のカラ売りが相場を押し上げる
　　　大相場のあとの「最後の逃げ場」
　　　相場参加者の評価損が上昇を妨げる
　　　下落相場でのナンピン買いは愚の骨頂

安全なポジションのとり方 ──── 263

1. 私の相場観の変遷　263
　　　経験で相場を判断するのは危険
　　　目先の動きだけでは大きな流れはわからない
　　　当てようとすると外れてしまう
　　　高度な計算をしてもパフォーマンスは上がらない
　　　相場に常に参加していては利益は上がらない
　　　60歳になって相場を張るつもりはない

2. 絶対的なテクニカル・ポイント　272
　　テクニカル・ポイントの確認
　　主要な安値を割り込む意味
　　高値で買った投資家の評価損を考える
3. 注文形態の誤謬——逆指し値の必要性　277
　　「安く買い」「高く売る」指値はおかしい
　　損失を抑えるには「逆指値」が絶対必要
4. 逆指し値のメリット——損失を限定し、利益を追求する　282
　　相場が巧い人は損切りが巧い人
　　相場が上昇し続ける限り利益を追求する
5. 逆指し値注文とテクニカル指標　286
　　オシレーター系の指標は必要ない
6. 売買の基本と逆指値の使い方　288
　　ストップ・オーダーの使い方
　　トレンド・フォロー型の売買は下落のほうがとりやすい
　　ワイルダーの定義による逆指値の入れ方
7. ローソク足／トレンド・ライン／高値と安値　293
　　週足でわからない動きは月足で見る
　　トレンドの転換と加速の確認
　　見た瞬間に感じるためには訓練が不可欠

第4章　相場実践の中での考え方 —— 299

1. 相場の中でのテクニカル指標 —— 300
　　大負けを経験して相場に対する考えが変わった
　　どの指標を使ってもトレンドの方向・強さが重要
　　皆が見ているテクニカル指標とは？

2. 実践的なトレンドの確認 —— 305
　　トレンドの変化を確認してからポジションを持つ
　　2単元買っておいて戻せば1単元売る
　　株価が高値にあるということの意味
　　カラ売りの買い戻しを忘れてはいけない
　　株価が安値にあるということの意味

下落局面では「おもり」を意識する
　　　急落からV字回復の幸運
　　　「買い戻し」には2種類ある
　　　「信用売り残」が上昇エネルギーに
　　　戻りの確認と高値・安値
　　　下落から半分戻せば買いが強い

3. 移動平均線の利用方法 ──────── 325
　　　前の車が止まったらブレーキを踏む
　　　ローソク足とその他のテクニカル指標
　　　「皆が見ている」ということの重要性
　　　平均値を直近データと比べる意味
　　　相場参加者の力関係を見る
　　　月足・週足・日足・ザラ場足
　　　月足→週足→日足の順で考える
　　　月足・週足・日足の変数
　　　最適の組み合わせを探る「マッピング」
　　　「上なら買い」「下なら売り」と決めておく
　　　月足で長期トレンドの変化を捉える
　　　短期線と長期線で節目を考える
　　　方向感が定まるまでは売買を手控える

4. 移動平均からσ(シグマ)バンドへ ──────── 349
　　　「σバンド」は相場参加者の分布を示す
　　　月足から週足へ
　　　週足から日足へ

5. 誰もが見ている「一目均衡表(いちもくきんこうひょう)」 ──────── 362
　　　パソコン／インターネットとともに普及
　　　順バリに便利なテクニカル指標
なぜ一目均衡表を使うのか　365
　　　儲からない相場で利益を上げる考え方
　　　相場を「時間」の概念で捉える重要性
　　　一目均衡表は「信号機」
一目均衡表の構成要素と見方　371

「転換線」と「基準線」の関係　375
　　　「基準線」は「移動平均線」とは違う
　　　基準線が「押し目」と「戻り」の限界
　　　相場の判断は「転換線」と「基準線」のバランス
　　　「騙し」への対応
　　　わからない相場は手を出さない
　　　売り相場に妙味あり＝下落相場では買いは見送る
　　　大相場のあとの下落相場には近づかない
　　　あくまでも相場の基本に従うこと
「雲」の見方・考え方　385
　　　「雲」で「やる気」を確認する
　　　「雲」に関係ないときは考えない
　　　「やる気」の強さを見る
　　　下落か、持ちこたえるか
　　　上昇相場と下落相場の違い
　　　雲のクロスはバランスの変化
　　　「雲」に関して感じること
「最も重要な遅行線」　399
　　　売り相場での遅行線のパターン
　　　売りから買いに変化するパターン
　　　明確な買いになるパターン
　　　相場が崩れるとき
　　　「崩れてからでは手遅れ」を肝に銘じるために
　　　「遅行線」をどう使うべきか

6. テクニカルとファンダメンタルズの融合 ──── 416

ファンド・マネジャー時代につかんだ教訓　417
　　　① 情報は常に遅い
　　　② 相場はどうなるかわからない
　　　③ ファンダメンタルではリスク管理ができない
　　　④ 自分が扱わない商品の動きが重要
　　　⑤ 相場の予測は意味がない

⑥ 相場を当てないで相場に乗る
　　　⑦ 相場を考えない
　　　⑧ 損をしている人の行動が重要
　　　⑨ 人は人、自分は自分
　　　⑩ わからないものには手を出さない
全体地合の判断　423
　　　「株券が担保になる」ことの意味
　　　マーケットに流れ込む資金量を考える
　　　裁定取引の動向が相場を動かしている
　　　どの指標で全体地合を判断するか？
　　　「σバンド」で全体地合を判断する場合
　　　上昇局面における「σバンド」
　　　下落局面における「σバンド」
　　　「一目均衡表」で全体地合を判断する場合
　　　相場の強弱によってメリハリをつける
　　　ETFの活用も考えてみる
デリバティブ取引に対する考え方　437
　　　現物株に限定するのは武器を制限するようなもの
　　　現物株とレバレッジ商品は考え方が違う
　　　信用取引の特徴は「レバレッジ」と「カラ売り」
　　　10倍のレバレッジをきかせられる「日経平均先物」
　　　紙くずになることも多い「オプション」
　　　「金先物」は1000万円で1億6600万円の取引が可能
　　　勝負をかけてリスクをとりにいくとき
　　　ハイリスク商品は全体資金の10％以内に抑える
　　　「本筋」と「ゲリラ戦法」
ファンダメンタルズ分析による銘柄選択　447
　　　「買ってもよい銘柄」と「売ってもよい銘柄」を決めておく
　　　銘柄選びの基準はPER
　　　企業業績はチャートブックで確認
業績から株価を考える　451
　　　割安・割高の判断に使えるのは「PER」だけ
　　　現在の目安は「PER＝20倍」
　　　過去の値動きとの比較
　　　利益と株価のミスマッチ

「どの程度織り込んでいるか」の確認が重要
　　　業績の良い銘柄を集めておく
選んだ銘柄をいつ売買すべきか？　459
　　　売買のタイミングはテクニカル分析で判断
　　　最後は「自分のルールに従うこと」

7. まとめ────462
　　　テクニカル分析は自分の資産を「管理する」ための道具
　　　決して相場に逆らってはいけない

**特別付録
「デモ版 株の達人 for Windows」の使い方**────467

第1章
テクニカル分析の考え方

Chapter1

テクニカル分析の原理原則

　第１章ではまず、最も基本的なテクニカル分析の考え方を説明します。相場についての基本的な考え方はおおむね定説化されていて、どの本を見てもほぼ同じ内容になるものです。相場の基本はそれほどシンプルなのです。ですから、本章では私の個人的な見解は一切入れずに説明します。私の考え方については第３章以降で説明しますが、それは基本的な考え方を前提としたうえで述べるものですから、ここでは、まず基本をしっかりと押さえてください。

図1-1　株式相場の下落トレンド

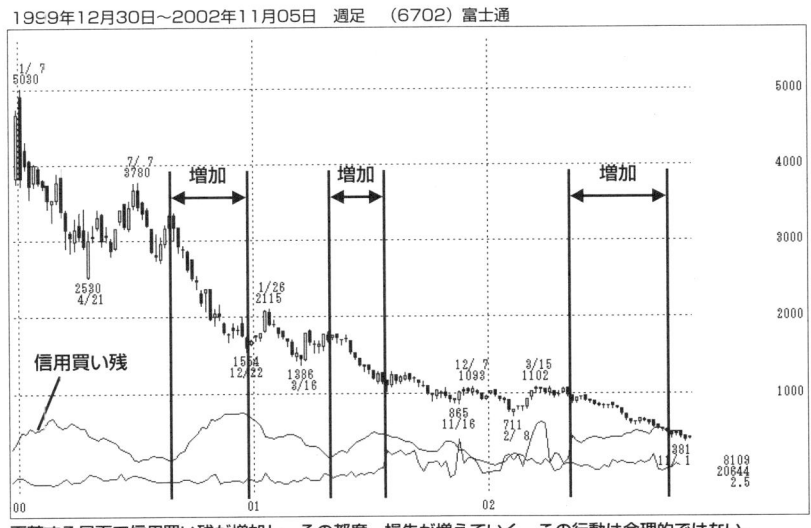

下落する局面で信用買い残が増加し、その都度、損失が増えていく。この行動は合理的ではない。

1．「高値」と「安値」

　相場を考えるときに最も重要なのが、相場参加者の意思としての「高値」と「安値」で表される「相場のトレンド」です。すべては、この「高値」と「安値」の概念から成り立つ「相場のトレンド」について考えることから始まります。第2章で紹介する各種テクニカル指標(注1)は、この基本原則を補完するためのツールにすぎません。

　相場を考えることは、「高値」と「安値」の確認作業であると言っても過言ではないのです。「高値」を超える、「安値」を割り込むということは、それ自体が相場参加者の意思表示です。さまざまなテクニカル指標を見るうえでも、「高値」があるテクニカル・ポイント(注2)を超えること、「安値」があるテクニカル・ポイントを割り込むことが、売り買いの判断材料になります。

　ここで示される相場の基本原則により、投資家の行動もおのずとある方向へと導かれることになります。こうした相場参加者の動きに従うことこそ、相場で利益を上げることにつながり、相場参加者の動きに反した行動こそが損失を生む原因になるのです。

　参考までに図1-1を見てください。相場参加者の多くが「売り」という意思表示をしているにもかかわらず、相場の流れに反して「買い」に動いている投資家がいることがわかります。その結果については言うまでもないでしょう。

(注1)　ローソク足チャート、移動平均線など、相場動向を分析するための各種ツール。詳しくは第2章参照。
(注2)　各種のテクニカル分析手法において、売り買いの節目になるような相場のポイント。

2．ファンダメンタルズ分析とテクニカル分析

　相場の分析方法は、大きくファンダメンタルズ(注3)分析とテクニカル分析に分けられます。

　ファンダメンタルズ分析は、相場を動かす原因を分析し、そこから導かれる結論により相場を予測しようとします。一方、テクニカル分析は、相場変動そのものを分析し、その動きから今後の相場の動きを予測します。

　ファンダメンタルズ分析を行うには、相場変動の原因を知らなければならないのですが、テクニカル分析を行う場合は、相場を動かす原因を必ずしも知る必要はないのが特徴です。

　相場はおおむねファンダメンタルズの影響を受けて変動しますが、図1-2のトヨタの例のように、ファンダメンタルズとは関係ない

図1-2　好業績のトヨタと下落する株価

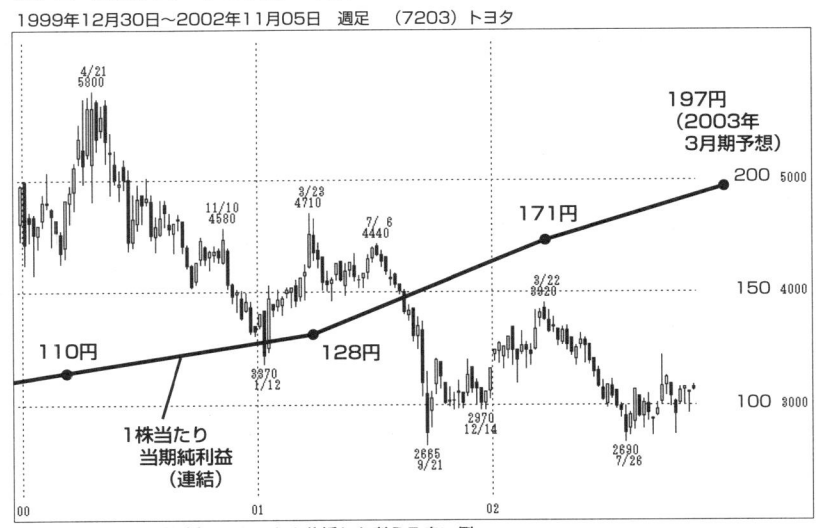

ファンダメンタルズ分析かテクニカル分析かを考える良い例。

動きをする場合もよくあります。ときには、相場がファンダメンタルズの変化に先行する場合もあります。

すべての相場変動要因は価格に反映される

　マーケットにおける情報伝達は、経済学の合理的期待仮説が示すように一瞬に起こるわけではありません。情報伝達には常にタイム・ラグを伴い、これが情報と相場の間にギャップをもたらします。そのため、相場参加者の中には、人より先に情報を入手することが相場で利益を得る最良の方法であると考える人がいます。

　しかし、テクニカル分析においては、すべての相場変動要因は価格に内包されると考えます。つまり、価格変動そのものにファンダメンタルズの変化が内包され、価格変動自体を分析することが相場分析として最も効率的であると考えるのです。

　とはいえ、ファンダメンタルズ分析とテクニカル分析は相反するものではありません。分析の切り口に違いがあるだけです。どちらを選ぶべきかという問題ではなく、相場で成功するためには両者とも必要な分析手法なのです。昔から、優秀なファンド・マネジャーは、ファンダメンタルズ分析にもテクニカル分析にも精通しているといわれています。

(注3) 株式投資は、その大きな流れは企業業績や景気変動の影響を受ける。株式市場ではこれを「ファンダメンタルズ」と呼ぶ。

3．テクニカル分析の概念

　テクニカル分析は、過去の価格データを使い、市場の動きそのものを分析することです。その目的は、将来の価格の方向性を予測することにあります。
　過去のデータを分析し、将来を予測するためには、前提条件が必要となります。テクニカル分析の前提とは、
　① 価格はすべてを内包する。
　② 相場はトレンドを形成する。
　③ 相場は繰り返す。
ということです。
　相場を動かす要因としては、世界経済の動向、為替、金利、日本の景気、企業業績・財務内容、信用取引などの内部要因、新規材料、マーケット全体の状況、投資家の行動、等々、きりがないほど多くのことが挙げられますが、すべての事象は、価格そのものに含まれていると考えるのです。

テクニカル分析はトレンド分析である

　テクニカル分析では、相場を動かす原因が何であれ、またそれがいくつあっても、そこから導き出される結論は、投資家の行動たる売買を通じて価格に反映されるとの立場に立っているのです。その結論である価格そのものの動きを分析することが、将来を予想するにあたって最も効率的・効果的であると考えるのです。
　もしも価格の動きがランダム、つまりどちらへ動くか全くわからないのであれば、将来予測はできなくなります。しかし、相場は人間の行動を必ず反映するので、決してランダムに動くものではなく、

現実には一定期間、一定方向へ動く特徴を示すことが多いのです。
　この背景には、上記ファンダメンタルズが影響しているものと思われます。例えば、企業業績が毎期確実に良くなっていれば、相場は利益水準を反映し、それだけ株価は買われていくことになります。景気の変動でも同じことで、景気が継続的に良ければ、株価も継続的に上昇するようになるでしょう。反対に、過去10年間の日本のように景気が継続的に悪ければ、株価は継続的に下落するようになるものです。
　要するに、株価には、企業業績や景気変動といった内的・外的なファンダメンタルズを反映して、ある期間、一定方向に動く特性があります。我々投資家から見れば、株価がある期間・一定方向に価格が動く特性があるからこそ、その流れに乗ることで相場変動から利益を得られるわけです。
　逆に言えば、相場が一定期間・一定方向へ動くという「トレンド」が存在することが、相場で利益を得るための前提条件になります。したがって、相場分析では、相場のトレンドを分析することがメインテーマになるのです。

常に相場の背景には人間の心理がある

　株価がすべてを織り込み、相場にトレンドがあることがわかっても、それだけで収益を上げることはできません。一度発生したトレンドがいつまで続いて、どこで終わるかわからないからです。
　ところが、相場の世界では、過去の値動きと同じような値動きが繰り返されています。だからこそ我々は、過去の動きのパターンに照らし合わせて将来の動きを予想し、そこから収益を上げることができるのです。相場の動きのパターンが繰り返すからこそ、テクニ

カル分析が有効になるのです。

　では、なぜ相場の動きは繰り返すのでしょうか。それは、相場は投資家の行動によって動くものであり、相場の背景に人間の心理があるからにほかなりません。

　その時々によって、相場の変動要因は当然変わりますが、人間である投資家の心理や行動はそうそう変わるものではありません。人は自分の経験に学び、学習していきます。「あの時はどうだった」という経験が、その後の行動を左右します。歴史の学習は、過去の人間行動を学ぶのが目的ですから、歴史を学習した人間は、それを踏まえて将来の行動をどうするか決めるようになるものです。

　もちろん現実には、相場が常に過去のパターンに従うわけではありません。過去のパターンに似た動きをみせることもあれば、過去のパターンに反して独自の動きを始めることもあります。過去の動きを頭に入れておくことは重要ですが、過去の経験則に従うだけでは利益は上げられません。過去のパターンを参考にしながらも、今この瞬間に人と人とが売り買いすることによって相場が成り立っているという事実を踏まえながら相場を考えることが大切なのです。

4．テクニカル分析に求めること

投資家がテクニカル分析に求めることは、投資の意思決定とそのタイミングです。相場には、「上昇トレンド」「下落トレンド」「トレンドがない」という3つのトレンドがあります。上昇トレンドでは買いポジションを、下落トレンドでは売りポジション(注4)を、そしてトレンドがない状況ではポジションを持たないという行動が、株式売買の基本戦略になります。相場判断にテクニカル分析を使うのは、こうした売買の意思決定を確実に行うためです。

また、買いポジションや売りポジションを持つ場合、それはいつ・どこで持てばよいのか、それを外すのはいつ・どこなのかを示してくれるのもテクニカル分析です。つまり、テクニカル分析には、その売買のタイミングを求めることになります。

予測ではなく、観測し、認識する

相場のトレンドは一定期間・一定方向へ動くという特性があります。そうしたトレンドを示すテクニカル指標に従って売買するということは、ある意味、予測有効性を前提にしています。

我々投資家は、テクニカル指標に従って売買の判断を決めたあと、そのトレンドが強く、長期にわたることを期待します。しかし、その後のトレンドがどれだけ継続するかを予測するのは現実には困難です。それは長く続くことも短命で終わることもあります。そのため、我々が相場のトレンドに乗って売り買いをするとき、ある定義によりトレンドが変化するまで継続するものとみなします。

(注4) 相場における自分の持ち高。買い越している数量（金額）、あるいは売り越している数量（金額）。新たに売り買いすることを「ポジションをとる」「ポジションを持つ」という。

統計・計量の世界では、予測に際しては常にそれが起こる確率を計算します。予測する時間が長くなるほど確率的に予測精度は落ち、しかも必ず誤差を考慮しなければなりません。にもかかわらず、この確率は明確な数値で示されます。

　これに対してテクニカル分析では、その数値を示すことはありません。その意味では、テクニカル分析は「予測」をすることではなく、相場の動きを「定点観測」あるいは「現状認識」することなのです。

　我々投資家がテクニカル分析に求めるのは、「現時点で相場がどのような状態にあるか」を教えてもらうことなのです。そして、その一瞬先、例えば明日（翌週）になれば、その状況がどうなっているかを確認するためにもテクニカル指標を使います。言い換えれば、その時々の相場の状態を観測・認識するための道具として、テクニカル指標が存在すると言えるのではないでしょうか。

図1-3　トレンドは長期にわたって継続する
1994年08月31日～2002年11月05日　月足　（6278）ユニオンツール

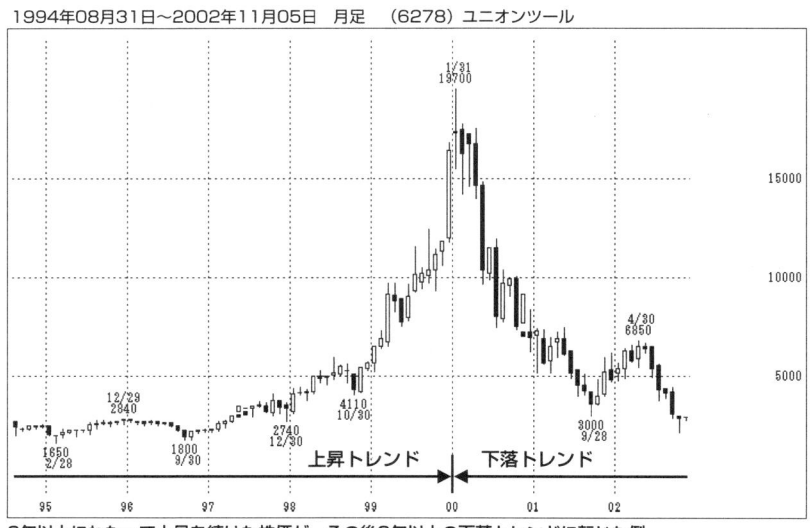

6年以上にわたって上昇を続けた株価が、その後2年以上の下落トレンドに転じた例。

5．テクニカル売買とシステム運用

　これからテクニカル分析について説明しますが、誤解がないように最初に売買について触れておきます。

　テクニカル分析は、ある種のテクニカル分析手法を使い、相場の売りと買いを判断するものです。ここで説明するのは単純に売りと買いの判断であり、投資家各自の運用資産や投資資金量、売買金額（売買ロット）の概念は出てきません。ですから、投資家一人ひとりに適した売買の方法についてすべて説明することは不可能です。

　投資家の運用資産はさまざまで、ある人は30万円かもしれないし、ある人は300万円、1000万円、1億円、あるいは10億円かもしれません。その投資家の年齢などによっても、資産の性格や運用目的は異なることでしょう。

テクニカル指標の使い方は投資家次第

　相場を考えるためには、単に売りか買いかを判断するのではなく、そのとき使うべき投資資金量、つまり全運用資産のうち、どれだけの資金をその売買に使うかということも考えなければなりません。

　すべての投資資金を一つの売買につぎ込むのが非常にリスクが高いことは言うまでもないことです。個々の売買ごとに、投資資金の中から適正な金額を判断する必要があるのです。そして、その判断は、当初から損をしているのか、あるいは利益が出ているのか、といった状況によっても異なってきます。

　また、テクニカル指標が示す結論通りに売買するのか、あるいは、自分のフィルターを通してから売買するのかという選択も重要です。その時々の状況が自分のポジションに適しているかを判断する材料

の一つとして、テクニカル指標を使うという方法もあるからです。

あるいは、売買しない局面、つまりトレンドの方向がハッキリしない場合には、テクニカル指標のいかんにかかわらず、取引自体をやめてしまったほうが投資パフォーマンス(注5)が高い場合もあります。

相場の局面局面や投資資金の状況を踏まえて、戦略的に売買ロットを決定する手法もあります。単にテクニカル指標に従った売買、つまりテクニカル売買(注6)から一歩進んで、資金量や相場の状況、リスクとリターンのバランスなどをすべて考慮した運用システムへの発展型を模索する試みです。

これからテクニカル分析について考えるとき、常にその局面で売買すべきか否か、売買するとしたらどの程度のロットを投入すべきか、さらにロス・カット(注7)はどの水準で行うかといったことを考えながら相場に向き合ってください。

テクニカル売買や運用システムには、これで完全だと言えるものはありません。常に、最善と思われる方法を追求し続けることを怠ってはなりません。

(注5) ある期間における、投資元本に対する利益率(または損失率)。投資収益率とほぼ同じ意味。
(注6) テクニカル指標の売りシグナルまたは買いシグナルにそのまま従って売買すること。
(注7) 損失が設定した幅以上に拡大したときにポジションを手仕舞いすること。損切り、ストップ・ロス・オーダー、ストップ・オーダーともいう。

6．テクニカル指標は投資家行動の表れ

　テクニカル分析は、勝手に動く株価を分析するもののようですが、その背景には投資家の行動が集約されていることを忘れてはなりません。
　何千人、何万人もいる投資家に、今後どうするのか個別の聞き取り調査を瞬時に行うことは不可能ですから、その意思と行動をさまざまなテクニカル指標で確認するのがテクニカル分析の目的です。

間違っているのは常に投資家である

　相場は常に正しい動きをしています。この正しい動きを反映するテクニカル指標も、常に定義に従った正しい判断をしていることになります。つまり、間違っているのは常に投資家のほうです。このことを素直に認識しない限り、テクニカル分析を使いこなすことはできません。
　相場が動いている最中は、相場参加者は皆、疑心暗鬼の中で行動しています。株価の上昇・下落のトレンドがどこで止まるかを確認したいと思っているのです。

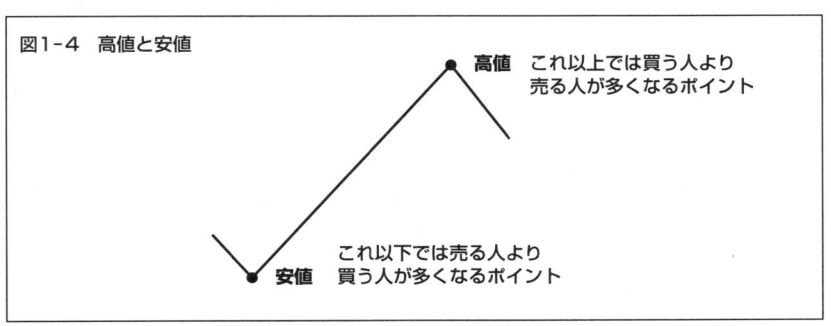

図1-4　高値と安値

とはいえ、トレンドがどこで止まるかを決めるのは、ある意味では投資家自身です。投資家がどこまで株価が下がれば買ってくるのか、あるいは、どこまで相場が上がれば売ってくるのか、その均衡点がその時点の株価になるからです。

　このことは、相場でどうすれば儲かるかを考えればすぐに理解できることです。

　例えば、ある銘柄の株価が下落している局面では、どのタイミングで買えば最も利益を出せるでしょうか？ それは下落トレンドが上昇に転じる直前の「安値」です。

　では、その安値はいつ訪れるのでしょうか？ それは予測困難です。ただ一つ言えることは、安値とは、それ以上安い値段では売ろうとする投資家がいないか、あるいは、それ以下の値段では買おうとす

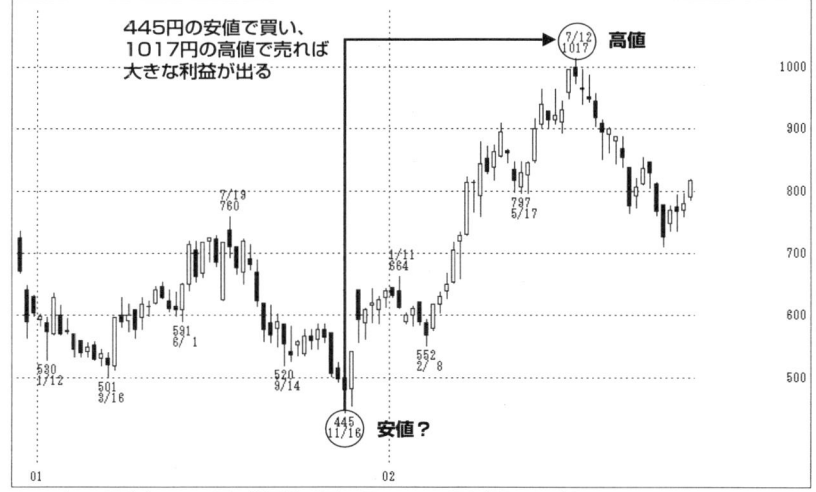

図1-5　安値で買って高値で売れば大きな利益になるが…
2000年12月15日～2002年11月05日　週足　(6707) サンケン電気

2001年11月時点で445円の株価が、翌年7月に1000円を超えるとどうしてわかるのか？

る投資家が売ろうとする投資家より多くなる点です。これが売り手と買い手の均衡点で、相場の世界では通常「安値」と言っています。

しかし、この安値は、その時点で判断はできません。ある安値と思われる点から相場が上昇し、後から振り返って初めて、その点が安値だったと確認できるのです。

安値が確認されれば、もう相場が下落しないだろうと考える投資家が買いを入れてきます。それ以上下がらないなら、その時点で買えば利益になる可能性が高いからでしょう。

その後、相場が上昇し、あとから見て「高値」とわかるところまできたとします。相場で利益を出すためには、自分が買ったあとに他の人がさらなる高値で買ってくれることが前提になりますから、それが高値であるとわかれば、もう誰も買いを入れません。もう利益にならないのに損をする行動をとるのは合理的な行動とは言えないからです。

つまり、この高値は、もうこれ以上の高値では買おうとする投資家がいないか、あるいはこれ以上では売ろうとする投資家の方が買おうとする投資家より多い点です。

安値も高値もその時点ではわかりませんが、投資家は合理的行動をとるために常にそのポイントを確認しようとしています。

相場を考えることは、投資家の行動均衡点である「高値」と「安値」を確認することにより、相場の方向を確認することです。そして、そうした相場の方向を自分の合理的・効率的行動に利用するのが、テクニカル分析の本旨なのです。

トレンドの考え方

7．トレンドの定義とダウ理論

　前述した「高値」と「安値」は、その時点では暫定的な点でしかありません。そのあと買われるかもしれないし、売られるかもしれないからです。

　結局、最初の高値があり、その後、その高値を超える投資家の意思があれば、「もっと買える」というコンセンサスが出来上がります。逆に、最初の安値があり、その後、その安値を割り込むようであれば、「もっと売れる」というコンセンサスが出来上がります。

　相場の世界では、この「安値」を「サポート・ポイント」、「高値」を「レジスタンス・ポイント」と呼んでいます。

　テクニカル分析は、これらのポイントの確認作業の連続です。つまり、サポート・ポイントとレジスタンス・ポイントの現れ方によ

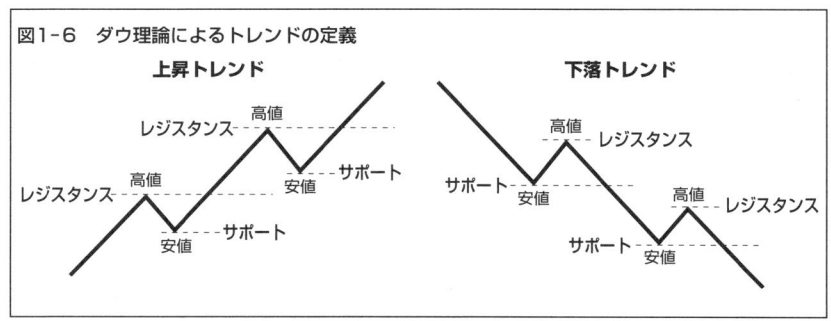

図1-6　ダウ理論によるトレンドの定義

り、相場のトレンドが定義されます。そして、このトレンドの定義をなすものが「ダウ理論」(注8) なのです。

トレンドの定義＝ダウ理論

　「ダウ理論」は、上昇トレンドと下落トレンドを定義します。
　上昇トレンド＝次の主要な高値は前の主要な高値より高く、次の主要な安値は前の主要な安値より高い
　下落トレンド＝次の主要な安値は前の主要な安値より安く、次の主要な高値は前の主要な安値より安い
　「上昇トレンド」は、投資家が継続してその銘柄を買っていこうとする意思の表れです。つまり、一度確認された高値以上でも買ってよいとの意思表示であり、同時に前の安値以上でも買うという意思表示です。
　つまり、上昇トレンドのもとでは、その前の高値を超えてくるのかどうか、あるいは前の安値を割り込まないかどうか、ということの確認作業になります。
　結局、前の高値を超えられない場合、その時点で投資家はこれで上昇トレンドが終わったかもしれないと考え始めます。そして、それが確定するのは前の安値を割り込んだときです。つまり、高値を超えず、安値を割り込むことで、もう高値を買う投資家がいないというコンセンサスが生まれるのです。
　もう高値を買う投資家がいなければ、安値で買っているポジションを早く手仕舞わないと、利益が薄まります。また、高値圏で買ったポジションを早く手仕舞わないと損が拡大します。こうした原理

(注8)　ダウ平均などで知られるチャールズ・ダウが1880年代に考案した理論。相場におけるトレンドを定義し、テクニカル分析が発展する礎を築いた。

を知っている投資家は、我先に売り注文を出してきます。それにつれて相場は急落し、上昇トレンドが終焉する可能性が高まるのです。

反対に、「下落トレンド」は、投資家が継続してその銘柄を売っていこうとする意思の表れです。つまり、一度確認された安値以下でも売っていこうという意思表示であり、同時に前の高値以下でも売ってもよいという意思表示です。

図1-7　上昇トレンドの例（その1）
1999年12月30日〜2002年11月05日　週足　（8168）ケーヨー

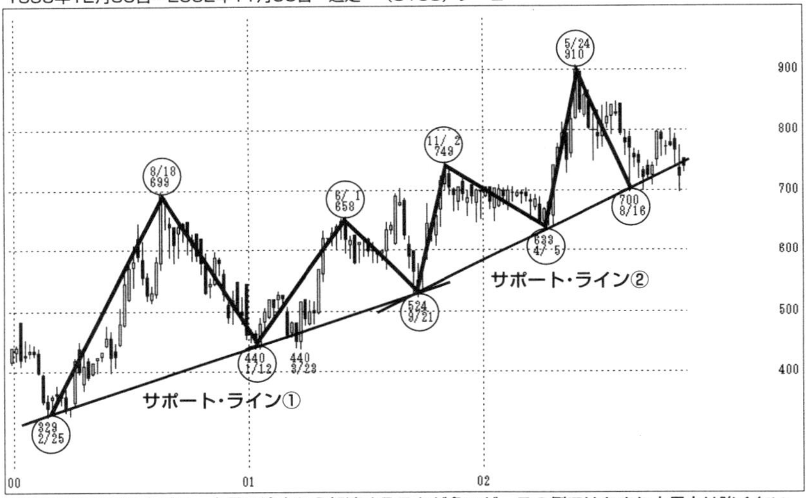

高値も安値も切り上がる。上昇は途中から加速することが多いが、この例ではあまり上昇力は強くない。

下落トレンドのもとでは、その前の安値を割り込んでくるのかどうか、あるいは前の高値を超えてこないかどうか、ということの確認作業になります。

結局、前の安値を割り込まなかった場合、その時点で投資家はこれで下落トレンドが終わったかもしれないと考え始めます。そして、

それが確定するのは前の高値を超えたときです。つまり、安値を割り込まず、高値を超えたことで、もう安値を売る投資家がいないというコンセンサスが生まれるのです。

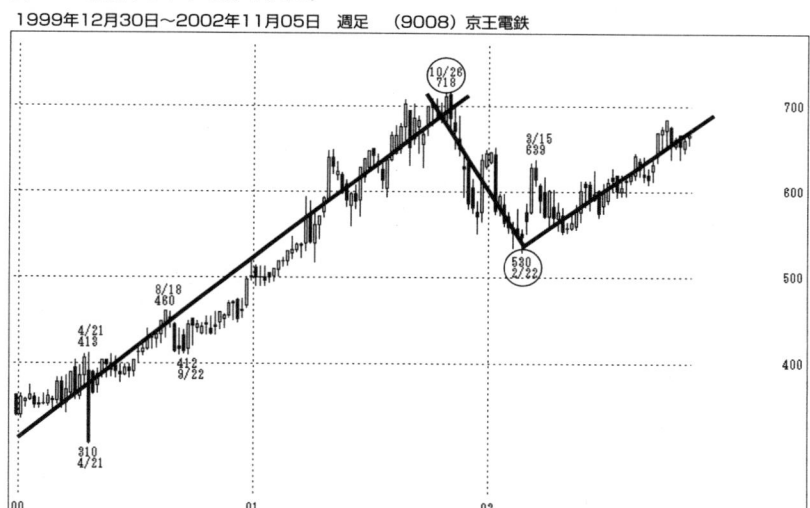

図1-8　上昇トレンドの例（その2）
1999年12月30日〜2002年11月05日　週足　（9008）京王電鉄

この例では、主要な高値と主要な安値があまりないまま、上昇を続けている。

　もう安値を売る投資家がいなければ、高値で売っている（カラ売りの）ポジションを早く手仕舞わないと、利益が薄まります。また、安値圏で売ったポジションを早く手仕舞わないと損が拡大します。こうした原理を知っている投資家は、我先に買い戻しの注文を入れてきます。それにつれて、相場は急騰し、下落トレンドが終焉した可能性が増します。

レジスタンスとサポートの逆転

　これから説明するテクニカル分析では、このダウ理論がすべての基本になっています。高値と安値というポイントの代わりに、あるテクニカル指標を置き換えれば、それがそのテクニカル分析手法に従って売買するということになります。このため、どのような種類のテクニカル指標を使うにしても、まずダウ理論の考え方を確実に押さえておくことが不可欠になります。

　例えば、高値（レジスタンス・ポイント）が確認され、その後の安値が前の安値を割り込まないものとします。この状況で、相場がその高値を超えてくることで、これまではレジスタンス・ポイントとして認識されていたものが、今度はそれ以上でも買ってもよいポイントとして認識されます。

　その後、いったん高値を超えたあとで一度売られても、その前のレジスタンス・ポイントは既に買ってもよいポイントとして認識されているので、一般的にはそこで買いが入ります。そして、前のレジスタンス・ポイントは今度は安値（サポート・ポイント）に変わります。この点を、サポートされている点という意味で「S点」と呼びます。

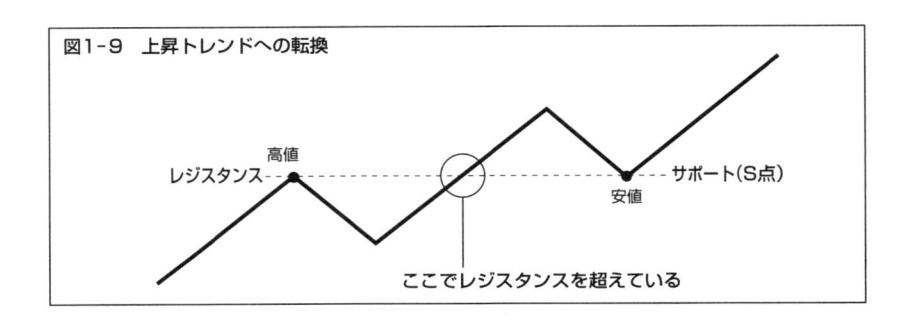

図1-9　上昇トレンドへの転換

もしも前のレジスタンス・ポイントの水準で相場の下落が止まらないのであれば、トレンドの上昇力が弱いか、トレンドの転換（再下落）の可能性が出てきているとも考えられます。この場合、前の安値を割り込むか否かが最終的な判断材料になります。

　上記の例とは逆のパターンもあります。当初安値（サポート・ポイント）として確認されたあと、その後の高値が前の高値を超えないものとします。この状況で、相場がその安値を割り込んでくることで、これまでサポート・ポイントとして認識されたものが、今度はそれ以下でも売ってよいポイントとして認識されます。

　その後、いったん安値を更新し、一度買われても、その前のレジスタンス・ポイントは既に売ってもよいポイントとして認識されているので、一般的にはそこで売りものが出ます。そして、前のサポート・ポイントは今度は高値（レジスタンス・ポイント）に変わります。この点を、ブレイクされた点という意味で「Ｂ点」と呼びます。

　もしも前のサポート・ポイントの水準を超えて相場が上昇するのであれば、トレンドの下落力が弱いか、トレンドの転換（再上昇）の可能性が出てきているとも考えられます。この場合、その前の高値を超えてくるか否かが最終的な判断材料になります。

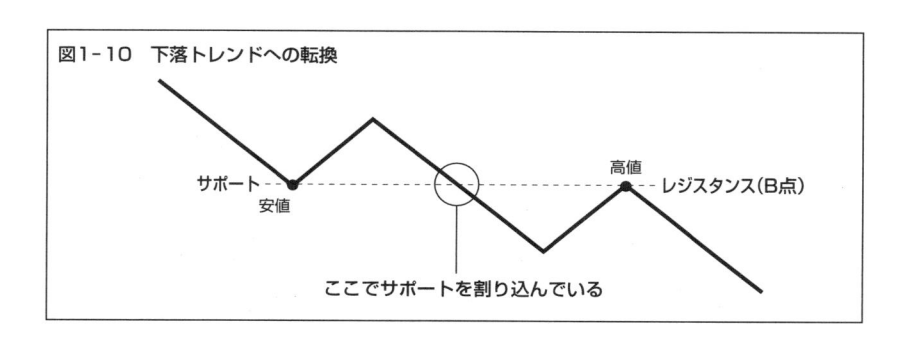

図1-10　下落トレンドへの転換

サポート　安値　　　　　　　　　　　高値　レジスタンス（B点）

ここでサポートを割り込んでいる

高値の確認

　以下の説明は、これまでの考え方の応用になります。ここでは、高値構成と安値構成の基本パターンだけを示すに留めます。高値と安値の重要性さえ理解すれば、これらのパターンは覚える必要もなく、その場でチャートの動きを見ればすぐに判断できるようになります。問題は、実際の相場の中で、その変化とポイントをどのように捉え、いかに売買するかということです。おそらく、それが最も難しい問題になります。

　一般的に、高値を付けたあと、それが本当に高値であるかどうかは、その後の相場推移を見なければなりません。高値の直後に相場が明らかに下落する場合を除いて、１回だけの高値ではそれが主要な高値になるという確証を得られないからです。そのため、相場参加者はその高値のテストに入り、それを抜けるか抜けないかを確認するのです。

　これらのパターンを覚える必要がないと言ったのは、高値を超えるか、安値を割り込むか、という概念が常に頭に入っていれば、その前の高値なり安値はチャートに示されているので、覚える必要がないからです。

　図1-11（A）のパターンでは、①で高値を付け、②で安値を付けたあと、相場が上昇していくことを考えます。このとき、①の高値を超えてくれば、それで上昇が確認されるわけです。しかし、③のように、前回の高値と同じ水準で高値を付けた場合（これを「高値面あわせ」といいます）は、それ以上では買う人より売る人の力が強いと判断されてしまいます。

　もちろん、③が①と同じ水準で止まったあとの次の高値が③を超える可能性が残ります。完全に下落トレンドに変わると判断するに

は、④で②の安値を割り込むことを確認しなければなりません。

　④で②の安値を割り込むことにより、前の高値③では売る人が多く、前の安値②以下でもやはり売る人が多いと判断され、これで買えなくなったと皆が思うのです。

　つまり、④で②の安値を割り込む前に、③で①の高値を超えられなかったときは、「これはここで高値構成(注9)かもしれない」と考えなければなりません。

　図1-11（B）では、⑦の高値が⑤を高値を超えられず、その後⑧で⑥の安値を割り込むと、高値構成になります。この場合は、⑦の段階で、⑤以上では買わないという明確な意思表示がマーケットから伝わってきます。

　時として、図1-11（C）のように、⑪の高値が⑨の高値を、1円なり10円超えるパターンもあります。それは、たまたま買う人の注文がそのとき約定したためで、そのあと売られて⑫で⑩の水準を割り込めば、高値構成になる場合が多いのです。

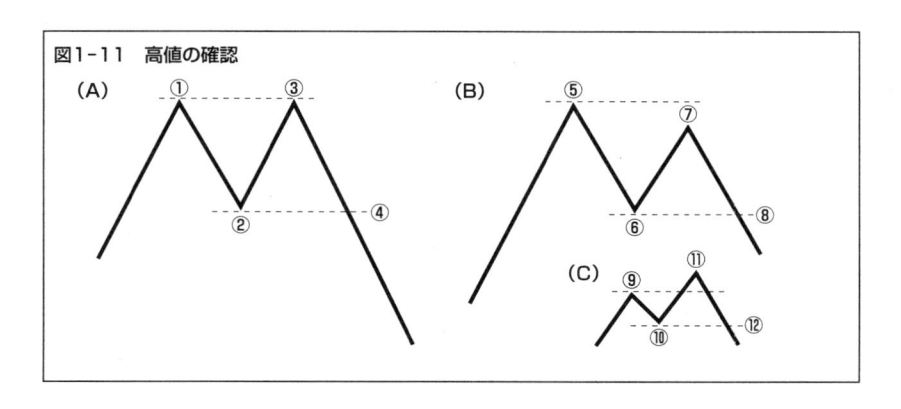

```
図1-11　高値の確認
```

(注9) 上昇トレンドから下落トレンドへ転換する天井付近の相場動向をいう。天井構成と同意。三尊構成（注11）も高値構成（または安値構成）の一種。

相場では、時として教科書通りに行かない事例が出ますが、実際の値動きによって上昇トレンドから下落トレンドに反転したことが明らかになれば、投資家はその動きに従わざるを得ないのです。

安値の確認

安値構成（注10）も高値構成と同じ考え方です。安値は、それ以上でも買ってもよいと考える投資家の意思表示です。その安値を割り込まないことが皆のコンセンサスになれば、そこが安値になります。

図1-12（A）のパターンは、①の安値確認後、②の高値があり、そこから③に向けた下落が観測された局面です。③で①の安値を割り込まずに反転できれば、安値構成を確認できます。ここでは③の安値が①の安値と同水準（これを「安値面あわせ」といいます）で、その後④で②の高値を超えます。

つまり、①の安値以上でも買ってもよいというコンセンサスが出来たあと、さらに前回の高値②以上でも買ってもよいと考える投資家が多いことを表しているのです。

図1-12（B）では、⑤の安値を付け、⑥まで戻したあとに⑦で⑤を割り込まなければ、この時点で、⑤の安値より高くとも買ってもよいと考える投資家が多いと判断されます。そして、その判断は⑧で⑥の高値を超えることで確認されます。

時として、図1-12（C）のように、⑨の安値を付け、⑩まで戻したあとに⑪で安値を割り込む場合があります。しかし、直後の上昇で⑨の水準を超え、⑫で⑩を上回り、その後の安値でも⑨の水準を割り込まなければ安値構成になることが多いのです。

(注10) 下落トレンドから上昇トレンドへ転換する大底付近の相場動向をいう。三尊構成（注11）も安値構成（または高値構成）の一種。

図1-12　安値の確認

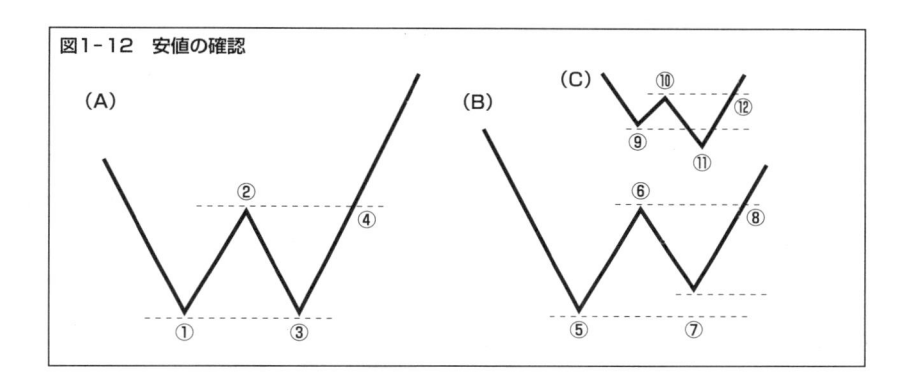

三尊構成

　典型的な高値構成になるパターンがもう一つあるので紹介しておきます。これは「三尊構成(注11)」（ヘッド・アンド・ショルダー）といわれるものです。

　次ページの図1-13を見てください。①の高値のあとに②の安値が確認され、次いで③の高値を付けたあと、④まで下落して反発します。そのまま③の高値を超えれば上昇継続になるわけですが、⑤で③の高値を超えられずに下落トレンドへと転換してしまいます。

　ここでは、⑤の時点での判断がポイントになります。⑤の高値が直近の③の高値を超えるか否かを確認する前に、その前の高値である①を超えなかった時点で、「もう③の高値を超えないかもしれない」という感覚を持つことが大事なのです。この感覚は、⑥で④の安値を割り込むとほぼ確証に変わり、さらに⑦で、主要な安値②を割り込むことで確定します。

(注11) 典型的な天井の状態をいう。仏像が三体並んでいるように見えるのでこの名称がついた。ヘッド・アンド・ショルダーズ・トップ、三尊型（さんぞんがた）とも呼ぶ。

このパターンは、向かって右の高値⑤のほうが、向かって左の高値①より低いので、「右肩が安いヘッド・アンド・ショルダー」と呼ばれています。大相場(注12)のあとにこのパターンが出ると、天井構成(注13)との観測が強まり、買い方は手仕舞いを急ぎます。その結果、⑥並びに⑦では相場が急落することが多くなるのです。

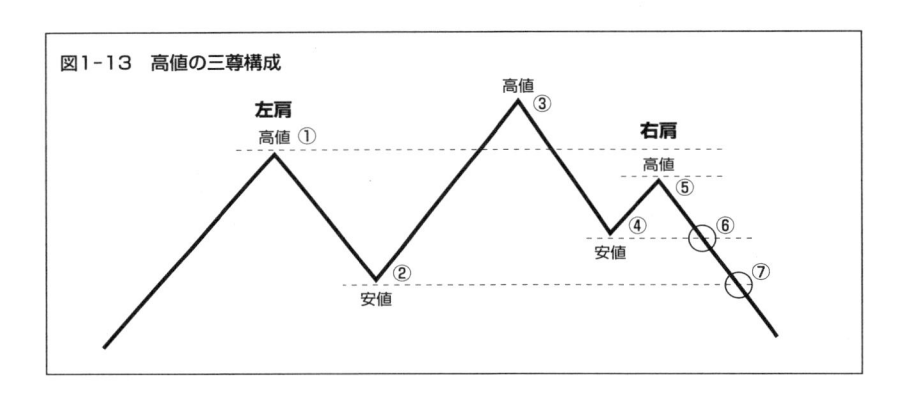

図1-13　高値の三尊構成

安値における三尊構成もあります。考え方は高値の三尊構成と変わりませんが、一応説明しておきましょう。

図1-14を見てください。①の安値のあと②の戻り高値を付け、③で①の安値を更新します。このあと④まで戻しますが、②の高値は超えません。

ここでも次の⑤がポイントになります。⑤の安値が①の安値より高い位置で止まると、「もう③の安値を割り込まないかもしれない」という底入れ観(注14)が高まり、その前の安値①より高値で買ってもよいというコンセンサスが生まれます。⑥で④の高値を超え、⑦

(注12) 強い上昇トレンドが長期間続き、相場が高騰すること。
(注13) 上昇トレンドから下落トレンドへ転換する天井付近の相場動向をいう。高値構成と同意。
(注14) 相場の下落トレンドの終盤で、もうすぐ大底（注23）を打って上昇トレンドへ反転するとの観測。

で②の高値を超えれば、このコンセンサスは確かなものになります。⑦を超えるとそれまでの売り方と安値圏で売り込んだ投資家が買い戻しを急ぐので、相場は急騰することが多くなります。

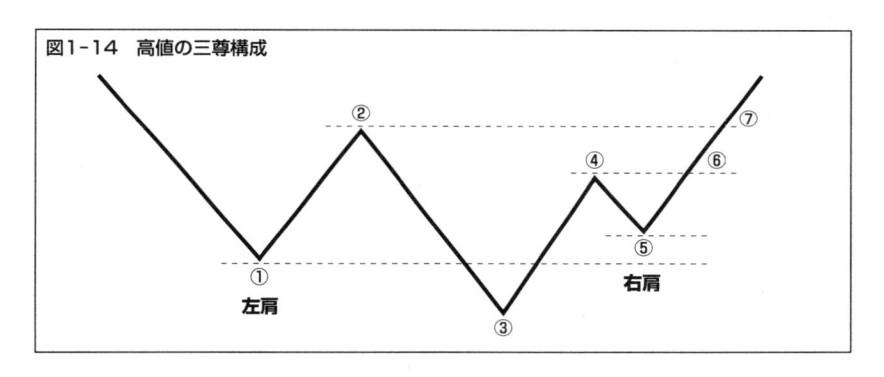

```
図1-14  高値の三尊構成
```

左肩 ① ② ③ ④ ⑤ ⑥ ⑦ 右肩

　以上が、トレンドの定義とダウ理論、そして、それらを組み合わせた考え方です。ここではいくつか典型的なパターンを紹介しましたが、もちろん実際の相場ではいろいろと違う動きが出てきます。しかし、いずれも高値と安値の概念をいくつか組み合わせたパターンにすぎません。

　基本は、相場参加者の意思としての「高値」と「安値」を確認することです。そして、それまでの「高値を超えた場合」と「安値を割り込んだ場合」が、売買のタイミングを判断するうえで非常に重要なポイントになるのです。

8．トレンドの強さ

　相場の変動から利益を上げるためには、トレンドの方向の確認とともに「トレンドの強さ」の確認が重要です。

　安値から高値に達する時間を考えた場合、上昇力の弱い相場は時間がかかり、上昇力の強い相場は短命に終わる傾向があります。

　相場の上昇トレンドが強ければ、上昇幅をフルに収益に結びつけやすくなります。上昇トレンドが強い場合、新規の買いもありますが、上昇前のカラ売り（注15）を買い戻す動きによって値を上げることが多いようです。このような相場を「踏み上げ相場」といいます。

図1-15　強い上昇トレンドの例
1993年08月31日～2002年10月25日　月足　（6448）ブラザー工業

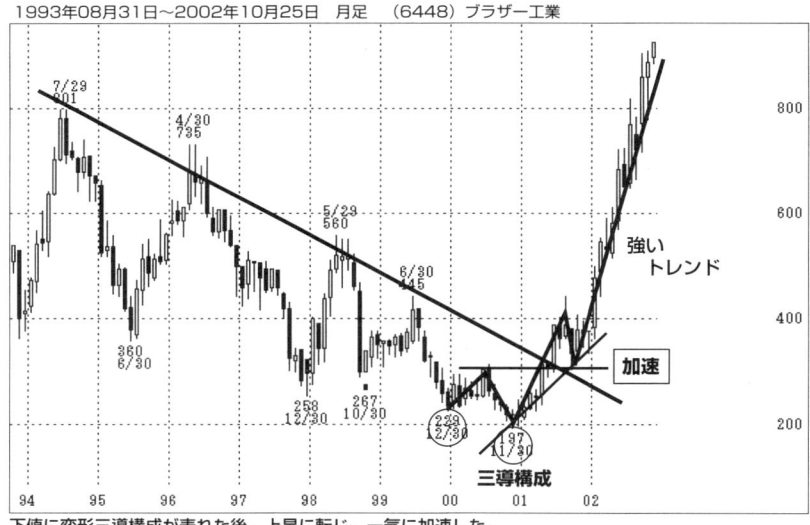

下値に変形三導構成が表れた後、上昇に転じ、一気に加速した。

（注15）信用取引を利用して、自分が所有していない銘柄の株式を証券金融会社などから借りて市場で売ること。相場が下落すれば安値で買い戻せるので利益が出る。

反対に、トレンドに強さがないと、テクニカル指標で買いのサインが出たとしても短期間しか維持されず、時としてすぐに売りのサインが出るため、細かい売買を余儀なくされます。

つまり、トレンドの方向が変わるような一瞬の動きが出やすくなります。このような動きを、相場の世界では「騙し」(注16)と呼んでいます。トレンドに気迷いがある（強さがない）と、一瞬の騙しによってトレンドからふるい落とされ、利益を上げる機会を逸しやすくなるのです。

特に上昇相場は「買い相場」といわれ、相場上昇に伴って、それ以下で買った投資家は利食い売り注文を出してきます。つまり、次から次へと出てくる売りものを買いながら上昇するのが上昇相場で

図1-16　強い下落トレンドの例
1994年08月31日～2002年11月05日　月足　宝HD (2531)

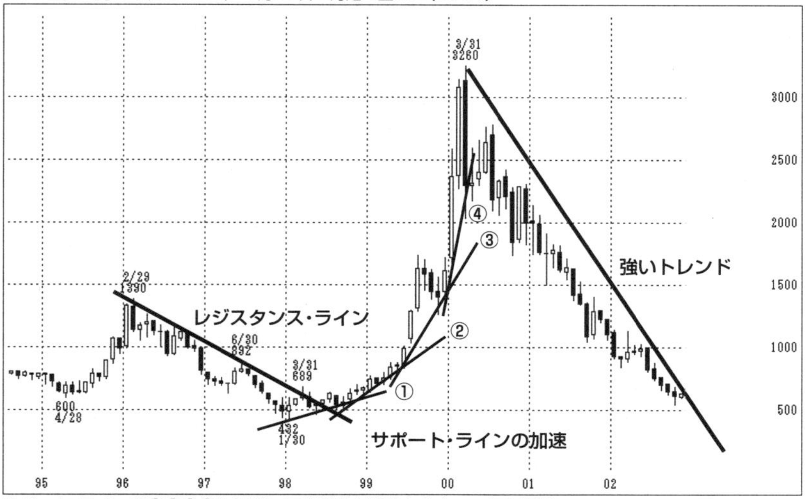

サポート・ラインが①②③④と加速して大天井を迎えたあと、一気に下落。

(注16) テクニカル分析で投資家の判断ミスを誘発するような、相場の本来的な動きとは逆の動きのことをいう。

す。常に売り圧力がかかりながら上昇するので時間がかかり、その過程では騙しが多くなるようです。

　もっとも、騙しに遭うか遭わないかは、いわば運・不運に属するもので、確実に見分けることは難しいものです。

チャートのタテヨコ比率に要注意

　こうしたトレンドの強さ・弱さは、チャートを見ながら判断するわけですが、注意しなければならないのがスケールのとり方です。

　一般的にチャートは、投資家が見やすいようにタテ軸（価格）とヨコ軸（時間）のスケールを調整しています。言い方を換えれば、恣意的にスケールを調整することによって、いかにも買われているという印象を与えることも、相場が動いていないという印象を与えることも可能になるわけです。

　このため、チャートを作成するときには、主要な価格の単位と時間の単位との比率が１：１になるように設定する方法があります。

　有名なのが、W.D.ギャン (注17) が考案したジオメトリック・アングルで、図1-17は、それを簡略化したチャートです。「主要な価格の単位と時間の単位との比率が１：１」と言ってもわかりにくいと思いますが、これは、例えば１円と１日、10ドルと10ヶ月という具合に、代表的な単位のタテヨコ比率が１：１になっているという意味で、それほど厳密なものではありません。

　この理論では、正方形の対角線、つまり45度の角度で上昇する相場のトレンド③が最も安定的だとされます。①の傾きで上昇する相場は、短期的に急騰しますが、その時間は短くなることが多く、そ

(注17) 20世紀前半に活躍した株式・商品のトレーダー。数学・幾何学的な原則を応用し、ジオメトリック・アングル、カージナル・マップなど独自の相場理論を考案した。

の後急落することが多々あります。反対に、⑤の傾きで上昇する相場は、長い時間を要するにもかかわらず値幅はあまりとれません。また、テクニカル指標を使いながら売買した場合、①から⑤になるに従って、騙しの回数が増えるものと思われます。

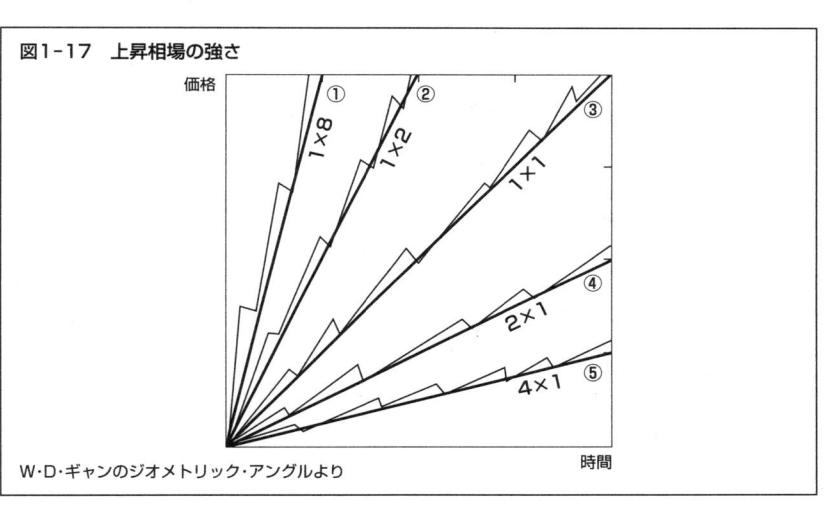

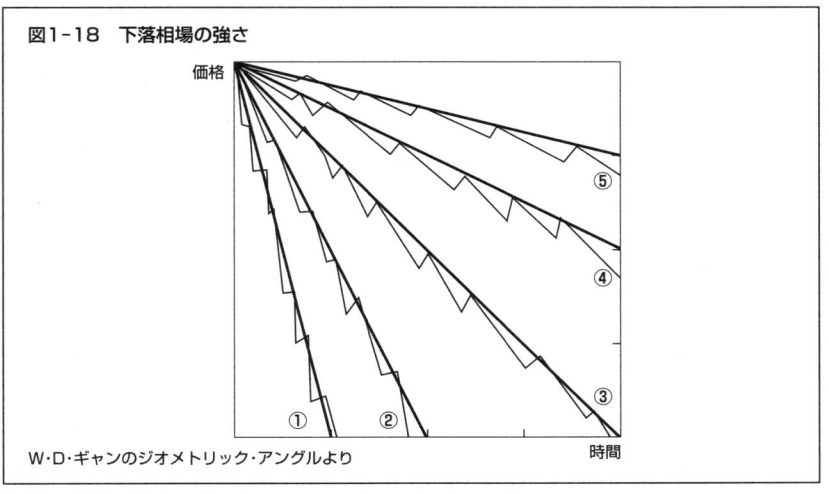

図1-17 上昇相場の強さ

W・D・ギャンのジオメトリック・アングルより

図1-18 下落相場の強さ

W・D・ギャンのジオメトリック・アングルより

下落相場も同じことで、図1-18に示したように、①が一番強いトレンドで、それが⑤になるに従って下落は弱くなります。

　下落相場は上昇相場と異なり、相場の崩壊です。買いが入らないなか、売りものが続出して価格は急落します。このため、短期的には上昇相場よりも下落相場の方が利益を上げやすいともいわれます。

上昇相場の加速と下落相場の収束

　ダウ理論の発展型である「エリオット波動原理」については後述しますが、相場の動きには3段階あると覚えておくと便利です。

　図1-19のように、まずトレンドの傾きが鈍いなかで、かなりの時間をかけながら相場の上昇が始まります（①）。この時期には相場が上昇に入ったと認識する投資家による初期の買いが観測されます。前掲の図1-17でいえば、このトレンドは⑤か④に相当します。

　やがて、ある時期を境にトレンドは上昇の傾きを増していきます。これが②の局面で、①の相場の上昇を見た投資家が新規で参入してきます。これは図1-17の③に相当します。

　②の上昇時には、カラ売りが増えることが多く、これがある時期を境に踏み（買い戻し）に遭います。この買い戻しと、さらなる相場上昇による新規買いが、トレンドの上昇度合いをさらに高め、③の段階に入ります。

　そして、得てして、売り方が総踏み（注18）になる③の終わりに相場の天井を迎えます。これは図1-17の②か①に相当します。このトレンドが崩れるパターンは、前述の通りです。

　①の局面ではなかなか利益を上げることができず、時間ばかりが

（注18）カラ売りした投資家が、相場上昇局面で損を覚悟で買い戻すことを「踏み」という。急な上昇で多数の投資家が踏みに走る状態が「総踏み」。

かかります。テクニカル指標を使っても相場に強さがないので、売買の判断が難しい局面です。

しかし、②から③の局面に移行するに従って、相場の強さが増してくるため騙しは少なくなります。ここでトレンドの方向性さえしっかり把握できれば利益を得やすくなります。

半面、カラ売り筋の買い戻しが多いことが示すように、この局面でトレンドの方向性を見誤り、相場の方向に逆らったポジションを持つと著しい損失が生じることになるので注意が必要です。

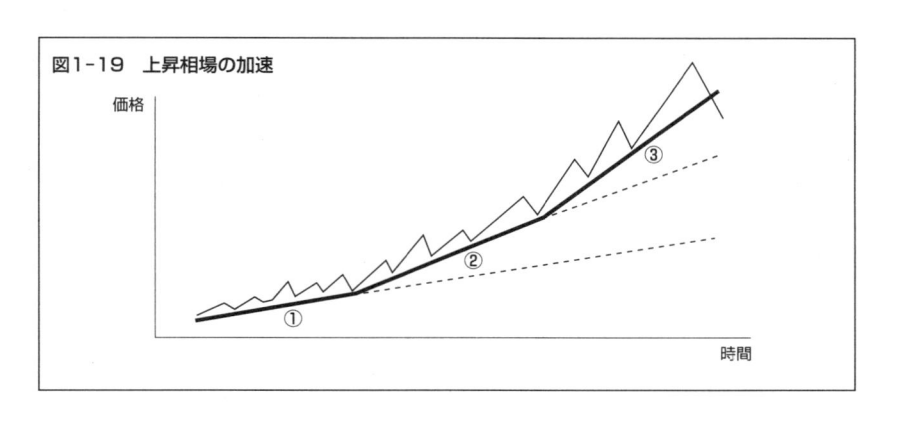

図1-19　上昇相場の加速

相場の上昇局面のあとには下落局面が控えています。

下落は一瞬にして始まり、値幅が大きいものです。これは、相場水準が高く、買い戻し以外に新規買いが入りづらくなっているところに、天井構成感が高まり、さら買いが入らなくなるからです。その局面で一気に売りものが出るので、通常、大きな値幅を付けて急落します。この急落により高値圏での評価損が拡大し、売りが売りを呼ぶ展開となります。これが次ページ図1-20の①の展開です。

こうした急落を受けて一定の価格まで下落したあとは、新規買いも入るため下落速度が当初よりも緩慢になります。しかし、上値の

凝り(注19)がすべて整理されたわけではないので、戻り局面があれば売りものが出るし、さらに相場が下がれば我慢できない投資家が投げ(注20)を出してきます。このため、②の局面では、①よりは傾きが緩やかですが、やはり売られることになります。

　賢明な投資家は、この局面では買いを入れないものです。買って利益を上げるためには、他の投資家がさらに高値を買ってくれなければなりません。しかし現実には、相場が戻れば売りたい投資家がその上値に圧倒的に多く存在します。したがって、②の局面で買って利益を得ようとするのは基本的には無理があるのです。

　この局面を買ってくるのは、下落トレンドを認識せずにそれに逆らった売買をする投資家か、あるいはこの相場の高値を買い、損切りをせずにナンピン買い(注21)で頑張り通している投資家でしょう。通常は、ナンピン買いが観測されます。

　最後は、買っても買っても下がる相場に、徐々にあきらめの売りが出て、安値圏で横這い形状となります。すべての買いが整理され、大底(注22)が確認されるまで相場は下落します。つまり、③は買いでも売りでも最も利益を出しにくい局面になります。

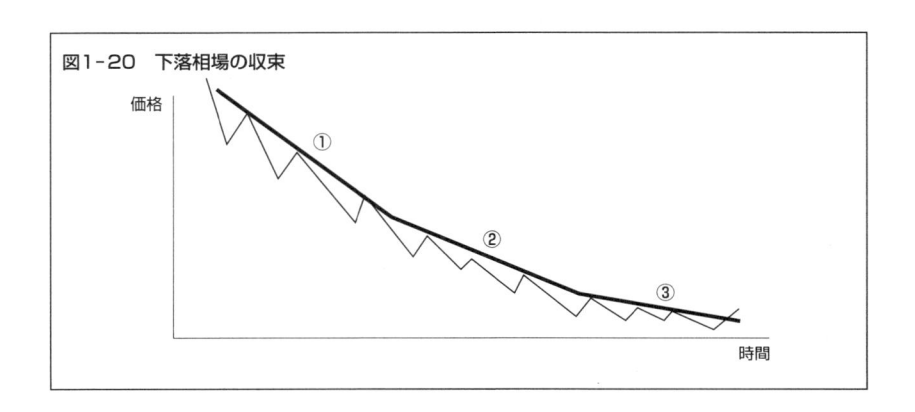

図1-20　下落相場の収束

9. トレンド・ライン

　相場の基本は、ダウ理論で定義された高値と安値の動きからトレンドを判断することです。テクニカル分析では、チャート上に、ある仮想的な線を引くことによって相場のトレンドを判断することが行われます。この線を「トレンド・ライン」と呼びます。例えば、ある高値と次の高値、ある安値と次の安値をトレンド・ラインで結び、その後の株価がこの線を超えたり割り込んだりする様子を見ながら、将来のトレンドを確認するのです。

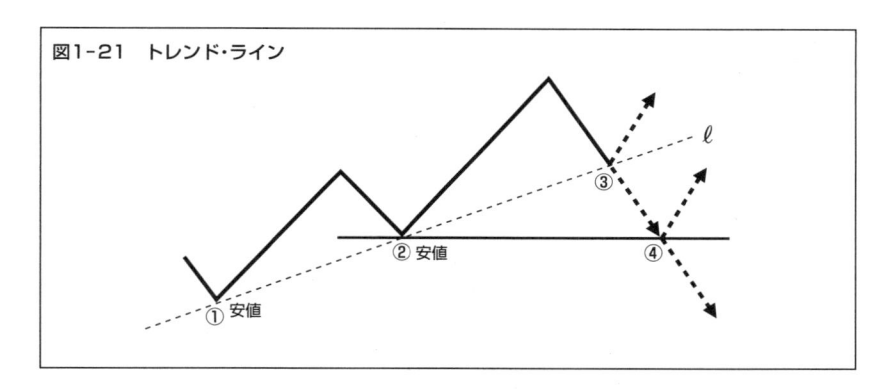

図1-21　トレンド・ライン

① 安値　② 安値　③　④　ℓ

トレンド・ラインは相場を支配する基準

　図1-21を見てください。①と②の安値が確定している場合、これまでの説明では②の安値を割り込むまでは上昇が維持されると指摘

(注19) 相場の予想外の動きにより評価損を抱えたまま身動きがとれなくなっているポジション。
(注20) 保有しているポジションの損失が拡大すると判断し、損を承知で手仕舞うこと。
(注21) 購入した銘柄が下落した局面で追加の買いを入れ、投資コストを下げようとすること。カラ売りした銘柄が上昇した局面での追加売りは「ナンピン売り」という。本来は、タイミングを複数に分けて、一連の株価の平均値で売買する手法。
(注22) 相場が下落している局面での最安値をいう。相場が大底を打つと、その後は反転して上昇トレンドに向かう。

しました。しかし、実際の相場では、④で②の安値を割り込む前に買いものが出ることが観測されることがあります。これは相場参加者が②の安値ではなく、別なポイントを意識しているからと考えられないでしょうか。

　この例では、①と②の安値を結んだ線 ℓ が実際の相場を支配しています。相場参加者が、①と②で安値を付けている傾向が③において維持されるかどうかを見ているのです。この相場が継続的に買われていくなら、この ℓ の線上で買いが入る傾向が強い、というコンセンサスがあるのでしょう。したがって、相場が③のポイントに達したとき、ここで買いが入り相場が上昇すれば、そこが押し目(注23)となる可能性があります。

　では、③で買いが入らずに ℓ を割り込んでしまったらどうでしょうか。その場合には、次の④のポイントが②の安値で止まるかどうかの確認がありますが、既にトレンド・ライン上の③を割り込んでいるわけですから、買う力が弱いと判断され、④を維持できない場合もよくあります。

　売られる場合も買われる場合も、実際の相場参加者は、前の高値を超える前、あるいは前の安値を割り込む前に動き出します。相場参加者の多くがこの道具を使って売買を行っているのです。そのため、高値・安値の概念とともに、トレンド・ラインは相場の動きを支配する重要な基準になっているのです。

上昇トレンド・ラインと下落トレンド・ライン

　図1-22に示したように、相場が上昇する局面では①と③の安値が

(注23) 相場が上昇している局面で、一時的に価格が下落するときに買いを入れること。「押し目買い」ともいう。

図1-22　上昇トレンド・ライン

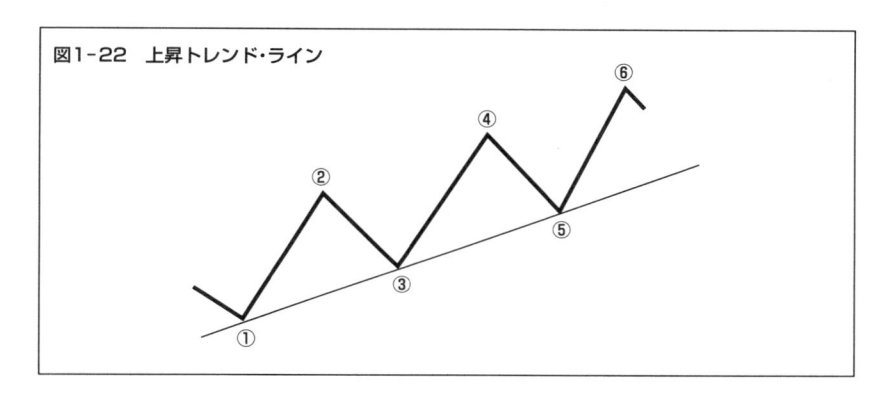

あれば、その点を通る線を引くことができます。しかし、この①と③を結んだ線は、まだ暫定線であり、傾向を示す線とは言えません。これが有効になるのは、⑤の安値がこの線上で止まったことを確認できてからです。

　これは、前述したように、④からの下落局面で、③の安値が確認される前に⑤の水準で買いが入ることにより、それまでの上昇トレンドが維持されるという投資家の意思を確認できるからです。

　このように、上昇トレンド・ラインは、①－③－⑤の安値が維持された時に確定します。当然のことですが、以後、この線で安値が維持される限り、この相場のトレンドは維持されることになります。

　次に次ページ図1-23を見てください。相場が下落する局面では①と③の高値があれば、その点を通る線を引くことができます。この①と③を結んだ線は、いわばただの直線で、これはまだ傾向を示す線ではありません。

　①と③を結んだ直線は、まだ暫定線であり、これが有効になるのは⑤の高値がこの線上で止まったことが確認できてからです。これは、③の高値を確認する前に、これまでの相場の下落角度が維持されるポイントである⑤で売りものが出るという投資家の意思が確認

図1-23 下落トレンド・ライン

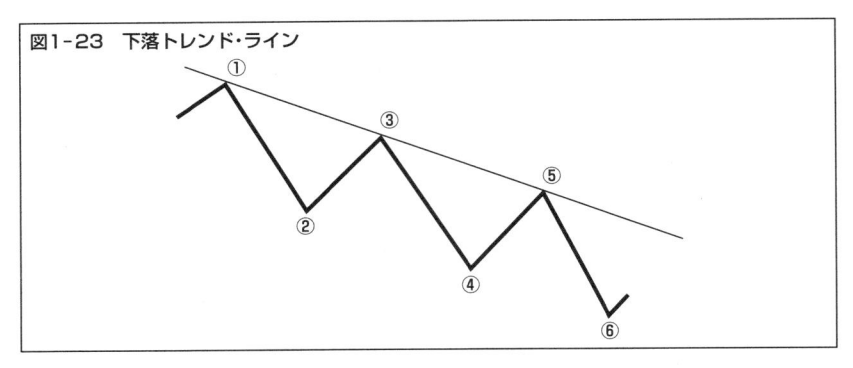

されたからにほかなりません。

このように、上昇トレンド・ラインは、①-③-⑤の高値で戻りを売られたときに確定します。そして、今後は少なくともこの線で高値が維持される限り、この相場の下落が継続することになります。

トレンド・ラインのブレイク

このような上昇／下落トレンド・ラインの説明は、今後の相場を考えるうえで非常に重要な考え方を含んでいます。この考え方の徹底こそが、本書の目的の一つになります。

相場の世界では、トレンドの発生を前提にすべてを考えています。そして、ひとたびそのトレンドが発生すると、それはすぐには終わらず、しばらくの期間継続すると考えます。

前述の通り、上昇トレンドのときは、安値を結んで線を引きます。この線を割り込まない限り、この上昇が継続するという考え方に立っているからです。一方、下落トレンドのときは、高値を結んで線を引き、この線を超えない限り、この下落が継続すると考えます。

言い方を換えれば、上昇相場では、相場がどこまで上昇するかは考えていません。同じように下落相場でも、相場がどこまで下落す

るかは考えていません。いずれの場合も、そのトレンドがどのような状況で変わるかということに注目しているのです。

つまり、上昇相場を考えるためには、安値の確認が必要であり、下落相場を考えるためには、高値の確認が必要です。これ以外に、損失を抑え、利益を追求する投資手法は考えられません。

後述するように、そもそもテクニカル分析というものは、利益を追求するためというよりも、損失を抑え込むために合理的に作られているのです。

図1-24を見てください。上の例は、上昇トレンドが下落トレンドへと転換する局面です。①の高値と②の安値を付けたあと、まず③の高値が①の高値を超えなかったときに転換の前兆が現れますが、それが確かなものに変わるのは、④において上昇トレンド・ラインを割り込むときです。そして最終的には、②の安値を割り込むことでそれが確定されていきます。

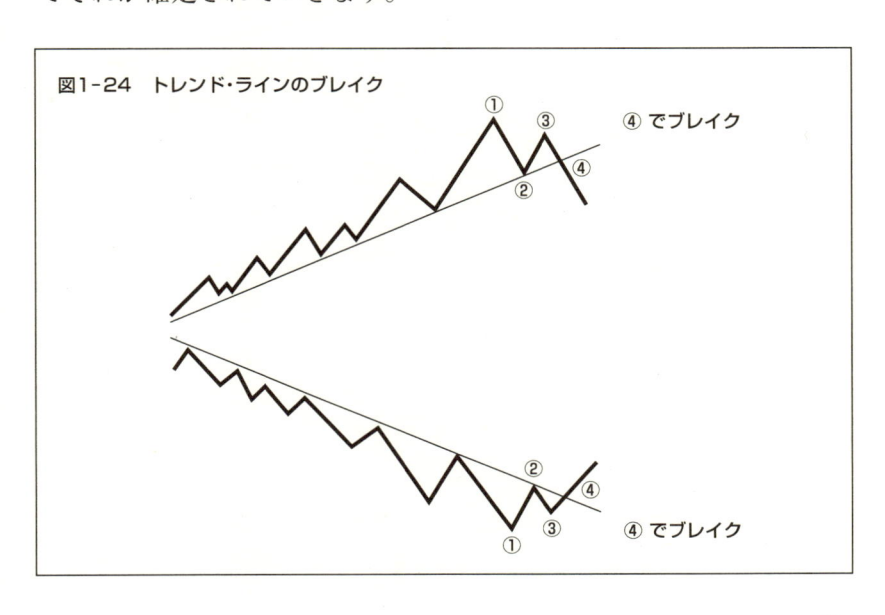

図1-24　トレンド・ラインのブレイク

下の例も同じように、ひとたび下落トレンドが確認されれば、そこに示された下落トレンド・ラインを超えるまでその傾向が継続するものと考えられます。

　この図にあるように、相場の転換前には、①の安値と②の高値を付けたあと、③の安値が①の安値を割り込まないなどの前兆が現れます。そして④において下落トレンド・ラインを超えることによって、上昇へ転換する可能性が増します。最終的には、さらに②の高値を超えることでそれが確定されていきます。

　実際の相場では、トレンドがひと山で終わることはなく、いくつかの山を構成します。

図1-25　上昇トレンド・ラインとそのブレイク
1999年12月30日～2002年11月05日　週足　(8160) 木曽路

1250円の安値割れから、下落トレンドへの反転が明らかになる。

　例えば図1-26では、①から始まる最初のトレンドは、ａという上昇トレンド・ライン上で動いています。それが調整に入ったあと、

②の安値から次の上昇トレンドに入ります。これを支持するのがｂのラインであり、それが調整に入ると③の安値まで下落し、今度はｃというライン上で動きます。

そして、ａｂｃという３本の上昇トレンド・ラインは、①－②－③を結ぶ、さらに大きな相場の流れを形成します。これは、①と②で形成される線上に③の安値がくることで、相場の基本的な上昇トレンド・ラインとして意識されます。

次の波動がｃの短期ラインで維持されたあと、④などで基本的な上昇トレンド・ラインを割り込むことが確認されるまで、この大きな上昇は続くものとなります。

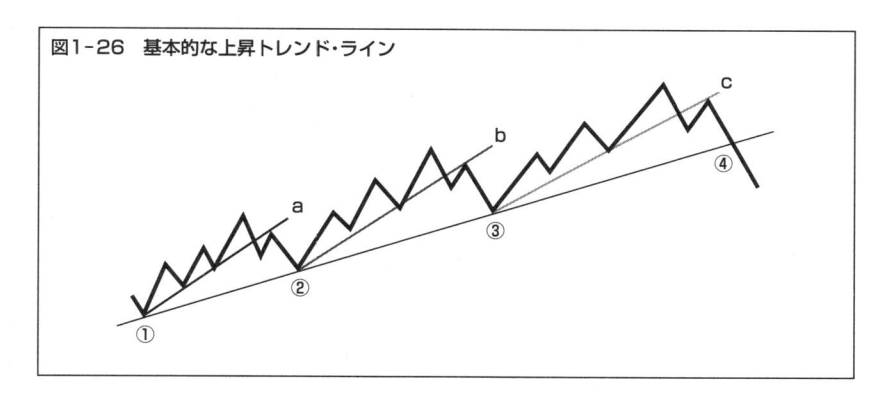

図1-26　基本的な上昇トレンド・ライン

相場の加速とトレンド・ライン

しかし、前述したように、相場はいつまでも同一直線上で推移するものではなく、どこかで加速するものです。このため、トレンド・ラインも時間の経過とともに角度が変わっていきます。

次ページ図1-27を見てください。当初ａのラインで下値を支持されていたものが、②の安値を契機にそこから上昇角度が鋭角になり、

bのラインで下値が支持されます。③からは上昇角度がさらに鋭角になり、今度はcのラインで下値が支持されるようになります。
　そして、cのラインまで上昇が加速したあとで相場が下落に向かうとき、普通に考えればc、b、aのラインが順にサポート・ラインになって緩やかに下落トレンド・ラインが形成されていくように思えますが、実はそうならないことが多いのです。この例のように加速した相場が崩れる局面では、④において相場がcのラインをいったん割り込むと、次のbのラインで止まることは稀で、⑤でb線を一気に割り込んで下落に入ることがよくあります。

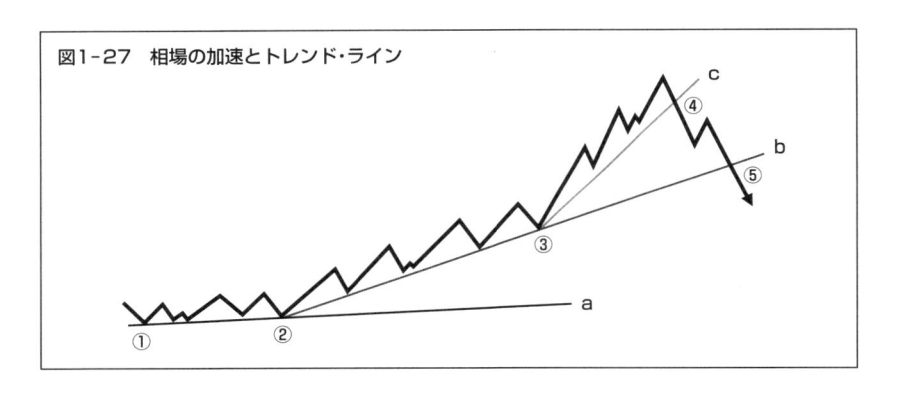

図1-27　相場の加速とトレンド・ライン

　とはいえ、相場の急落を恐れてばかりいては何もできません。せっかく相場の上昇が鋭角になり始め、これから利益をとれるようになるという局面で、上値に指値（注24）をして利食いしてしまっては何にもならないからです。サポート・ラインと安値の水準に注意を払いながらも、相場の加速パターンをしっかり念頭に置いて、きっちり利幅をとりにいくのが賢明な戦術と言えるでしょう。

（注24）株価が一定水準以上（以下）になったら売買するようにあらかじめ注文を出しておくこと。日本では「いくら以上で売り」「いくら以下で買い」という指値が一般的。

上昇相場だから必ずトレンドが加速すると決めつけて対応するのはもちろん危険なことですが、テクニカル分析の前提として述べたように、歴史・相場は繰り返すものです。現実に相場に向き合ってみれば、このような事象が決して珍しいものでないことが実感できるはずです。

チャネル・ライン

　相場の中では、何らかの制約を受けながら動いているような局面があります。この代表的なものに「チャネル・ライン」があります。
　図1-28を見てください。①と③のポイントが決まり、それを結んだ線を②の位置に平行移動し、移動した線（点線）上に④が来れば、チャネル・ラインとの見方が有力視されます。
　このような見方は、③で相場が上昇に向かい、④で相場の方向が下落に変わる間を収益化しようとする場合に使われます。図1-28では、上昇トレンド（左）と下落トレンド（右）のチャネル・ラインの例がありますが、どちらでも同じ考え方ができます。

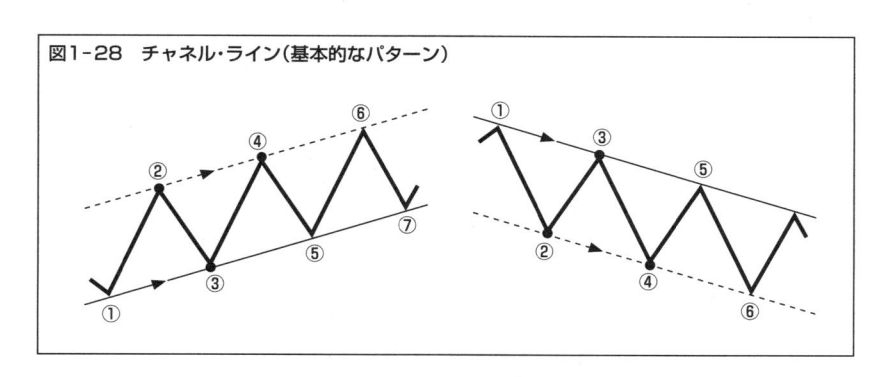

図1-28　チャネル・ライン（基本的なパターン）

　次に次ページ図1-29を見てください。安値と高値が①－②－③－

④と続いてチャネル・ラインを確認したあと、本来は次の短期波動がチャネル・ラインの上限まで達するはずなのに、⑥のポイントで反転する場合があります。この場合は上昇力が鈍いと判断され、その後⑦でサポート・ラインを割り込む前にその兆候を捉えられる可能性があります。

図1-29 チャネル・ライン（上昇力が鈍い場合）

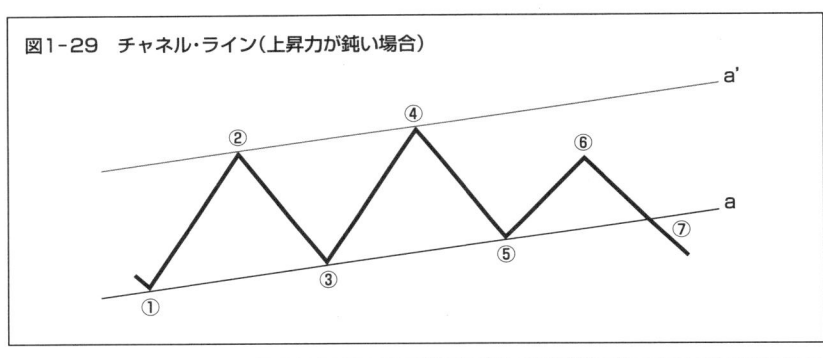

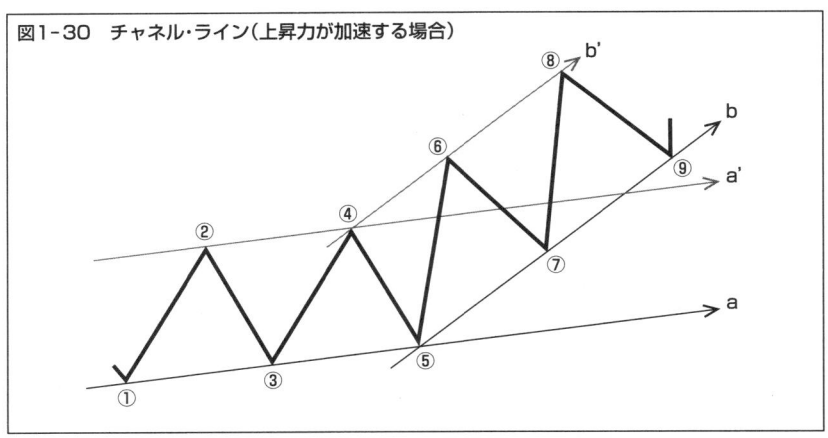

図1-30 チャネル・ライン（上昇力が加速する場合）

図1-30のように、⑤の安値からチャネル・ラインの上限で止まるべき波動が、その上限線を超えてきた場合は、そこから相場が加速する可能性が出てきます。この場合は⑤と⑦で示される新たな上昇

トレンド・ラインbを引くとともに、⑤と⑦で引いた線を⑥の高値に平行移動することにより示される、新たなチャネル・ラインb'の上限を考えることになります。

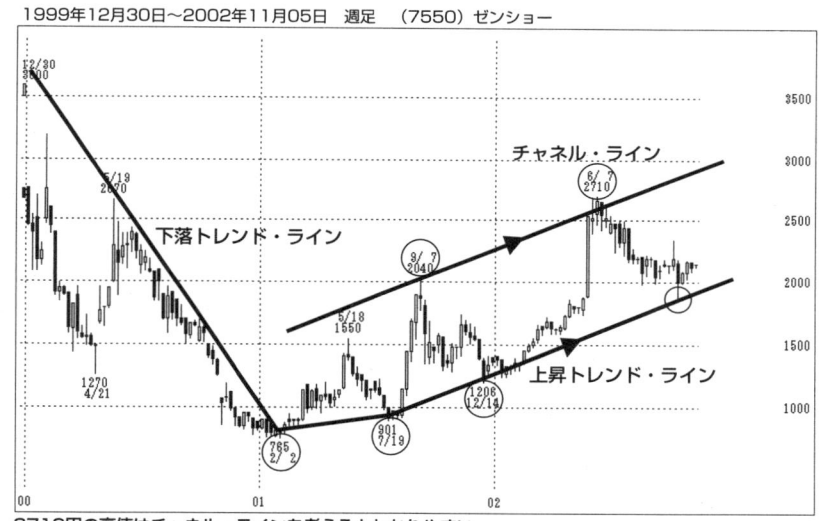

図1-31　トレンド・ラインとチャネル・ライン
1999年12月30日〜2002年11月05日　週足　(7550)ゼンショー

2710円の高値はチャネル・ラインを考えるとわかりやすい。

チャネル・ラインについては、これ以外にもさまざまなバリエーションと使い方がありますが、基本は同じですから、あとは実地相場で経験を重ねながら研究してみてください。

さまざまなパターンと対処法

　第1章は、まずテクニカル分析がどういうものかを知っていただくために、一般的な考え方を中心に説明しています。例として取り上げるトレンドのパターンも、できるだけシンプルで典型的なもの

だけを紹介するようにしています。

　しかし、実際に自分の資金をつぎ込んで株を売買する局面では、相場をパターンで考えようとすることが時として危険であるということを常に頭の片隅に置いてください。つまり、決め打ちはダメなのです。

　その理由は、相場が生きものであり、その時々の状況によってどう動くかは予想がつかないからです。ですから実際の相場の中では、最低限の定義だけに従って、臨機応変に対応するしか方法がないのです。

　世間ではよく、何月は相場が高いとか安いとか、これまでの確率が何パーセントであるとかが話題に上りますが、そのような不確かなことを基準に大事な資産を投入するわけにはいきません。私は、このようなリスク管理もできない考え方やテクニカル指標はすべて排除すべきだと考えています。このようないい加減な感覚に頼る投資方法が、日本の投資家をダメにしていると考えるからです。

　その意味で、本書を執筆するにあたって、パターン化されたトレンドの動きについて取り上げる必要はないのではないかとも考えました。しかし、株式投資についてあまり知識のない読者の方が、初めてテクニカル分析を学ぶうえでは、トレンドの動きをパターン化して説明したほうが理解が進むのではないかと考え、基本的なものだけはここで紹介することにした次第です。

　ですから、ここで紹介するトレンド・ラインについても、パターンを覚えようとするのではなく、動きの背景にある投資家の意思についてよく考えるように心がけてください。実際の相場の中では、どの線が最も相場に影響を与えているかを知ること、言い換えれば、相場参加者がどの線を最も重視しているかをいち早く確認することが何よりも重要になるからです。

最後の売り場と買い場

　次は図1-32を例に、上昇相場から下落相場へ転じる局面で、どのように売り場を判断すべきかを考えてみましょう。②のポイントまでaラインによって下値を支持されてきた相場が、③のポイントで①の高値を超えられなかったとします。

　ここで、①と③を結んだ線を②の安値に平行移動した線を引いてみるのです。これは、③以降、相場がaラインを割り込み、さらに②の安値も割り込んで④まで下落した場合、戻りが②から引かれた線上の⑤になることがあるからです。そうなると、その後は③と⑤の高値を結んだcラインが新たなトレンド・ラインを形成すると考えられます。

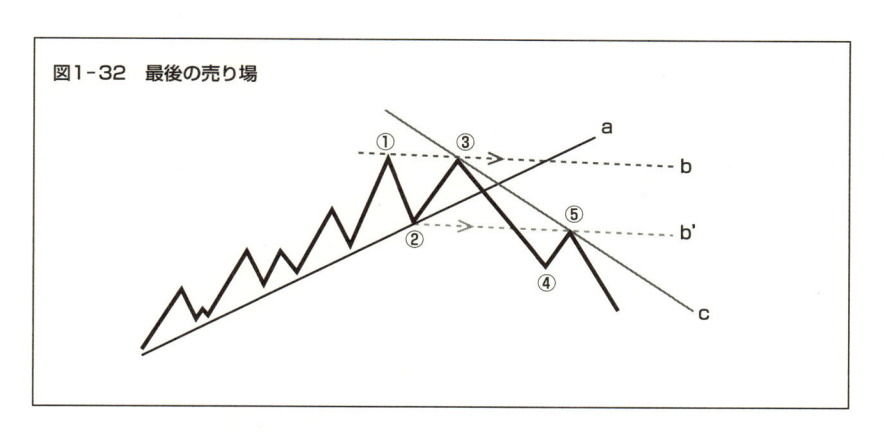

図1-32　最後の売り場

　下落相場が反転する場合にも同じことが言えます。図1-33を見てください。②のポイントまでaラインによって上値を抑えられてきた相場が、③のポイントで①の安値を下回らなかった場合、この①と③を結んだ線を②の高値に平行移動した線を考えます。このとき、③以降、相場がaラインを超え、さらに②の高値を超えて④まで上

昇した場合、この押し目は②から引かれた線上の⑤になることがあります。そうなると、その後は③と⑤の安値を結んだcラインが新たなトレンド・ラインを形成するのです。

これら二つの例において⑤のポイントは、上昇から下落に転じる場合、あるいは下落から上昇に転じる場合の、最後の売り場と買い場を示しています。もちろん、相場が弱かったり、強かったりした場合、この⑤は出現しない可能性があることも忘れてはなりません。

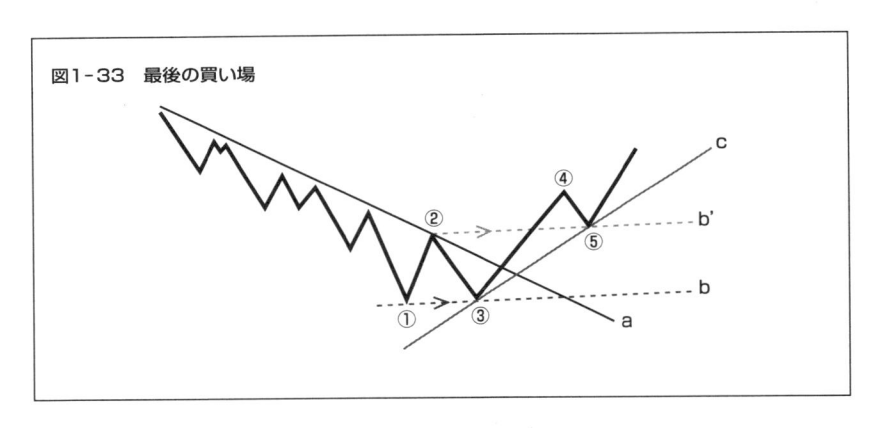

図1-33　最後の買い場

「騙し」への対応

実際の相場の中では、前述した「騙し」のパターンにもよく出くわします。そんな場合でも、パターンではなく、基本の定義に従ってその場の状況を考えれば、対応の方法が見つかるものです。

図1-34を例に説明しましょう。④のポイントで②の高値を超えていても、その後aのトレンド・ラインを割り込めば、やはり下落に転じることになります。この反転は、⑤以降、③の安値を割り込むことで確定します。この例は、「高値面合わせ」や高値更新といっ

たパターンがなくとも、下値のレジスタンス・ポイントを割り込めば相場が下落に転じることを意味しています。

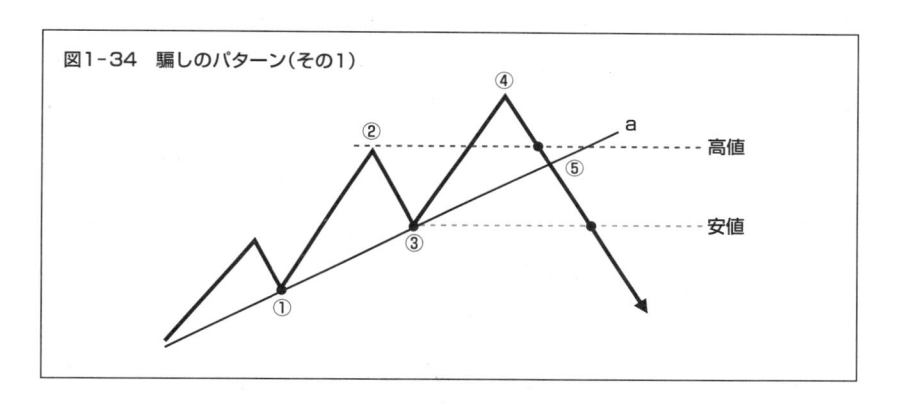

図1-34 騙しのパターン(その1)

　次に図1-35を見てください。②と④で高値面あわせになっても、その後⑤で下値をaラインで支持され、3度目のトライで②－④の高値を超えてくれば、当然相場は上値指向の動きとなります。これは、高値面あわせやダブル・トップ(注25)のパターンが現れても、その後下落に転じる条件を満たさなければ、そのパターンだけを見て下落だと思い込むことの危険性を物語っています。

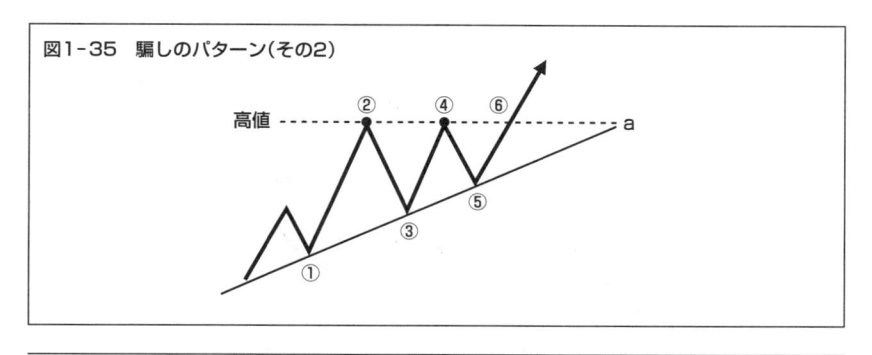

図1-35 騙しのパターン(その2)

(注25) 上昇トレンドから下落トレンドへと反転する局面で現れる高値構成のパターン。

図1-36の下落相場でも同じことが言えます。②と④で安値面あわせになっても、⑤でaラインにより頭を叩かれ、⑥で②－④の安値水準を割り込めば、やはり下落トレンド継続になります。
　図1-35と図1-36の2例は、騙しというよりも、トレンド転換に対する確認不足と言える内容です。

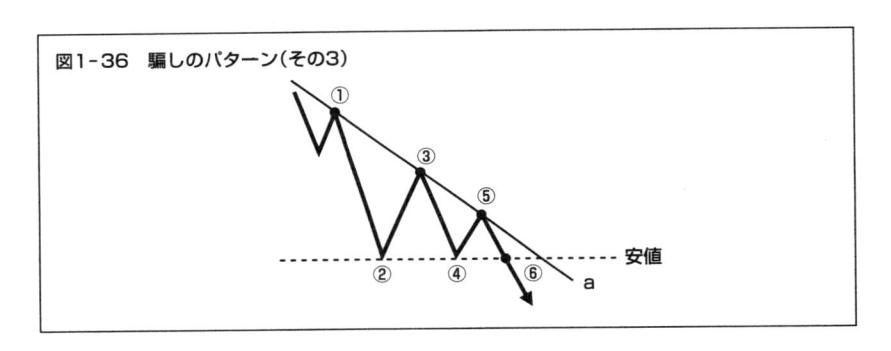

図1-36　騙しのパターン（その3）

　次に「ウエッジ」について説明しましょう。よくあるウエッジとしては、次の2例が挙げられます。
　図1-37は、はじめは上昇トレンドにある相場が、中段で保合(もちあい)(注26)を作る例です。この場合、その楔形（ウエッジ）は下を向くことが知られています。しかし、この保合の放れる方向は上方向であるといわれます。

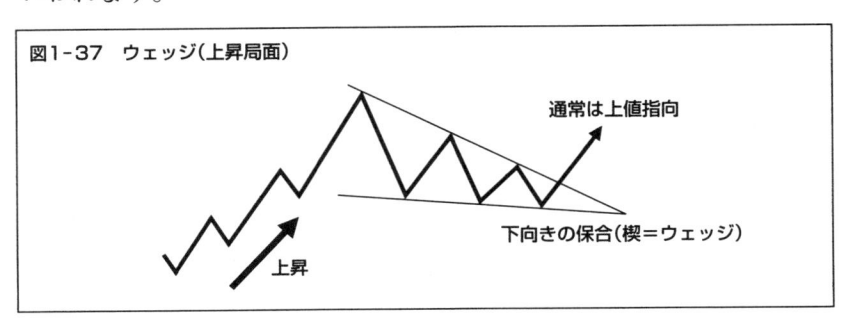

図1-37　ウェッジ（上昇局面）

第1章　テクニカル分析の考え方

図1-38では反対に、はじめは下落トレンドにある相場が、中段で保合を作る例です。この場合、その楔形は上を向くことが知られています。そして、この場合も放れの方向は下方向であるといわれます。

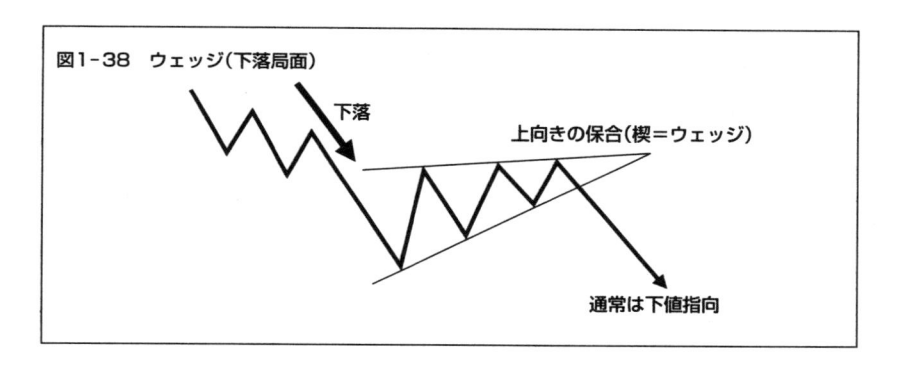

図1-38　ウェッジ(下落局面)
下落
上向きの保合(楔=ウェッジ)
通常は下値指向

　テクニカル指標の中には、ウェッジからの放れの方向を指摘するものもありますが、実際にはその局面になってみないとわからない場合が多いものです。
　繰り返しになりますが、最低限の基本を押さえ、あとはそのときの相場の動向を確認したうえで、自分のポジションを管理することが何よりも重要です。結局、現実の相場に対処する方法はそれしかないからです。

(注26)　相場がほとんど動かない状態、または、一定の範囲内で小幅に上下するだけの状態。

10. エリオット波動

　最後に、エリオット波動原理(注27)について簡単に触れておきます。
　ほとんどのテクニカル指標が未来の動きを描かないなかにあって、この波動原理は、相場の将来像に対する示唆を我々投資家に与えてくれます。この波動原理の詳細については、プレクターとフロストの翻訳書(注28)など他の書籍を参考にしていただくとして、ここではダウ理論に関連し、相場のトレンドを考えるにあたって必要と思われるところを説明しておきます。

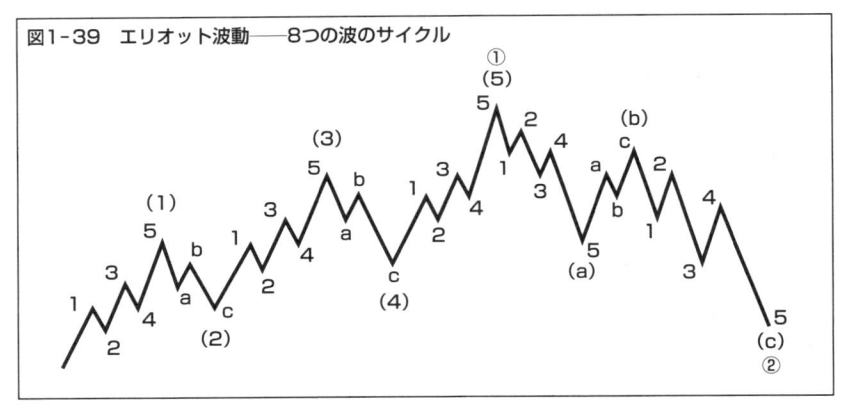

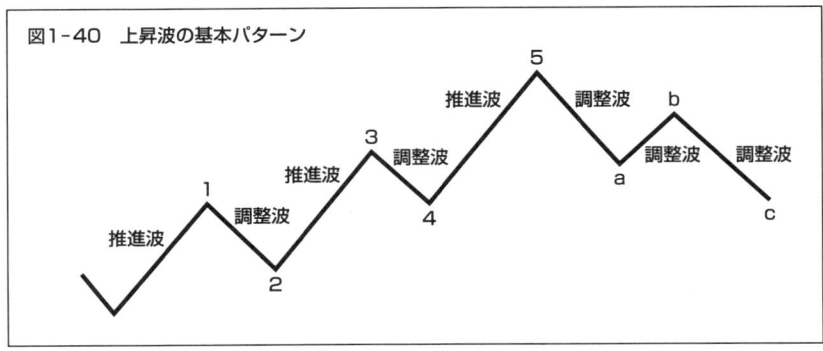

図1-39　エリオット波動——8つの波のサイクル

図1-40　上昇波の基本パターン

エリオット波動原理の基本パターンは、図1-39のように、1－2－3－4－5－a－b－cという波動のサイクルによって示されます。このサイクルが、最終的には144波で構成される一連の波動の基本パターンになります。

この基本パターンの中で、「1」「3」「5」は推進波、「2」「4」「a」「b」「c」は調整波と呼ばれます。大ざっぱに言うと、下落から上昇へ転換する段階で投資家が疑心暗鬼のなかで上昇する第1波、上昇を確信する第3波、そして、高値警戒感から利食いが出る第5波というふうに考えるとイメージをつかみやすいかもしれません。

読者の中には、本当に実際の相場がこのような波動のパターンに従って動いているのだろうかと、疑問に思う人がいることでしょう。しかし、ここで波動原理について述べているのは、相場を考えるうえで、波動の構成パターンの概略がわかっているとその後の相場を考えやすくなるからです。そしてもう一つ、この波動原理によって現実の投資家行動が縛られるからです。

テクニカル分析における投資家の行動は、ある意味、テクニカル分析に規律されます。例えば、ある安値から第1波と思われる動きが観測されれば、このあと第3波と第5波が出てくるに違いないと、相場参加者が思うようになります。そして、思惑通りに第5波が観測されれば、このあと調整に入ると思い込むのです。

投資家は、なにがしかの暗黙の規定により行動している場合が多いものです。特に相場の世界では、こうした暗黙の決まりに従って非常に多くの投資家が同一方向へ動くようになっています。したがってこの行動原理を知っていることは非常に有益なのです。

(注27) 米国のラルフ・ネルソン・エリオットが大恐慌直後の1930年代に開発した相場理論。
(注28)『株式・債券・為替分析のためのエリオット波動原理』(尾形守／松本幸篤訳、東洋経済新報社、1990年)

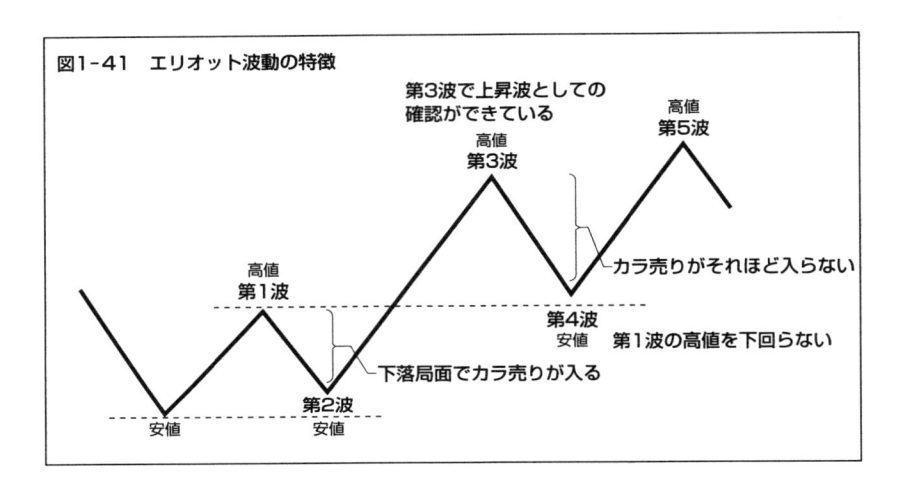

図1-41 エリオット波動の特徴

第3波で上昇波としての確認ができている
高値 第3波
高値 第5波
カラ売りがそれほど入らない
高値 第1波
第4波 安値　第1波の高値を下回らない
下落局面でカラ売りが入る
第2波 安値
安値
安値

以下にそれぞれの波の意味について説明します。

第1波

　第1波は、最安値を付けたあと、下げ止まりの確認と重複するところで発生します。その時点では下落からの反発局面と混同しがちです。当初安値から戻りを入れたあとの、再度の安値確認局面における波動のため、トレンドが変わったのか自律反発なのか、あとにならないと判断しずらい動きになります。

　この段階では、まだ下落が止まったという確証が得られないため、戻り売りが出たり、場合によっては新規売りが入るので、通常それほど値幅がありません。最初の5つの波動の中で最も短くなる特徴があります。しかし逆に、安値圏から一気に相場が急騰して非常に大きな波動が立つ場合もあります。

第2波

　安値から戻りを入れた第1波のあとの調整局面です。この第2波

の止まり方により、相場の底入れ確証が高まります。第2波では通常、第1波の上昇幅のほとんどを下げることになります。その結果、当初の安値と同水準以上で止まれば、底入れを確認できます。安値圏で三尊構成を形成した場合も、底入れ感が出てきます。

　この局面は、やはり下落継続と考えた投資家がカラ売りを入れてくる局面でもあります。もっとも、ここでカラ売りを入れてしまうと、その後の第3波の出方によっては買い戻しを余儀なくされます。逆に言えば、ここで最後のカラ売りが入るからこそ、次の第3波の上昇が大きくなるのです。

第3波

　最初の5波の中で最も長く、確信に満ちた力強いものになります。最安値－第1波の高値－第2波の安値で、下落トレンドが止まる観測が出てきているなかで、第1波の高値を超えて、上昇が確認されているからです。さらに、第1波の高値からの調整波でカラ売りなどが増加しているため、この買い戻しが相場を押し上げます。

第4波

　第3波の調整局面です。既に第3波で上昇局面入りしたことが確認されているので、第4波の安値では、第1波の高値を下回ることがないとされます。

第5波

　通常第5波は、第3波ほど強くないとされます。第3波の前の第2波の段階ではカラ売りなどが入り上昇エネルギーが蓄積されていますが、第4波の段階では既に上昇波としての認知を得ているので、それほどカラ売りが入りません。そのため、これを受けた第5波は、

第3波ほどの上昇にはならないことが多いのです。高値警戒感から利食い売りが出やすいことも波動が伸びない原因と考えられます。

a波

　当初、高値から下落してきた段階では、まだa波の調整に入ったかどうかは判断できません。これがわかるのは、a波が細かい5波に分かれ、その波動の中で高値を超えないパターンが出てからです。通常a波は、上昇局面の押し目と勘違いされることが多いようです。

b波

　a波の調整後の戻りを演じます。しかし、通常は第5波の高値を超えることなく終わります。これは事後的にわかることですが、このb波が高値更新できないことで下落に入る可能性が高まります。ここは、場合によって最後の買いポジションの逃げ場になります。c波入りが確認されると新規売りのチャンスを与えます。

c波

　c波は、b波の上昇過程で第5波の高値を更新できない局面から起こります。この下落は、a波の安値を割り込み、下落確定から売りを誘発することになります。a波の安値割れでは大きな売りが出るので、b波が高値更新できなかった場合にはその可能性を疑う必要がある局面です。

　図1-42と図1-43（74ページ）は、ソニーの株価変動の中に、比較的はっきりしたエリオット波動が現れたケースです。もちろん実際の相場では、こうした各波動の特徴が見えない場合もあります。そもそも、波動をカウントができる局面とできない局面もありますので、パターンを鵜呑みにしてはいけないのは前述した通りです。

フィボナッチ数列

エリオット波動原理では、1、2、3、5、8、13、21、34、55、89、144という数字が使われます。これは、1、1、2、3、5、8、13、21、34…と続く、フィボナッチ数列(注29)として知られる数列の一部です。

図1-42 エリオット波動の例（月足）
1990年06月29日～2002年11月25日　月足　（6758）ソニー

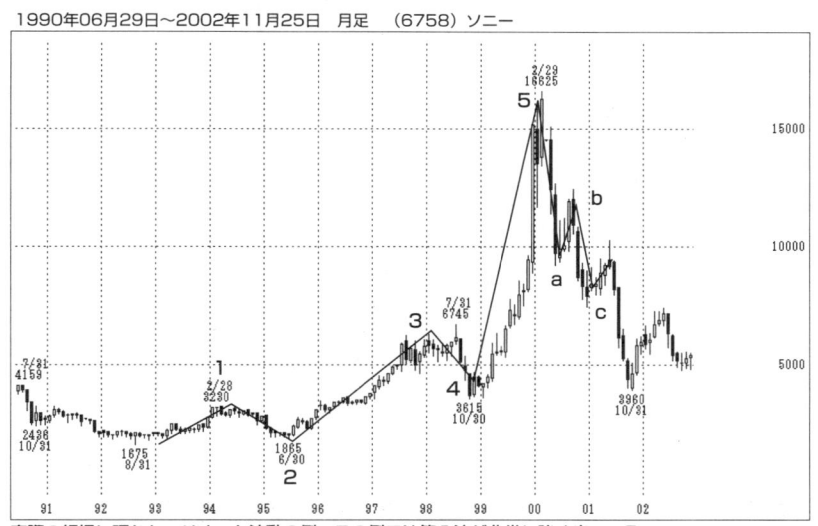

実際の相場に現れたエリオット波動の例。この例では第5波が非常に強く出ている。

フィボナッチ数列は、隣り合う2つの数を加算することによって、1＋1＝2、1＋2＝3、2＋3＝5、3＋5＝8…というふうに永遠に続くものです。ある数の次の数に対する比は、徐々に0.618に近づいていくという特徴を持ちます。例えば、5÷8＝0.625、

(注29) 13世紀の数学者レオナルド・フィボナッチが発見した数列で、エリオット波動原理の数学的根拠となっている。

8÷13＝0.615、13÷21＝0.619といった具合です。この0.618という比率は、昔から黄金比として知られていて、ピラミッドやパルテノン神殿に使われているといわれています。

相場の世界でも、この関係から導かれた「1.618」「0.618」「0.382」といった比率が使われます。

図1-43　エリオット波動の例（週足）
1999年02月05日～2002年11月25日　週足　（6758）ソニー

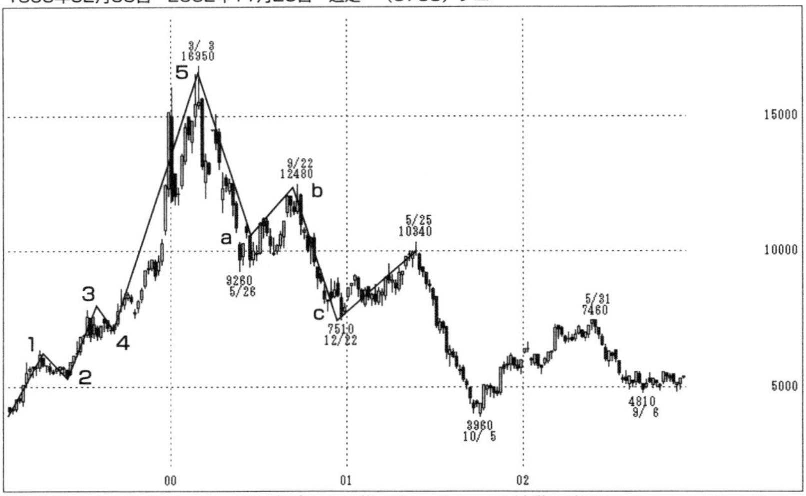

過去3年ほどの値動きを週足で見た場合。この期間でもエリオット波動を確認できる。

図1-44のように、安値から高値まで買われた場合、この上昇値幅を1としてみましょう。相場の上昇トレンドが強ければ高値から0.382の値幅の水準で押し目となり反発すると考えられます。ここで上昇トレンドが弱ければ0.618の水準まで下落して反発するようになります。そして、相場が完全に下落トレンドに入っていれば、当初の安値を割り込んで下落します。

図1-44　調整と相場の強弱感

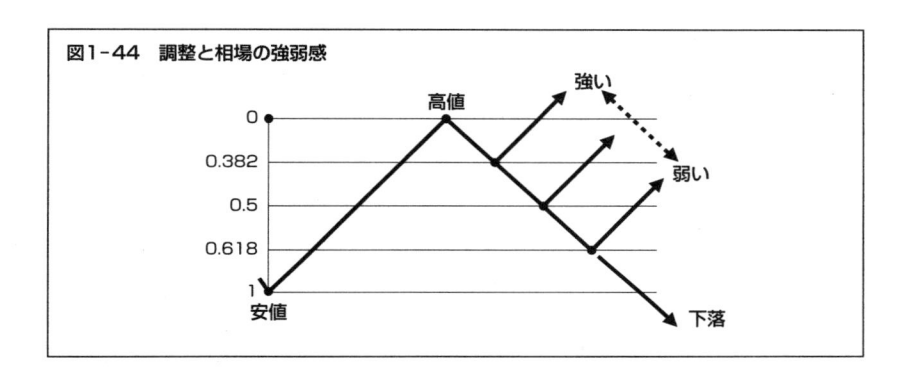

　図1-45は、この比率に従った上昇トレンドの例で、当初の上昇値幅を1とすれば、その後の波動では1.618の値幅まで上昇することもあります。あくまでも典型的な例ですが、実際の相場の中でも、しばしば同様の動きを確認することができます。

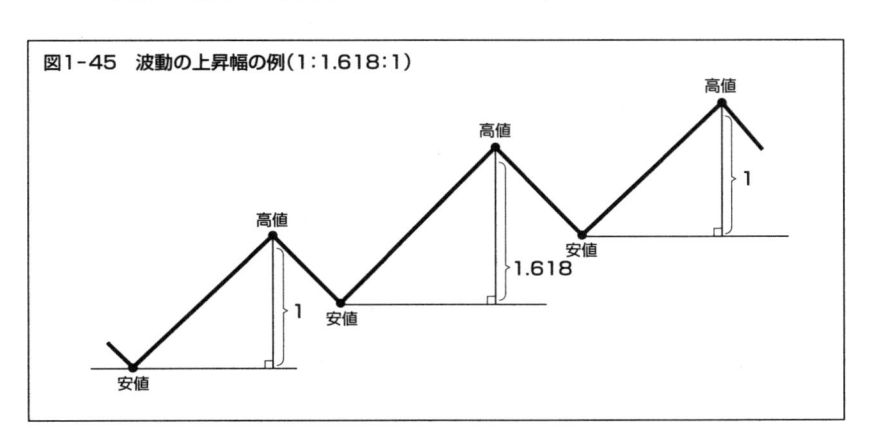

図1-45　波動の上昇幅の例（1：1.618：1）

11. 相場の考え方——まとめ

　これまで説明してきたことは、相場を分析する際に必要となる基本的な考え方です。

　高値と安値は、マーケットに参加する投資家の意思を表します。この高値と安値の出方により、ダウ理論で上昇トレンドと下落トレンドが定義されます。そして、トレンド・ラインが将来のトレンド変化の可能性を示します。さらに、こうした変化を補完するためにエリオット波動原理が相場の流れに対する示唆を与えてくれます。

　ここで重要なことは、トレンドの方向性を確認し、その方向と同じ向きのポジションをとることです。例えば、上昇トレンドにあることが確認されれば、そこには買いポジションがあるべきです。上昇トレンドであれば、高値を更新し、安値も切り上がるので、利益につながる確率が相対的に増します。逆に、そこで売りポジションを持っていれば、徐々に損失につながる確率が高まります。

　下落トレンドであれば、売りポジションを持つべきです。下落トレンドでは安値が切り下がり、高値も切り下がるので、買いポジションは損失につながる可能性が高まりますが、売りポジションは利益になる可能性が高まります。

　つまり、相場の方向性であるトレンドを確認し、その方向に自分のポジションの方向性を合わせていくことが相場の基本になるのです。これまで説明したように相場の方向性が変わる可能性があるポイントが訪れたときにも、そこでの相場参加者の意思を確認し、常に相場参加者の意思に追随することが求められます。そう考えていけば、相場の方向性が変わるのポイントこそが、売買のポイントであることも容易に理解できることでしょう。

相場は「暗黙の了解事項」に従って動く

　現実の相場の中では、第2章以降で説明する各種テクニカル指標の知識よりも、こうした暗黙の了解事項が優先されます。誰でも知っていることを知らずに売買したり、知っているのに自分だけこれらを無視して売買することは、損失を被る可能性を自ら高める自殺行為と言えましょう。

　前述したように、本書ではパターンについての説明は必要最小限に留めています。なぜなら、すべての相場の動きは、基本的な考え方を積み重ねることによって初めて理解できるからです。

　相場の動きを自分勝手にパターン化し、闇雲に信じることは危険です。常に、現実の相場の中で、どの箇所がポイントになり、今、相場参加者はどのポイントを重視しながら相場を考えているのかを考え、認識し、それによって行動することが必要です。

　暗黙の了解事項は、それ自体が投資家の行動を動かします。知識としてこれらの内容が頭にあれば、相場にある動きが現れたときに、人間はおのずとその知識に従って行動しようとします。

　言い換えれば、相場参加者がこの暗黙の了解事項に従って行動するときこそ、それに乗じて利益を確保する機会が生まれるのです。反対に、この暗黙の了解事項に反したポジションをとっていれば、マーケットからペナルティを食らうことになります。

　損失を押さえ込むことが、唯一、投資家にできることであるならば、この暗黙の了解事項に照らし合わせて常に自分が今安全なのかを確認することこそが日々の相場を考えることです。決して難しいことではありません。慎重に基本を押さえ、基本に忠実に売買することが、相場で利益を得るためには絶対に必要なことなのです。

第2章
使える指標と
使えない指標

Chapter2

テクニカル指標をどう選ぶべきか

　相場の世界では「高値」と「安値」に示された投資家の意思を読みとりながら、「この先、皆はどのように行動するのか」を模索していきます。時には確信を持ちながら、時には疑心暗鬼の中で、投資家は相場を考えます。
　本来、第1章で説明した相場の原理原則に従って行動することができれば、実際の相場でも事足りるはずです。現にそれだけで利益を出している投資家もいます。しかし、相場の変化を着実に捉え、原理原則に忠実に売買の判断を行っていくのは、多くの投資家にとってなかなか大変な作業です。そこで、そうした投資家の判断を手助けするために考えられてきたのが、テクニカル指標です。

テクニカル指標はカーナビのようなもの

　テクニカル指標は、最近急速に普及している自動車のカーナビゲーション・システムにも似ています。その中身がどうであれ、着実に目的地まで誘導してくれるので非常に便利なツールです。
　私も、相場においては、便利に使えるツールは便利に使い、投資のパフォーマンスを追求すべきだと考えています。相場に参加する目的が、相場の変動から利益を上げ、自分の人生を豊かにするためだからです。
　カーナビに従えば迷わず目的地にたどり着けるように、テクニカル指標に従って取引を行えば多くの場合それほど損失が出るもので

はありません。往々にして投資家が大損をしてしまうのは、テクニカル指標に逆らって勝手な判断で売買するからです。

　これは、カーナビがその先を右に曲がるように指示しているのに、左に曲がれば早く着けると勝手に判断して左折するようなものです。自分がよく知っていると思っていた道だとしても、大渋滞で立ち往生ということになるかもしれません。

　これまで一度も行ったことがない土地では、なおさら自分の勝手な判断など危なくて信用できません。カーナビに従わなければ確実に道に迷うことでしょう。相場の世界は、誰も足を踏み入れたことのない土地です。道は自分たちで作るしかありません。

　そんな中にあって、遠く宇宙空間に浮かんだ人工衛星から電波を受け自分の位置確認をしているがごとく、今の自分のポジションが大局的に安全なのか危険か、短期的にはどうなのかを示してくれるのがテクニカル指標なのです。

　結局、その先がどうなるかわからないので、あとは相場のカーナビたるテクニカル指標に従った売買を徹底しなければ危ないのです。

時代遅れのカーナビは使えない

　道路地図は何年も経てば、実際のものとはかなり変わってきます。それに合わせてカーナビも進化を遂げてきました。10年前の地図を基に作られたカーナビに従って、今、正確に走ろうと思ってもそれは無理なことです。

　使い物にならない道具は捨てなければなりません。いかに愛着があり、使い込んでいても、時代に合わなければ無用の長物です。テクニカル指標も同じです。古いカーナビを捨てるように、使えなくなった古いテクニカル・ツールも破棄すべきでしょう。

例えば、ある銘柄が長らく下落トレンドにあるとき「もうかなり割安になったからこの辺で買ってもいいだろう」と考える投資家がいます。多くのオシレーター系指標も買いサインを出すことでしょう。ところが、このような売買はトレンドに逆らっているため、たいがいの場合は損をしてしまいます。エリオット波動原理が示すように、推進波の対しての調整波はわずかなものです。
　カーナビにたとえれば高速道路が渋滞しているから単純に「高速を降りろ」と指示を出すようなものです。この渋滞が50キロの渋滞なのか、それとも2キロで終わる渋滞なのか、さらには高速を降りたあと一般道が混んでいるのかどうかの情報がないまま、高速を降りてしまうようなものです。
　設定にもよりますが、オシレーター系指標は下落相場でも買いサインを出します。上昇相場でも売りサインを出します。しかし、そうしたサインを出すときには、相場が上昇トレンドにあるのか下落トレンドにあるのかの判断はしていないはずです。そんな不確かなカーナビに頼っていては道に迷ってしまいます。もちろん実際の相場では大きな損失を被ってしまいます。
　第1章でまずトレンドの定義を取り上げたのは、相場の向きが上下どちらを向いているかによって、これから説明するテクニカル指標の使い方を変えなければならないからです。これはいわばカーナビなしで走らなければならないときに拠り所となる信号や道路標識のようなものなのです。
　その点、最近のカーナビは運転手が道を間違えても、瞬時に修正ルートを示してくれます。相場では、売りと買いのポジションしかないので、修正は効きませんが、それでも、買いポジションが間違えであることがわかれば、とりあえずそれを外し、もう一度方向を確認すればよいのです。いったん高速を降りてしまったとしても、

次のインターチェンジでもう一度高速に戻ればいいのです。
　前述したように売買手数料は昔に比べ格段に安くなっています。方向を間違えたと判断して、すぐに反対売買したとしても、それに必要な取引コストは許容できる範囲になっています。つまり、トレンド・フォロー型の売買に適した環境が整備されています。
　私は、常に相場はトレンド・フォローで考えるべきだと思っています。そのためオシレーター系指標はほとんど使いません。正確には投資家に使わせないようにアドバイスしています。正しく使ってもらえればよいのですが、それを誤った形で使うと損失の増大を招きやすいので、それであれば当初から使わせないほうがよいと考えているからです。子供には危ないから刃物を持たせないという趣旨と同じです。刃物は刃物の役割通りの使われ方をすれば、それはそれで有益なものです。
　また、数値によるポジションのリスク管理ができないテクニカル指標は意味がないとも考えています。「この辺で割安感がある」という漠然とした指標でリスク管理ができるでしょうか。サイコロジカル・ラインで割高割安を判断し、それで売買ができるでしょうか。リスク管理はどうやるのでしょうか。少なくとも私はできません。指数が1％動いたとき、具体的に自分の損益がどのように変わるか判断できない指標は使えないのです。

道具の選び方、使い方はあなた次第

　ですから実際に相場で売買を行う前に、使えそうな指標と、使えない指標を明確に分けておく必要があるのです。
　既にテクニカル指標を使ったことがある投資家も、何十年も前のもの、それも損の上塗りを繰り返していたものをいつまでも使うの

ではなく、今の時代に合った役に立つ指標を選んで使うべきだと思います。道具は、目的達成のために便利に使うもので、それを使うことで迷い道に入るものではありません。

しかし現実には、こうした吟味を行わずに定型化されたテクニカル指標を闇雲に使う投資家が多いのです。上昇トレンドでありながらオシレーター系指標を使って売りから入ったり、下落トレンドで押し目買いと称して買いから入ったりするのです。下落トレンドに押し目買いなどあるわけがないのに、「ここでは押し目が入りましたね」などとまことしやかな解説をする専門家も跡を絶ちません。

この第2章では、使えるものも使えないものも含めて、主要なテクニカル指標を一通り取り上げ、その中身を確認しておきます。誰が書いても同じような内容になってしまう部分がありますが、その点はご了承願います。

なお、本章で掲載している図版の一部は、セブンデータ・システムズ株式会社の了解を得て同社のデータを基に作成しました。各指標の解説の中にも、同社の協力により掲載させていただいた部分があります。

各指標には私なりの評価を付けましたが、あくまで私の独断によるものです。私のやり方は私の自己流のやり方として既に固まっていますから、一般常識とはかけ離れている場合が多々あります。前述したように、自らを管理できる投資家には、いろいろな指標をうまく使ってもらえばよいと思います。

評価は、相場を行ううえで必ず必要となるものには「A」を、考える必要がないものには「E」を付けました。その間に入る指標については重要度に応じて「B」「C」「D」を付けてありますので目安にしてください。

現在相場で使われているテクニカル指標には、ここで取り上げた

ものをはるかに超える種類があります。それらの組み合わせまで考慮すれば数億の組み合わせが出てくることでしょう。

　たくさんのテクニカル指標を組み合わせ、それぞれの指標が同時に「買い」や「売り」を示唆するほうが確からしいと考える人がいますが、実際にシミュレーションを行ってみると2～3の単純な指標を使ったほうがパフォーマンスがよくなることが多いのです。複数の指標を数多く組み合わせてもあまり意味がないのです。

σバンドと一目均衡表があれば十分

　エリオット波動原理では推進波より調整波が短いことを教えてくれますが、トレンドの方向性を無視したオシレーター系指標では、その短い調整波を利益化しようとサインを出します。結果、売買の遅い一般投資家は大きな損失を出しやすくなります。

　私はこの意味でオシレーター系指標をあまり使ってもらいたくないのです。仮にオシレーター系指標を使うのであれば、上昇トレンドでは押し目買い、下落トレンドでは戻り売りという鉄則を守ったうえで使う必要があります。

　オシレーター系指標に限らず、各種テクニカル指標を使ううえで重要なのは、そのテクニカル指標が当たるとか当たらないということよりも、相場そのものにトレンドが発生しているのかどうか確認することです。トレンドが発生しているならば、そのトレンドがどのくらい強いのかをつかむことです。いかなるテクニカル指標も、相場のトレンドの強さなしには大きな収益を得ることはできません。

　同様に、日経平均株価が3万円を超えるような強い局面と、1万円を割り込むような弱い局面では、売買の方法も異なってきます。テクニカル指標の売りサイン・買いサインに単純に対応して売買で

きるものではないことも頭に入れておく必要があります。

　さらに、実際に相場に参加している投資家のうち、どれだけ多くの人がそのテクニカル指標を見ているのか、使っているのかという事実も、非常に重要です。皆がそれに従って投資行動をとるような指標は絶対に重視しなければなりませんが、ほとんどの投資家が見ていないような指標は無視しても構いません。

　結局のところ、今の相場が買い（上昇トレンド）なのか売り（下落トレンド）なのかを確認したうえで、どこに相場の節目（売買のポイント）があるのかがわかれば、実際の相場で使えるテクニカル指標であると言えるでしょう。その意味で、私は「σバンド」と「一目均衡表」があれば十分であると考えています。

　なお、本書付録「デモ版 株の達人 for Windows」を使うと、ここで紹介する36指標のうち、「ＨＬバンド」「ポイント・アンド・フィギュア」「ＤＭＩ／ＡＤＸ」「コポック」「３日平均線」を除く31指標のチャートを描くことができます。

【 主要なテクニカル指標の解説と評価 】

分類	評価	指標名	ページ
基本	A	ローソク足	88
トレンド・フォロー系	C	陰陽足	99
その他	C	3日平均線	100
トレンド・フォロー系	A	株価移動平均線	102
オシレーター系	E	株価移動平均乖離率	112
オシレーター系	D	株価移動平均2線乖離率	114
トレンド・フォロー系	E	MACD	116
基本	B	出来高	118
その他	D	出来高移動平均線	119
その他	D	売買代金移動平均線	120
その他	A	信用取引残高	121
その他	E	価格帯レシオ	122
その他	D	OBV	124
その他	D	ボリュームレシオ（V−R）	126
トレンド・フォロー系	A	ボリンジャー・バンド／σバンド	128
トレンド・フォロー系	A	一目均衡表	132
トレンド・フォロー系	A	HLバンド	138
トレンド・フォロー系	A	パラボリック・タイム・プライス	140
トレンド・フォロー系	A	ピボット	144
トレンド・フォロー系	D	DMI／ADX	146
トレンド・フォロー系	B	線形回帰トレンド	150
オシレーター系	C	ベクトル	152
非時系列系	A	ポイント・アンド・フィギュア	154
非時系列系	B	時系列新値足	156
非時系列系	B	時系列カギ足	158
オシレーター系	B	RCI	162
オシレーター系	B	SRV−K・D	164
オシレーター系	B	ストキャスティクス	166
オシレーター系	B	RSI	168
オシレーター系	E	モメンタム、モメンタム％	170
オシレーター系	E	サイコロジカル・ライン	172
オシレーター系	E	％Rオシレーター	174
オシレーター系	E	コポック	176
オシレーター系	D	篠原レシオ	178
その他	D	騰落レシオ	183
その他	E	レシオケーター	184

基本　相場分析の基本として欠かせないテクニカル指標やデータ

オシレーター系　相場のトレンドとは反対のポジションをとる逆張りに適したテクニ

その他　基本、トレンド・フォロー系、オシレーター系、非時系列系のいずれにも属さない

トレンド・フォロー系　相場のトレンドに沿った順張り（トレンド・フォロー）に適したテク

非時系列系　時間の流れとはあまり関係なく値動きの方向と幅を重視しているテクニカル指標

A〜E　筆者による評価。Aが最も重要な指標。以下、降順に評価が下がり、Eが最も不要な指標。

ローソク足　　基本　A

　ローソク足は日本のチャートの代表格で、世界で一番精巧に工夫されている罫線であると言っても過言ではありません。

　4本値（始値・高値・安値・終値）の足型を使用し、ローソクの形に表したチャートです。始値よりも終値の方が高いものを「陽線」といって白抜き（昔は赤）で表し、始値よりも終値の方が安いものを「陰線」といって黒塗りで表します。安値と高値は、上下に突き出した「ヒゲ」（髭）と呼ばれる線で表します。ローソク足には、日足・週足・月足・年足などの種類があります。これらはその相場を表す期間が違うだけで、見方については変わりがありません。

【 作成方法 】

① 始値より終値が高い場合を表す「陽線」は、白抜きのボックス（長方形）で描く。ボックスの下辺を始値の高さに、上辺を終値の高さにそれぞれ合わせる。
② 始値より終値が安い場合を表す「陰線」は、黒塗りのボックスで描く。ボックスの上辺を始値の高さに、下辺を終値の高さにそれぞれ合わせる。
③ 高値または安値がボックス（始値と終値の範囲）をはみ出した場合、ボックスの上辺または下辺から、高値または安値の水準まで直線を引き出す。ボックス上辺から高値までの線を「上ヒゲ」、ボックス下辺から安値までの線を「下ヒゲ」と呼ぶ。

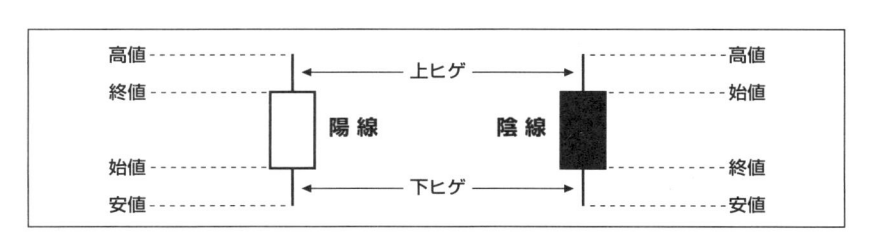

【 ローソク足の見方 】

　ローソク足は、その組み合わせにより、さまざまなパターン分けがなされています。江戸時代の米相場で活躍した本間宗久による「酒田五法」などが非常に有名です。

　第1章のダウ理論では、相場参加者の意思としての高値と安値について説明しました。このローソク足も、相場参加者の意思を表す指標です。ここでは、1本のローソク足のさまざまなパターン、そして、何本かのローソク足が組み合わさったパターンをいくつか紹介しておきます。しかし、私はローソク足を考えるときに、相場の現状がこれらのパターンのどれに当てはまるか考えたことはありません。

　このローソク足にはテクニカル指標として「A」ランクを付けています。このページと次の見開きに掲載した日経平均株価のチャートはそれぞれ日足、週足、月足のローソク足チャートの例ですが、これらのチャ

ローソク足（日足）の例

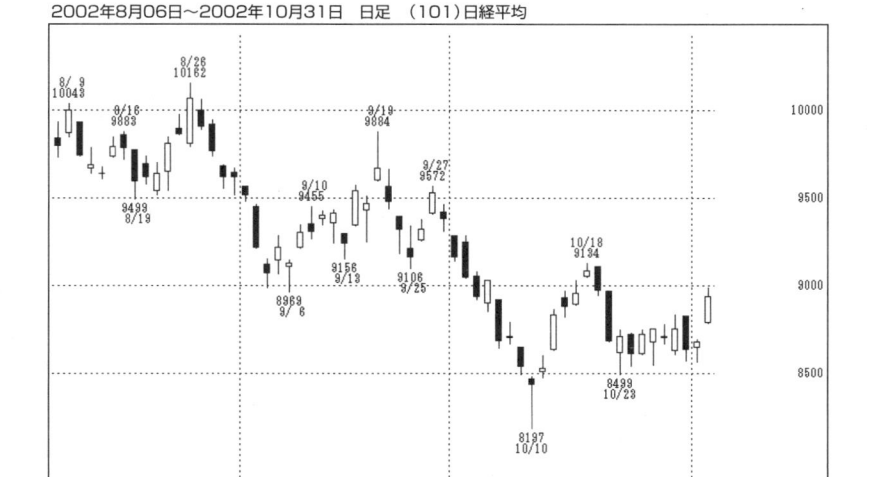

2002年8月06日～2002年10月31日　日足　(101)日経平均

1日ごとの相場の動きを表したローソク足チャート。日々の相場の強弱感や短期トレンドがわかる。

ートだけでも相場の強弱感やトレンド判断ができます。他の指標はいらないと言っても過言ではないほど、このテクニカル指標はよくできています。

　他のほとんどのテクニカル指標は、ローソク足と併用されることが多いのも事実です。他の指標はローソク足を補完し、より有効ならしめるためのツールと言ってもよいほどです。

　ローソク足を考える場合にも、ダウ理論について考えたときのように、ある価格でマーケット参加者がどのように考え、反応しているかを知ることが重要です。以前はそこで買ったが、今回は売っているなど、時間の経過とともにマーケット参加者の態度が変わることに注目すべきという点は、まさにダウ理論と同じです。

　ダウ理論では、その時々の相場の強弱感がわかりませんが、このローソク足では、ボックスの長さや、上ヒゲ・下ヒゲの長さで、マーケッ

ローソク足（週足）の例

1999年11月19日～2002年10月31日　週足　(101)日経平均

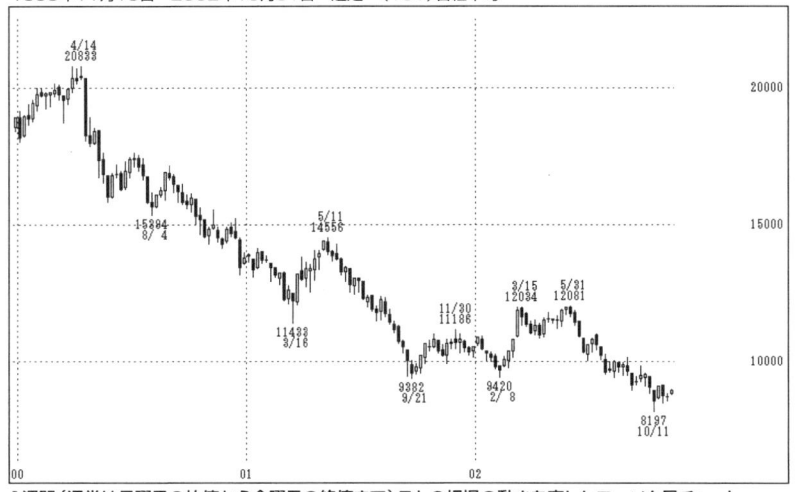

1週間（通常は月曜日の始値から金曜日の終値まで）ごとの相場の動きを表したローソク足チャート。

ト参加者の意思が読みとれます。

とはいえ、「今回は三川明けの明星で買い」などというふうに、足のかたちをその都度パターンに当てはめて考える必要はありません。ワイルダーの法則による、前々日の「終値」と前日の「高値と安値」の考え方を身につければ、当然買いになるものは買いに、売りになるものは売りになることが理解できるようになります。

ローソク足は、時間の経過とともに変化するマーケット参加者の意思を確認する指標です。他の指標を考える前に、この指標が言わんとしていることを読みとることが重要です。ローソク足自体は何も語ってくれません。それを読む能力が問われる指標なのです。

ローソク足（月足）の例

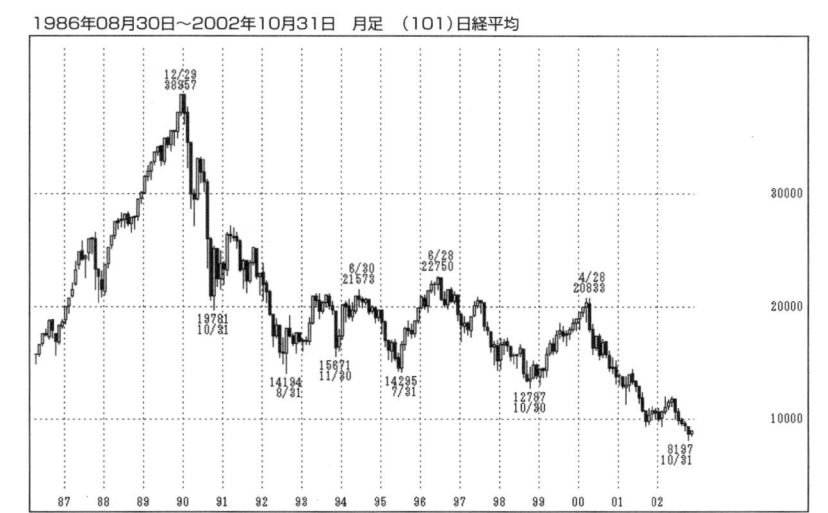

1986年08月30日～2002年10月31日　月足　（101）日経平均

1ヶ月（最初の立会日の始値から最後の立会日の終値まで）ごとの相場の動きを表している。

【 ローソク足のパターン 】

　ローソク足は、相場の動きに応じて形状が大きく変化します。ボックスが白い（陽線）か黒い（陰線）かの違いをはじめとして、ボックスが長いか短いか、上ヒゲ・下ヒゲが長いか短いかによって、さまざまな形にその姿を変えます。高値・安値が始値・終値の範囲に収まればヒゲのない、ただの長方形（陽の丸、陰の丸）になりますし、始値と終値が同じ価格ならばボックスさえなくなってしまいます（寄引同事線）。以下に、ローソク足のさまざまなパターンと一般的な解説を掲載しておきますので、参考にしてください。

陽線のパターン

呼び名	大陽線	大陽線	大陽線	大陽線	下影陽線	小陽線	小陽線	下影陽線	上影陽線
俗称	陽の丸坊主	陽の大引け坊主		陽の寄り付き坊主			コマ（陽の極線）	カラカサ（たぐり線）	
性質	上げ継続	上げ継続	上げ継続	上げ継続	上げ継続	上げ継続	流れの小休止を示唆	上げ継続。すぐ反転なら転換を示唆	上げ継続。すぐ反転なら転換を示唆

第2章 使える指標と使えない指標

陰線のパターン

呼び名	大陰線	大陰線	大陰線	大陰線	上影陰線	小陰線	小陰線	下影陰線	上影陰線
俗称	陰の丸坊主	陰の大引け坊主		陰の寄り付き坊主			コマ（陰の極線）	カラカサ（たぐり線）	
性質	下げ継続	下げ継続	下げ継続	下げ継続	下げ継続	下げ継続	流れの小休止を示唆	下げ継続。すぐ反転なら転換を示唆	下げ継続。すぐ反転なら転換を示唆

寄引同事線のパターン

呼び名	寄引同事線	寄引同事線	寄引同事線	寄引同事線	寄引同事線	寄引同事線	寄引同事線
俗称	十字線	足長同事（寄せ線）	トンボ	塔婆（とうば）	四値同事（一本同事）	上十字	下十字
性質	転換を示唆	強弱の攻防を示唆	上位、下位の出現で転換を示唆	上位、下位の出現で転換を示唆	流れの強さを示唆。すぐ反転なら転換を示唆	上げ途上なら上昇の勢いの強さを示唆	下げ途上なら下落の勢いの強さを示唆

【　組み合わせのパターン：買いシグナル　】

なべ底
1～3ヶ月間もみ合って、下値を切り上げるなべ型の転換。転換後、1～3ヶ月上昇することが多い。底値圏で何度も往来するので、上放れを確認してからが買い。

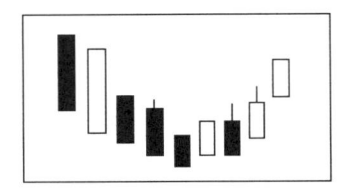

三川明けの明星
下げ局面において長い陰線、捨子線（短い陽線）で底入れした後、長い陽線が出現するパターン。

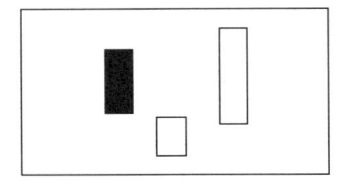

三川明けがらす
黒三兵（3本の陰線、「三羽がらす」ともいう）で突っ込んだ後の赤三兵（3本の陽線）でV型の転換を表す。出来高の増加が重要なチェックポイント。

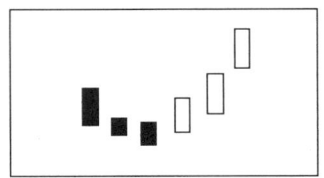

たくり底
最安値圏の下ヒゲの短い陰線（陰のカラカサ）が転換を示す。これが下ヒゲの短い陽線（陽のカラカサ）なら勢力線といい、同様に転換を表す。

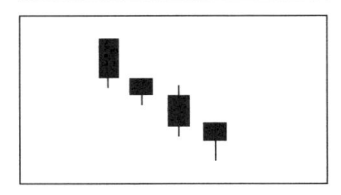

三空叩き込み
下落して3回連続で空（2つの陽線または陰線の値幅の開いている部分。窓ともいう）を開けた形で転換を表す。

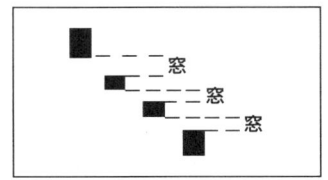

陰の陰はらみ
最初の陰線の長い下ヒゲと翌日の陰線の下ヒゲは指値の切り上がり、最後の短い陰線は下げ止まりと解釈され、転換を表す。

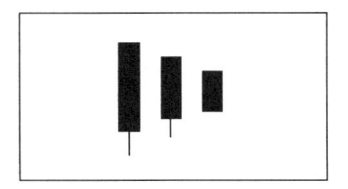

【 組み合わせのパターン：売りシグナル 】

三尊の別れ
釈迦・文殊・普賢の三菩薩が並んだ型を指し、天井を表す。最後の陰線で下落トレンドが明確になる。

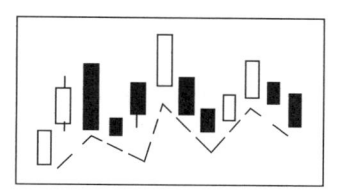

三川宵の明星
上昇局面で出現した長い陽線の翌日の、上ヒゲの短い陽・陰線が天井を表す。これが寄引同時線なら「宵の十字星」になる。

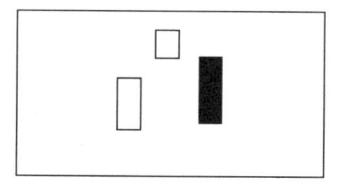

三兵三羽崩れ
3本目の上放れ陽線が陰線で包まれて上げ止まり、黒三兵（三羽がらす）で天井を表す。

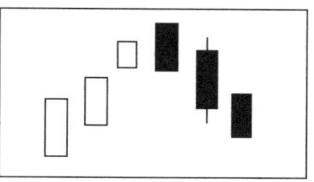

首つり線
高値圏で上放れて寄り付き、下押しするが、高値引けとなる下ヒゲの長い陽線（陽のカラカサ）は、下げ始まると脆い。ここで新規の買いは首つりものという意味。

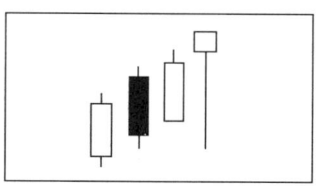

三空踏み上げ
上昇して3回連続で空（窓）を開けた形は下落トレンドへの転換を表す。

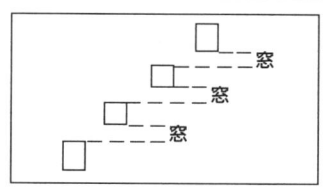

陽の陽はらみ
売りものが集中し前日の始値よりは高く寄りついたが伸びきれず、前日より安く引けた型を「はらみ」という。下落トレンドへの転換を表す。

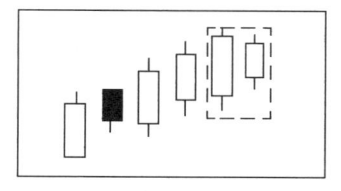

【 組み合わせのパターン：大底圏に多い足型 】

赤々上げの法則
底値圏で陽線が出現した翌日、さらにそれより高い陽線が現れるパターン。強い買い信号となる。3本で「赤三兵」と呼ばれる。

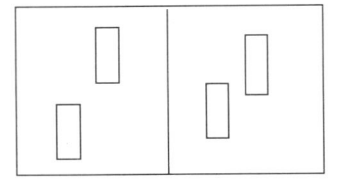

たすき
底値圏で陰線が出現した翌日、始値は前日の始値より低いが、終値が前日の始値より高い陽線が現れるパターン。特に数日前からの連続的な動きのなかでの出現は、反転による戸惑い感が払拭されたという見方ができ、目先買いとなる。

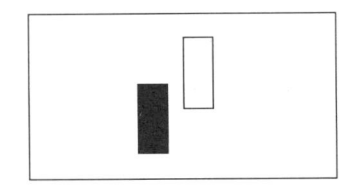

つつみ
底値圏で陰線が出現した翌日、それを包み込むような大きな陽線が現れる。「抱きの一本立ち」と称され、買いの決め手となる。

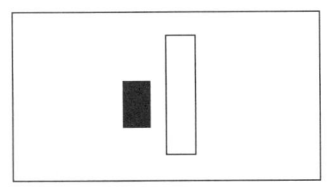

さしこみ
底値圏で陰線が出現した翌日、始値は前日の終値より低いが、終値が前日の終値より高い陽線が表れた場合。

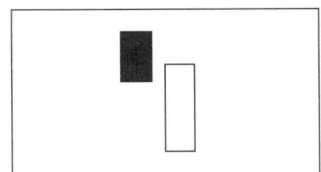

捨子線
底値圏で陰線が出現した翌日、前日始値より安いところに十字星または値幅が1〜2円程度の極星が現れた場合。「明けの明星」と称される。

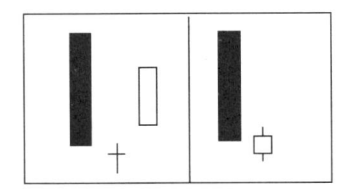

極星の並び
底値圏で、陽線または陰線の極星が多く出現した場合。上昇トレンドへの転換が近いことを暗示する。

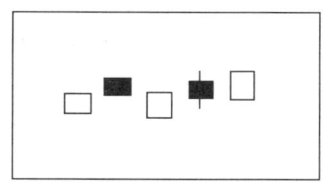

下げの窓埋め
底値圏で陰線が引けた翌日、窓を開けて寄り付き、下落して陰線で引けたが、次の日にこの窓を埋める陽線が表れた場合。

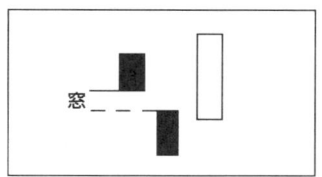

【 組み合わせのパターン：天井圏に多い足形 】

かぶせ
高値圏において陽線で引けた翌日、始値が前日の終値より高い陰線が現れた場合。

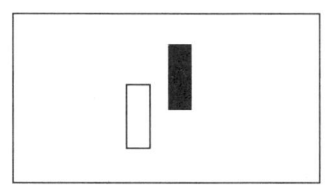

捨子線
高値圏において陽線で引けた翌日、十字星または値幅が1～2円程度の極星が現れた場合。

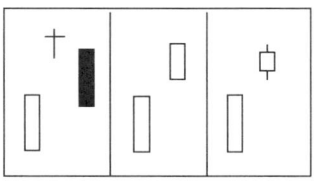

陽線一発下抜き
高値圏において陽線で引けた翌日、終値が前日の始値より低い陰線が現れた場合。

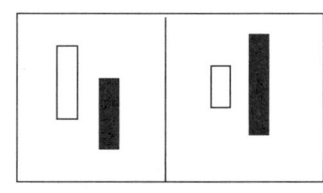

はらみ
高値圏において陽線で引けた翌日、始値が前日の始値より高く、かつ終値が前日の終値より低い場合。

黒々下げの法則
高値圏において陰線で引けた翌日、さらにそれより下げた陰線が現れた場合。3本で「黒三兵（3羽がらす）」と呼ばれる。

黒々のかたまり
高値圏において陰線で引けた翌日、陰線の極星が現れ、次の日に2日前の陰線より下げた陰線が現れた場合。

上げの窓埋め
高値圏において陽線で引けた翌日、窓をあけて寄り付き、続伸して引けたが、次の日に陰線が現れこの窓を埋めた場合。

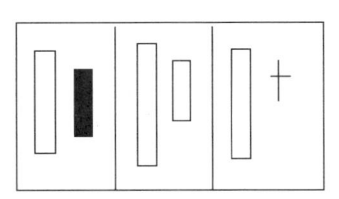

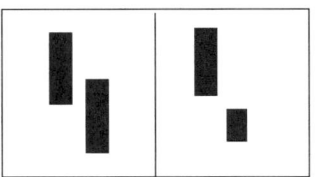

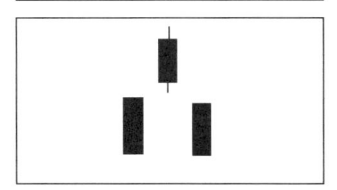

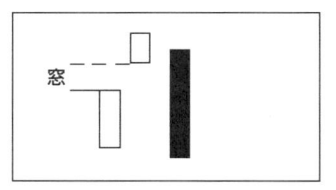

陰陽足

トレンド・フォロー系 C

　終値の平均値を使って作成するローソク足で、相場のトレンドと勢いを見ます。使用日数をnとすると、「当日までのn日間終値平均値」と「前日までのn日間終値平均値」を比べて、前日平均値より当日平均値のほうが高い場合は陽線、低い場合は陰線を描きます。主な使用日数は、日足は3日・25日・75日、週足は5週・13週・26週、月足は3ヶ月・12ヶ月・24ヶ月です。

陽転と陰転のタイミング（5週足の場合）
2001年10月12日～2002年11月25日　週足　横河電機(6841)

陰陽足は移動平均線の変化などをつかむのに有用。

3日平均線

その他 C

　ローソク足の一種で、3日間または3週間（5週間）の株価変動を平均した値を基に作成します。まず、①始値＝3日間の始値の平均値②高値＝3日間の高値の平均値③安値＝3日間の安値の平均値④終値＝3日間の終値の平均値を算出し、①②③④でローソク足を作成します。通常、陽線は赤、陰線は白抜きで表示します。このとき、上ヒゲは実体線（中央の長方形）の左端、下ヒゲは右端に書きます。さらに、作成したローソク足の中に当日の終値を記入します。終値が実体線の中心より上なら赤丸、下なら黒丸で記入します。終値が実体線より上下にはみ出る場合は、実体線と点線（または実線）でつなぎます。

ローソク足と3日平均線

2002年10月11日～2002年11月25日　日足　ヤクルト(2267)

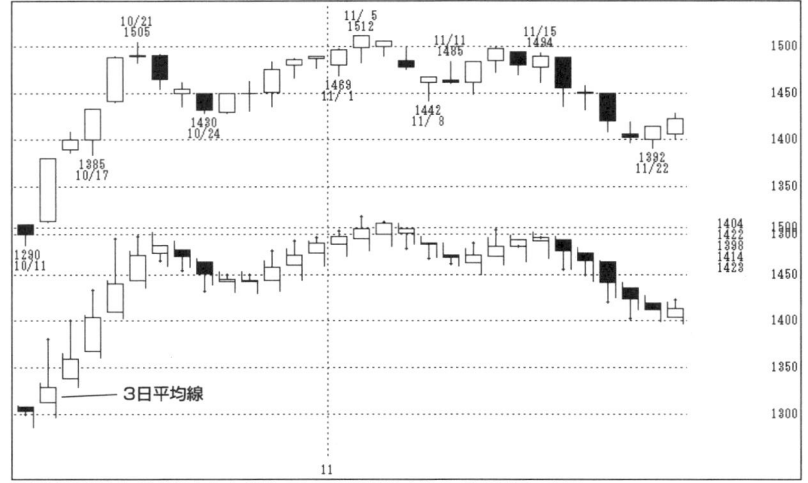

通常は陽線は赤、陰線は白抜きだが、ここでは陽線は白抜き、陰線は黒で表示。

第2章　使える指標と使えない指標

【　3日平均線の見方　】

　上昇する連続陽線、または下降する連続陰線の中に「変化接近」「天井・底値」「天井・底値の前兆」「相場の変化」などが出現した場合に強いシグナルとみなします。

主なパターン
【変化接近】

| ①実体線に黒丸・赤丸が入っている | ②陽線で黒丸が下に出る | ③陰線で赤丸が上に出る |

【天井・底値】　　【天井・底値の前兆】　　【変化の前兆】

| 非常に短い実体線 | 影線（ヒゲ）が非常に長くなる（影線（上ヒゲ）／影線（下ヒゲ）） | 前日線の中にはらむ |

【勢いがつく】　　【流れの中】　　【相場の変化】

| 前日線をつつむ | 影線（ヒゲ）が短くなる（陰線の場合も同じ） | 実体線が極めて短くなり、影線（ヒゲ）が伸びる傾向 |

【相場の暖】　　【上昇強】　　【下降強】

| 陽線の黒丸　陰線の赤丸 | 上ヒゲよりも上に赤丸 | 下ヒゲよりも下に黒丸 |

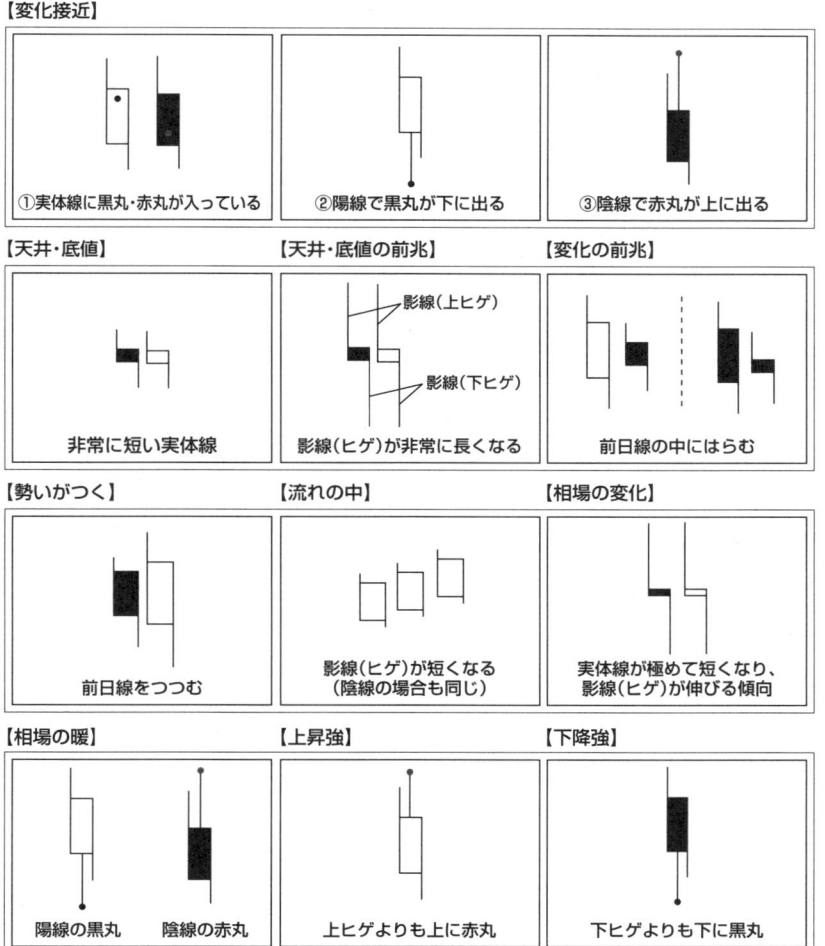

101

株価移動平均線　トレンド・フォロー系　A

　株価移動平均線は、当日から遡ったある一定期間の終値の平均値を、当日にプロットすることでグラフ化したものです。ローソク足で表される終値との関係で売り・買いのタイミングを決めるために使われます。

　移動平均線の方向性から中長期の相場のトレンドを判断したり、移動平均線に対する株価の乖離から目先の行き過ぎ感を判断することもあります。あるいは、超短期の移動平均線を相場の動きと見立て、中長期の移動平均線とのクロス・オーバーで売り買いを決めるなど、実に多彩な使われ方をします。

　株価の終値だけではなく、出来高や売買代金、その他のさまざまな指標の変化を示すために使われることもあります。

　移動平均には、単純移動平均、修正移動平均、加重移動平均、指数平滑平均などがあります。一般的には、単純移動平均が使われます。

　算出期間が短い移動平均ほど値動きに敏感であり、期間を長期にすると反応は鈍くなります。これは、短期の移動平均線ほど売買のタイミングが早くなり、結果として、「騙し」と呼ばれるノイズを拾いやすくなるからです。一方、期間を長くすると、大きなトレンドを捉えやすくなりますが、トレンドを認識するまでに時間を要することになります。

　市場が一定のトレンドを形成していれば中長期線が有効で、トレンドがハッキリしない保合圏やトレンドが転換する過程では、価格変化に敏感な短期線が有効だといわれています。

　このため、中長期線でトレンドを、短期線で売買タイミングを判断する試みが行われます。この考え方として、後述する「グランビルの法則」や「クロス・オーバー法」などがあります。

【 作成方法 】

① 平均をとる期間（日・週・月の単位、および何単位を基準にするか）を設定する。代表的な期間は以下の通り。
　　日足：5日、10日、25日、75日、100日、200日
　　週足：5週、13週、26週、52週
　　月足：12ヶ月、24ヶ月、60ヶ月
② 当日（または週、月）から、①で設定した期間だけ遡り、その日数（または週数、月数）の終値の平均値を求める（単純移動平均なら足して割る）。
③ ②で求めた平均値を、当日（または週、月）の値として、グラフの該当箇所にプロットする。

【 計算例 】

毎日の終値をA、日数を5日とします。

5日間の移動平均　　$N1 = \dfrac{A1+A2+A3+A4+A5}{5}$

5日間の移動平均線の作成例

日	終値	移動平均
1	A1　500	
2	A2　510	
3	A3　520	
4	A4　530	
5	A5　540	N1　520
6	A6　550	N2　530
7	A7　560	N3　540

N1＝(500+510+520+530+540)÷5＝520
　　　　　　↑
　　(A1+A2+A3+A4+A5)

※N2はA2～A6
　N3はA3～A7　となります。

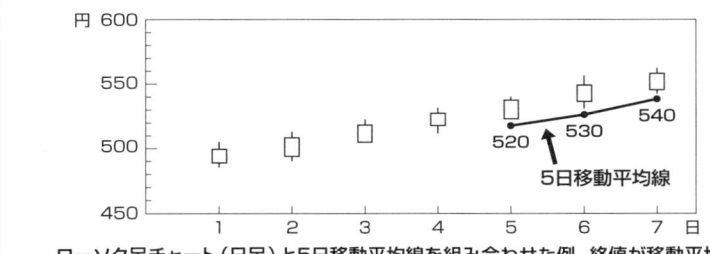

ローソク足チャート（日足）と5日移動平均線を組み合わせた例。終値が移動平均線の上にあるので上昇トレンドを表す。

【 株価移動平均線の見方 】

　通常、いくつかの数値の平均を求めてグラフに書き込むときには、対象とした数値の範囲の真ん中あたりに平均値をプロットするものですが、移動平均線のグラフでは、この平均値を直近のデータと同じ時点にプロットします。こうすると、ローソク足で表される直近のデータ（例えばある日の終値）が移動平均線より上にあるか下にあるかが直感的にわかるため、相場のトレンドが上向きか下向きかを判断しやすくなります。大ざっぱに言えば、直近データが移動平均線より上にあれば上昇トレンド、直近データが移動平均線より下にあれば下落トレンドということがわかるのです。

　日足など短期的なデータならば、終値がその日の評価の値となりますから、移動平均値はその期間の評価の平均値です。言い換えれば、その期間に売買した人の平均コストの近似値でもあります。

25日移動平均線の例

2002年01月4日〜2002年11月05日　日足　ミスミ（9962）

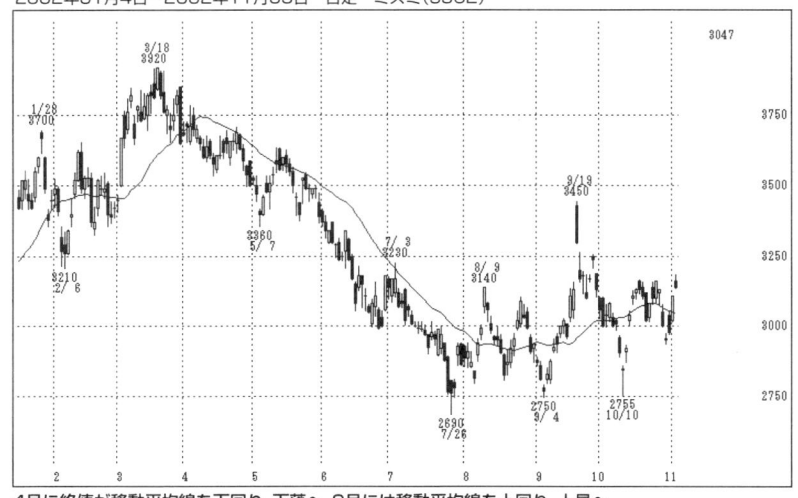

4月に終値が移動平均線を下回り、下落へ。9月には移動平均線を上回り、上昇へ。

したがって、直近の終値が移動平均線より上にあれば、全体として買い方は評価益があり、売り方は評価損を抱えているものと考えられます。この結果、買い方はさらに買いを増し、売り方は買い戻しを行うため、相場はさらに上値指向となります。

　逆に、直近の終値が移動平均線より下にあれば、全体として売り方には評価益があり、買い方は評価損を抱えているものと考えられます。この結果、売り方はさらに売りを増し、買い方は反対売買の売りを行うため、相場はさらに下値指向となります。

　つまり、その時点の終値が移動平均線の上にあるか下にあるかによって、その後の相場の方向性がどちらを向きやすいか判断できるわけです。

　この移動平均線の考え方が、多くのテクニカル指標の考え方の基本になります。また、ローソク足やダウ理論に基づく相場判断と同

26週移動平均線の例

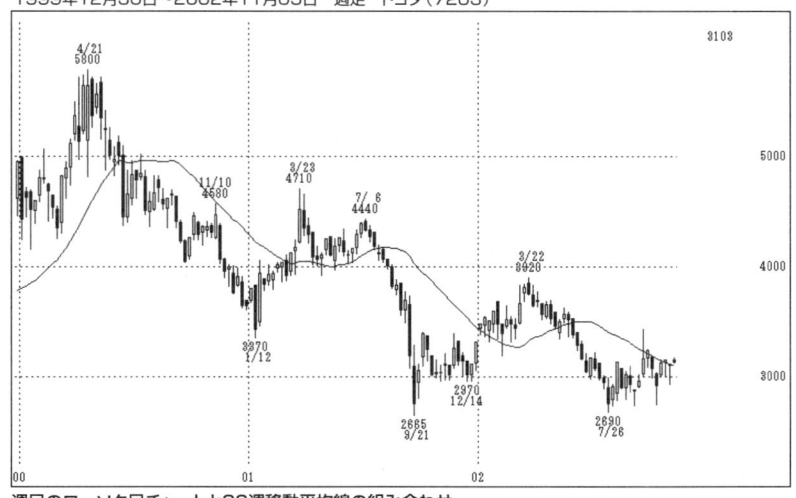

1999年12月30日〜2002年11月05日　週足　トヨタ（7203）

週足のローソク足チャートと26週移動平均線の組み合わせ。

じように、この移動平均線を使った売買が相場の基本ともなります。その意味で、移動平均線の考え方をきちんと理解するとともに、この移動平均線を使った売買をしっかり身につけることが何よりも重要です。移動平均線が使いこなせないのに、他のテクニカル指標が使えるはずがないと私は考えています。当然、移動平均線には「Ａ」ランクを付けてあります。

24ヶ月移動平均線の例

1990年06月29日～2002年11月05日　月足　トヨタ(7203)

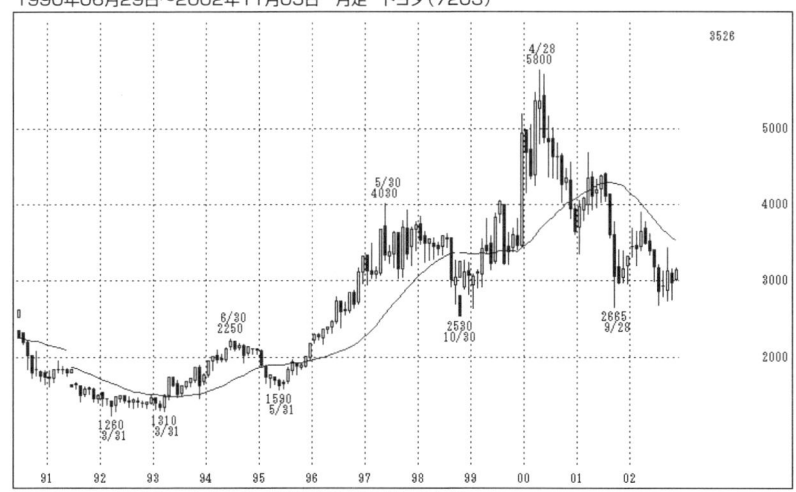

月足のローソク足チャートと24ヶ月移動平均線の組み合わせ。

【 グランビルの法則 】

　移動平均線の使い方としては、アメリカの著名なテクニカル・アナリスト、ジョー・グランビルが考案した「グランビルの法則」が有名です。これは、株価の動きと移動平均線（中長期線）が交差する様子から、「買いサイン」と「売りサイン」を読み取る手法です。グランビルの法則の買いサインと売りサインはそれぞれ4パターン、全部で8パターンあります。ひとつずつ説明しましょう。

買い1——移動平均線が下落した後、横ばいまたは上昇に転じた局面
　　　　において、株価チャートが移動平均線を下から上に突き
　　　　抜けたとき。
買い2——移動平均線が上昇している局面で、株価が移動平均線を下
　　　　回った直後。
買い3——上昇している移動平均線の上に株価があり、株価がいった
　　　　ん下落したものの、移動平均線を下回ることなく、再び

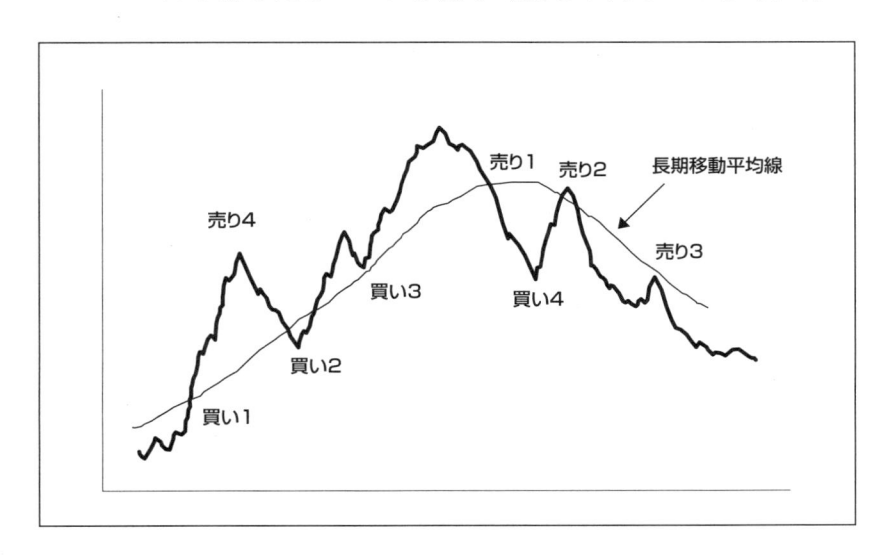

　　　　　上昇したとき。
買い4──移動平均線が下落している局面で、移動平均線の下にある
　　　　　株価が急落した直後。
売り1──長期上昇を続けた移動平均線が横ばいから下落に転じた局
　　　　　面で、株価が上から下に突き抜けたとき。
売り2──移動平均線が下降している局面で、株価が平均線を上回っ
　　　　　て上昇した直後。
売り3──移動平均線が下降している局面で、株価が移動平均線に向
　　　　　かって上昇したが、上回ることができずに再び下落した
　　　　　とき。
売り4──移動平均線が上昇している局面で、移動平均線の上にある
　　　　　株価が急上昇した直後。

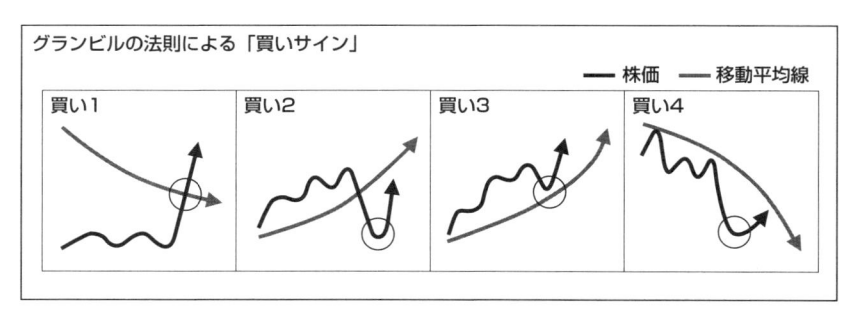

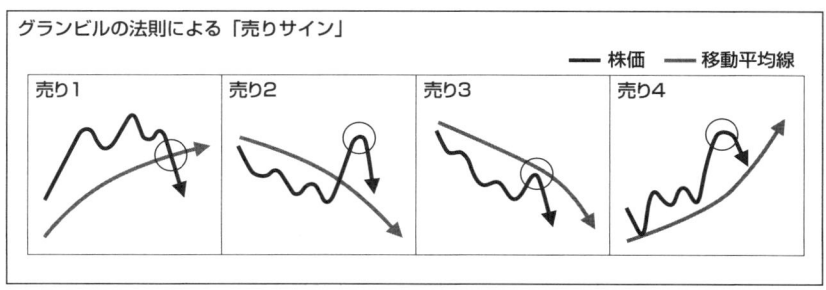

グランビルの法則による「買いサイン」
株価　　移動平均線
買い1　買い2　買い3　買い4

グランビルの法則による「売りサイン」
株価　　移動平均線
売り1　売り2　売り3　売り4

グランビルの法則（実践例1）

2002年01月17日～2002年11月05日　日足　イオン（8267）

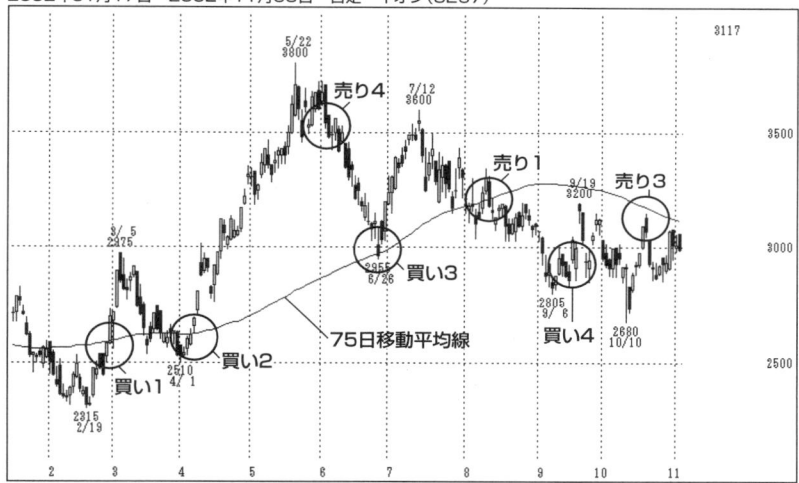

日足ローソク・チャートと75日移動平均線の組み合わせ例。7種類の売り・買いのサインが出現。

グランビルの法則（実践例2）

2002年01月17日～2002年11月05日　日足　住友化（4005）

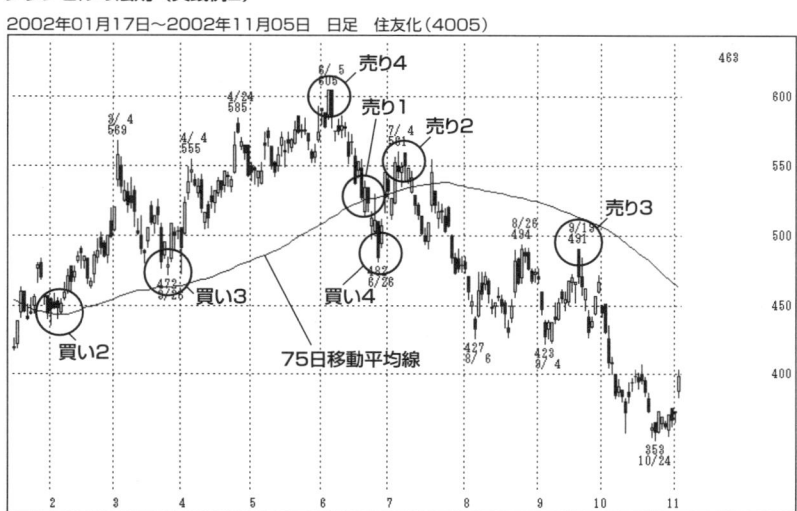

乱高下が激しく、買いと売りのサインが入り乱れている。

【 クロス・オーバー法 】

　相場の基調変化を判断するために、短期、中期、長期など、複数の移動平均線を同時に使い、その線が交差するところを売買のタイミングとして使う試みが行われます。これをクロス・オーバー法といいます。

　それぞれの線が交わるタイミングを、通常、ゴールデン・クロスとデッド・クロスと呼びます。

　ゴールデン・クロスは、株価が交差する移動平均線の上方にあり、短期移動平均線が中期・長期移動平均線を、あるいは中期移動平均線が長期移動平均線を下から上に突き抜けた状態のことです。これは、相場が上昇トレンドへ転換することを示唆しています。

　これに対して、デッド・クロスは、価格が交差する移動平均線の下方にあり、短期移動平均線が中期・長期移動平均線を、あるいは中期移動平均線が長期移動平均線を上から下に突き抜けた状態のことです。これは、相場が下落トレンドへ転換することを示唆しています。

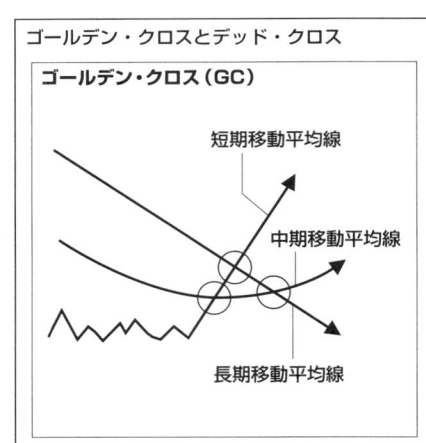

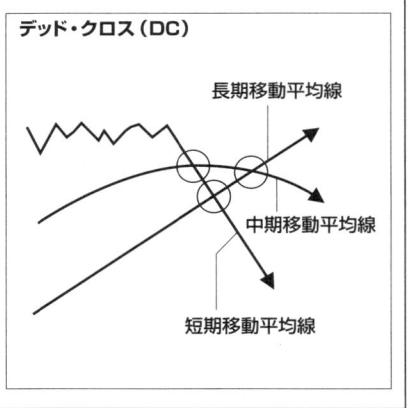

ゴールデン・クロスとデッド・クロス

ゴールデン・クロス（GC）
短期移動平均線
中期移動平均線
長期移動平均線

デッド・クロス（DC）
長期移動平均線
中期移動平均線
短期移動平均線

ゴールデン・クロスとデッド・クロス（実践例１）

2002年01月17日～2002年11月05日　日足　住友化(4005)

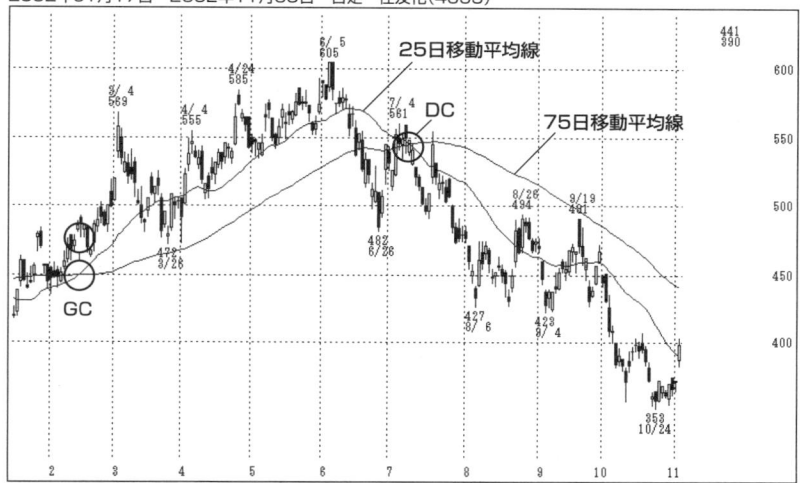

25日線と75日線でゴールデン・クロス(GC)とデッド・クロス(DC)を見る。

ゴールデン・クロスとデッド・クロス（実践例２）

2002年01月17日～2002年11月05日　日足　石原産業(4028)

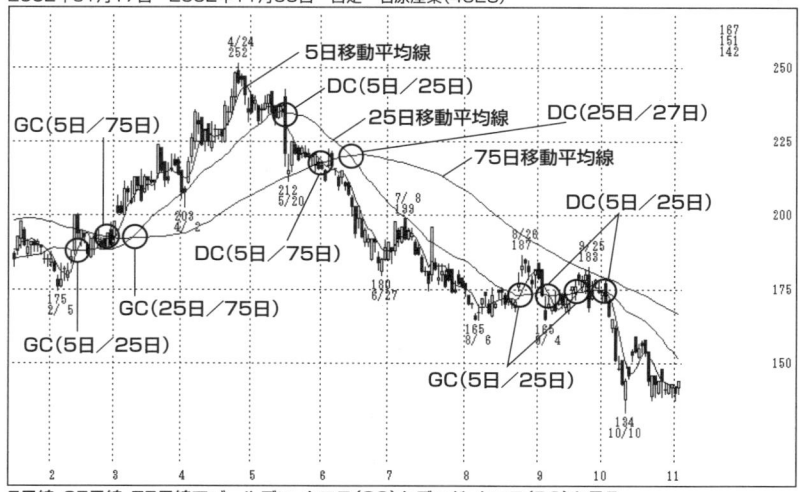

5日線、25日線、75日線でゴールデン・クロス(GC)とデッド・クロス(DC)を見る。

株価移動平均乖離率　　オシレーター系　E

　株価移動平均乖離率は、株価が移動平均の値とどれだけ離れているかを数値として表した指標です。移動平均の値が上昇中であるか下降中であるかは全く考慮せず、株価と移動平均値の乖離率だけを問題にします。移動平均に対する大幅な乖離現象はやがて必ず修正されるという経験則に基づいています。

　この移動平均乖離率は、相場のトレンドに対して逆張り的発想に立ちます。つまり、トレンドの方向と関係なく、大きな乖離が起こった場合に、それが修正されるという発想です。ここで問題なのは、大相場になったときにこの考え方に立ってポジションを持つと、とり返しのつかない損失を被る恐れがあることです。常にストップ・オーダーを入れて対応すればよいのですが、「異常乖離がいつか修正されるだろう」と思ってナンピン買い（売り）を続けると致命傷を負うことになります。私は、このようにトレンドに逆らった売買を前提としたテクニカル指標は、排除すべきであると考えます。

　また、この指標を使うと、大相場で大きな収益を確保できるチャンスが来ている局面なのに、その利益をとり損ねることになりかねません。相場のトレンドが非常に強い場合、乖離が拡大したまま相場が推移するのはよくあることです。この意味でも、私としては使うべきではない指標と考えます。

　売買指標としては使わず、「おおむね高値圏にある」「おおむね安値圏にある」という意味で、目先の流れを判断する目安として使う分には参考になるかもしれません。

【 作成方法 】

「当日の終値」から「当日までの移動平均値」を差し引き、その値を「当日までの移動平均値」で割って「株価移動平均乖離率」を算出。
25日、75日、13週、26週、12ヶ月、24ヶ月など、移動平均線で使用する期間を使用する。

$$株価移動平均乖離率 = \frac{終値 - 25日株価移動平均値}{25日株価移動平均値} \times 100（\%）$$

25日株価移動平均乖離率の例
2002年07月03日〜2002年11月25日　日足　久光製薬（4530）

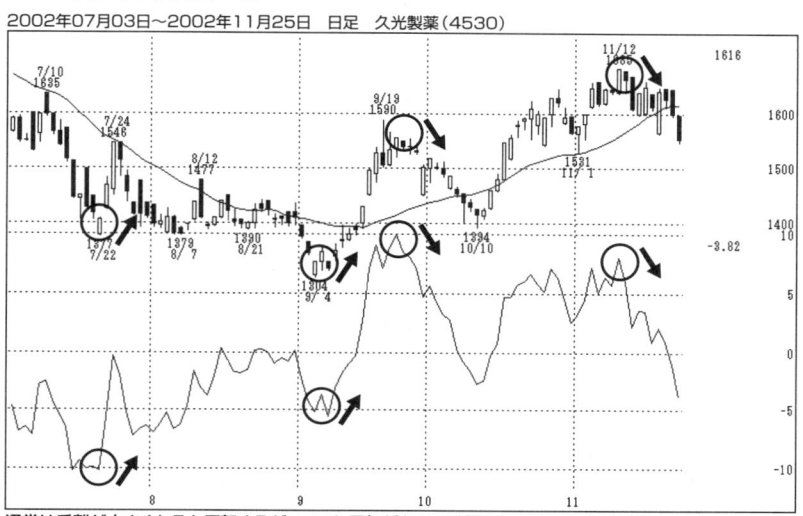

通常は乖離が大きくなると反転するが、いつも反転があるとは限らないので注意が必要。

株価移動平均2線乖離率

オシレーター系 D

　長期移動平均線を基準に、短期移動平均線がどれだけ離れているかを見るテクニカル指標です。この考え方は「MACD」の考え方に引き継がれています。

　株価が上昇し、2線乖離率がおおむね15％以上に達すると、天井圏に近いこと（売りサイン）を示します。逆に、株価下落局面で2線乖離率が－15％以上になると、底に近づいていること（買いサイン）を示します。

【 作成方法 】

$$株価移動平均2線乖離率 = \frac{短期移動平均値 - 長期移動平均値}{長期移動平均値} \times 100 (\%)$$

［組合せの例］
日足：25日、75日（基準線）
週足：13週、26週（基準線）
月足：12ヶ月、24ヶ月（基準線）

25日移動平均線と75日移動平均線の例
2001年09月06日～2002年11月25日　日足　島津製作所(7701)

75日移動平均線
25日移動平均線
2線乖離線
買いサイン
売りサイン

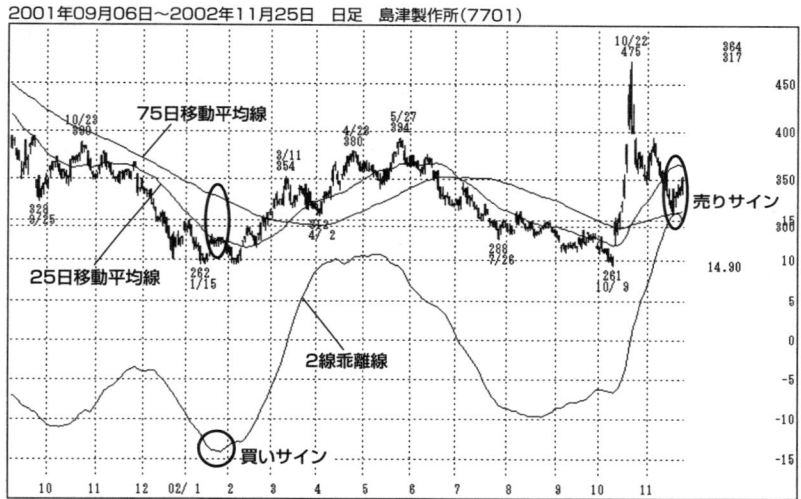

2002年1月に－15％に近づき「底」を示唆、10月には15％を超え「天井」を示唆している。

12ヶ月移動平均線と24ヶ月移動平均線の例
1990年08月31日～2002年11月25日　月足　シャープ(6753)

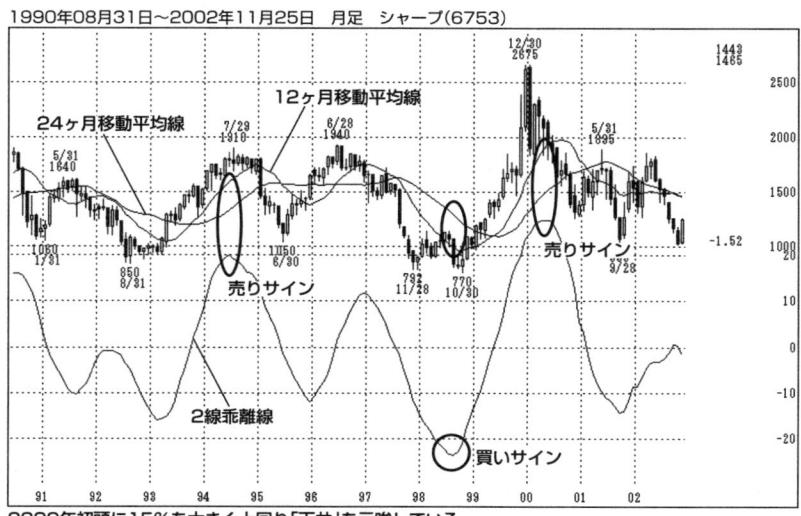

24ヶ月移動平均線
12ヶ月移動平均線
2線乖離線
売りサイン
売りサイン
買いサイン

2000年初頭に15％を大きく上回り「天井」を示唆している。

MACD　　　トレンド・フォロー系　E

　MACDとは「Moving Average Convergence Divergence trading method」の略で、日本語では「移動平均・収束・拡散法（発散法）」と言います。2本の移動平均線（MACDとそれを単純移動平均化したシグナル）を用いることにより、相場の周期とタイミングを捉える指標です。長期移動平均線と短期移動平均線の差に注目する点では、株価移動平均2線乖離率と同じですが、MACDでは直近の値に重みをつけた「平滑平均」を使います。MACDの傾きからトレンドの方向性を見るといった利用方法もあります。騙しが少なく使いやすいので、一部の投資家の間で根強い人気を持つ指標です。

【 作成方法 】

MACD＝長期株価指数平滑平均－短期株価指数平滑平均
　　株価指数平滑平均（EMA）＝B＋α（A－B）
　　　A：その日・週・月の終値、B：前の日・週・月までの平均値、
　　　α：平滑化定数（α＝2／（前の日・週・月までの期間＋1）
シグナル＝一定期間のMACDの移動平均線

［組合せの例］
日足：13日（短期）、26日（長期）、5日（シグナル）
週足：13週（短期）、26週（長期）、5週（シグナル）
月足：12ヶ月（短期）、24ヶ月（長期）、5カ月（シグナル）

【 MACDの見方 】

　基本的には、先行するMACDが遅行するシグナルを下から上に抜いたときが買いサインです。その後、MACDとシグナルがともにゼロ水準を上回れば、より信頼度が増します。反対に、先行するMACDが遅行するシグナルを上から下に抜いたときは売りサインです。その後、MACDとシグナルがともにゼロ水準を下回れば、より信頼度が増します。

　以前に反転した位置がその後の反転ポイントの目安になります。ゼロ水準の前後で反転することも多いので注目して下さい。大きなトレンドが発生しているときにMACDが相場の流れと逆行した場合は、相場が天井や底に近いことを示します。相場が下降しているときにMACDが上昇し始めた場合は、近い将来相場が底を打つ可能性があります。

ＭＡＣＤの売り買いのタイミング
2000年01月21日～2002年11月25日　週足　アルプス電気(6770)

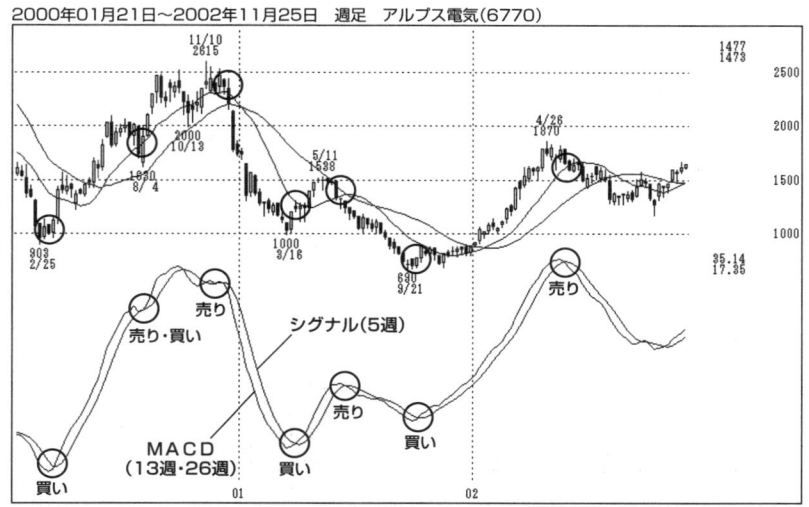

安値圏でＭＡＣＤがシグナルを上回れば「買い」、高値圏でＭＡＣＤがシグナルを下回れば「売り」。

出来高

基本 B

　ある銘柄、あるいは市場全体における売買注文が約定した数量（株数）。出来高は株価に先行するとよくいわれますが、これは相場を後押しする人気が反映されるからです。また出来高は、売買成立時の値段における売り・買いの圧力を表しているので、値動きの背後にある勢力や切迫感もうかがい知ることができます。

　一般には、出来高が増加傾向をみせてきたら、目先反転が期待されます。反対に、出来高の減少は人気の離散を意味し、先行き株価下落が予想されます。また、高値圏で過去に例のない大きな出来高になれば天井になりやすく売り信号とみなせます。

株価の動きと出来高の推移（週足）
2001年01月05日～2002年11月25日　週足　日本光電工業(6849)

一般に出来高が増えると株価が上がり、出来高が減ると株価が下がる。

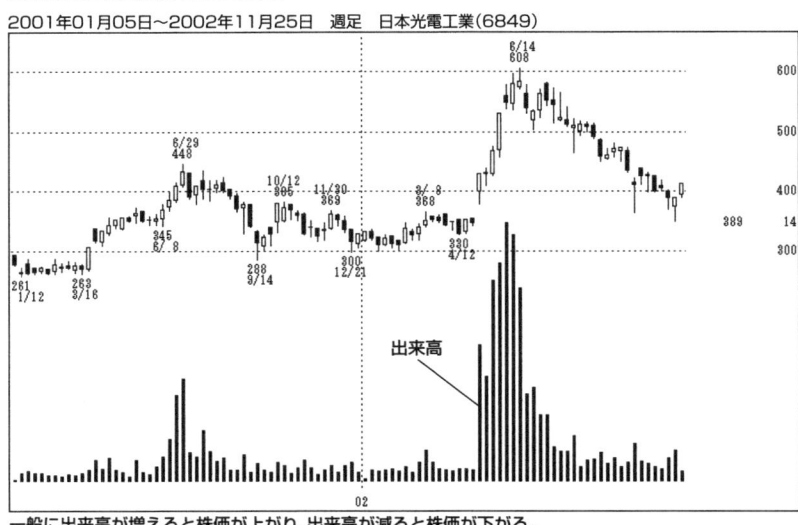

第2章　使える指標と使えない指標

出来高移動平均線　　その他　D

　株価移動平均線の考え方と同じように、出来高の一定期間の平均値を結んだものが出来高移動平均線です。株価の先行きを予測する目安として使います。日足では5日・25日・75日、週足では5週・13週・26週などの期間を主に使用します。

　5日と25日の出来高移動平均線を使う場合、出来高が増加傾向にあり、5日線を上回れば目先買いのサインを示します。また、5日線が25日線を上回れば中期的な買いサインとみます。

　反対に、出来高が減少しながら5日線を下回れば目先売り、5日線が25日線を下回れば中期的な売りサインとなります。

5日平均線と25日平均線の組み合わせ例
2002年07月03日〜2002年11月25日　日足　ブラザー(6448)

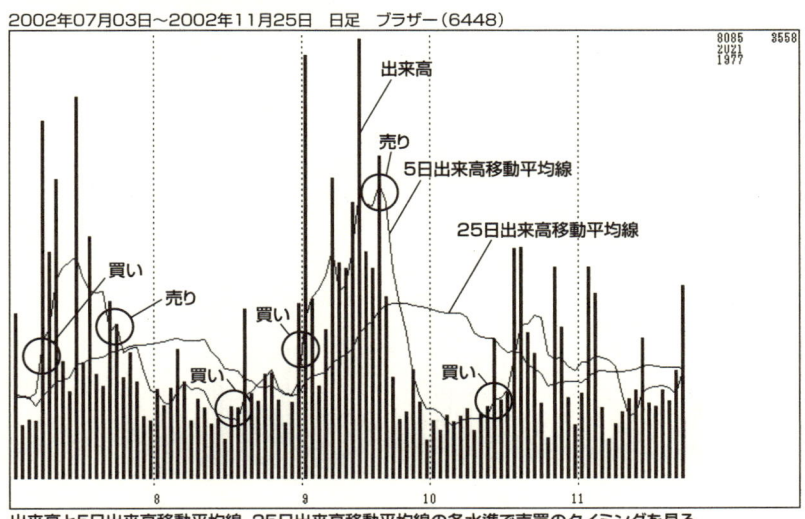

出来高と5日出来高移動平均線、25日出来高移動平均線の各水準で売買のタイミングを見る。

売買代金移動平均線

その他 D

　銘柄ごとの売買代金（終値×出来高）によって移動平均を求める指標です。株価に出来高の増減を加味しているため、その期間に売買された1株当たりの平均コストに近い数値を表しています。

　計算方法は、例えば25日売買代金移動平均線は、「25日間の売買代金の合計」を「25日間の出来高の合計」で割った値を結んだ線です。短期的には6日・10日、中期的には25日・45日・75日などの期間を使います。6日・10日の短期線では株価が上にあれば目先強気、下にあれば弱気とみます。25日・45日・75日の中期線では、各線が収束し、株価がこれを上回れば底を脱したとみます。

25日・45日・75日の組み合わせ例
2002年07月03日～2002年11月25日　日足　ブラザー(6448)

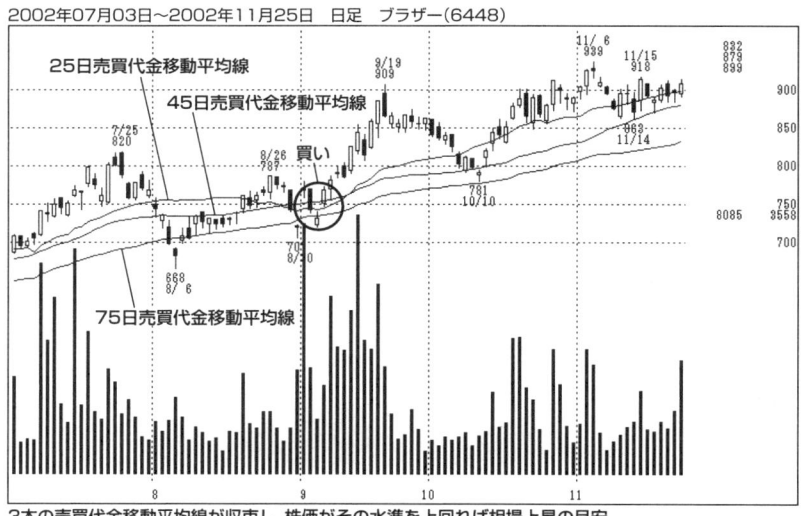

3本の売買代金移動平均線が収束し、株価がその水準を上回れば相場上昇の目安。

信用取引残高

その他　A

　信用買いや信用売り（カラ売り）を行った投資家は、証券会社から借りた買付資金や株券を、所定の期日（弁済期限）までに返却しなければなりません。まだ返済されていない買付株数を「信用買い残（高）」、売付株数を「信用売り残（高）」と呼びます。

　株価上昇とともに買い残が増加すれば買いサイン。株価下落局面にもかかわらず買い残が増加するのは、トレンドに反したナンピン買いが主な原因で、相場崩壊の原因となります。株価下落とともに売り残が増加すれば売りサイン。株価上昇局面で売り残が増加するのはナンピン売りが主な原因で、上昇加速の要因になります。

信用買い残と信用売り残の推移
1999年02月05日～2002年11月25日　週足　富士通（6702）

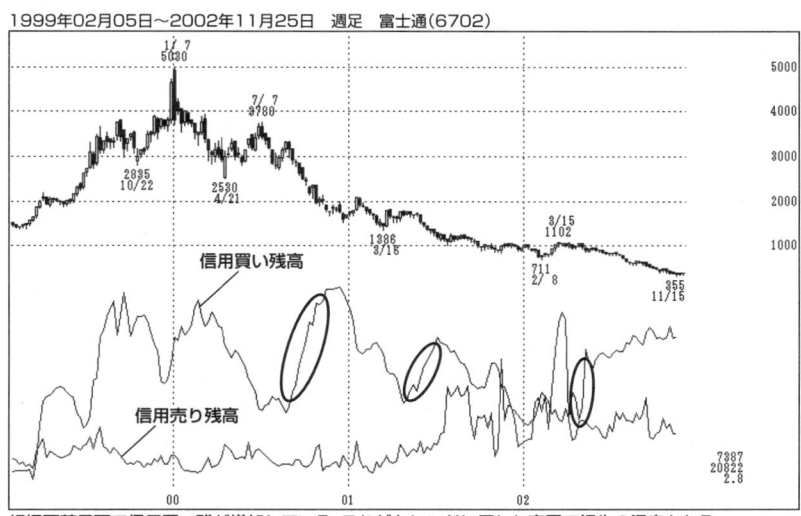

相場下落局面で信用買い残が増加している。これがトレンドに反した売買で損失の温床となる。

価格帯レシオ

その他 E

　チャート内の出来高が、それぞれいくらで約定した出来高かを分布させたテクニカル指標です。株価の価格帯別に、チャートの左端から右方向に伸びる横棒グラフで表示されます。横棒グラフの単位は期間中の累計約定株数で、この横棒グラフが右へ長く伸びているほど、その株価で多くの売買が約定したことを示すことになります。通常6～8ヶ月位の期間で、出来高や信用取引残高などと併用しながら、目先の上値を見るのに適している指標です。

相場上昇局面の価格帯レシオ（99週の場合）
2001年01月05日～2002年11月25日　週足　ブラザー（6448）

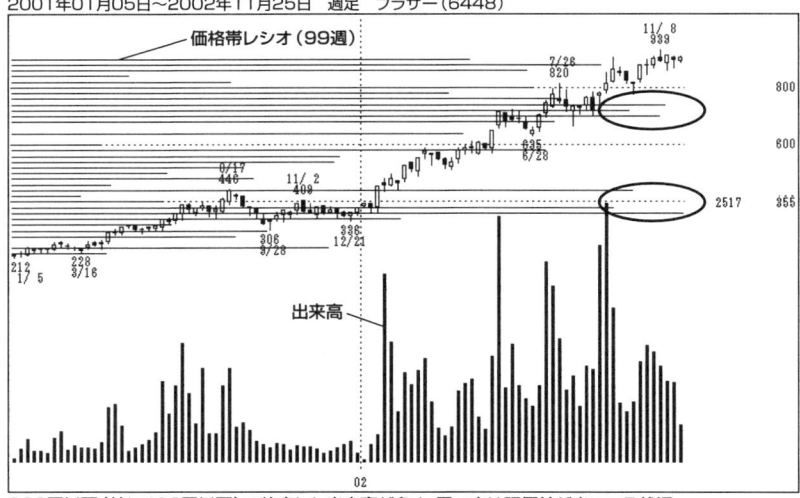

800円以下（特に400円以下）で約定した出来高が多く、買い方は評価益が出ている状況。

【 価格帯レシオの見方 】

　価格帯別の出来高は、その価格で買った投資家がどれだけいるのかを示しています。したがって、相場よりも上値の価格帯に出来高があれば評価損を抱える投資家がいることを意味し、逆に、下値の価格帯に出来高があれば評価益を抱えている投資家がいることを意味します。

　高値圏で大商いが出来た場合は、その後の下落局面で買い方の評価損が膨らみ、いわゆる「凝り」になることが多く見られます。この考え方は信用取引残高の「買い残」を見る場合と同様で、価格帯レシオと信用買い残を併せて見ると、上値の凝りがよくわかります。

　下値に多くの出来高ができている価格帯がある場合は、多くの買い方に評価益があるため、それ以上安くなる心配は薄れます。

相場下落局面の価格帯レシオ（99週の場合）
2001年01月05日～2002年11月25日　週足　CKD（6407）

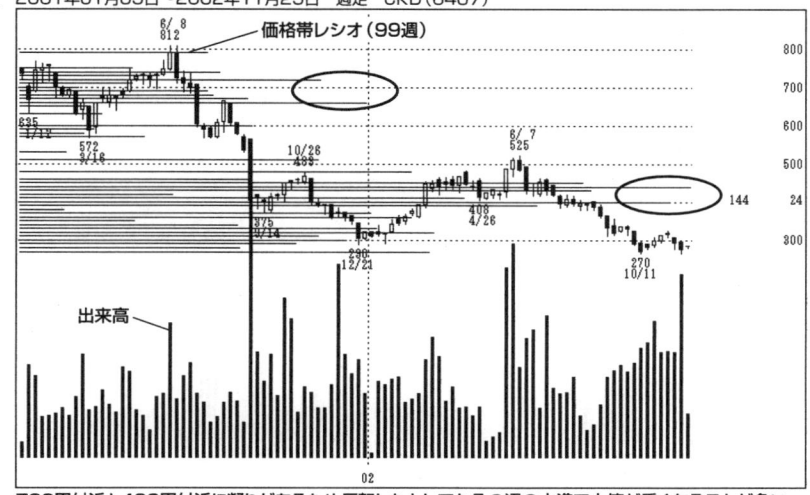

700円付近と400円付近に凝りがあるため反転したとしてもその辺の水準で上値が重くなることが多い。

OBV

その他 D

　On Balance Volume の略です。「株価上昇日（週）の出来高」と「株価下落日（週）の出来高」の差に注目し、それぞれの局面における相場の基調や売買のタイミングを判断するための指標です。

　株価上昇日（週）の出来高はすべて買いによるものとみなし、株価下落日（週）の出来高はすべて売り方によってもたらされたものとみなすところが、この指標の特徴です。

　ある基準日（週）以降、株価上昇日（週）の出来高は加算し、株価下落日（週）の出来高は減算して、その累計を表示します。終値が変わらないときは、前日（週）の累計をそのまま持ち越します。

相場上昇局面のOBV（13週の場合）
2001年01月05日～2002年11月25日　週足　ブラザー（6448）

ローソク足の陽線（株価上昇週）が続き相場が上昇するとOBVも増加する。

【 OBVの見方 】

OBV線が上昇傾向にあるときは当然のことながら買い方が優勢で、目先の株価上昇が予想されます。

基本的にはローソク足の高値・安値の考え方と同じで、多くの場合、直前のピークを上回って上昇したあとは上昇トレンドが続き、直前のボトムを下回って下降したあとは下落トレンドが続きます。

相場下落局面のOBV（13週の場合）
2001年01月05日〜2002年11月25日　週足　CKD（6407）

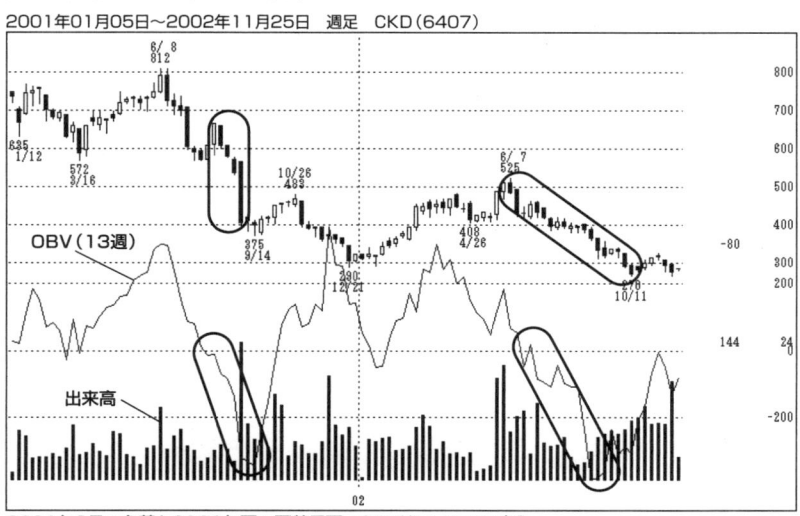

2001年9月の急落と2002年夏の下落局面でOBVはマイナスに突入。

ボリューム・レシオ（V－R） その他 D

　出来高は株価に先行するということを前提に、出来高の動向から株価の動きを予測するテクニカル指標です。株価上昇日・下落日の出来高の累積差を示すOBVでは、各局面の動きを考えることはできますが、絶対的な数値自体で相場を判断したり過去との比較をすることはできません。そこで、累積の差ではなく比率で計算したのが、ボリューム・レシオ（V－R）です。

【　作成方法　】

$$V-R(\%) = \frac{株価上昇日の出来高累計 + 1/2（株価不変日の出来高累計）}{株価下落日の出来高累計 + 1/2（株価不変日の出来高累計）}$$

[組合せの例]
日足：25日、75日（基準線）
週足：13週、26週（基準線）
月足：12ヶ月、24ヶ月（基準線）

【 ボリューム・レシオの見方 】

　株価上昇日（週・月）の出来高累計と株価下落日の出来高累計が同じならV-Rは100％になります。110％では株価上昇日の出来高累計が10％多いことを示し、90％では株価下落日の出来高累計が10％少ないことを示しています。

　一般に、株価が上昇する日の出来高のほうが下落する日の出来高より多いため、V-Rは100％を超えている期間が多く、おおむね80％～150％で推移します。70％以下での陽転は目先底値圏、400％以上での陰転は目先天井圏の目安とされます。

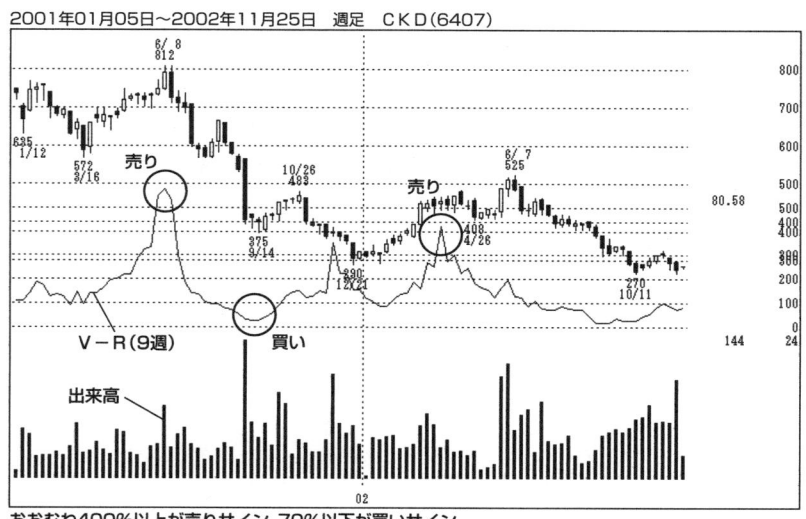

ボリューム・レシオ(9週)
2001年01月05日～2002年11月25日　週足　ＣＫＤ(6407)

おおむね400％以上が売りサイン、70％以下が買いサイン。

ボリンジャー・バンド／σバンド　トレンド・フォロー系　A

　ボリンジャー・バンドは、ジョン・ボリンジャー（John. A. Bollinger）氏によって開発された指標です。
　株価移動平均線を中心に、その上下に値動きの変動幅を示す線（バンド）を描きます。正規分布における標準偏差の考え方を応用し、株価変動の範囲を予測する手法です。
　日本ではオリジナルの「ボリンジャー・バンド」よりも、「もう一つのボリンジャー・バンド」である「σバンド」のほうが普及しています。実は、この二つのものが混同して使われている責任は、私にあると言っても過言ではありません。「σバンド」は、私が『チャートブック週足集の見方・使い方　基礎編』（投資レーダー）の中で解説したもので、それが情報ベンダーや証券各社経由で広まりました。その当時、オリジナルのボリンジャー・バンドについて詳細に知る日本人が少なかったため、2つの手法が混同されてしまったのです。この点については、かつて、日本テクニカルアナリスト協会の講演会にて経緯を説明し、その違いを指摘しました。
　こういう事情があるので、本書では両者を明確に区別するために、オリジナルの手法はそのまま「ボリンジャー・バンド」、私の手法は「σバンド」と表記しています。また、私が主に使っているという理由から、本書での解説は「σバンド」に絞っています。オリジナルのボリンジャー・バンドついては、ボリンジャー氏が自ら解説した『ボリンジャーバンド入門』（パンローリング）が詳しいので、そちらを参照してください。

【 ボリンジャー・バンドの作成方法 】

■ ボリンジャー・バンド（25日線の場合）
① 中央バンド（＝25日移動平均線）を引く
② 上部バンド（＝中央バンド＋2標準偏差）を引く
③ 下部バンド（＝中央バンド－2標準偏差）を引く

この場合の標準偏差は、「25日間の個々の終値」から「25日間平均値」を引いた値を二乗し、それを25日分合計したものを25で割り、最後にその平方根をとったもの。

使用日数：25日、45日、90日、200日、13週、26週、52週、12ヶ月、24ヶ月、60ヶ月など

ボリンジャー・バンドの例
2002年07月03日～2002年11月25日　日足　ユニデン(6815)

オリジナルのボリンジャー・バンドは、移動平均線の上下に、2標準偏差離れたバンドを1本ずつ描く。

【 σバンドの作成方法 】

■ σバンド（25日線の場合）
① 中央バンド（＝25日移動平均線）を引く
② ＋1σバンド（＝中央バンド＋1標準偏差）を引く
③ ＋2σバンド（＝中央バンド＋2標準偏差）を引く
④ ＋3σバンド（＝中央バンド＋3標準偏差）を引く
⑤ －1σバンド（＝中央バンド－1標準偏差）を引く
⑥ －2σバンド（＝中央バンド－2標準偏差）を引く
⑦ －3σバンド（＝中央バンド－3標準偏差）を引く

標準偏差の計算方法はボリンジャー・バンドと同じ。

使用日数：25日、45日、90日、200日、13週、26週、52週、12ヶ月、24ヶ月、60ヶ月など

σバンドの例
2002年07月03日～2002年11月25日　日足　ユニデン(6815)

σバンドは、移動平均線の上下に、1標準偏差の間隔でバンドを3本ずつ描く。

【 σバンドの見方 】

　σバンドは株価変動リスクの範囲を示す指標です。各バンドは相場参加者のポジションの状態を表しています。上から見ると「＋3σ」「＋2σ」「＋1σ」「移動平均線」「−1σ」「−2σ」「−3σ」と7本の線があり、線と線の間が6つのブロックに分割されています。理論上、各ブロックに入るデータの分布（予想株価の変動幅）は上から2％、14％、34％、34％、14％、2％となり、「−1σ」〜「＋1σ」の間に全体の68％、「−2σ」〜「＋2σ」に96％、「−3σ」〜「＋3σ」に100％のデータが入ります。トレンドが大きく傾くと、上昇相場では利食いが増え、下落相場では安値買いが増えます。その結果トレンドは徐々に弱まり、バンド幅の収縮が起こります。トレンドが反転すると一気に移動平均線方向へ調整が起こります。

σバンドで相場参加者の分布を確認
1986年04月30日〜2002年11月05日　月足　ルック(8029)

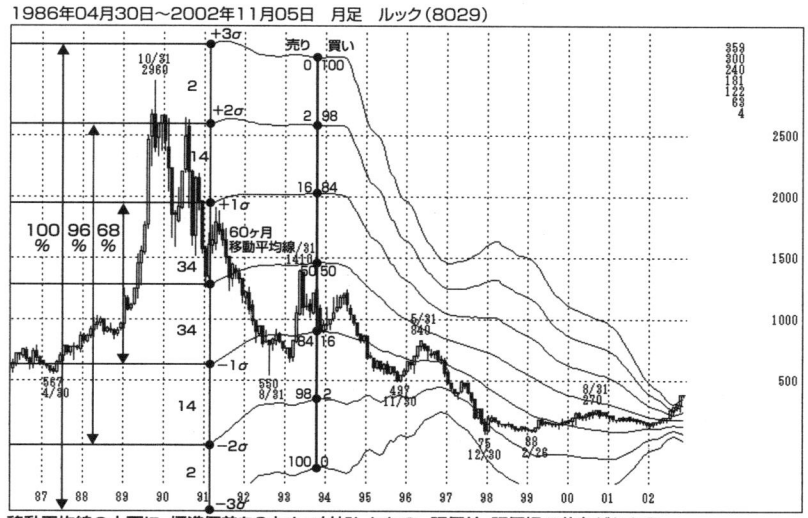

移動平均線の上下に、標準偏差を3本ずつ付加したもの。評価益・評価損の分布がわかる。

一目均衡表

トレンド・フォロー系　A

　一目均衡表(いちもくきんこうひょう)は、故細田悟一氏、ペンネーム一目山人(いちもくさんじん)が、東京新聞の前身である都新聞社の商況部部長時代に開発したテクニカル指標です。私設の研究所を作り、学生延べ2000人、7年の歳月をかけてこの指標を開発し、昭和10年に都新聞紙上に「新東転換線」として発表しました。特定の時間枠の中での相場の動きとその中心価格を考慮して、将来の株価を予測しようというものです。

　一目山人は、株価を考えるうえでは、売り手と買い手の両者のどちらが勝ち、どちらが負けているかを知るだけで十分であると考えました。つまり、相場は売り手と買い手の「均衡」が崩れた方向へ動くという意味で、そこに「相場の帰趨は一目瞭然」という意味を加えて「一目均衡表」と名付けたのです。

　通常、テクニカル指標というのは、多くの投資家が使い始めるほどパフォーマンスが低下することが知られています。しかし、一目山人は「これを知る人が多いほど、信じる人、応用する人が多くなるほど、その価値が増す」と述べています。このことは、開発から半世紀以上も経った今、まさに現実のものとなりつつあります。

　さらに一目山人は「均衡表は、型でもなく、予測でもなく、毎日相場そのものによってそれ自身を表現し続ける」と、自然体のツールであることを示唆しています。

　なお、一目均衡表では、基準線や転換線などを計算するために「9」「26」「52」という数値を使っていますが、この理由は「二千人の学生を導入して研究した結果、一番相場と相性が良いから」ということのようです。

【 作成方法（日足の場合）】

① ローソク足（日足）を引く
② 基準線を引く
　基準線＝（26日間最高値＋26日間最安値）÷2
③ 転換線を引く
　転換線＝（9日間最高値＋9日間最安値）÷2
④ 先行スパン上限線を引く
　先行スパン上限線＝基準線と転換線の中値を26日先にずらしたもの
⑤ 先行スパン下限線を引く
　先行スパン下限線＝過去52日間の最高値と最安値の中値を26日先にずらしたもの
⑥ 遅行線を引く
　遅行線＝終値を26日前にずらしたもの。

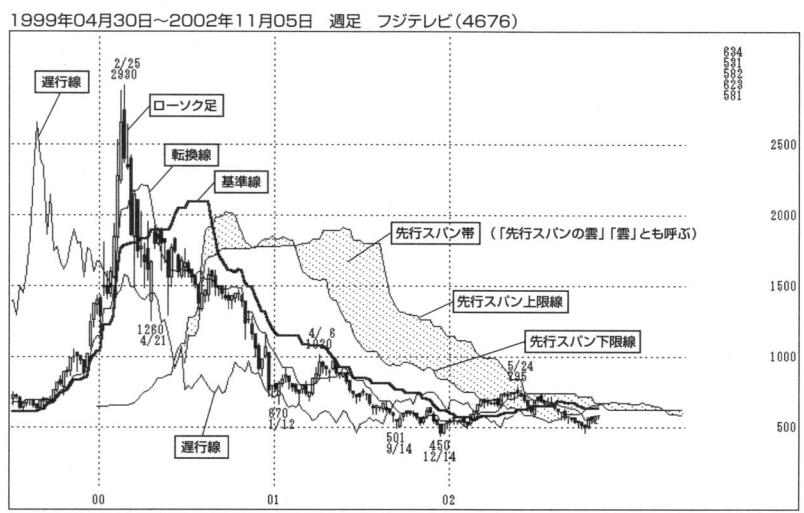

一目均衡表の表示例
1999年04月30日〜2002年11月05日　週足　フジテレビ(4676)

一目均衡表では「転換線」と「基準線」を基本に考えながら売り買いを判断する。

【 一目均衡表の見方 】

　「一目均衡表」の基本となるのが「基準線」と「転換線」です。通常の移動平均線では、終値を基準にしますが、一目均衡表ではザラ場の最高値と最安値の中値（平均値）をもとに基準線と転換線を引き、売り買いの基調・転換を判断します。一目山人が存命の頃はザラ場の概念がなく終値を使っていたようですが、過去、経済変動総研に問い合わせたところ、「ザラ場で考えるのが妥当であろう」とのコメントをいただきました。

　「基準線」は、その名の通り、相場の基準となる線です。この線はチャート上、少し太めの実線で描かれています。一方、「転換線」は相場の変化（転換）の可能性を最も早く察知する線で、ローソク足の一番近くに描かれています。基本的には、「転換線」が「基準線」より上にあれば買いの局面、「転換線」が「基準線」より下に

「転換線」と「基準線」の計算方法
2002年08月08日〜2002年11月05日　日足　ライオン（4912）

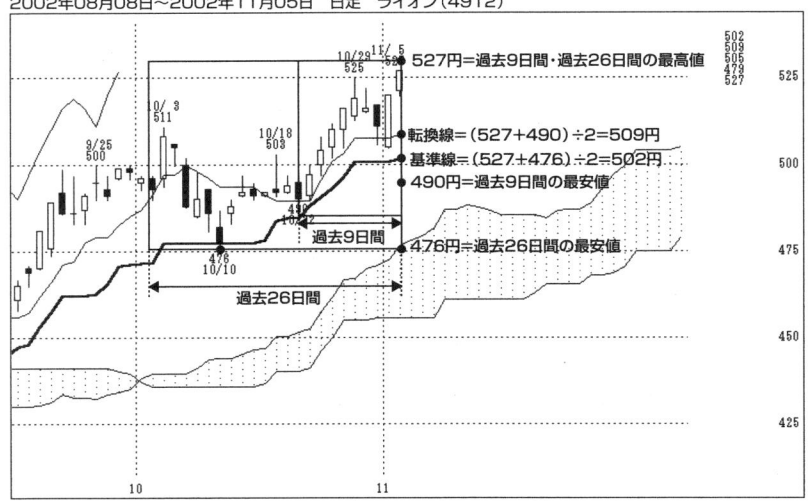

- 527円＝過去9日間・過去26日間の最高値
- 転換線＝（527＋490）÷2＝509円
- 基準線＝（527＋476）÷2＝502円
- 490円＝過去9日間の最安値
- 476円＝過去26日間の最安値

過去9日間と過去26日間の最高値・最安値（ザラ場）を基準に転換線と基準線を引く。

あれば売りの局面ということになります。

　ここで注意することは、基本はあくまで「転換線」と「基準線」の上下変化であり、「終値」や「ローソク足」の上下変化ではありません。これは「転換線」そのものを相場の流れとして捉えようとする考え方に基づいています。よく欧米では、「短期移動平均線」そのものを相場の代表値として捉え、「短期移動平均線」と「長期移動平均線」のクロスオーバーで相場の売買を決定する試みが行われますが、それと同じ考え方です。この転換線と基準線はHLバンドの考え方に近く、ストキャスティクスなどのオシレーター系指標の概念にも通ずるものがあります。これを昭和10年当時に行っていたことは特筆すべきでしょう。

　「遅行線」（遅行スパン）は、ローソク足の動きと平行に、ローソク足から遅れて描かれます。基準線や転換線の計算とは違い、こ

先行スパンの計算方法

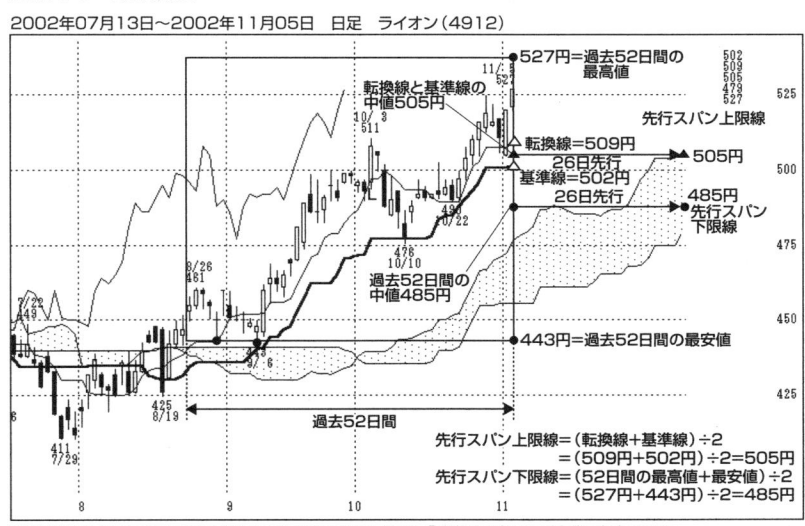

2002年07月13日～2002年11月05日　日足　ライオン（4912）

- 527円＝過去52間の最高値
- 転換線と基準線の中値505円
- 転換線＝509円
- 基準線＝502円
- 26日先行　505円　先行スパン上限線
- 26日先行　485円　先行スパン下限線
- 過去52日間の中値485円
- 443円＝過去52日間の最安値

過去52日間

先行スパン上限線＝（転換線＋基準線）÷2
　　　　　　　　＝（509円＋502円）÷2＝505円
先行スパン下限線＝（52日間の最高値＋最安値）÷2
　　　　　　　　＝（527円＋443円）÷2＝485円

相場がどのように変化すれば買いまたは売りになるかを「先行スパン」を基準に把握できる。

の遅行線は「終値」をもとに計算されています。一目山人はこの遅行線を「最も重要な遅行スパン」と呼んでいます。遅行線は大勢売りと大勢買いを決定するもので、テクニカル分析上、重要な相場のポイントを形成します。

　「先行スパン上限線」（または「先行スパン①」）と「先行スパン下限線」（または「先行スパン②」）は、相場の変化を把握するための客観的数値となるものです。なお、「上限線」「下限線」は相場の状況によって上下が入れ替わることがあるので注意が必要です。

　通常のテクニカル指標は、ローソク足がある時点での相場状況を判断するもので、将来の状況を予測するものではありません。しかし、一目均衡表では、今後の相場がどのように変化すれば買いになり、あるいは売りになるかをあらかじめ確定数値として把握できます。また、大勢的に今の相場が売りなのか買いなのか、最終的にい

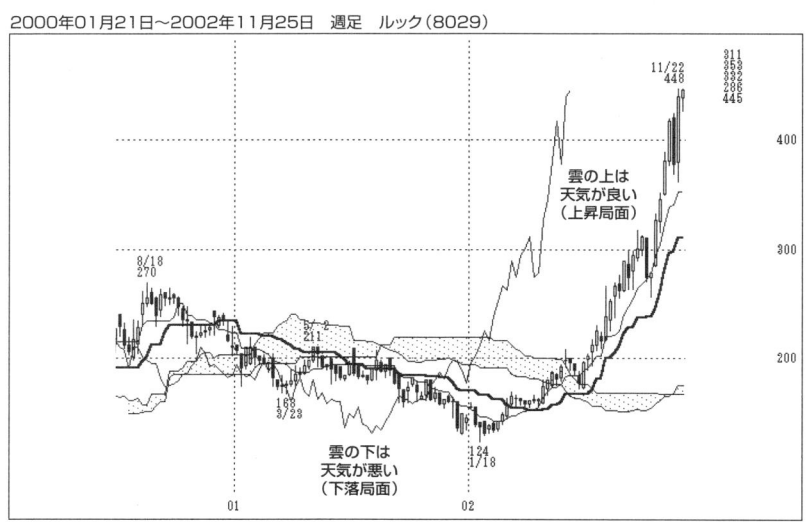

ローソク足と「雲」の関係
2000年01月21日〜2002年11月25日　週足　ルック（8029）

相場の下落局面ではローソク足が雲の下に潜り、上昇局面では雲の上に出る。

くらが「押し目」や「戻り」の限界となるのか、その間の注意ゾーンはどこにあるかも数値データとして把握可能です。

　一目均衡表では、「先行スパン上限線」と「先行スパン下限線」で囲まれた部分を「先行スパン帯」「先行スパンの雲」あるいは、単に「雲」と呼びます。

　ローソク足が「雲」の上で推移しているときは買い局面にあることを示します。このとき、「雲」は相場の「支持帯」になります。反対に、ローソク足が「雲」の下で推移しているときは売り局面にあることを示します。このとき「雲」は「抵抗帯」になります。

　それまで「雲」の上方で推移していた相場が、「雲」の中に入り始めることは、買い方よりも売り方の力が増し始めていることを示し、そのような状況では買い方は非常に危ない状況に入っています。逆に言えば「新規カラ売り」のチャンスが来ているということです。

　また、それまで「雲」の下方で推移していた相場が、「雲」の中に入り始めることは、売り方よりも買い方の力が増し始めていることを示し、そのような状況では売り方は非常に危ない状況に入っています。逆に言えば、「新規買い」のチャンスがきているということです。

　よく、相場が「雲」の上方にあるときは「雲の上は天気が良い」、「雲」の下方にあるときは「雲の下は天気が悪い」といわれます。つまり「雲の中は天気の変わり目」なのです。飛行機が「雲」の上に出ればそこは快晴で天気が良く、「雲」の下に入り込むと曇っていたり雨が降るなど天気が悪いことを比喩的に表した表現です。

HLバンド

トレンド・フォロー系　A

　HLバンドのHは高値（High）、Lは安値（Low）を表します。過去の一定期間の高値（ザラ場）を更新すれば買い、安値（ザラ場）を更新すれば売りと捉えるテクニカル指標です。

　欧米の商品取引市場などで重視されている「チャネル・ブレイクアウト」や「レンジ・ブレイクアウト」と呼ばれる考え方がベースになっています。

　チャートは、高値を結んだ「Hバンド」、安値を結んだ「Lバンド」、両者の平均値を結んだ「中間線」の3本で構成されます。ボリンジャー・バンドと似ていますが、移動平均値ではなく高値・安値を使っている点で、単純ですが直感的にわかりやすいという特徴を持っています。使用期間は10日間、20日間などが一般的です。

【　作成方法　】

Hバンド：前日からさかのぼって20日間の高値（ザラバ）
Lバンド：前日からさかのぼって20日間の安値（ザラバ）
中間線：HバンドとLバンドの平均値

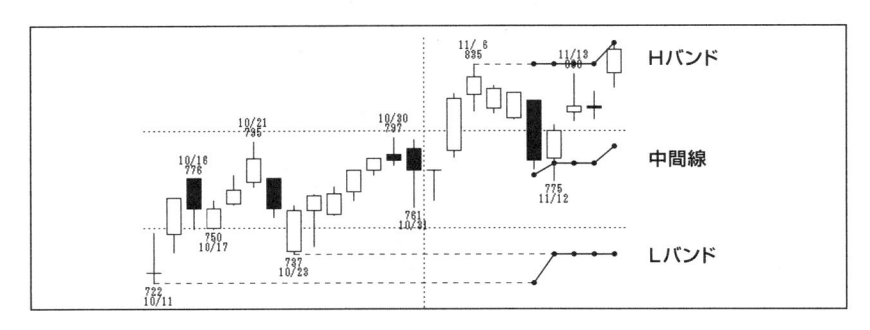

【 HLバンドの見方 】

　HLバンドはトレンド・フォロー型のテクニカル指標で、ダウ理論における高値・安値の考え方に沿ったものです。見方はきわめて簡単で、過去20日間の高値を上向きにブレイクしたところが買いサイン、安値を下向きにブレイクしたところが売りサインです。これらの売買シグナルは、その方向のトレンドが続く限り続きます。

　中間線の方向はトレンドの向きを表します。また、高値と安値の幅（レンジ）は、株価のボラティリティ（変動幅）が大きいか小さいかを示します。レンジの両端では、利食いや押し目買いなどによってレンジを狭めようとする動きが出る一方、そこを抜けると損切りのストップ・オーダーが待ち構えていますので、相場が一気に動き出す可能性があります。

HLバンドで見る相場のトレンド
2002年08月28日～2002年11月25日　日足　沖電気(6703)

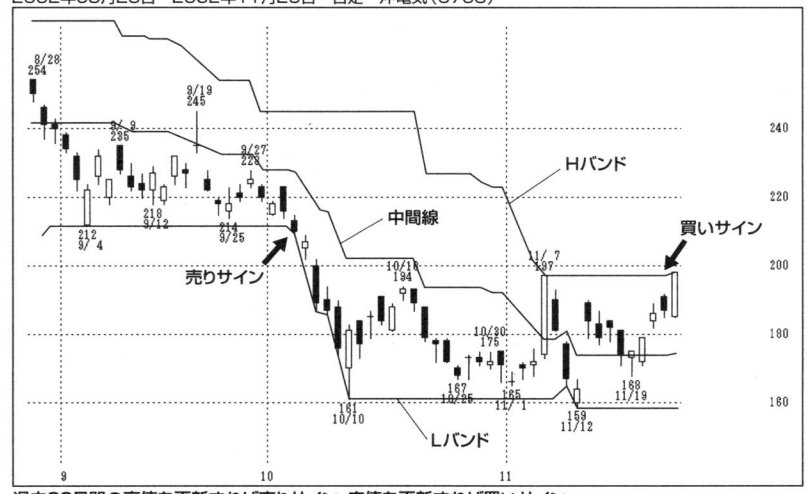

過去20日間の高値を更新すれば売りサイン、安値を更新すれば買いサイン。

パラボリック・タイム・プライス

トレンド・フォロー系 A

　RSIの考案者として有名なJ.W.ワイルダー氏が、1970年代半ばに開発したテクニカル指標です。パラボリックとは「放物線状の」という意味で、SAR（Stop And Reverse point）を結んだ破線が放物線を描いていることから、こう呼ばれています。

　パラボリックは、相場のトレンドが反転する局面を捉えるための指標です。上昇トレンドではローソク足の上方にSARが表示され、下落トレンドではローソク足の下方にSARが表示されます。トレンドが反転すると、SARが上方から下方へ、あるいは、下方から上方へと移りますので、そのタイミングで当初のポジションを手仕舞い、同時に反対のポジションを持つのです。この反転のタイミングを通常「ドテン」といいます。ドテンのポイントは、相場の値動きとSARが交差した地点なので、ひと目でわかります。

【 作成方法 】

当日SAR（Stop And Reverse point）＝前日のSAR＋AF×（EP－前日のSAR）
※ 上昇トレンドでは新高値、下落トレンドでは新安値を当初SARとする。

AF（Acceleration Factor）：$0.02 \leqq AF \leqq 0.2$（最高値・最安値を更新するごとに通常0.02を加算。日・週・月とも同様）
EP（Extreme Point）：SARが買いサイン中はその期間の最高値／SARが売りサイン中はその期間の最安値

【 パラボリック・タイム・プライスの見方 】

　パラボリック・タイム・プライスは、リスクを最小限度に抑えながら利益を追求するためのトレンド・フォロー系指標です。運用資産に見合った建て玉により当初のロスカット幅を決定し、リスク限定の考え方のもとで利益を追求するという本書の考え方にも則しています。

　パラボリックでは、相場がSARを相場が超えたときに買いサインとなり、そのときのSARがロスカット水準になります。反対に、相場がSARの値を下回ると売りサインとなり、そのときのSARがロスカット水準になります。

　相場に大きなトレンドが発生し、そのトレンドが強ければ、相場はその後上昇（下落）するSARに引っかかることなく推移するので利益を追求することができます。

パラボリック・タイム・プライスの買売サイン

ローソク足より下にラインがあるときは買いポジション、ローソク足より上にラインがあるときは売りポジション。

また、当初のロスカット水準に達するまでの値幅は比較的大きく、その後相場にトレンドが発生し評価益が大きくなると、徐々にロスカット水準（＝利益確定水準）が相場に近づいていきます。そのため、最終的な相場加速局面からの反転時には利益確保が早めになります。

　相場に対する感応度を上げるにはAFの値を変化させればよいのですが、移動平均線の変数同様、感応度を上げると相場の短期的変動を拾いやすくなるので大きな相場がとれなくなります。

　どのトレンド・フォロー系指標でも同じですが、右ページの理研計器（7734）のように、トレンドがハッキリせずもみあいの状況では頻繁にドテンのサインが出るため利益を上げるのが難しくなります。

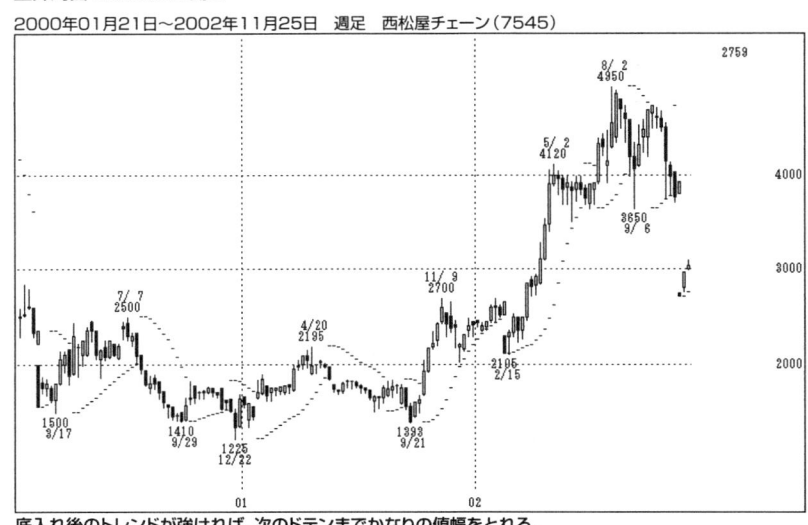

上昇局面でのSARの動き
2000年01月21日〜2002年11月25日　週足　西松屋チェーン（7545）

底入れ後のトレンドが強ければ、次のドテンまでかなりの値幅をとれる。

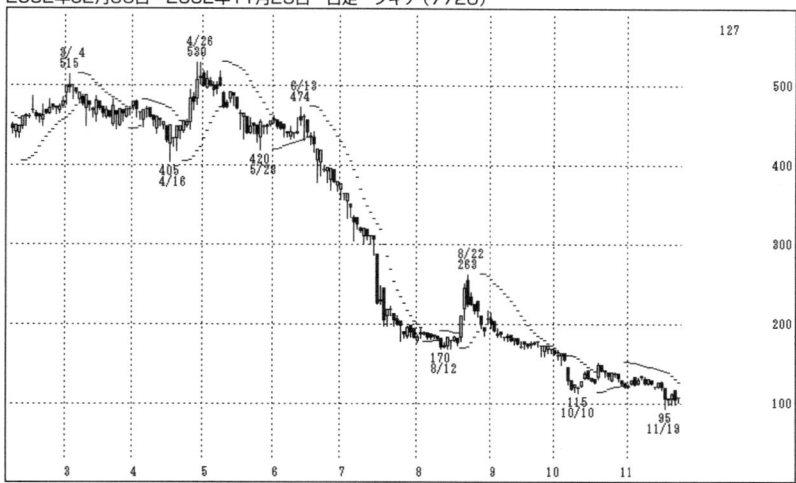

下落局面でのSARの動き
2002年02月06日～2002年11月25日　日足　ソキア（7720）

他のトレンド・フォロー系指標と同様、パラボリックでも下落局面のほうがとりやすい。

トレンドがハッキリしない相場でのSARの動き
2002年02月06日～2002年11月25日　日足　理研計器（7734）

パラボリックはもみあいの相場に弱い。利益がほとんど出てなくてもドテンのサインが出てしまう。

ピボット

トレンド・フォロー系 A

　先物市場で開発された、短期的な売買をするための指標です。ピボット（回転軸）を中心とし、支持線と抵抗線の範囲内で翌日の株価の変動を予測します。損切り・乗せなどといった売買ポイントも設定できるので、実際の売買に応用しやすい指標です。「リアクション・トレンド・システム」とも呼びます。

　P（ピボット）を中心に、上方にHBOP・S2・S1（抵抗線）、下方にB1・B2・LBOP（支持線）の7本のラインを用いて翌日（週・月）の相場の動きを見ます。

【　作成方法　】

HBOP（High Break Point）＝P＋D2＋D3＝2P＋H－2L
S2（抵抗線）＝P＋D3＝P＋H－L
S1（抵抗線）＝P＋D2＝2P－L

$$P = \frac{H（高値）＋L（安値）＋C（終値）}{3}$$

B1（支持線）＝P－D1＝2P－H
B2（支持線）＝P－D3＝P－H＋L
LBOP（Low Break Point）＝P－D1－D3＝2P－2H＋L

※D1＝H－P、D2＝P－L、D3＝H－L

【 ピボットの見方 】

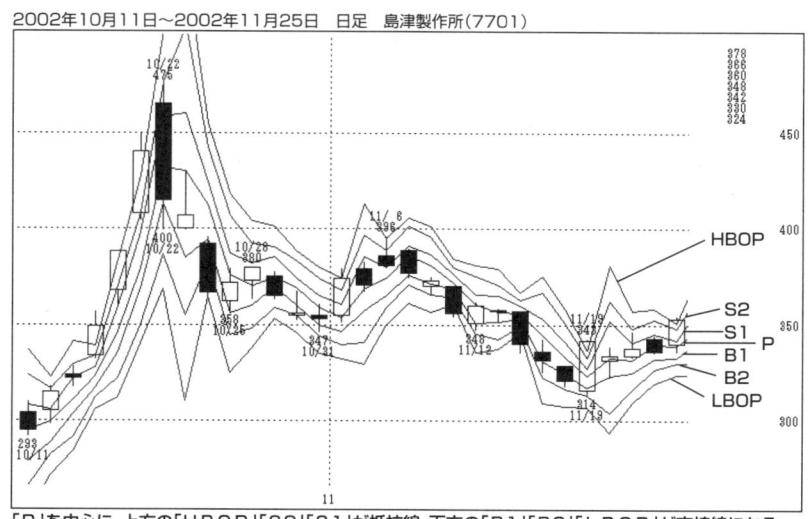

　通常、ピボットは逆バリ的な見方をします。株価が下落して支持線である「B1」「B2」に接近すれば買い（買い戻し）、株価が上昇して抵抗線である「S1」「S2」に接近すればカラ売り（利食い売り）。トレンド・フォロー型（順バリ）の指標として考える場合は、株価が「B1」「B2」に接近すれば売り、「S1」「S2」に接近すれば買いという使い方になります。このとき「LBOP」と「HBOP」の指標は、損切りや買い乗せ・売り乗せの水準として使います。

　基本的に株価がHBOP以上では上昇トレンド、株価がLBOP以下では下落トレンドを示します。また、支持線（B）と抵抗線（S）の幅が狭くなるとトレンドが変化する兆しを示します。反対に、幅が拡大してくると、株価変動リスクが高まることを示します。

ピボットの見方
2002年10月11日〜2002年11月25日　日足　島津製作所(7701)

「P」を中心に、上方の「HBOP」「S2」「S1」が抵抗線、下方の「B1」「B2」「LBOP」が支持線になる。

DMI、ADX   トレンド・フォロー系 D

　DMIはDirectional Movement Indexの略で、J.W.ワイルダー氏が考案した指標です。相場の上昇トレンドと下落トレンドを指数化したものです。

　「＋DI」と「－DI」は主にトレンドの方向性を示します。また、ADX（Average Directional movement indeX）、ADXR（Average Directional movement indeX Rating）という指標は、主にトレンドの強弱を示します。

　これらの指標を算出するためには、まず上昇幅（＋DM）と下降幅（－DM）、実質的な変動幅（TR）をそれぞれ計算する必要があります。計算方法は以下の通りで期間は14日間を使います。

【 作成方法 】

＋DM＝当日の高値－前日の高値
－DM＝前日の安値－当日の安値
※以下の①～④の条件付き。ローソク足の陽線、陰線は無関係。

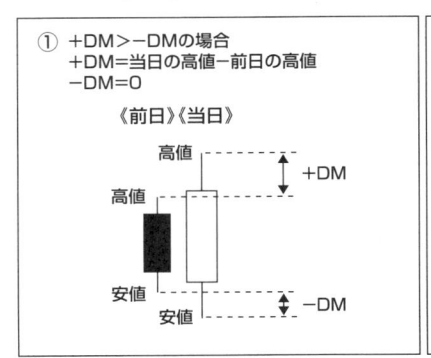

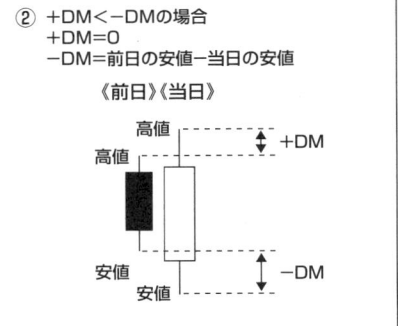

① ＋DM＞－DMの場合
　＋DM＝当日の高値－前日の高値
　－DM＝0

② ＋DM＜－DMの場合
　＋DM＝0
　－DM＝前日の安値－当日の安値

③ +DM=－DMの場合
　+DM=0
　－DM=0

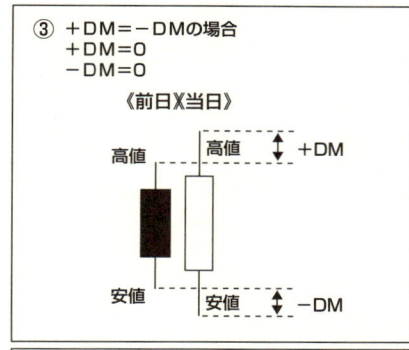

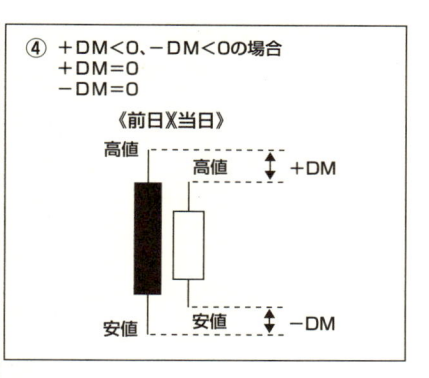

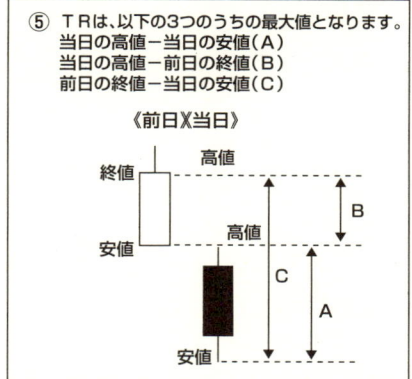

《前日✕当日》

④ +DM<0、－DM<0の場合
　+DM=0
　－DM=0

《前日✕当日》

⑤ TRは、以下の3つのうちの最大値となります。
　当日の高値－当日の安値（A）
　当日の高値－前日の終値（B）
　前日の終値－当日の安値（C）

《前日✕当日》

$$+DI = \frac{14日間の+DMの合計}{14日間のTRの合計} \times 100(\%)$$

$$-DI = \frac{14日間の-DMの合計}{14日間のTRの合計} \times 100(\%)$$

ADXはDXの移動平均線。DXは、「＋DI」「－DI」の差の絶対値を「＋DI」「－DI」の合計で割った数値です。

ADX＝DXの14日移動平均値×100（％）

ADXR＝ADXの14日移動平均値×100（％）

【 ＋DIと－DIの見方 】

　基本的に「＋DI」が「－DI」よりも大きいときは相場の上昇トレンドを示します。逆に「－DI」が「＋DI」より大きいときは、下落トレンドを示します。したがって「＋DI」が「－DI」を上抜いたときが買いサイン、反対に「＋DI」が「－DI」を下抜いたときが売りサインになります。

　さらには極端な数値を取った場合を売買サインとすることもあります。

＋DIと－DIによる売り時・買い時の判断
2002年07月03日～2002年11月25日　日足　日本ユニシス（8056）

基本的には「＋DI」が「－DI」を上抜くと買い、「＋DI」が「－DI」を下抜くと売り。

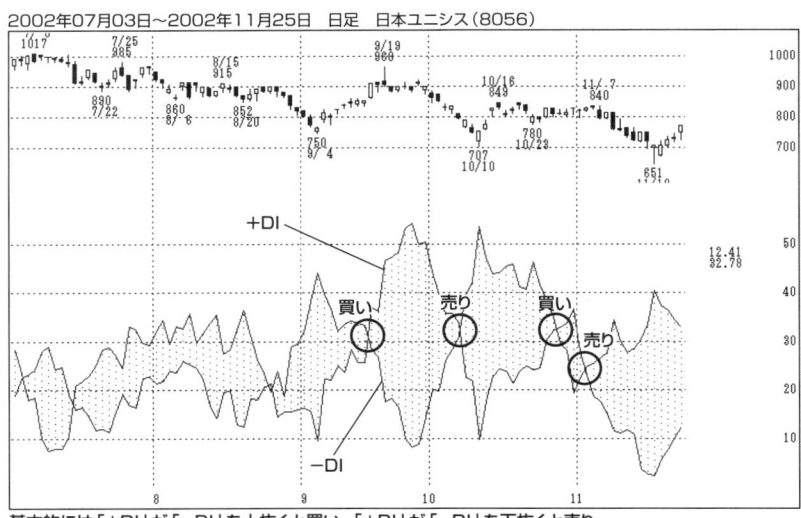

【 ADXとADXRの見方 】

　ADXが反転したときをトレンド発生時点および終了時点とみなします。ADXが上向きに変化したらトレンドの開始、上昇中はトレンドの継続、下向きに変化した地点をトレンドの終了、下降中はトレンドのない状態と判断します。

　また、ADXがADXRを上下に抜けるポイントをADXの向きの判断基準とします。

　目安は、ADXが10％水準以下で買いゾーン、70％以上で売りゾーンとみます。また、ADXが20％を下抜いたらトレンドの開始、70％を上抜いたらトレンドの終了と考えます。

ADXとADXRによる売り時・買い時の判断
2002年07月03日～2002年11月25日　日足　東京エレクトロン（8035）

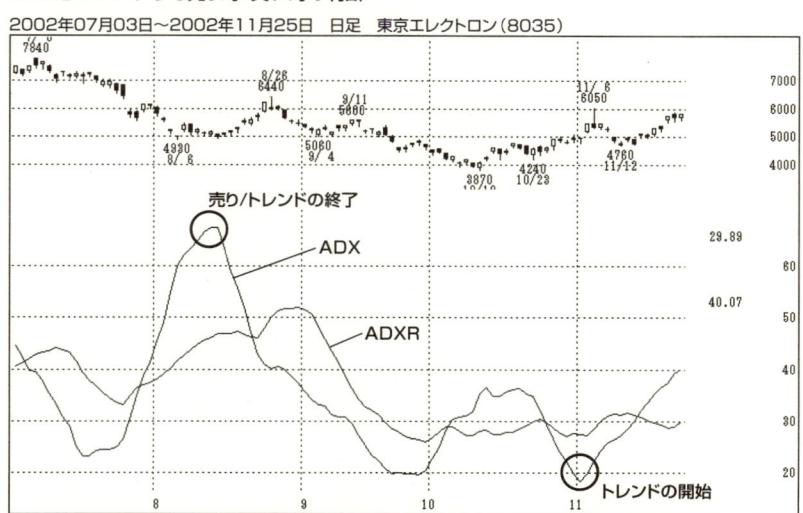

ADXが20％を下抜いたらトレンドの開始、70％を上抜いたらトレンドの終了。

線形回帰トレンド

トレンド・フォロー系 **B**

統計学でいう回帰、つまり、散らばりの合計を最小化するような直線（回帰直線、または最小二乗直線）を引くという考え方に基づいたテクニカル指標です。

一般的なトレンド・ラインのように安値同士、高値同士を直接結ぶのではなく、株価の合間を縫うように線を引きます。中心線と±2標準誤差（±2μ）の5本のラインを用いてトレンドと変動幅を見ます。ある程度客観的にトレンドを判断することができるのが特徴です。なお、「株の達人」では標準誤差の代わりに標準偏差を使っています。

【 作成方法 】

線形回帰トレンドは、次の一次関数で表されます。

$y = a + bx$

$$b = \frac{(i-平均日数) \times (i日目の終値-平均値) の合計}{(i-平均日数)^2 の合計}$$

$a = 終値平均値 - b \times 日数平均値$

以下の表の例で計算すると、

$a = 995$、$b = 15$ となり、線形回帰トレンドは $y = 995 + 15x$ という直線で表されます。

	終値	日数(i)	終値−平均値	i−平均日数	(i−平均日数)^2	(終値−平均値)×(i−平均日数)
	1000	1	−40	−2	4	80
	1040	2	0	−1	1	0
	1030	3	−10	0	0	0
	1070	4	30	1	1	30
	1060	5	20	2	4	40
合計	5200	15	0	0	10	150
平均値	1040	3				

【 線形回帰トレンドの見方 】

　線形回帰トレンドは、相場が徐々に変動しているときは緩やかに傾き、急速に変動しているときは傾きも急になります。また、相場に動きがないときは中心線と±2μとの線幅が狭くなり、動きがあるときは拡大します。

　一般に、相場が上昇するときは、株価が中心線を上抜き、上方で推移します。逆に下降するときは、株価が中心線を下抜き、下方で推移します。

　株価が+2μまたは-2μの範囲を逸脱したときは、これまでのトレンドに変化が生じていることを示します。

　75日と25日、13週と5週など、日柄を長期・短期と重ねてみると「下降→横ばい→上昇」といったようなトレンドの変化が判断できます。

線形回帰トレンドによるトレンド変化の判断
2002年08月28日〜2002年11月25日　日足　東京エレクトロン（8035）

25日線と75日線の傾きが逆になっている点に注目。安値3870円が75日線の-2μを割り込み反転を示唆。

ベクトル

オシレーター系 C

　ベクトルも線形回帰トレンドと同様、日々の終値を基準に相場のトレンドを示すテクニカル指標です。一定期間のトレンド（回帰直線）の傾きをさらに平均してトレンド（回帰曲線）を求めます。他の指標に比べると滑らかな線を描くため、目先のアヤには反応しづらいという特徴を持ちます。一定期間の株価の動きの転換点を捉えるのに有効な指標といわれています。

【　作成方法　】

「線形回帰トレンド」と同様に回帰直線（または最小二乗直線）を計算し、その傾きを、その期間の平均株価で割り、1000倍した値です。
　　例えば25日ベクトルを求めるには、
　　①1日目から25日目の終値で回帰直線Aを計算
　　②25日目のベクトル＝Aの傾き÷平均株価×1000
　　③2日目から26日目の終値で回帰直線Bを計算
　　④26日目のベクトル＝Bの傾き÷平均株価×1000
　　⑤3日目から27日目の終値で回帰直線Cを計算
　　⑥27日目のベクトル＝Cの傾き÷平均株価×1000
　　………といった計算を繰り返してチャートを描きます。

［主な使用期間］
日足：13日、25日、75日
週足：13週、26週

【 ベクトルの見方 】

　ベクトルは、一定期間に株価がどのような角度で上昇または下落しているかを見るためのチャートです。例えば、25日ベクトルの直近の値が2％なら、過去25日間に平均2％の割合で上昇してきたことを示します。

　見方は比較的単純で、ベクトルの水準が高いときは株価が高値圏です。プラス15％以上でほぼ天井圏といわれており、目先のトレンドの反落を示唆します。

　逆に、ベクトルの水準が低い（マイナス）ときは株価も安値圏です。マイナス15％以下でほぼ大底圏といわれており、目先のトレンドの反転を示唆します。

ベクトルで見る相場のトレンド
2002年04月19日～2002年11月25日　日足　日本ユニシス（8056）

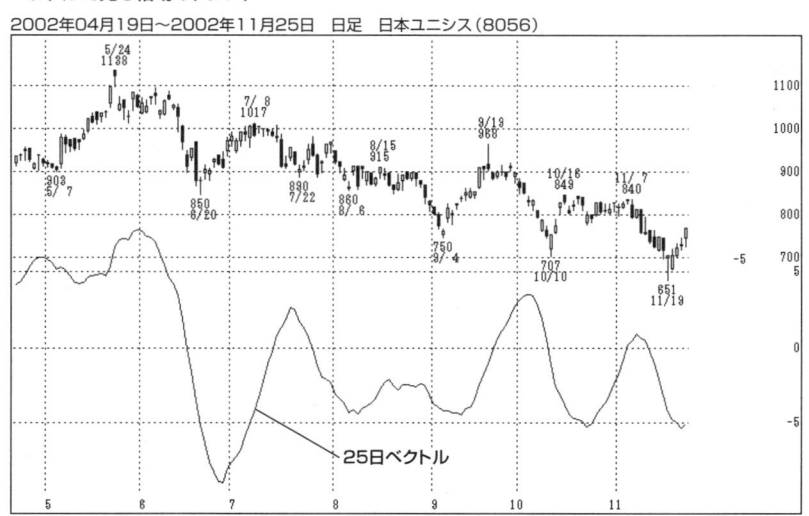

25日ベクトルは、過去25日間の上昇率（マイナスなら下落率）の平均値を示している。

ポイント・アンド・フィギュア

非時系列系 A

欧米の投資家の間では古くから使われているテクニカル指標で、日々の株価（終値）の動きに従ってポイント（点）を書き入れ、その結果として表れるフィギュア（形）を見て相場のトレンドを把握します。頭文字をとってP&Fとも呼ぶこともあります。左から右にポイントを追加していきますが、値動きが小さい日には記入しないことがあるため、時系列チャートではありません。

一つの枠の単位を何円にするか、何枠以上の値動きで転換するか、などの設定を変えることにより、捉える波動の大きさを調整することができます。

【 作成方法 】

[1枠10円の3枠転換の場合]
① 上昇時には×、下落時には○を10円単位で1枠ずつ記入
② 端数は上昇時は9捨0入、下落時は1捨0入
③ 3枠以上反転した場合に列を変えてポイントを記入
④ 同方向へ1枠以上動いたらポイントを追加
⑤ 上記③④の条件を満たさなければ記入しない

	前日終値	500	
	1日目	541	××××
	2日目	525	記入せず
	3日目	505	○○○
	4日目	517	記入せず
	5日目	540	×××
	6日目	552	×
	7日目	569	×
	8日目	555	記入せず
	9日目	518	○○○○
	10日目	553	×××

```
570
560           ×
550           × ○
540    ×      × ○ ×
530    × ○    × ○ ×
520    × ○    × ○ ×
510    ×   ○
500
```

【 ポイント・アンド・フィギュアの見方 】

　ローソク足と同じように、ポイント・アンド・フィギュアにもいくつかのパターン（フィギュア）があります。例えば、直近の×印が2行前の×印をひとつ上回れば「ダブル・トップ」と呼び、買いサインとみなします。反対に、直近の○印が2行前の○印をひとつ下回れば「ダブル・ボトム」と呼び、売りサインとみなします。同じような考え方で「トリプル・トップ」「トリプル・ボトム」などというフィギュアもあります。

　また、高値（×の一番上）同士を結んで高値抵抗線を考えたり、安値（○の一番上）同士を直線で結んで安値支持線を考えたりして相場のトレンドを分析することもできます。考え方としてはローソク足にトレンド・ラインを引く場合と同じです。

ポイント・アンド・フィギュアのトレンド・ライン

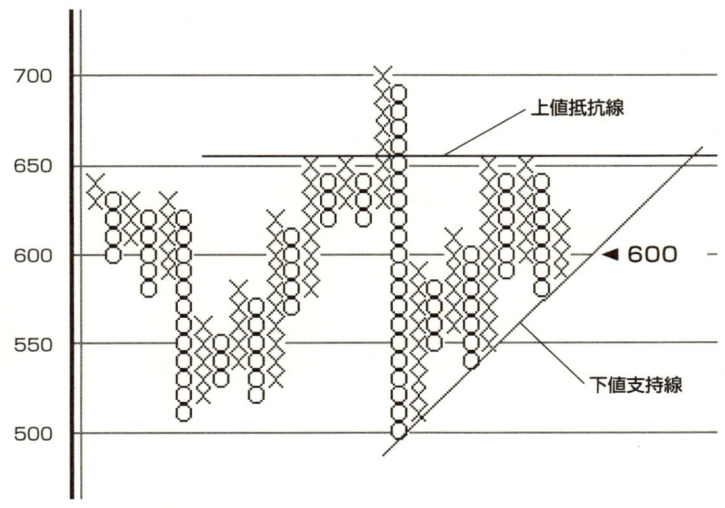

上値抵抗線
◀ 600
下値支持線

高値同士、安値同士をトレンド・ラインで結び、トレンドが転換するタイミングを見ることもできる。

時系列新値足

非時系列系 B

　目先の小さな株価変動にとらわれることなく、相場の流れの転機を知るために日本で開発されたテクニカル指標です。株価の終値を使い、上昇相場では以前の高値を抜いたとき、下落相場では以前の安値を下回ったときに新しい足を記入します。上昇時は白ヌキ（陽線）で、下落時は黒塗り（陰線）で記入します。

　いくつか種類がありますが、一般的には「新値3本足」がよく使われます。高値や安値が続いているときは新しい足を次々に引きますが、相場の方向が変化したときは、すぐには足を書き入れません。売買のタイミングを確実に捉えるために、前の3本の足を抜く変化があったときにだけ足を加えます。3本が過去の経験から適切であるとされています。

【 作成方法 】

　終値が新値を更新するたびに行を変えて罫線を記入していきます。上昇過程では前の高値を抜けば行を変えて陽線（白）を記入、下落過程においては前の安値を下回ると行を変えて陰線（黒）を記入します。「新値3本足」では、陽線3本（もしくは陰線3本）を抜いたとき、はじめて陰線（もしくは陽線）を記入します。

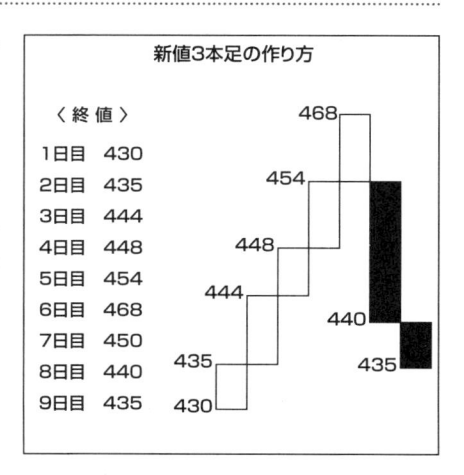

新値3本足の作り方

〈終値〉
1日目　430
2日目　435
3日目　444
4日目　448
5日目　454
6日目　468
7日目　450
8日目　440
9日目　435

【 時系列新値足の見方 】

　新たな陽線が出現したとき（陽転）が買いサインです。反対に、新たな陰線が出現したとき（陰転）が売りサインになります。

　陽転（陰転）の場合、その前に続いている陰線（陽線）の本数が多いほど、その後の値上がり（値下がり）が見込まれます。陽転・陰転は、それだけでトレンドの転換を示していますが、2本目の陽線・陰線が続いたときにそれが明確になります。このとき、2本目の足は小幅なほど良いとされます。転換以前の相場に戻そうとする動きを封じ、反対売買をこなしながら新値を付けたことを意味するからです。何本目かの陽線が前の陽線集団の最高値を上回れば、抵抗線の突破と捉え買い乗せの好機となります。逆に、何本目かの陰線が前の陰線集団の最安値を割り込めば、支持線の突破と捉え売り乗せの好機となります。

ローソク足と組み合わせた時系列新値足（新値3本足）
2001年09月30日～2002年11月25日　週足　理研計器（7734）

もみ合いの局面（2001年12月14日～2002年5月17日）では新たな足は追加されない。

時系列カギ足

| 非時系列系 | B |

　カギ足は「値幅足」とも呼ばれています。値幅の騰落を1本の線で表し、一定幅あるいは一定率以上の株価の変化から相場のトレンドを予測するテクニカル指標です。前者を「定額法カギ足」、後者を「定率法カギ足」といいます。

　カギ足はローソク足に比べて、株価の変動動向がわかりやすくなっています。値幅を大きくとった場合には、トレンドの傾向を大づかみにできる反面、かなり変動が進んだ後でないとわからないという遅行性の欠点が目立ってきます。このため転換値幅の設定が重要になります。通常、定率法では1％か3％を使用しますが、対象銘柄によって違ってきます。

　カギ足は終値を使用してタテ軸に株価をとります。ヨコ軸にはあまり意味がありません。株価が上昇している局面では線を上へ継ぎ足し、直近の高値に対して一定以上の株価下落があったときにはじめてヨコ軸を引いて次の行へ移り、下がったところまで線（陰線）を引きます。もちろん、一定幅の変化に満たないときは無視されます。同様に株価が下落している局面では線を下に継ぎ足し、一定幅以上の株価の上昇があったときに横線を引いて次の行へ移り、上がったところまで線（陽線）を引きます。この繰り返しで名前の通りカギ状のチャートになります。

【 作成方法 】

■ 3%カギ足の場合

株価（終値）が高値から3％以上下落したときに「陰転」しチャートが下へ折れ曲がる。さらに株価が下落したときはカギ足を下方へ延ばす。安値から3％以上上昇したときは「陽転」し、チャートが上へ折れ曲がり、さらに株価が上昇したときはカギ足を上方へ延ばす。

① 10月22日に、間近の高値440円から3％以上下落して陰転。前回の陽線から22日までヨコ軸を延ばし、415円水準まで陰線を描く。
② 23日に安値を更新。407円水準まで陰線を延ばす。
③ 24日に安値を更新。367円水準まで陰線を延ばす。
④ 28日に、間近の安値367円から3％以上上昇して陽転。22日から28日までヨコ軸を延ばし、380円水準まで陽線を描く。
⑤ 29日に、28日の高値380円から3％以上下落して陰転。28日の陽線から29日までヨコ軸を延ばし、365円水準まで陰線を描く。
⑥ 30日に安値を更新。356円水準まで陰線を延ばす。
⑦ 31日に安値を更新。353円水準まで陰線を延ばす。

ローソク足（日足）に時系列カギ足（3％）を記入した例

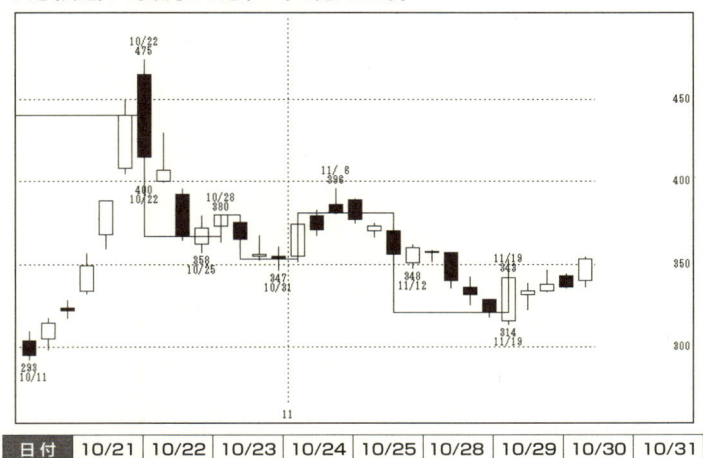

日付	10/21	10/22	10/23	10/24	10/25	10/28	10/29	10/30	10/31
終値	440	415	407	367	372	380	365	356	353

【 時系列カギ足の見方 】

　時系列カギ足の基本的な考え方として「一段抜き」（左下の図）と「五嶮」(ごけん)（右下の図）があります。

　一段抜きは、株価が直前の「肩」を抜いたところで買い、株価が直前の「腰」を下回ったところで売りとなります。また、同じ一段抜きでも中心線を切らずに上昇すれば買い勢力は強く、信頼度の高い買いサインとなります。反対に、中心線を抜かずに下降すれば、単なる一段抜きの売りサインよりも強力と考えることができます。

　「買い五嶮」は、外側の腰が①②③と切り上がり、この5ヶ所の嶮を切る（上回る）ことで形成されます。「売り五嶮」はその反対に①②③と順に肩が下がり、内側の腰を④⑤と切り下がり、⑤の安値（腰）も下回る終値が出て形成されます。五嶮においても、買い五嶮では中心線を上回っている③のほうが③'よりも強いといえます。売り五嶮では中心線を下回っている③のパターンが③'より強力です。

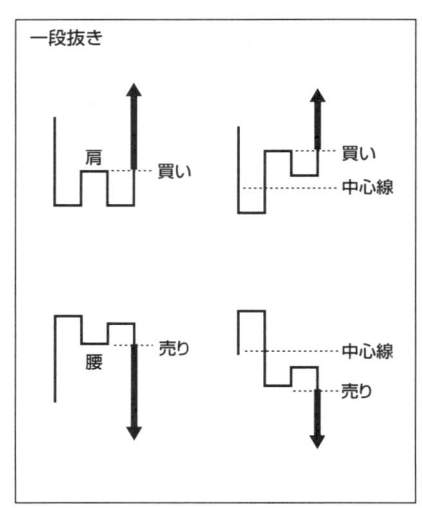

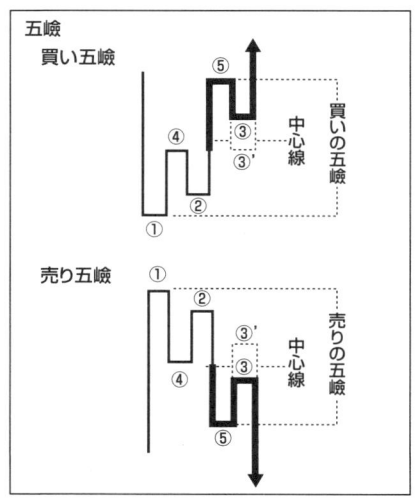

「買い型」と「売り型」のパターン

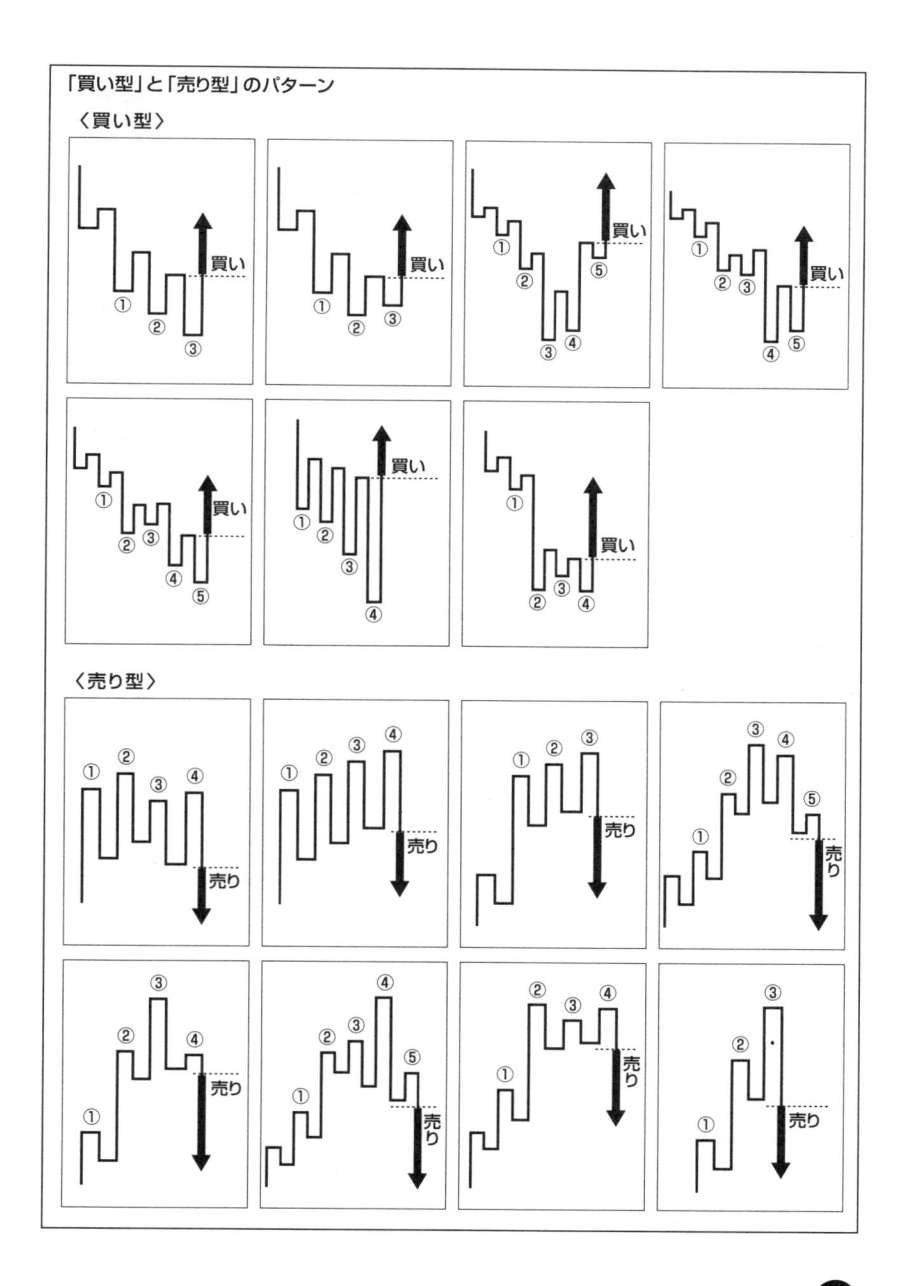

〈買い型〉

〈売り型〉

RCI　オシレーター系 B

　RCIはRank Correlation Indexの略で、順位相関指数と呼ばれています。統計学では、スピアマンの順位相関係数として知られている考え方を基にしたテクニカル指標です。

　ある期間の株価（終値）に順位を付け、その期間の日数との相関関係を指数化したもので、「上がり始め」「下がり始め」の時期とタイミングを捉える指標です。つまり、時系列的に見た相場の方向性を表しています。

　相場の動きに応じて日柄（日数、週数）を変更させて、短期トレンドから長期トレンドまでの変化を見ます。

【 作成方法 】

5日間の場合

日数	当日(=1)	前日(=2)	2日前(=3)	3日前(=4)	4日前(=5)
終値	700円	750円	780円	750円	800円
順位	5位	3.5位	2位	3.5位	1位
日数−順位	−4	−1.5	1	0.5	4

$d = (-4)^2 + (-1.5)^2 + (1)^2 + (0.5)^2 + (4)^2$
$RCI = \{1 - \langle 6d \div 5(5^2 - 1)\rangle\} \times 100 = -77.5\%$

[主な使用期間]
日足：短期5日、9日、13日
　　　中長期18日、22日、45日、75日
週足：9週、13週、26週、52週

【 RCIの見方 】

基本的にRCIがゼロ以上で推移していれば上昇トレンド、ゼロ以下で推移していれば下落トレンドと考えます。

RCIがマイナスからプラスに転じるポイントを上昇トレンドへの転換点とみなします。その後、100％に近づいていけば上昇トレンドがハッキリしていきます。

反対にRCIがプラスからマイナスへ転じるポイントを、下落トレンドへの転換点とみなします。－100％に近づいていけば下落トレンドが明確になります。

日柄の違う2本のRCIを使い、100％に近い地点でのクロスは売りサインとなります。逆に－100％に近い地点でのクロスは買いサインとなります。

RCIで見る買い時と売り時

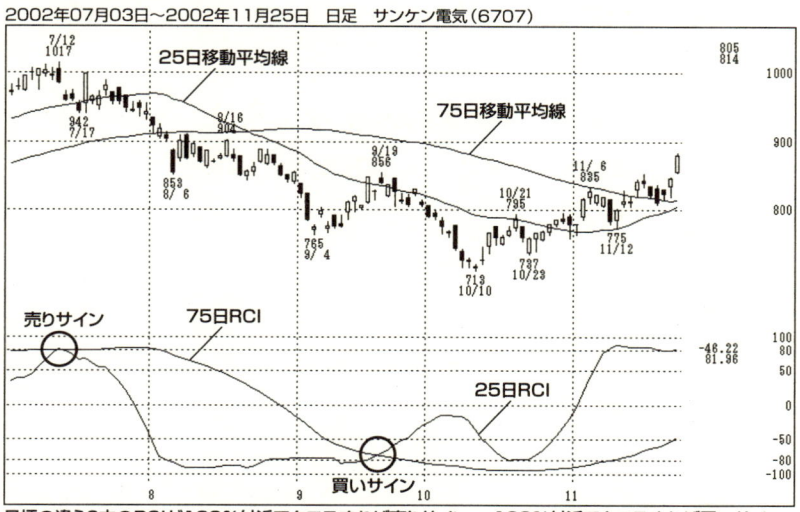

2002年07月03日～2002年11月25日　日足　サンケン電気(6707)

日柄の違う2本のRCIが100％付近でクロスすれば売りサイン、－100％付近でクロスすれば買いサイン。

SRV－K・D

オシレーター系 B

　SRVはStochastics Raw Valueの略です。米国のチャート分析家ジョージ・レーン氏が考案したテクニカル指標で、一定期間の高値・安値・終値から「買われ過ぎ」「売られ過ぎ」を判断します。SRV－KとSRV－Dという2本の線の絡み具合を見ながら売買のポイントを考えます。

【 作成方法 】

日足の場合

$$K = \frac{当日の終値 － n日間の安値}{n日間の高値 － n日間の安値} \times 100 (\%)$$

$$D = \frac{3日間のKの合計}{3}$$

$$SRV-K = (当日のK \times \frac{1}{3}) + (前日のSRV-K \times \frac{2}{3})$$

$$SRV-D = (当日のSRV-K \times \frac{1}{3}) + (前日のSRV-D \times \frac{2}{3})$$

[主な使用期間]
日足：9日、25日
週足：9週、13週

【 SRV－K・Dの見方 】

基本的にSRV－K・Dが80％以上は売りゾーン、20％以下は買いゾーンです。売りでは85％以上、買いでは15％以下になると信頼度が増すとされます。遅行するSRV－DがSRV－Kを追いかける格好で交差する場合は転換信号です。

相場が上昇を続けているのに、SRV-Dが70％以上の位置で右下がりのダブルトップ型（ピークが2つ並ぶ形）になる逆行現象は弱気サイン。逆に相場が下落を続けているのにSRV-Dが30％以下で右上がりのダブルボトム型となれば強気サインとみなします。

SRV－K・Dで見る買い時と売り時

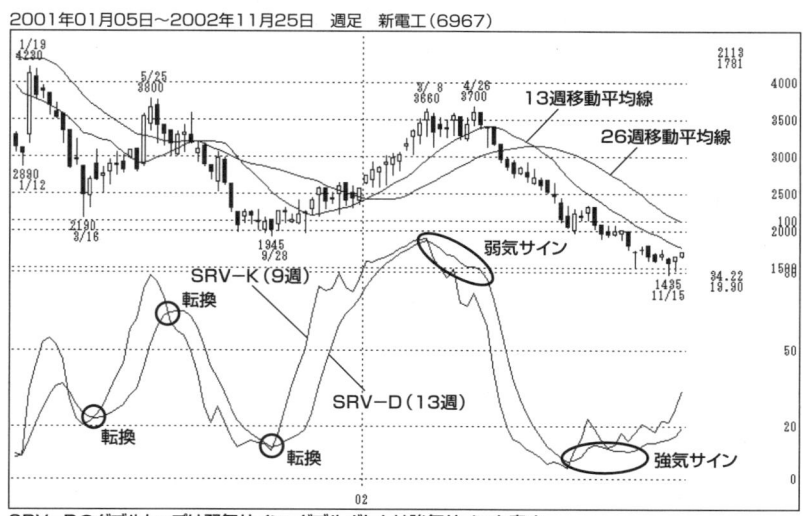

SRV-Dのダブルトップは弱気サイン、ダブルボトムは強気サインを表す。

ストキャスティクス　　オシレーター系 B

　使用する3つの指数を並べてSRV－%K・%D・SLOW%Dともいいます。過去一定期間に付けた最高値を100、最安値をゼロとみなし、直近の終値がゼロからどの程度離れているのかを表す指標です。0～100%の範囲で動きます。つまり、一定期間における相場変動の中で、現在の株価の位置づけを確認するための指標です。

【 作成方法 】

$$SRV\text{-}\%K = \frac{(直近の終値 － 最安値)}{(最高値 － 最安値)} \times 100\,(\%)$$

$$SRV\text{-}\%D = \frac{直近3日間の(直近の終値 － 最安値)の合計}{直近3日間の(最高値 － 最安値)の合計} \times 100\,(\%)$$

$$SRV\text{-}SLOW\%D = \frac{直近3週間のSRV\text{-}\%D}{3}\,(\%)$$

[主な使用期間]
日足：9日、25日
週足：9週、13週

【 ストキャスティクスの見方 】

基本的には、SRV－％DとSRV－SLOW％Dの動きが相場のトレンドを表します。

株価が安値圏にあって、SRV－％K・％D・SLOW％Dの3本のチャートが20％を割り込み、その後％DがSLOW％Dを下から上に抜けたときが買いのタイミングを示します。反対に、株価が高値圏にあって、3本のチャートが80％を超え、その後％DがSLOW％Dを上から下に抜けたときが売りのタイミングです。

ストキャスティクスで見る買い時と売り時

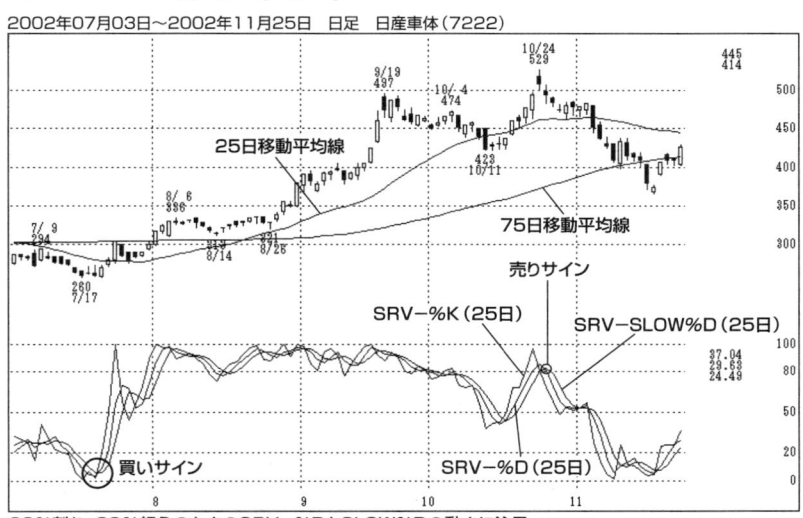

20％割れ、80％超えのときのSRV－％DとSLOW％Dの動きに注目。

RSI

オシレーター系 B

　RSIはRelative Strength Indexの略で、日本語に訳せば「相対力指数」という意味です。J.W.ワイルダー氏が開発したテクニカル指標です。相場の買われ過ぎ・売られ過ぎを示すオシレーター系指標の代表格で、短期から中期的に主に逆張りのタイミングを捉えるのに使われています。

　計算は比較的単純で、一定期間のうち、株価上昇日（終値ベース）の上昇幅を合計した値を、株価下落日の下落幅の合計値で割ったものです。

【 作成方法 】

$$RSI = \frac{株価上昇日（週）の上昇幅の合計}{株価下落日（週）の下落幅の合計} \times 100 (\%)$$

[主な使用期間]
日足：9日、14日、30日、42日、52日
週足：9週、13週

【 RSIの見方 】

　短期的には14日を使うことが多く、75％以上は買われ過ぎなので売りサイン、30％以下は売られ過ぎなので買いサインとみなします。14日線は8ヶ月～10ヶ月の上昇サイクルにおける押し目の判断に有効とされています。

　株価が上昇中に42日・52日線が70％以上になると、目先高値に近づいていることを示します。また、42日・52日線が70％以下から下降すると、多くの場合、株価はしばらく調整に向かいます。

　ただし、RSIが80％を超えても株価の上昇が続いたり、反対に30％を下回っても下落が続くことも現実にはありますので、逆張りのポジションをとるなら必ずストップ・オーダーを入れておくことが肝心です。

RSIで見る相場の状況
2002年02月06日～2002年11月25日　日足　大日本スクリーン（7735）

短期的には、14日RSIが75％以上で売り、30％以下で買い。

モメンタム、モメンタム％

オシレーター系 E

　モメンタムは直訳すると「勢い」もしくは「はずみ」ということで、価格の変化率を見ることによって相場の勢いやはずみを把握するテクニカル指標です。

　「モメンタム」と「モメンタム％」があり、前者は株価の変動幅を示し、後者は株価の変化率を示します。どちらも主に短期的な売買をするための指標であり、一般的に10日間の変化率を使用します。

【 作成方法 】

モメンタム＝直近の終値－n日（週・月）前の終値

$$モメンタム％ = \frac{直近の終値 - n日（週・月）前の終値}{n日（週・月）前の終値} \times 100（％）$$

［主な使用期間］
日足：10日、25日
週足：9週、13週、26週
月足：3ヶ月、6ヶ月、9ヶ月

【 モメンタムの見方 】

　ゼロより上にあったモメンタムがさらに上に行けば、相場の上昇トレンドが加速しているとみます。相場が上がっているのに、モメンタムが横ばいになってきたら上昇率の低下を意味します。

　ゼロより下でさらに下げれば、下落に拍車がかかっているとみなします。株価が下がっているのに、モメンタムが横ばいなら下落率が緩くなったことを意味します。

　ゼロの下にあったモメンタムがプラスに転じれば買いサイン、ゼロより上にあったモメンタムがマイナスに転じれば売りサインです。

　モメンタム％も見方は全く同じです。

モメンタムとモメンタム％の売り時・買い時
2001年01月05日～2002年11月25日　週足　ミノルタ（7753）

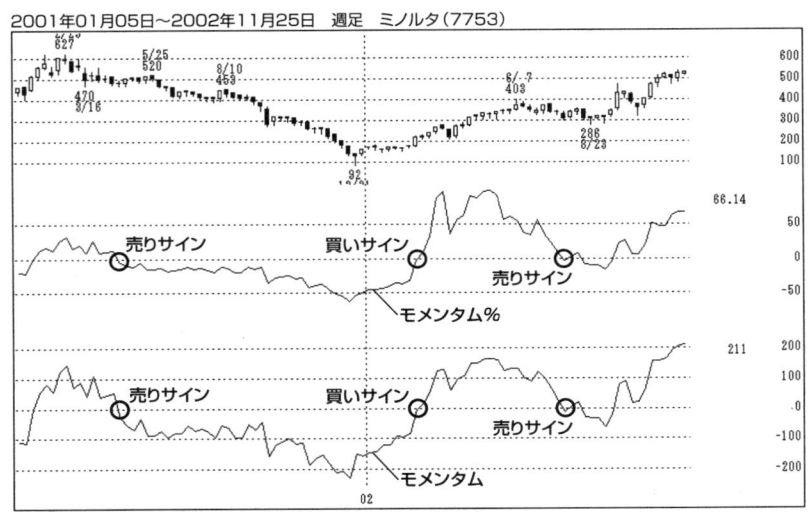

ゼロを基準に売り時・買い時を考えるが当てにならないことも多い。

｜サイコロジカル・ライン　［オシレーター系　E］

　サイコロジカルとは心理的という意味で、文字通り投資家の心理面を考慮に入れたテクニカル指標です。株価変動では株高の日がそう何日も続かない半面、株安の日も何日も続くものではありません。これらの原因を投資家の心理に求め、連騰・続落に対する"飽き"や"疲れ"といった原始的なリズムを根拠に相場の次の動きを予測しようとするものです。もっとも、現実の相場にどれだけ当てはまるかについてはかなり疑問が残ります。

【 作成方法 】

$$サイコロジカル・ライン＝\frac{過去n日（週）間の株価上昇日の合計日（週）数}{n}＝100（％）$$

［主な使用期間］
日足：8日、12日、22日
週足：8週、13週

【 サイコロジカル・ラインの見方 】

　サイコロジカル・ラインはもっぱら短期のタイミングを捉える指標として使われます。一般的には、25％以下の水準は売られ過ぎであり、75％以上では買われ過ぎとみなします。したがって、ラインが75％以上の水準から下降した時点が売りのタイミング、25％以下の水準から上昇した時点が買いタイミングといわれています。

サイコロジカル・ラインで見た売り時・買い時
2000年01月21日～2002年11月25日　週足　三陽商会（8011）

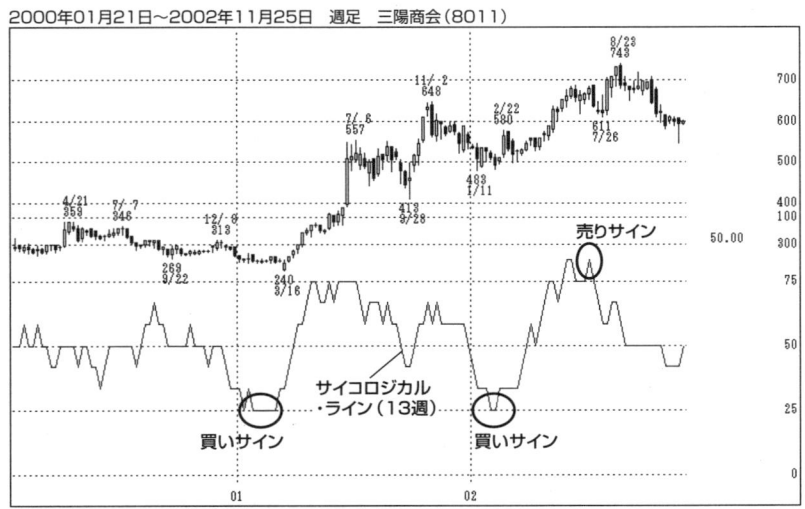

75％水準からの下落時を売り時、25％水準からの上昇時を買い時とみなす。

%Rオシレーター

ストキャスティクスのSRV－%Kを反対計算した指標です。米国のトレーダー、ラリー・ウィリアムズ氏が考案したことから「ウィリアムズ%R」とも呼ばれています。一定期間の最高値、最安値と現在の株価を比較することによって、現在の株価水準の高低の度合いを測ります。当然のことながら、対象とする期間の長短により結果が大きく異なってきますので、使用期間の選び方が重要になります。

【 作成方法 】

$$\%Rオシレーター＝\frac{(最高値－直近の終値)}{(最高値－最安値)}\times 100(\%)$$

[主な使用期間]
日足：25日
週足：13週

【 %Rオシレーターの見方 】

　通常のテクニカル指標とは高値圏・安値圏がひっくり返っているので注意が必要です。基本的には、80％以上の水準が買いゾーン、20％以下が売りゾーンです。その期間に大きな高値・安値がある場合には、100％や0％という極大・極小値が出ることも珍しくありませんので、100％や0％を待って仕掛けるという考え方もできます。

%Rオシレーターで見た売り時・買い時
2000年01月21日〜2002年11月25日　週足　三陽商会（8011）

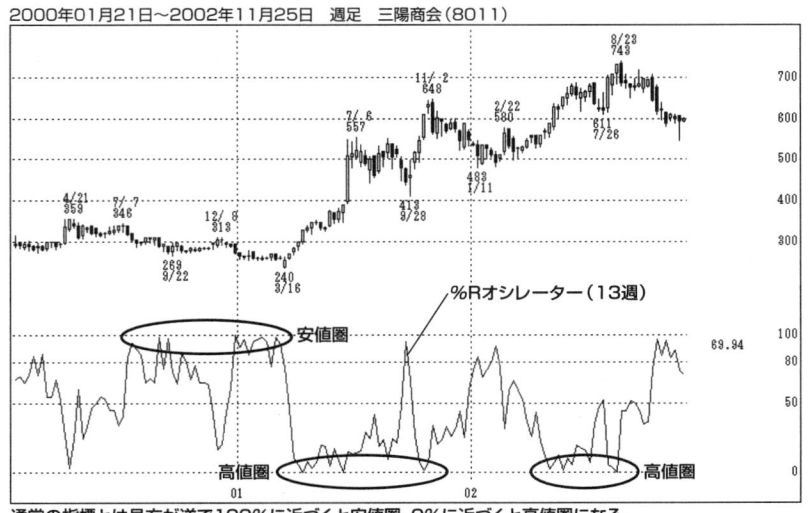

通常の指標とは見方が逆で100％に近づくと安値圏、0％に近づくと高値圏になる。

コポック

オシレーター系 E

　E.S.コポック氏が考案したテクニカル指標で、主に月足に使用するよう開発されました。

　基本的な考え方はモメンタムやモメンタム％と同じで、現在の株価を一定期間前の株価と比べてその騰落率を基に相場の趨勢を判断します。ただし計算方法はより複雑で、月中平均株価の対前年同月比騰落率を求めて、この10ヶ月間の平均値をとります。このとき、現在に近い時期の株価ほど重要であるとの考えから、データに重み付けを行っています。

【 作成方法 】

$$コポック = \frac{1}{10} \times \{nヶ月前の月中平均株価の対前年同月比騰落率 \times (10-n+1) の合計\}$$

nは1から10
平均株価は中値・高値・安値・終値のいずれかを使用

【 コポックの見方 】

　見方はきわめて単純で、チャートが上向きに転じると買いサイン、下向きに転じると売りサインです。

　マイナス局面で上昇に転じるとゼロラインを突破するまで上昇を続ける場合が多く、反対に、プラス局面で下落に転じるとゼロラインを割り込むまで下落が続く場合が多いようです。

コポックによる売り時・買い時の判断
1994年08月31日〜2002年11月25日　月足　TDK(6762)

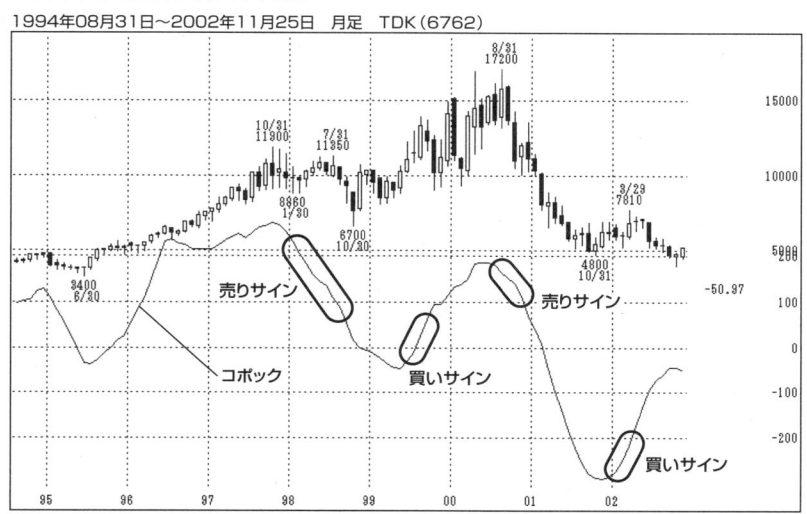

単純にチャートの向きで売り買いのタイミングを見る。

篠原レシオ

オシレーター系 D

　篠原レシオは、篠原正治氏によって日本で開発されたオシレーター系指標で、「強弱レシオ」と呼ばれることもあります。

　一日の株価の値動きから「エネルギー」と「人気」を読み取り、その後の株価を予測するという独自のアプローチをとります。特に、仕手性の強い人気銘柄の売り時・買い時を判断するためには有効だといわれています。

　A、B、Cという3つのレシオを用いますが、Aレシオはエネルギーの強弱、Bレシオは人気の高低、Cレシオは主に株価の位置を示しA／Bレシオを補足するために使います。

【 作成方法 】

【 Aレシオ 】
当日の始値から高値までの幅を「強エネルギー」、始値から安値までを「弱エネルギー」とし、過去n日間（通常は26日間）の強エネルギーを弱エネルギーで割って値を求めます。

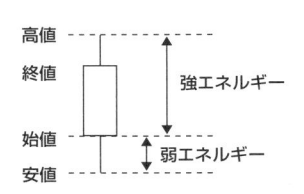

$$Aレシオ = \frac{n日間の強エネルギー（当日の高値 - 当日の始値）の合計}{n日間の弱エネルギー（当日の始値 - 当日の安値）の合計} \times 100（\%）$$

【 Bレシオ 】

前日の終値から当日の高値までの幅を「強人気」、前日終値から当日安値までの幅を「弱人気」とし、過去n日間（通常は26日間）の強人気を弱人気で割って値を求めます。

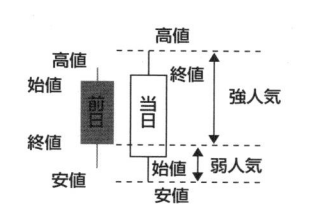

$$Bレシオ = \frac{n日間の強人気（当日の高値 − 前日の終値）の合計}{n日間の弱人気（前日の終値 − 当日の安値）の合計} \times 100（\%）$$

【 Cレシオ 】

前日の中値を基準とし、当日の高値までの幅を「プラス・エネルギー」、当日の安値までの幅を「マイナス・エネルギー」とし、n日間（通常は26日間）のプラス・エネルギーの合計をn日間のマイナス・エネルギーの合計で割ります。

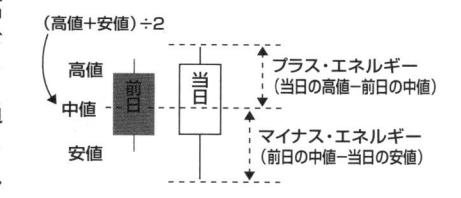

Cレシオ（26日線）は2本の主ベルトおよび2本の副ベルトと併用します。主ベルトは、（Cレシオの）40日線を17日先行させたものと、52日線を26日先行させたもの。副ベルトは、10日線を5日先行させたものと、20日線を9日先行させたものです。

$$Cレシオ = \frac{n日間のプラス・エネルギー（当日の高値 − 前日の中値）の合計}{n日間のマイナス・エネルギー（前日の中値 − 当日の安値）の合計} \times 100（\%）$$

$$主ベルト1 = \frac{40日間のプラス・エネルギーの合計}{40日間のマイナス・エネルギーの合計} \times 100（\%）を17日先行$$

$$主ベルト2 = \frac{52日間のプラス・エネルギーの合計}{52日間のマイナス・エネルギーの合計} \times 100（\%）を26日先行$$

$$副ベルト1 = \frac{10日間のプラス・エネルギーの合計}{10日間のマイナス・エネルギーの合計} \times 100（\%）を5日先行$$

$$副ベルト2 = \frac{20日間のプラス・エネルギーの合計}{20日間のマイナス・エネルギーの合計} \times 100（\%）を9日先行$$

【 A／Bレシオの見方 】

　ボックス相場では、Aレシオが100％を中心にして上下20％の間を往来しているうちは暴騰・暴落はありません。株価上昇局面でAレシオが150％以上に上昇したあとは、押し目と反落に注意が必要です。反対にAレシオが70～60％に下げたときは株価エネルギーがボトムに近い状態なので底値圏とみなします。

　Bレシオは人気のバロメータです。Bレシオ100％というのは強弱人気が均衡している状態です。株価上昇局面では、Bレシオもつられて上昇します。200％は強人気が弱人気の2倍であるということを意味し、そろそろ人気が衰える時期（高値圏）とみなされます。下落局面でBレシオが70～30％の状態が比較的長く続くと底が近いことを示します。いずれの場合も、Aレシオとの相対関係を見ることも必要になります。

A／Bレシオの動き
2001年01月05日～2002年11月25日　週足　兼松（8020）

株価急騰でAレシオ、Bレシオともに500％を突破し、チャートを描けない。

【 A／Bレシオのパターン 】

実線＝Aレシオ、点線＝Bレシオ

A／Bレシオ急落押し目買い

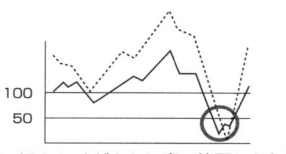

A／Bレシオがともに高い位置から急落し、70％を下回ったとき。

A／Bレシオ接近押し目買い

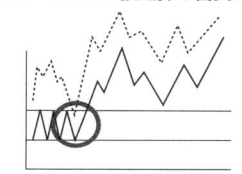

Aレシオが低い位置でエネルギーを蓄積したとき、Bレシオが高い位置よりAレシオに接近したとき。

Bレシオが A レシオを上回る押し目買い

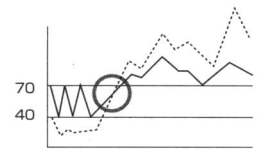

低い位置でAレシオを下回っていたBレシオが、70％以下でAレシオを上抜いたとき。

上昇中段のA／Bレシオ接近押し目買い

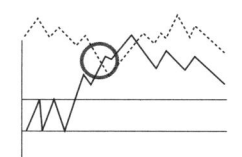

Aレシオが上昇しながら、下降するBレシオに中段で接近し、上抜いたとき。

レシオ急騰利食い売り

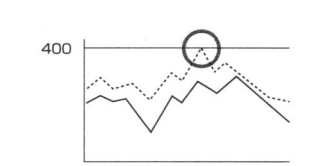

Bレシオの位置が押し目の位置から上昇し、上昇前の2倍になったとき利食い売り。

株価が上放れの場合の売り

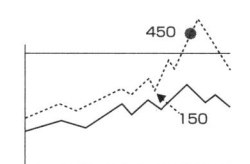

株価が上放れたときの利食い目標はBレシオの上昇前の3倍が目安。

MN線の変化で利食い売り

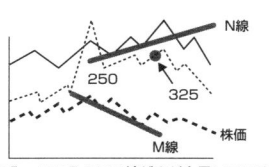

M線が下降に入っているのにN線がまだ上昇しているとき、Bレシオが押し目かつ30％以上上昇したところが売り場。

※N線はAレシオの押し目と次の押し目を結んだ支持線、M線は株価の押し目と次の押し目を結んだ支持線。

【 Cレシオの見方 】

　主ベルト1、主ベルト2、副ベルト1、副ベルト2に対するCレシオの位置で売り時・買い時を判断します。

　基本的にはCレシオが他の4本のベルトよりも下に位置するときを買いサインとみなします。反対に、Cレシオが他の4本のベルトよりも上に位置するときを売りサインとみなします。

　Bレシオの売り時・買い時のパターンも参考にしながら判断する必要があります。

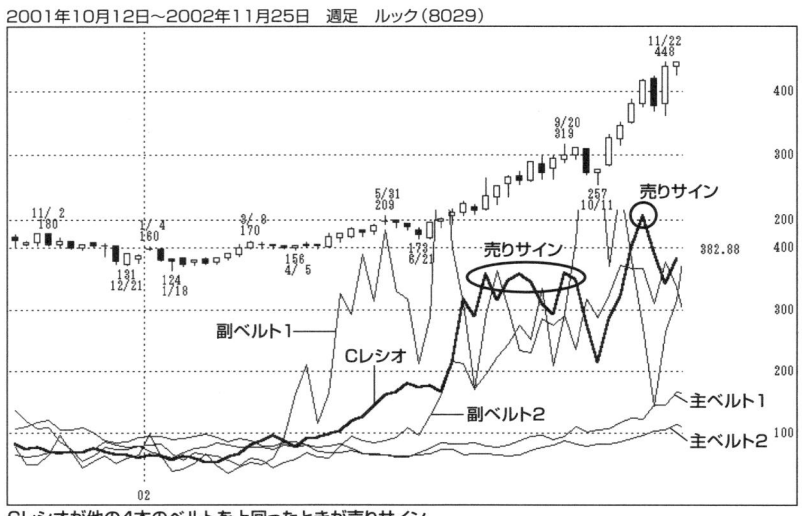

Cレシオの動き
2001年10月12日～2002年11月25日　週足　ルック（8029）

Cレシオが他の4本のベルトを上回ったときが売りサイン。

騰落レシオ

その他 D

騰落レシオは、市場全体（例：東証一部上場）の全銘柄を対象に、値上がり銘柄数と値下がり銘柄数の比率から相場の動向を確認するための指標です。日足なら5日か25日、週足なら13週を主に使います。計算も単純で、使用期間が25日なら、「25日間の値上がり銘柄数」÷「25日間の値下がり銘柄数」×100％です。

相場全体の底入れ時には50％まで下がり、押し目では70％から反転することが多いとされます。また、120％以上は目先相場は天井に近いことを示し、反落の警戒が必要とされます。

東証一部上場銘柄を対象とした暴落レシオ
2001年09月06日～2002年11月25日　日足

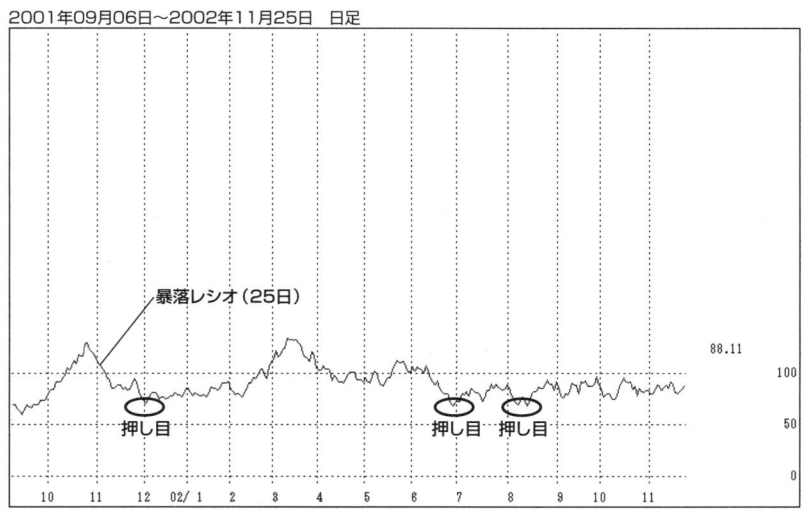

下落局面での押し目では70％から反転することが多いとされている。

レシオケーター その他 E

　個別銘柄の動きと市場全体（日経平均株価）の動きとの関係の推移を見るもので、個別銘柄の上昇率や下落率が全体の相場より大きいか小さいかなどを示す指標です。
　個別銘柄の値動きだけでなく、市場全体との関係からその銘柄の人気を捉えることができます。

【 作成方法 】

$$レシオケーター = \frac{n日（週）前の株価 \div n日（週）前の日経平均}{直近の株価 \div 直近の日経平均} = 100（\%）$$

【 レシオケーターの見方 】

　一般的には、レシオケーターが上昇傾向の銘柄は、全体の銘柄（日経平均）より投資効率の良い銘柄です。逆に、レシオケーターが下降傾向の銘柄は、全体の銘柄（日経平均）より投資効率の悪い銘柄になります。

　レシオケーターが下落から上昇へ転じたところを、最も重要な買いのポイントとみなします。

相対的な評価が上がっている銘柄の例
2000年01月21日～2002年11月25日　週足　廣済堂（7868）

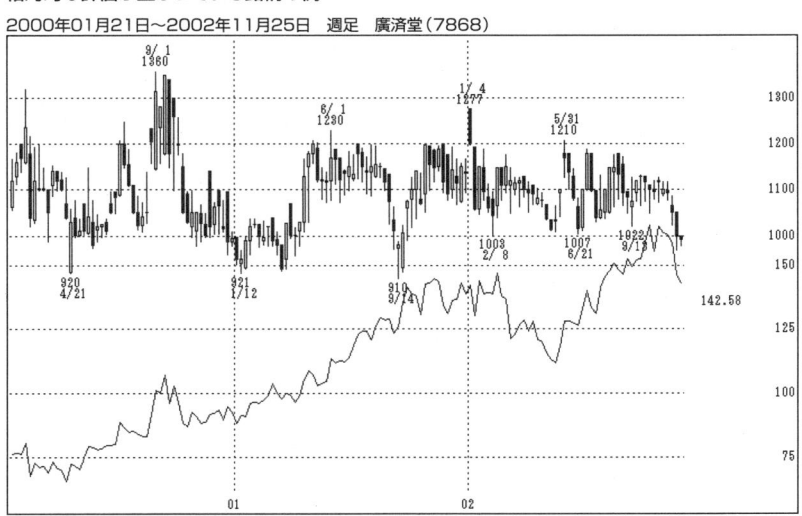

2000年以降ほぼ横ばいで推移しているが、日経平均が下落しているため、レシオケーターは上昇した。

第3章
新井邦宏の相場哲学

Chapter3

投資の目的とテクニカル分析

　第1章と第2章で解説したことは、テクニカル分析やテクニカル指標に対する一般的な考え方です。

　これまでに紹介してきたテクニカル指標もパッケージ商品と言うべきもので、おおむねどの指標を見ても「売り」と「買い」の判断ができるようになっています。仮にそれぞれの指標が正しいとすれば、これらを使う投資家は着実に利益を上げているはずですが、現実にはテクニカル指標を使っていても損失を拡大させている投資家のほうが圧倒的に多いのです。

テクニカル指標は使い方次第

　その理由は、テクニカル指標が間違っているからではなく、テクニカル指標の使い方が間違っているからです。いかにテクニカル分析を学んだとしても、その実際の運用面を徹底的に管理しない限り、

図3-1　相場についての正しい考え方

- ●テクニカル指標はその時点では常に正しい
- ●相場で利益を上げるには運用管理の徹底が必要

投資におけるパフォーマンスは得られません。相場にのぞむときには、この点をよくよく考えていただきたいものです。

投資の世界では、ある程度の損失が出ることは決して避けられません。それはプロの投資家でも同じです。だからこそ、ロス・カット（損切り）という安全装置を駆使して損失を最小限に食い止めようと常に注意しているわけです。

それにもかかわらず、実際には多くの投資家がロス・カットを行わないばかりか、当初のポジションを助けるためのナンピン（難平）という売買を繰り返し、取り返しのつかない損失を被る羽目に陥っています。

図3-2　多くの投資家が損をする理由

○ ●投資家が損を拡大させる最大の原因は、
　　損切り（ロス・カット）を行わないからである

投資の目的は「人生を豊かにすること」

このような愚行は今に始まったことではなく、何十年も変わらずに繰り返されているのですから、全くあきれるばかりです。その原因は、投資教育の欠如によるものなのか、人間の欲の深さによるものなのか、おそらくその両方でしょう。

私は常に、「自分の人生を豊かにするための投資」という原則に立ち、その目的のためには運用資産がどのような状況になっていなければならないかという観点から投資を考えています。

1．合理的な投資行動とは何か

　こうした観点から投資を考えるとき、テクニカル分析との対峙の仕方はおのずとハッキリしてきます。そこでこの第3章では、私なりのテクニカル分析の捉え方と、投資に向き合ううえでの考え方を中心に話を進めていきたいと思います。なお、この章だけ読んでも理解していただけるように、一部の内容が第1章、第2章と重複している点がありますのでご了承ください。

　我々投資家の目的は、リスクをとりながらリターンを得ることです。つまり、マーケットに参加することで、自分の運用資産が減少するかもしれないというリスクを負いながら、そのリスクや対価に見合うリターン（利益）を、より安全に確保することにあります。

　私は、常に自分の資産を増やすために最も合理的な行動は何であるかを考え、行動します。相場の状況が悪ければ、全く売買しない

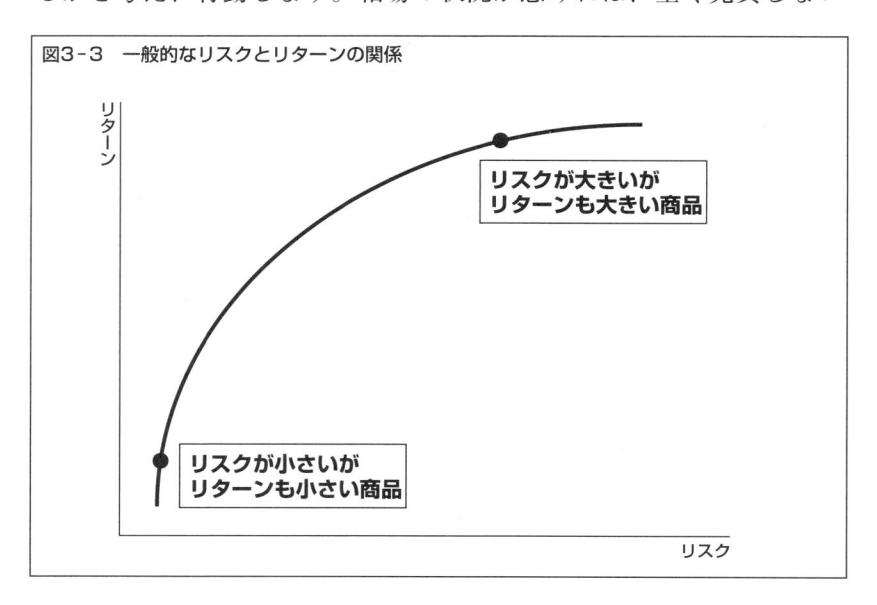

図3-3　一般的なリスクとリターンの関係

リターン

リスクが大きいが
リターンも大きい商品

リスクが小さいが
リターンも小さい商品

リスク

こともあります。

一般に、リスクを伴わない運用形態ではリターンも小さく、リスクをとる運用ではリターンも大きいとされます。学術的な分析はほかに譲るとして、ここで考えなければいけないのは、運用資産が減少する心配のない運用先（銀行預金など）を選ぶべきか、それとも、運用資産が減少する可能性がある運用先（リスク・マーケット）を選ぶべきかということです。

つまり、株式相場が上昇している局面では株式を購入し、株式相場が下落している局面では株式を売却して銀行預金に資金をシフトするといった作業のことです。

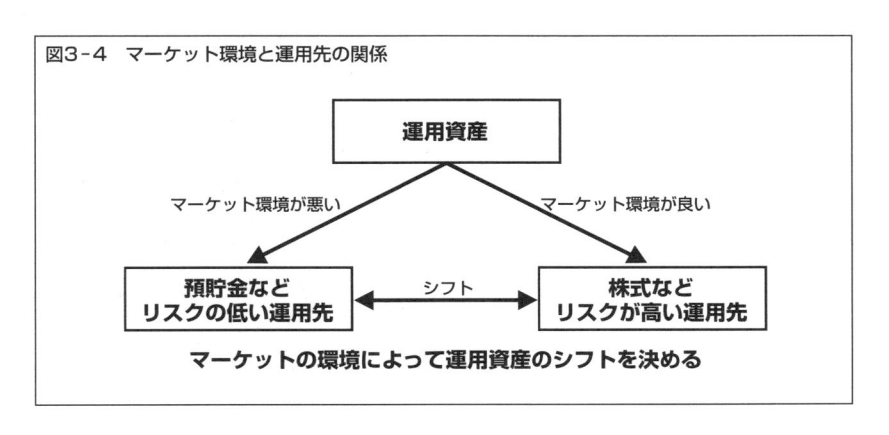

図3-4 マーケット環境と運用先の関係

```
                    運用資産
          ┌────────────┴────────────┐
   マーケット環境が悪い           マーケット環境が良い
          ↓                             ↓
    預貯金など      ←─ シフト ─→     株式など
  リスクの低い運用先               リスクが高い運用先
```
マーケットの環境によって運用資産のシフトを決める

株式を購入して株価が上がれば自分の資産が増えます。ですから株価が上昇している局面では、銀行預金よりも株式投資のほうが有効に運用できることは明らかです。

反対に、株価が下がれば資産が減少してしまいますから、そのような局面では株式投資よりも銀行預金のかたちで資金を運用するほうが好ましいはずです。

資産の運用先はマーケットが決めること

　ここで理解しておいてほしいのは、このような運用先の選択は、投資家自身の都合で決めるべきものではなく、マーケットが決めるものだということです。敢えて「作業」という言葉を使ったのも、ただ機械的に行動するからです。

　また、運用先の選択は、一度決めたら長い期間有効というわけではありません。マーケットは常に変化しています。マーケットの環境によっては、数週間後、数日後、あるいは数分後に考え直さなければならないこともあります。

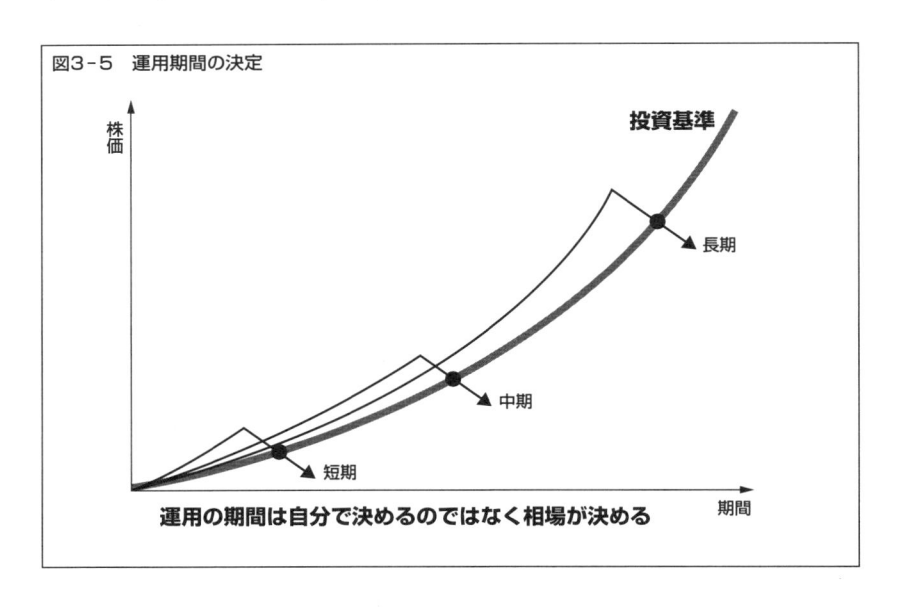

図3-5　運用期間の決定

運用の期間は自分で決めるのではなく相場が決める

　投資家にとって何よりも重要なのは、マーケットの環境が良いか悪いかを判断することにほかなりません。そして、その拠り所となるのがテクニカル指標なのです。

2．テクニカル分析の役割

　日本人は、昔から土地も株も何もかも「買う」という発想のなかで生きてきました。これは買ったものが値上がりすれば資産が増えるという、最も単純な理由からでしょう。しかし、値上がりを前提とした「買い」という発想でしか相場を考えられないとしたら、それは自ら選択肢を狭めてしまっていることになります。

　相場の世界では、もちろん買うことによって利益を得ることができますが、売ることによっても利益を得ることができます。信用取引を使ったカラ売り、日経平均先物（注31）などを使った先物取引がそうです。

　もともと先物取引は日本で生まれたものですが、もっぱら欧米で売買手法が発達しました。日本では「売り」によって儲けることはあまり良い印象を持たれず、何かしらの後ろめたさが付きまといます。この点で、日本人と欧米人の考え方の差は歴然です。

　誤解しないでほしいのですが、ここでは、すべての投資家にカラ売りや先物取引に参加しなければならないと言っているのではありません。そのときの相場の状況によって、「買い」で利益が出る局面と「売り」で利益が出る局面、何をしても利益が出ない局面があるということを認識すべきだと言っているのです。

　「売り」で対応すべき局面や何もすべきでない局面にもかかわらず、「買い」一辺倒で相場に参加しても利益が上がるわけがないのです。そこのところを肝に銘じておかないと大きな損失を被ることになりかねません。

（注31）日経平均を対象とした先物取引の銘柄。日経平均は東証一部市場を代表する225銘柄を対象とした株価指数。

上昇か下落かを判断するのがテクニカル指標

では、実際の相場では「買い」「売り」をどのように使えば利益を上げられるのでしょうか。相場の上昇局面、下落局面に分けて考えてみると次の3点を指摘できます。

① 上昇相場では買いで利益を追求する。
② 下落相場では買いを行わず、買いポジションも持たない。
③ 下落相場では売りで利益を追求する。

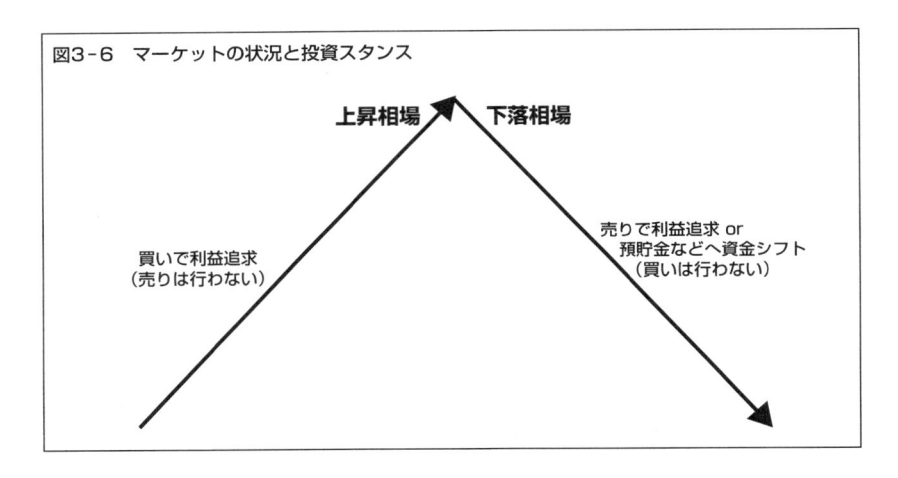

図3-6 マーケットの状況と投資スタンス

上昇相場／下落相場

買いで利益追求
(売りは行わない)

売りで利益追求 or
預貯金などへ資金シフト
(買いは行わない)

前述したように、資産運用先の選考においては、リスク・マーケットの投資環境が大きな決定要因になります。したがって、株式相場が上昇局面にあれば、資産を株というかたちに置き換えることによって資産の増加を狙えます。反対に、株式相場が下落局面にあるのなら、持っている株は売却して、その代金を銀行預金など資産が減らない運用先にシフトすべきです。③は②の応用で、相場の下落局面でも資産を守ることはせずに、カラ売りなどを使って積極的に利益を追求する方法です。

要するに、相場の局面さえ的確に判断することができれば、上昇相場にしても下落相場にしても利益を上げることができるわけです。テクニカル分析の役割は、まさにそうした相場の局面を判断することにあるのです。

将来の相場は予測できない

　一般にテクニカル分析は相場を予測するためのものと考えられていますが、私はそれは正しくないと考えています。
　予測には前提条件が必要です。前提条件が変わらないのであれば将来を見通すことが可能かもしれませんが、相場の世界では、刻々と前提条件が変化し、常にそれらの変化を織り込んで価格形成がなされます。1日後、1時間後、1秒後に何が起きるかわかったもの

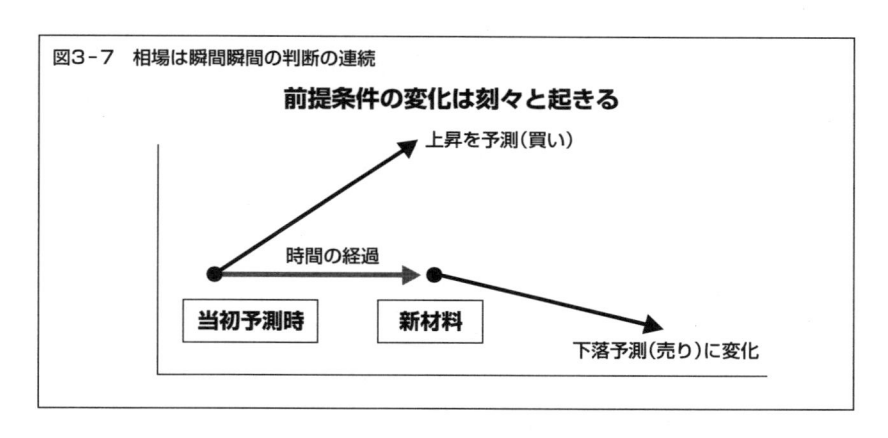

図3-7　相場は瞬間瞬間の判断の連続

前提条件の変化は刻々と起きる

- 当初予測時 → 上昇を予測(買い)
- 時間の経過 → 新材料 → 下落予測(売り)に変化

ではありません。次々に変化する前提条件のもとで相場を予測するなどということは、現実的に無理があるからです。
　その意味で、私は相場を予測することになんの意味も見い出しません。将来のことなど考えてもわからないからです。評論家やエコ

ノミストは相場の将来を予測することを生業としていますが、多くの場合、相場は彼らの言う通りに動いてはくれません。たまに当たることはありますが、そんな小さな可能性に大事な資産を賭けるのはリスクが大き過ぎるのではないでしょうか。

　企業業績が良くても株価は売られ、業績が悪くても株価は買われます。景気が回復していると政府が発表しても、日経平均株価が下がってしまう現象をどのように説明すればよいのでしょうか。どんなに"うまい話"や"確実な予測"を耳にしたとしても、それを信じて投資した結果として増えるのも減るのも自分の資産です。

　私は、テクニカル分析というものは、相場の将来を予測するものではなく、その時点でマーケットに資産を置くべきか否かを判断するためのツールだと考えています。それは、不確実な「気持ち」に頼った運用とは一線を画し、テクニカル指標をベースにした状況判断と運用の定義に従って資産のシフトを行うものです。予測が当たるとか当たらないという次元のものではありません。

　実践的なテクニカル分析においては、相場の前提条件は変化するのが当たり前だと考えます。前述したように、資金のシフトが短期に終わるか、長期にわたるものになるのかは、相場任せです。言い方を換えれば、相場の変化に応じた瞬間瞬間の判断の連続こそがテクニカル分析にほかならないのです。

3．トレンドの認識

　相場がランダムに動くのであれば、そこから収益を上げるのは、博打と同じく半か丁かの世界になってしまいます。しかし、相場にはある期間、ある方向性を持って価格が動くという特徴があります。そうした動きを捉えることができれば、比較的容易に収益化することが可能になります。

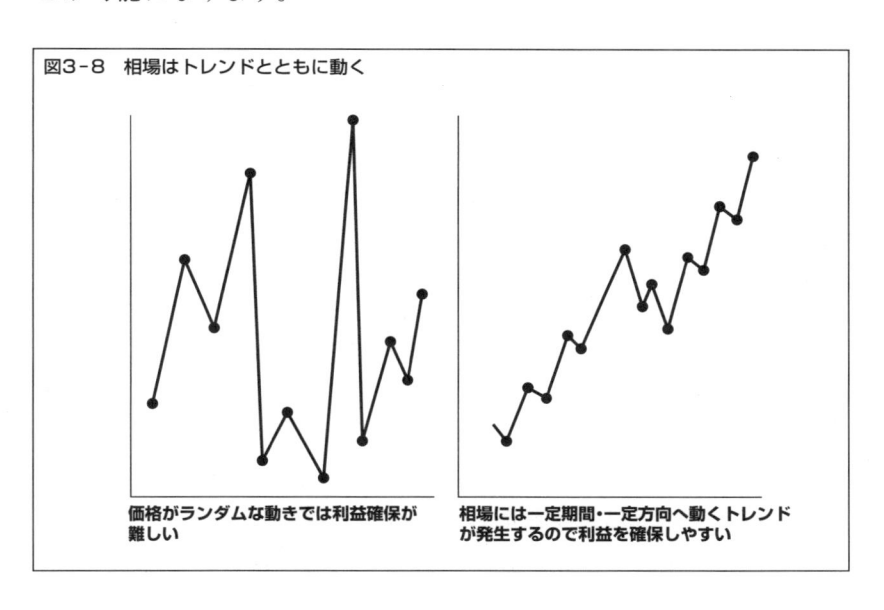

図3-8　相場はトレンドとともに動く

価格がランダムな動きでは利益確保が難しい

相場には一定期間・一定方向へ動くトレンドが発生するので利益を確保しやすい

　このように、相場がある期間、ある方向性を有することを「トレンド」と呼んでいます。トレンドには、「上昇」と「下落」、そして「トレンドがない」という3つの状態があります。3つの状態に変化するトレンドのなかで利益を上げるためには、ある期間における相場のトレンドを認識し、その方向に合わせて資産運用の方向を決める作業が必要になります。これが投資というものです。

株式相場が上昇局面なら株を買い、下落局面なら株を売って銀行預金にシフトするといった大ざっぱな話は既にしましたが、実際にはそれほど単純なものでもありません。同じ株式市場の中でも上昇局面にある銘柄と下落局面にある銘柄とが混在しています。いろいろなトレンドが複雑に入り乱れている相場の中で、自分自身の資金をより安全で利益が上がりやすい領域にシフトする判断をしなければいけないわけです。

相場を当てるのではなくトレンドに乗ることが重要

　これから考えることは、テクニカル分析を使って相場のトレンドを認識し、そのトレンドに乗ることで相場の変動から収益を確保することです。このことは、相場の動きを予測するものではありません。評論家は、相場を当てることで社会的な名声を得て、それで生計を立てています。外れてもなんの損失もありません。しかし、一般投資家は違います。相場を当てるのではなく、トレンドの流れに乗ることにより損を少なくし、着実に自分の資産を増やすことが何よりも重要なのです。

　相場のトレンドは、事後的にチャートを見るとよくわかります。しかし、わかったからといって、そのトレンドが生じた過去に遡ってポジションを持つことはできません。結局、その時点で、「これは上昇トレンドだ」あるいは「下落トレンドだ」と判断を下して、暫定ポジションを持つしか方法はありません。

　暫定ポジションの方向と現実のトレンドの方向が合っているか否かは、その後の瞬間瞬間の確認によって検証するしかないのです。こうした検証を行い、それに基づいて売り買いの判断を下すための道具がテクニカル分析なのです。

4．投資家として「できること」と「できないこと」

　相場は、投資家が100人いれば100人の考え方が異なるから成立するのです。皆が同じ考えで、同じように行動するのでは株価形成ができません。現実の相場の中では、皆、勝手に売買をしているようにも見えますが、時として投資家が同じ行動をとることがあります。そこには運用者の「暗黙の了解」という原理が作用していることが多いようです。

機関投資家も個人投資家も条件は同じ

　過去の相場の動きをテクニカル指標で見ると、どこで買い、どこで売れば利益が出るかがよくわかります。しかし、今後の動きを正確に当てることはできません。それが可能ならば、金融機関も年金基金も今ほど厳しい状況には置かれていないはずでしょう。

　個人投資家も機関投資家も皆等しく、将来の相場がどうなるかわからない状況で相場に対峙しているのです。これは紛れもない事実です。機関投資家のほうが個人投資家より有利ということは決してないのです。

　よく、機関投資家や証券会社のディーラーが特殊な情報や有利なデータを持っていると言う人がいますが、これは単なる憶測であり、誤りです。優秀なファンド・マネジャーやディーラーは生き残りますが、パフォーマンスの上げられない者はすぐに配置転換となるのが現実です。

逆張り投資家が陥りがちなナンピンの罠

　ここで、これから相場に参加するうえで決定的に重要な考え方を示しておきます。

　投資家であれば、必ず相場で利益を得ることを確信して相場の世界に入ることでしょう。誰も初めから損をしようと思って相場に参加することはありません。それぞれの投資家がさまざまな条件のもとに相場のシナリオを描き、そのシナリオに従って売買するのです。

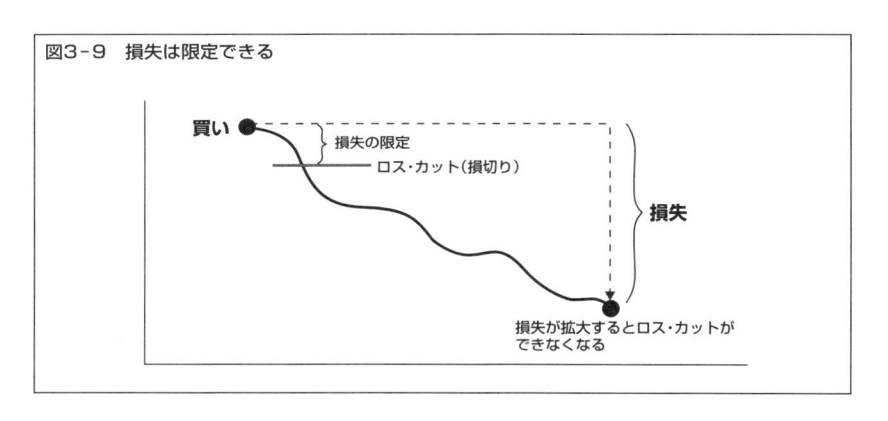

図3-9　損失は限定できる

買い／損失の限定／ロス・カット（損切り）／損失／損失が拡大するとロス・カットができなくなる

　例えば、逆張りで何度か成功した投資家がいるとします。また今度も成功すると確信し、逆張りで相場に対処するようになります。何度か逆張りを行っているうちに、相場が戻ることなく損失が拡大する局面に出くわします。もともと安くなったから買っているので、さらに相場が下落すれば、下値でまた買えばそのうち相場が戻ると思うのが自然です。そこで、下値でまた買いを入れます。されど相場は戻りません。結果として評価損が大きくなり、心理的に損切りができなくなります。これが、よくありがちな破綻の経緯です。

　投資家がどんなに利益を夢見ても、相場は実際にやってみないと

どうなるかわかりません。

　一度ポジションを持てば、少々の利益が出ると、利益を確定してしまう人もいます。また、たまたま大相場に当たり、通常得ることができないほどに評価益が膨らんだのに、利食いのタイミングを逸してしまう人もよくいます。そのうちまた高値に戻ると楽観して利食いを行わないうちに相場が下落して、結局、買値より株価が下がって損をしてしまうのです。

　わずかな上昇で終わる相場もあれば、大相場へと発展する相場もあります。しかし、その銘柄が今後どのような相場になるかは誰にもわかりません。そして、若干上がったところに「売り指値」をして利益を確保しようとする投資家は、絶対に大相場をとることができません。

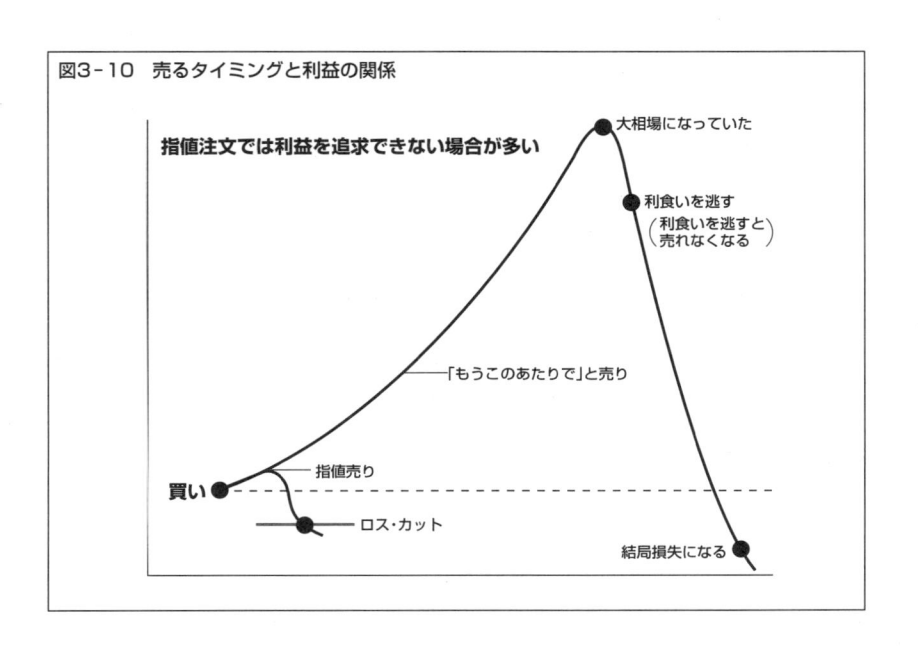

図3-10　売るタイミングと利益の関係

指値注文では利益を追求できない場合が多い

- 大相場になっていた
- 利食いを逃す（利食いを逃すと売れなくなる）
- 「もうこのあたりで」と売り
- 買い
- 指値売り
- ロス・カット
- 結局損失になる

投資家にできることは損失を抑えることだけ

何度も繰り返しますが、相場が実際にどう動くかは予測できません。そうした不確実な値動きのなかで自分の資産を増やすためには、自分の意思で損失を抑え込むしかありません。大きな損失さえ出さなければ、あとは、わかりやすい局面でトレンドに乗ることによって利益を上げることができるのです。

大方の投資家が収拾不能の水準まで損失を拡大させてしまうのは、損を抑え込むスキームを確立していないからにほかなりません。しかし、損を抑え込むスキームなど簡単なことです。あらかじめ損切り（ロス・カット）の水準を決めておいて、相場がその水準を超えたら何も考えずに手仕舞うだけです。

損を抑えるスキームさえ確立していれば、利益を上げることはそれほど難しくありません。いずれ思い通りに相場が動くときが到来しますから、そのときに素直にトレンドに乗って、利益を追求するだけです。この意味でも、相場のトレンドに反する逆張り型の投資より、相場のトレンドに合わせた順張り型の投資のほうがパフォーマンスが高いことは明らかでしょう。

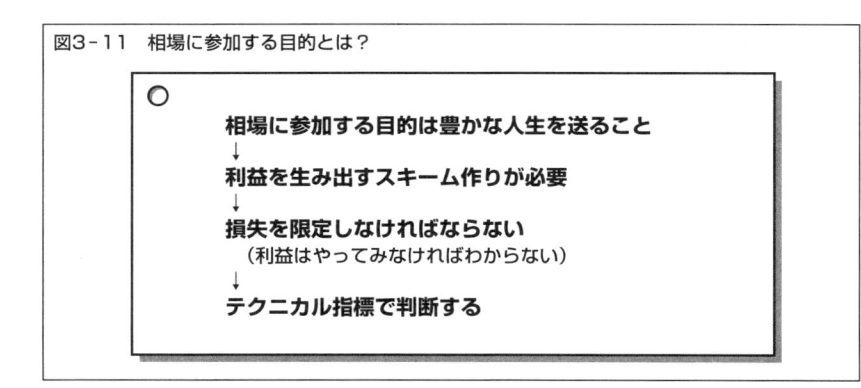

図3-11　相場に参加する目的とは？

相場に参加する目的は豊かな人生を送ること
↓
利益を生み出すスキーム作りが必要
↓
損失を限定しなければならない
　　（利益はやってみなければわからない）
↓
テクニカル指標で判断する

このように「損は切って利は伸ばせ」という至極当たり前の投資手法を実践するうえで、テクニカル分析は非常に便利です。相場を予測するのではなく、いかに自分の資産を安全圏に置くか、その判断をテクニカル指標に従って行うのです。きちんとした定義と運用ルールに沿って売り買いすることさえできれば、損は総じて少なくなり、強いトレンドの発生があれば自然に利益は大きくなることでしょう。

　もちろん、テクニカル分析を行わなくても運用資産の管理はできます。しかし、テクニカル分析を行えば、相場の中で自分の運用資産が安全なのか危険なのかを簡単に判断しやすいのです。

　私はこれから難しい数学・統計・計量モデルを使って相場を説明するつもりはありません。こうした計算式は私のパソコンには組み込まれていますが、実際の相場に当てはまるときもあれば、外れるときもあります。結局、昔から使っているチャートを見ても、高等数学を駆使しても、パフォーマンスにはそれほど差はないようです。単純なチャートでも、複雑な計算式でも、対象とする相場の動きや投資家の心理が同じだからでしょう。

　これからの説明では、どのような状況になると自分の資産が減少するのかというテーマが中心になります。この条件に当てはまらなければ、資産は増えるということにもなります。我々投資家が自分の意思でできることは、損を抑え込むことだけであると、くれぐれも肝に銘じてください。

5．テクニカル分析における心構え

　相場は人間が行うものです。つまり、そこには人間の意思が働くことになります。テクニカル分析を学ぶことは、どうなるかわからない相場の中で、そこに参加している投資家の判断と行動を考える訓練をすることです。

　過去の相場をテクニカル指標を使って見ると、どのような状況下で相場が上昇し、どのような状況下で相場が下落しているかがハッキリわかります。買うにしろ売るにしろ、そのときの相場の方向と自分のポジションの方向を合わせることが、資産を増やすためには合理的な行動であることがわかるはずです。要するに、テクニカル指標のサインに従って自分のポジションを管理することがすべてなのです。

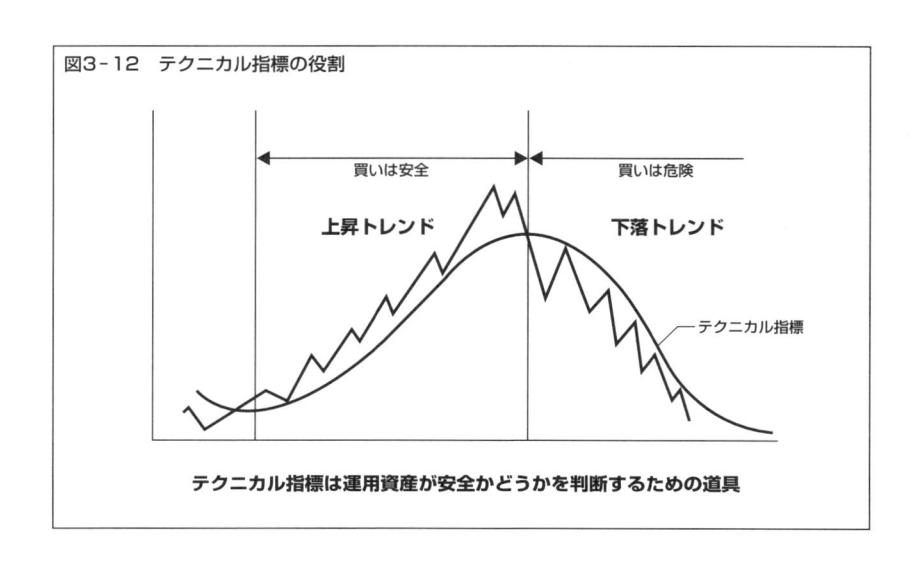

図3-12　テクニカル指標の役割

テクニカル指標は運用資産が安全かどうかを判断するための道具

テクニカル分析は退屈でつまらないもの

　世界経済や国内経済、そのほか諸々の要因を考え、そのうえで相場を考えるのは心地良いものです。しかし、テクニカル分析を行ううえでは、そのような気持ちという基準を排除しなければなりません。テクニカル分析を実行しながら相場に参加するのは退屈でつまらないものです。これは、資産を増やす機械になるのに似ています。

　私が相場に参加する目的観を示したのはこのためです。相場で損をしてもよいから楽しみたいのであれば、夢を描き、皆でわいわい議論しながら一発勝負に賭けていたほうがよいと思います。

　顧客から資金運用を任されている機関投資家とは違い、我々投資家は毎日相場に参加する必要もありません。状況の良いときにだけ相場に参加していればいいのです。状況が悪かったり、トレンドの方向がわからないときには売買する必要はありません。

　相場で損をした経験のある人なら、過去に自分がやっていたことと正反対のことのように思われるかもしれません。その通りです。これまで損をしてきたやり方を反面教師として、どうすれば合理的に効率良く資産を増やせるかを考えてみれば、自然と正しいテクニカル分析に行き着くものなのです。世の中には、いくらでも相場での失敗例がありますが、重要なのは、その失敗例を反面教師として、自分で繰り返さないようにすることです。

相場参加者の意思を知ることが大事

　自分で考えたことや感じたことは、あくまでその人の考え方であり、相場参加者が皆そのように思っているわけではないのです。我々が考えるべきことは、相場参加者の意思です。

なぜテクニカル指標を「自分を安全圏に置く」という目的で使うかといえば、世の中のほとんどの投資家が、自分が危険な状況に入り込んでいるにもかかわらず、その危険な状況から逃げようとしないで、確実に運用資産を減らしているからです。
　相場における行動はすべて自己責任です。自分で勝手に自分の資産を減らすのは自由ですが、少なくともこれから相場を始めようと考えている人には、これまで何十年と損を出し続けてきた先達と同じ過ちを繰り返さないでいただきたいのです。

図3-13　相場で利益を上げるための鉄則

- ●定義に従った売買をする
　（過去の失敗例を確認し、繰り返さない）
- ●相場参加者の意思を確認する
　（テクニカル指標を見る以前の相場の基本）
- ●ファンダメンタルズ分析よりテクニカル分析を優先する
- ●常に合理的な判断を心がける

　年金制度が破綻し、これからは「401k」(注32)という名のもとに、自分の老後資金は自分の手で運用しなければなりません。どの銘柄を組み入れ、どの銘柄を組み入れないかを自分で決定しなければなりません。このとき、株式投資について全く知識を持たないまま相場に参加するのは無謀です。銘柄選択や投資時期の判断をするためには、資産運用に対する目的意識と最低限の相場の知識を持たなければならないのは当然のことでしょう。

（注32）確定拠出型年金。従来の確定給付型年金と異なり、加入者自身がリスクを負い、運用先を決める年金制度。日本における確定拠出型年金制度を「日本版401k」と呼ぶ。

ファンダメンタルズ分析の落とし穴

　株式投資は、その大きな流れは景気変動の影響を受けます。株式市場ではこれを「ファンダメンタルズ」と呼んでいます。しかし、このファンダメンタルズという言葉は、非常に曖昧で、人により「あの人は美人だ（美男子だ）」という基準が違うように、解釈によっては「売り」にも「買い」にも使える、我々投資家にとっては非常に使いづらい考え方です。多くの日本人投資家は、このファンダメンタルズを拠り所に相場を考えてきたために、マネー・マネジメント、つまり「自分を安全圏に置く」という自己管理ができずに損失の山を築いてきました。

　「長期投資はリスクが小さい、長い間株を保有すれば儲かる」と言い続けてきた向きも、最近になってその考え方に疑問符が投げかけられています。このようなことは、運用資産の推移を冷静に分析すればもっと早くわかっていたはずです。

　ほとんど修復不可能な状況になってから問題が表面化するというのが世の常です。相場の世界でも、運用資産が減少し、とうてい当初の元本に戻せなくなってからその対応を考えても既に手遅れです。そんな悲惨な状況に陥らないためにも、過去の先達の失敗を糧に、合理的な投資方法を考えていただきたいのです。

　欧米の投資顧問会社などでは、運用システムを開発をする際にまず取り組むことは、大きな損失の原因究明と、それが発生する要因の除去です。つまり、はじめから儲けを追求するのではなく、まず、負ける原因の排除を徹底します。負ける原因を排除していけば、おのずと利益が出る要因が残っていくものです。

6.「定義」の重要性

　私は、この本を執筆するにあたり、投資家が本当に知りたいことは何なのかを考えました。簡単に、楽に儲けられる方法を望んでいる人が多いのは間違いないでしょう。しかし、そのような方法が世の中にあるはずはありません。

　高度な新しいテクニカル分析手法を知りたいというニーズもあると思いました。しかし、日本におけるテクニカル分析はこの何十年か、全く進歩していません。新しい手法がいくつも紹介されてきましたが、どれも欧米で使い古された手法で、新しもの好きの投資家が飛びついてありがたがっているにすぎません。実は欧米でも大して進化しているものではなく、昔からある手法をアレンジしたものが多いのです。仮に高等数学や統計・計量を駆使した運用システムのパフォーマンスが昔からの運用手法のパフォーマンスを圧倒しているのであれば、最新の手法を解説する意味があるでしょう。しかし、現実がそうでない以上、読者に数学の素養を強いる手法を解説しても意味がないと思うのです。

図3-14　株式相場に対する考え方

相場を考えるとは
- 定義に対するマーケット参加者の意思を確認すること

相場に参加することとは
- 自分の運用資産を管理すること
- 定義通りのポジションを維持すること

結局、将来の変動がわからない相場を相手にしている以上、誰でも容易に仕組みが理解できるツールに対象を絞り込んで、どのツールを使う場合にも共通するような基本的な心構えや考え方を網羅したほうが役に立つと考えた次第です。

相場には「暗黙の定義」がある

玄人も素人も将来の変動がわからないのであれば、あとは暗黙の了解となっている「相場の定義」について確認し、その考え方を網羅した内容が最も必要なものでありましょう。

定番となっているテクニカル指標の考え方を解説した本はたくさんあります。しかし、それらのテクニカル指標を使う前に、必ず考えておかなければならない相場の定義があります。相場参加者は必ずこの定義に従って行動しているのです。

一流のファンド・マネジャーやディーラーたちも、相場における長年の経験から自然とそれを関知し、それに従って行動しています。彼らは、定義に従って行動することが、自分の成績と評価を高めることにつながると認識しているのです。

残念ながら、この定義については、言葉で説明することができません。私も誰からも教わったことはありません。別に出し惜しみをするわけではないのですが、この本で繰り返し説明する基本的な考え方・行動を身につけ、相場での経験を重ねることによって、誰でも自然と実感することができるようになります。

何事もそうですが、基本は少しの努力で身につけられるものです。その基本ができていないのに、知ったかぶりをしたり、背伸びして難しいことをしようとするのが間違いなのです。そのような行動は、相場の世界ではなんの意味も持ちません。高度なテクニカル指標を使えば儲かるのでしょうか？　現実にはそういう投資家の多くは損をしていることを認識すべきです。

　基本が身についていなければ、たとえ投資環境が良くても利益を上げられるとは限りません。その意味で、相場の状況が良いから儲かって、相場の状況が悪いから損をしているという考え方は間違っています。買いを前提にすれば、相場の状況が良ければ買いを入れればよいし、悪ければ相場そのものをやらなければよいのです。

　前述したように、投資の目的が自分の資産を増やすことであるならば、我々がすべきことは、自分の資産を安全なところに置くことです。個別の売買で利益が出たり損失が出たりすることがあっても、半年、1年といった期間の中で、着実に資産を増やすことができれば合格なのです。そのために必要なのは、相場の定義を理解し、定義に忠実に売買することです。

　実は、相場で一番難しいのは、この定義通りの売買です。このことは、定義を熟知しているはずのプロの投資家が往々にして大損を喫してしまうという事実からも証明されています。彼らが損をした理由は明らかです。自分の欲得のため、定義を守ることができなかったからです。

　自分のエゴに基づいて行動する投資家は、何度も損の上塗りを繰り返すものです。何度も強調しますが、相場の世界は一瞬先がどうなるかわからないものです。結果オーライのときもありますが、楽観的な観測により定義を無視した結果、損が拡大して手遅れになることのほうがはるかに多いのです。

７．自分で判断し、行動すること

　投資家が100人いれば、その100人の考え方が皆異なるから相場が成り立ちます。そして、その100人の大方が同じ考え方をしていれば、相場にトレンドが発生するのです。テクニカル分析は、この相場のトレンドを確認するのが目的です。トレンドの方向と自分のポジションの方向が合っているか否かを確認するものです。

　一度確認されたトレンドは、何か材料が出れば、いつ変わるかもしれません。上昇トレンドが下落トレンドになり、しばらく時間をおいて再び上昇トレンドに変わることもあります。投資家のほうも当然、そうしたトレンドの変化に応じて買いから売り、そして再び買いへと判断を切り替えなければなりません。ある時点を基準に将来を予測しても、それは瞬時の判断にすぎないのです。

相場はポジションとの兼ね合いで論じるもの

　私は、「相場を予測することなど無意味だ」と言いながら、実は相場を予測しています。予測というと語弊がありますが、コンピューターが勝手に考えているといった表現のほうが適切でしょう。

　しょせん考えてみてもわからないものの、それなりに経験を積んでくると、大方の相場の強弱感はわかるようになるものです。それゆえ、相場を予測することができると考える人がいるのでしょう。

　よく、為替がいくらまで円高になるとか、この株がいくらまで上がると予想して、それが当たったことで有名になる人がいます。しかし、それが何になるのでしょうか。

　相場を当てて、一生食べるに困らないくらい利益をとったならよいのですが、なんの利益も得ていないならそれは何もしていないこ

とに等しいと思います。相場に参加する目的は利益をとることであり、評論家になることではないのです。

相場は常にポジションとの兼ね合いで論じなければなりません。私は、よく「この銘柄はどうでしょうか？」との質問を受けます。「どうでしょうか」と聞かれても、何がどうなのか質問の意図すらわかりません。新規で買うのか売るのか、既にポジションを持っていてそれを反対売買するのか、それも利食いなのか損切りなのか、あるいはポジションに関係なく単に聞いただけなのか、その人の置かれた状況によって返答の仕方が大きく変わってきます。

その銘柄が大相場になっていても安値で買っていなければ意味がなく、大きく下落してるのに高値で買ったポジションが残ったままではこれも大問題です。

プロに預けて元本が半分では到底納得できない

相場においては、常に自分で認識し、判断を下し、行動することが必要になります。

図3-15 自己責任の原則

- ●相場は自分の人生と同じ
- ●自分で考え、判断し、行動する
- ●結果は自分に帰結

現在のトレンドを正しく認識し、その認識のもとにどうすべきかを判断し、ポジションを動かすのが、相場における正しい行動です。

トレンドが変わるのか、継続するのかを自ら確認する作業を絶え間なく続けるしか、利益を上げる道はないのです。最終判断を下し、行動するのはあなたであって、ほかの誰でもありません。

私を含め、人の話が必ず当たるならば、今の日本の惨状はあり得ないでしょう。皆、自分で責任をとらず、問題を先送りしてきたつけが溜まりに溜まって、それが噴出しているのが今の状況なのです。

これまでの日本における資産運用も同じことです。機関投資家といえども皆サラリーマンのファンド・マネジャーが他人の資金を運用しているわけですから、その場しのぎのやり方が見受けられます。運用の世界は結果がすべてです。前述したように相場の状況が悪いから損失が出ても仕方がないと考えるのはおかしなことです。

投資信託では、TOPIX（東証株価指数）が50％下落しているのにうちの投信は40％しか下落していないから「成績が良い」などという評価の方法がありますが、これは言い訳にすぎません。運用を委託している我々投資家からすれば、元本が大幅に減少しているのにそれを良しとする考え方は到底納得できません。

投資信託の中には、元本が半分以下になってしまう商品さえあります。こんなことは常識的に考えておかしくないでしょうか。投資信託の意義は、少額資金をまとめ、それをその道のプロが合同運用し、投資家の利益を追求することです。これでは、個人で株を購入し、それを放置して運用資金が半分以下になってしまった場合と何がどのように違うのでしょうか。そこに投資家の不信感が生じるのは当たり前のことでしょう。

資産運用はあくまで投資元本を基本に考えるべきです。これが40％も下落するのであれば、はじめからそのような運用は行わずに、銀行預金など目減りしない資産として保有しておいたほうがましです。

投資は自分の力でやるのが当たり前

　本来、投資は他人任せのものではないはずです。真剣に自分の人生を豊かにするための投資を考えているならば、かつて高校・大学で真剣に学んだように、もう一度投資について真剣に学び、自分の力でやるのが当たり前のことでしょう。

　中学校の数学がわからなければその後の高等数学が理解できないように、相場の基礎をなおざりにして、テクニカル分析など理解できるものではないのです。いかに数字を羅列してわかったような気になっても、基礎ができていない人はたった１回の売買ミスで資産を無くしています。

　高値で買った株を保有し、相場下落で資産の減少に悩んでいる人は数知れませんが、それも自己責任でしょう。証券会社の営業マンに何を言われようが、周りの人がアドバイスをしてくれようが、結局、自分で判断せずに、行動しなかったことがすべての敗因です。

　他人任せで行動した投資家の人たちは、今後相場が良くなっても、どこかでまた同じ過ちを繰り返すことになるでしょう。それは、基本ができていないからです。基本ができていれば、人がなんと言おうと自分の資産を減らさないために、損切りができたはずです。

　人のことはどうでもよいのです。相場では、自分で考え、判断し、行動できるようになることが何よりも重要なことです。

8．自分の投資スタイルの確立

　本来、相場の考え方は、百人百様です。つまり、私の相場の考え方は、あくまで私の考え方であって、これが最高でもなく、もっと別な方法もあります。相場の考え方・やり方に完璧なものは絶対にあり得ないのです。

　同じテクニカル分析を使っても、私とほかの人では実際のパフォーマンスが異なるのはこのためです。パフォーマンスは実際に投資をする人の力量に左右されるものです。

過去のデータは当てにならない

　私はサラリーマン時代に5～6年かけて、徹底的に投資方法について研究しました。これはまさに徹底的と言えるほどで、おそらく現在考えられるほとんどすべてと言っても過言ではありません。

　通常、投資方法を考えるときには、まず、過去10年ほどのデータを用意します。そのデータを使い利益が最大になるように、ドローダウンと呼ばれる方法で、それぞれのテクニカル指標とその変数を損失が小さくなるように変化させていきます。こうした検証を何度も繰り返し、おおむね利益が出る設定を考えるのです。

　しかし、このアプローチには大きな誤謬が含まれています。過去の確定したデータの中で利益最大化を図っても、それは事後的に利益が最大になるように調整した結果にすぎず、将来の利益を保証するものではありません。

　相場には、動きが良いときと悪いときがあります。良いときに合わせて基準を作れば悪いときに合わなくなり、悪いときに合わせて基準を作れば良いときに合わなくなるのは当然です。

相場全体の価格水準によっても、パフォーマンスは大きく変わってきます。例えば1日で5％相場が変動するとすれば、日経平均株価が3万円なら変動幅は1500円ですが、日経平均が1万円なら変動幅は500円です。変化率でいえば同じ5％ですが、絶対的な利益という観点からは、後者のほうが明らかに利益を出しづらい局面です。

　また、相場参加者の行動が相場に与える影響も見逃せません。相場が長期間良いときの経験しかない投資家は、相場が悪くなると対応方法がわからなくなります。押し目買いで儲けた経験しかない投資家は、相場のトレンドが下落に変わっても、これまで利益が出ていた方法である「買い」で対応しようとして損を重ねます。

　反対に、悪いときの経験しかない人は、相場が良くなると過ちを犯すようになります。信用取引のカラ売りや先物の売りなどで儲けた経験しかない投資家は、相場のトレンドが上昇に変わってもこれまで利益が出ていた「売り」で対応しようとして損を重ねます。

　いずれも自分の経験を優先するという自己中心的な行動が損失発生の背景にあると考えられます。

　このように、それぞれ経験や知識が異なる個人投資家たちが入り乱れて売り買いを行っているのが相場なのです。それに加えて、その時々で投資スタンスが異なる機関投資家たちも参加しているわけですから、昔から今に至るまで、相場についての考え方が同じということはあり得ません。つまり、過去10年間の最適解が、今後10年間に当てはまるという理屈には無理があるわけです。

自分で取引しないと理解できないこと

　私も昔は相場を当てようとしましたが、今はそのようなことはなんの意味もないと思っています。また、昔はかなりファンダメンタ

ルズを重視していましたが、今はそれほどファンダメンタルズについて考えることもなくなりました。

　かつての会社での業務がリサーチ系から運用系へ変化したことも一つのきっかけにはなりましたが、結局、分析や予測ではなくマネー・マネジメントが一番重要であると気がついたことにより、相場に対する見方や考え方が変わったのでしょう。

　あるとき、自分で裁定取引のシステムを作り、マーケットに発注すると、そのわずかな注文で日経平均が動くことを知りました。同時に、先物やオプションなど、デリバティブ取引を扱うと、個別銘柄の動きが大きく影響を受けることもわかりました。また、ポートフォリオ運用では、損失が出ている銘柄があれば利益が出ている銘柄を同時に外すため、買われている銘柄にも売り圧力がかかるという"常識"も理解できるようになりました。

　このようなことを考えているうちに、個別銘柄をテクニカル分析で考えるよりは、マーケット全体の動きをテクニカル分析で判断し、マーケットに資金が流入しているのか、あるいは資金が流出しているのかを判断したほうが、総じて利益を出しやすいという考えに行き着いたのです。

　これらのことは、知識や気持ちでわかっていても、実際に取引をした者でなければ実感できないことでしょう。私を含め、評論家や先生と呼ばれる方々は、講演会やセミナーでさまざまな話をします。その話に乗るか否かは各自の自己責任によるところですが、結局、その話の正否を判断することができなければ、自分の資産を増やすことはできないものです。

　よく「これは長期投資で」との話も聞こえますが、それが短期売買に終わるか長期投資になるかは、相場が決めることであり、やる前から自分や評論家が決めることではないのです。

自分のやり方は自分でしか確立できない

　たとえ何百万分の１の確率でも宝くじは誰かに当たります。株式投資もそれと同じで、利益を出している人は必ず存在します。そのやり方を自分でもできるという保証はどこにもありませんが、宝くじと違って、投資では自分のやり方を確立すれば、それなりのパフォーマンスを得られるものです。

　私は相場を当てずに「相場に乗る」ことを基本としています。と言っても、どうやれば相場に乗れるのかを言葉で具体的に説明することはできません。これは前述した「相場の定義」と同じことで、その本人でなければ実感できないことだからです。

　私は読者の方々にヒントを出すことはできても、私と同じ行動を教えることはできません。突き放した言い方をすれば、あなたが利益を出すのも損をするのも勝手なことで、それはあなた自身の問題なのです。しょせん相場の世界は一人でのぞむべきもので、皆で楽して稼げる世界ではありません。自分で考え、判断し、行動するのが当たり前で、自分の人生は自分で切り開くしかないのです。

　これはノウハウを出さないと言う意味ではありません。私も常に投資手法を向上させている投資家です。人から与えられたもので儲けようなどという考え方は論外なのです。

　その意味でも、テクニカル分析という道具は自分が使いやすいように便利に使えばよいのです。投資の入門者は得てして、テクニカル分析手法を身につけることが主になり、相場で利益を上げることが従になる方が多いのですが、これでは本末転倒です。相場に参加する目的は何なのか、そして、それを遂行するためにはどのように行動すべきかを常に考え、自分だけのやり方、投資スタイルを確立していただきたいと思います。

9．年齢に見合った投資スタンス

　これから各論に入りますが、最後に以下のことを述べておきます。
　投資のやり方は、老若男女同じではないのです。常に年齢に応じたやり方を考えなければなりません。これは、投資の目的、つまり人生観にかかわる問題です。
　また、年齢とともに価格に対する反応が遅くなります。若者は変化に素早く対応できますが、歳をとると反応が鈍くなります。反応が鈍くなった投資家が、先物やオプション、信用取引などで通常より大きなリスクをとることは危険です。

老齢富裕層はリスクをとるべきではない

　私は非常に多くの投資家を見てきています。そこで感じることは、長年仕事で苦労をしてかなりの資産を築いてきた年輩の方々が、なぜそこまで大きなリスクをとるのかという疑問です。これまで蓄えた資金で悠々自適の生活を楽しめばよいのではないでしょうか。
　投資の世界は仲よし子よしの世界ではありません。誰もが命がけでハイエナのごとく、マーケットからお金を分捕ろうと狙っています。当然、富裕層の資産は狙われやすくなります。
　富裕層の方々は、これまで築いてきた資産を減らすような愚かな投資は決してすべきではないのです。皆、あなたの資産を自分たちの利益にしようと狙っています。
　富裕層の投資家にアドバイスをするとしたら、これから一攫千金を狙うようなことは避け、今ある資産を確実に増やすことを考えるべき、ということになるでしょう。年がら年中相場に手を出す必要はありません。より安全で、わかりやすい状況のときにだけ手を出

せばいいのです。

若年層は目標に向かってガムシャラに稼ぐべし

　一方、これから資産を築く、資産のない若年層は考え方が異なります。確定拠出年金（日本版401k）がそうであるように、これから、年金の運用は自己責任になります。豊かな老後も寂しい老後も、自分自身の投資判断にかかってくるのです。

　一攫千金を夢見るのは人間のサガですが、常にリスクの高い売買を繰り返すことは無謀でしょう。まだ時間があるならば、今のうちに必要な知識をガムシャラに拾得し、そのうえで、少ない資金を有効に活用してガムシャラに稼ぐべきです。

　もちろん、ガムシャラに稼ぐことと、信用取引などを使って無謀に売買することは意味が違います。自分自身の人生設計の中にしっかりとマネープランを組み込み、収入と支出、そして将来必要となる資金を常に計算しながら、そのマネープランを達成するために一生懸命努力することが必要です。

　投資で必要なことは、地味なようですが、「いつまでにいくらまでの利益を出すか」という目標と計画を立て、その目標に向けて、現実の運用資産がどうなっているかを家計簿をつけるように日々チェックすることです。このチェックがないと、その時点でのリスク、つまりいくらまでの損で抑えなければならないかを確定できません。損切りはそのときの雰囲気で行うものではなく、計算し尽くして行うものです。

　マネープランを立てたら、200万円なり500万円なりの当初目標金額をできるだけ早い時期に達成するよう努力すべきです。元本にある程度の利益を積み増すと、損失の許容範囲が大きくなり、運用が

楽になります。お金は多くなればなるほど自ら増殖し始めるのです。

最後はポジションを持つ「気迫」が重要

　老齢富裕層も若年層も、もしも自分の資産が減少しているならば、それはやり方が間違っている証拠です。運用の世界では、資産の増減そのものが、運用の正否を物語ります。

　仮に、運用資産の減少が止まらなければ、すぐに売買を停止して、原因解明と対応を明らかにする必要があります。相場が悪いのではありません。あなたのやり方が悪いことを忘れてはなりません。

　相場に向き合うときには「何が何でもマーケットからお金を分捕ってくる」という気迫が大事です。これはテクニカル分析という合理性の追求とは無縁のようでもありますが、テクニカル分析に基づいて実際に売り買いの注文を出すには、それなりのプレッシャーが付きまといます。こうしたプレッシャーを振り払い、しっかりとチャンスをものにできるか否かは、最終的にはポジションを持つ勇気にかかっているのです。

トレンドの見方・考え方

　前述した通り、私は「相場を予測する」のではなく、「相場に乗る」ことを常に考えながらマーケットに参加しています。「相場に乗る」とは、とりもなおさず「相場のトレンドに乗る」ことであり、上昇トレンドが来れば買いポジションをとり、下落トレンドが来れば売りポジションをとって利益を確保することにほかなりません。

　したがって、相場を考えるうえではまず、そのときのトレンドがどうなっているのかを認識する必要があります。上昇トレンドなのか、下落トレンドなのか、それともトレンドがない状態なのか、といった認識です。

相場の基本はトレンドの確認

　トレンドをきちんと認識することができたら、次に、そのトレンドに合った売買の判断が求められます。大底から上昇トレンドに転換する局面ではどのタイミングで買いを入れるべきなのか。上昇トレンドから天井を打って下落トレンドに転換しそうな局面では、どのタイミングで売るべきなのか、といった判断です。

　そこで第3章の後半では、相場のトレンドの認識と、そのトレンドに合った売買方法を中心に話を進めていきますが、やはりここでも基本的な相場の定義から確認していきたいと思います。

1．トレンドに乗れば利益、トレンドに反すれば損失

　トレンドに乗っていれば少なくとも自分の資産は安全であり、トレンドに反していれば損失を被るリスクが高まる———この点を常に頭に入れて相場と向き合うことが重要なのです。

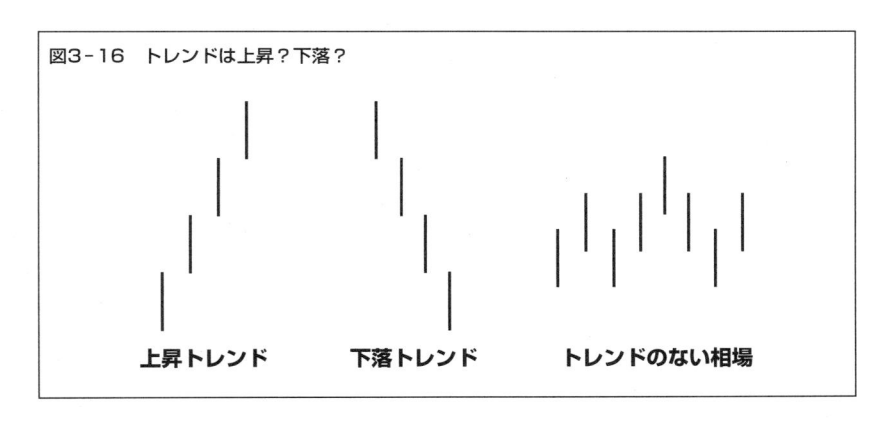

図3-16　トレンドは上昇？下落？

上昇トレンド　　下落トレンド　　トレンドのない相場

　自分が将来の相場に対してどのようなシナリオを描いていても、あるいは、国民経済が危機的な状況に陥っているとしても、相場は常に正しいことを認識すべきです。

　相場の動きが正しいとしたら、テクニカル指標がその瞬間に示すサインもすべて正しいことになります。テクニカル指標が正しくなと考える人は、一瞬前の指標を見て先の相場を予測しようとするから判断を誤るのです。テクニカル指標が次の瞬間、前の判断と異なるサインを出すことは珍しくありません。

　相場で損をするのは、相場がおかしいのではなく、自分がおかしいのです。これを素直に認識しないことには、いくらテクニカル分析の勉強をしても無意味です。

2．ルールを遵守すること

相場で利益を上げるためには、常にルールの遵守が求められます。もっとも、「相場法」なるものがあるわけではなく、明文化されたルールは存在しません。あるのは「判例」ともいえる相場の過去の事例だけです。

相場はいつも動いていて、下がる銘柄もあれば上がる銘柄もあります。下がる銘柄が多くとも、上がる銘柄に乗っていれば利益が出るわけですが、実際はそんなにうまくはいきません。

相場が上昇する初期段階で運良く買うことができた投資家は、その後の上昇局面で売るタイミングを間違えなければ利益を確保（利食い）できます。しかし、売りのタイミングを逃してしまうと、アッという間に相場が下落に転じて利益がなくなってしまうか、下手をすると損を出してしまいます。また、相場の高値圏で買った投資家は、当然のことながらその後の相場下落で損をします。

相場は常識を超える動きを見せる

それでは、過去の事例に従って常識的な上昇水準で利益を確保すればよいし、高値の水準では新規で買わなければよいとの発想も浮かびます。しかし、相場は時として常識を超えた動きを見せるものです。

図3-17を見てください。ソフトバンク（9984）は1999年春から2000年春にかけて、2000円程度から19万8000円まで値を上げました。当初1000株買った投資家は、200万円程度の資金が1億9800万円になったわけです。まさに相場の醍醐味ともいえる動きです。

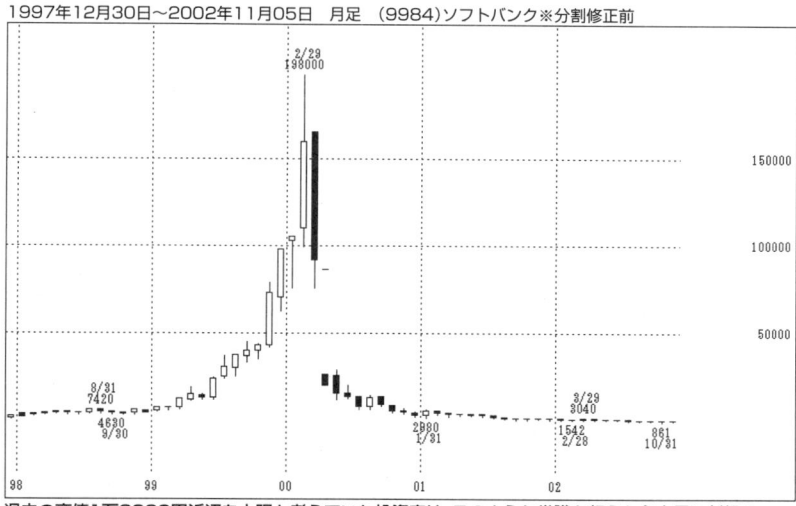

図3-17 常識を超えた大相場の例
1997年12月30日〜2002年11月05日　月足　(9984)ソフトバンク※分割修正前

過去の高値1万3000円近辺を上限と考えていた投資家は、このような常識を超えた急上昇に対処のしようがない。

　問題は、高値を付けたあとで相場が急落し、1000円を割り込んでしまったことです（1対3の株式分割を実施したため1000株保有者は3000株の保有となる）。

　相場の世界で難しいのは、2000円が19万8000円になるのがわからないことと、19万8000円が1000円になるのがわからないことです。仮に、2000円が19万8000円に必ずなることが前もってわかっていれば、それまでに買っている投資家は誰も売りものを出さないことになります。これでは相場が成立しません。

　また、2000円で買って1万円で利益を確定した投資家がいたとしましょう。常識ではそれだけでかなり利益が出たことになりますが、そのあと株価が19万8000円になったところで売ればさらに大きな利益が出たわけですから、利益が出たことによる喜びよりも売ってし

まったことに対する後悔が大きくなります。これが投資家心理というものでしょう。

　ここで言いたいのは、あとからチャートを見ればなんとでも解説できても、その瞬間瞬間では、皆、「上がるかもしれない」「下がるかもしれない」と疑心暗鬼で売買しているということです。そして、時として相場は過去に類を見ないほど常識を逸脱する動きを見せるということです。

　相場では最後は誰かがトランプの「ババ」にあたる最高値を引かなければならない（買わなければならない）ので、常に周りの様子をうかがいながらの心理戦になります。トランプなら参加者の顔が目の前にあり、その表情もわかりますが、相場では参加者の顔が見えません。そのため相場の世界では、チャート（テクニカル指標）を見ながら今の状況が自分にとって安全なのか危険なのかを判断することになるのです。

　チャートは、相場の大きな変化、つまり一瞬にしてそれまでの上昇が下落に転じる状況も描いています。

　ソフトバンクの19万8000円は、ごくわずかの期間で10万円を割り込み、最後は1000円（分割を考慮すれば当初保有者にとっては3000円分）を割り込みます。一般に相場の下落は上昇より速いのですが、特にこのような大相場における下落局面では、その後収拾不能な事態になることが多いのです。

自分の資産を安全圏に置くことが重要

　この事例は、常に自分が安全な範囲内で売買をすることの重要性を示しています。相場が危険な範囲に入り始めたら、いち早く逃げることを徹底する必要性を示しています。一瞬の躊躇が致命的とな

ることを肝に銘じていなければならないということです。

　スポーツを考えればわかることですが、格闘技のように危険の伴う種目でも、できるだけ怪我をしないような場所が競技場として設定されています。相撲でいえば「土俵」です。

　土俵は、「ケガをしない」（損を出さない）という目的を持っていると同時に、その場所の外では相撲はとらないというルールも示しています。

　相場の世界でも同じことで、このルールを守ることが自分の資産を減らさないためには何よりも重要になります。しかし現実には、このルールを守らずに売買を続け、損を増やし続けている投資家があとを絶たないのです。

　なぜ私がここで基本の重視を力説するのかといえば、スポーツではルールブックにハッキリ規定されていることが、相場の世界では明記されていないからです。利益を出すための（損をしないための）ルールが、暗黙のルールになっているからです。

　自分の資産を安全圏に置くことこそ重要であると何度も繰り返してきましたが、そのためには、この暗黙のルールを身につけること、そして、それを遵守することが何よりも必要です。

3. トレンドの認識とロス・カット

　相場では、時間の経過とともに諸条件が変化し、トレンドが刻々と変わります。変わらないのは、ある時点で建て玉した自分のポジションだけでしょう。トレンドの変化を正確に捉えることは不可能ですから、自分のポジションとトレンドの方向性が合わなくなる局面が必ず出てきます。それは、自分にとって相場が危険な範囲に入ったことを意味します。いち早く逃げなければなりません。そのためにはロス・カット（損切り）という手段が絶対必要となります。

一度の取引で大負けしてはいけない

　相場に勝率は関係ありません。勝率10割が理想であることは確かですが、現実には勝率10割は考えても仕方のないことです。
　合理的な勝利を目指すテクニカル分析は、勝率10割を狙うものではありません。勝率が5割でも1割でも、トータルの損失額より利益額が多ければ資産は増加します。だから私は勝率を考えません。
　重要なのは大負けしないこと。一度の取引で致命的な損失を出さないことです。そのためには損切りを徹底しなければなりません。
　そして、終わったことはもう考えないことが重要です。いくら悩んでも悔やんでも「覆水盆に返らず」の諺通り、過去に遡ってどうにかすることなどできません。終わったことはどうでもよいことで、相場では常に現実を見据えていなければいけません。
　テクニカル分析、否、相場を考えるのにロス・カットを考えないのであれば、どのみち資産を減らすことになります。最初から相場などやらないほうがよいでしょう。

4．株価の動きとファンダメンタルズ

　株価は何で動くのでしょうか。①景気の動向、②金利の動向、③マネー・サプライの状況、④企業業績の推移、⑤企業の財務内容、⑥新規事業や新製品などの材料、⑦相場全体の地合、⑧企業の人気、⑨相場参加者の損益の状況、⑩出来高の多少、⑪信用取引の状況、⑫格付け（注33）、⑬テクニカル要因、⑭特定投資家（仕手筋（注34））の参入、⑮投資家の思惑、⑯噂…などなど。考え始めたらいくらでも変動要因が浮かびます。

　結局、私には何で動いているのかわかりません。第一、数千社もある上場企業について、上記の要因をすべて正確に掌握できるでしょうか。私は昔、こうしたことを仕事で専門的に扱っていましたが、あるときを境に自分自身で「これは無理だ」と限界を感じました。

　相場の世界は参加者同士の騙し合いです。業績の良い銘柄（良い決算が発表された銘柄）が必ず上がる保証もなければ、業績の悪い銘柄（悪い決算が発表された銘柄）が必ず下がる保証もないのです。

　相場の参加者は皆、常に先読みをします。だからこそ、今の業績が良くても売られ、今の業績が悪くても買われることがあるのです。時として業績以外の要因が作用する場合もあることでしょう。

　そこで、私は、それまでの相場の考え方を変えたのです。上記のすべての要因は現在の「株価」に織り込まれていると考えるようにしたのです。そして、株価の動きそのものを分析すれば、膨大なデータを苦労して処理する必要がないと気づいたのです。この「株価はすべてを織り込む」という考え方はテクニカル分析そのものです。

（注33）企業や国家が発行する債券の元本や利払いの確実性を示すランク付け。格付機関としてはムーディーズ、スタンダード・アンド・プアーズなどが有名。
（注34）短期的に大きな利益を得る投機を目的として、大量の資金を投じて相場で取引する者。

ファンダメンタルズに変化が生じれば、それを受けて株価が動くのでテクニカル指標に反映されます。そもそもファンダメンタルズ分析における材料は単なる理由付けにすぎない部分もあります。すべての材料は最終的には買う投資家が多いか売る投資家が多いかという事実に帰結するわけで、その事実は株価にそのまま反映されます。ここに、株価を注視するテクニカル分析の価値があるのです。

ファンダメンタルズ分析ではリスク管理ができない

　ですから今の私は、実際の売買ではテクニカル分析を重視しています。もっとも、銘柄選びや投資環境を判断する際にはファンダメンタルズを十分考慮している点も誤解がないように述べておきます。
　過去には、前述したソフトバンクの大相場のように、あまり業績の裏付けがない銘柄が急騰した例がいくつもありました。これらのケースでは、ファンダメンタルズでは急騰の理由を説明できないことが多いのです。その時々で後付けの説明を加えることはできますが、結局は何で動いているか特定できません。特定できないものは相場分析には使えないというのが私の考え方です。
　また、私がファンダメンタルズ分析からテクニカル分析に軸足を移したもう一つの理由として、ファンダメンタルズ分析では売買のリスク管理ができないという点も挙げられます。つまり、損切りを設定すべきポイントやトレンド反転のポイントなどが、ファンダメンタルズ分析ではわからないのです。
　繰り返しますが、なぜそこで買われ、そこで売られるのかの説明がつかない部分が相場の世界には多いのです。この点を考えると、やはりテクニカル分析のほうがファンダメンタルズ分析よりも相対的に便利な点が多いように思えるのです。

5. 株価はすべてを織り込んでいる

　上記のように株価に影響を与える要因をいくつも挙げ、それを個別に分析しても、相場の動きはわかりません。今期の業績が良いとか悪いとか、それも対前期比何％プラスとかマイナスとか、過去5年間、あるいは10年間ではどうだとか考え始めたら、1銘柄の売り買いを決める要因が多すぎて結局結論が出せなくなります。

　私は単純に、これほどの複数要因は分析できないと悟ったのです。昔はこうしたことを仕事として扱っていましたが、10銘柄くらいならともかく、東証1部（注35）の1400銘柄すべての動向を把握することなど、普通の人間の能力では無理なことです。

　リサーチ系の仕事でポジションを持たないときはファンダメンタルズ重視でしたが、実際にポジションを持つようになると自然にテクニカル重視に変わったのは、しごく当然のことだったのかもしれません。これはいわば、一般評論家と運用経験のある評論家の違いでしょう。

「すごい情報」はみんな知っている

　よくよく考えてみると、株価は上記のような非常に多くの要因をすべて織り込みながら動きます。個々の銘柄のさまざまな要因をいちいち考えなくとも、株価の推移そのものを考えていれば、すべての要因の結論を考えるのと同じことになるのです。つまり、「株価はすべてを織り込む」ということです。

　株式投資をするには、景気や企業業績など、知り得る情報は知っ

（注35）東京証券取引所の市場第一部のこと。日本国内の主要企業の株式がほぼすべて上場されている。

ていたほうがよいに決まっています。しかし、本当にすべての情報を知り得るのかは疑問です。仮に知り得たとしても、他の投資家が知るより前に自分が知り得るのかどうかはまた別問題です。自分が知るときには他の投資家すべての知るところとなり、既にその情報に価値がないかもしれません。

　私は業務上、こうした"最新情報"を扱っていた時期もあります。とはいえ、一般の投資家より圧倒的に早く知ることができたとしても、相場参加者の中にはもっと早く知っている人がいて、既に株価は動いてしまっているものでした。

　さらに悪いことに、我々から営業マンを経由して個々の投資家にその情報が行き渡るには非常に時間がかかります。おそらく営業マンは「すごい情報が入りました」と投資家に話をすることでしょうが、その段階では既にほとんどすべての投資家がその情報を知っているのです。その話を聞いた投資家が対象となる銘柄を買う（売る）頃には、既に株価は高値になっていることが多いのです。

　私はこのことを「情報のタイム・ラグ」と呼んでいます。投資家に情報が伝わる前に、株価は既に買われて（売られて）いるのです。

　株価はすべてを織り込むのです。不思議なことに、現時点で企業業績だけでなく、将来の変化も織り込むものなのです。この意味で、「株価には優れた先見性がある」といわれます。

　私がこの本で解説しているテクニカル分析は、すべてを織り込んでいる株価の推移を分析します。人間の分析能力を超えた部分を補い、そのうえで利益を得ようとするものです。

　テクニカル分析は「株価はすべてを織り込む」ことを前提にしている。このことを常に頭の片隅に置いていてください。

6．結局、誰も何もわからない

　株を買って利益を上げるにはどうすれよいのでしょうか？

　それは、自分が買ったあとに、ほかの誰かが自分の買った値段以上で買ってくれればよいのです。自分が買った値段以上で誰も買ってくれなければ、当然、損をすることになります。

　ここで問題になるのは、自分が買ったあとに誰かが買ってくれるかどうかは誰もわからないということです。

　「業績的に割安なのだから上がるに決まっているだろう」と言う人がいるかもしれませんが、TOPIX（注36）がバブル崩壊後の最安値を何度も更新している状況を考えてみればそれほど簡単ではないことがわかるでしょう。

すべての投資家の意思を確認するのは不可能

　ある時点で株価が付いているということは、買う人もいれば売る人もいて、そのバランスがとれていることを意味します。つまり、「上がるかもしれない」「下がるかもしれない」という思惑と、その時々の損益の状況で、安値でも売らなければならない人がいたり、高値でも買わなければならない人がいるわけです。

　クイズ番組では実際に100人に聞くことができますが、株を売買している人は日本だけではなく世界中にたくさんいて、それが誰だかわかるすべもないのです。また、1日に1億株も出来る銘柄もあれば、1000株しか出来ない銘柄もあります。一人が1000株売買することも、50万株売買することもあるのです。すべて一律に「どうで

（注36）Tokyo Stock Price Index＝東証株価指数。東証1部全銘柄の時価総額が、基準時の時価総額に比べてどの程度増えたか減ったかを表す指数。

すか?」と聞くことは不可能です。

そこで、テクニカル分析を行う投資家は、一般に「チャート」と呼ばれるローソク足を見て、不特定多数の投資家の動向を確認しながら、相場の動向をつかもうとするのです。

自分がある銘柄を買ったら、他の投資家がその銘柄についてどのように考えているかを知ることが重要になります。自分の考え方とほかの投資家たちの考え方が同じであれば、自分は安全な流れに乗っていると考えられます。

ところが、自分は正しい判断をしたと思っても、他の投資家が「あなた間違っているよ」と意思表示をしていれば、自分が危険な方向に置かれていると思わなければなりません。それは総じて「損」という結果につながります。

ローソク足が言わんとしていることを理解する

このように、マーケット参加者の意思を見分けるためには、ローソク足が言わんとしていることを理解する必要があるのです。ローソク足の基本的な見方がわからないと、それにどのようなテクニカル指標を加えても、相場の本質がわかりません。結果として、何もわからないまま売買を繰り返し、損を重ねることになるのです。

前述したように、ローソク足というのは日本古来の相場分析手法で、これも立派なテクニカル指標です。

第2章で紹介したように、ローソク足には「明けの明星」とか「三空」とか、たくさんのパターンがあり、多くの解説本が出ています。しかし私は、たくさんあるパターンのうち、今の相場がどのパターンに相当するか判断できません。何度か勉強したのですが、すべてのパターンを覚えることはできませんでした。

というのも、ローソク足のパターンがそれほど重要だとは思えなかったからです。前述した通り、相場で一番重要なことは、相場参加者の「暗黙の定義」です。それがわかっていれば、少なくとも、その銘柄を買ってよいのか、買ってはいけないのかがわかります。今後の相場がどうなれば買われ、どうなれば売られるかも判断できます。つまり、自分のポジションが安全なのか危険なのかの判断ができるのです。それさえ判断できていれば、ローソク足のパターンなどそれほど重要ではありません。

買う人が多いから上がり、売る人が多いから下がる

昔から「相場は相場に聞け」といわれます。これは、相場参加者が相場の分岐点において売り買いどちらのスタンスをとるのか、その動向を相場の動きの中から判断しろと言っているのです。つまり、暗黙の了解として「高値」なのか「安値」なのかを感じとらなければならないということです。

相場参加者には、前の高値を超えれば相場は上に行き、前の安値を割り込むと相場は下に行くという、一種のコンセンサスがあります。証券会社のディーラーは丸一日漫然と相場の動きを見ているのではありません。各テクニカル・ポイントでの相場参加者の意思を確認しているのです。

「相場は何で動くのか」という問いに対して、「買う人が多いから上がり、売る人が多いから下がる」と冗談半分に答えることがありますが、これこそが相場の本質です。こうした事象を、テクニカル指標を使って把握することが、これからの課題になります。要するに、相場があるポイントに達したとき、相場参加者が買うのか売るのかを確認することがテクニカル分析なのです。

7．わからないから「定義」が生まれる

　相場参加者が疑心暗鬼の中で相場を考えているとはいえ、参加者の数が多くなれば、おのずとコンセンサスが定まり、相場に方向性が出てきます。これが相場のトレンドを形成することになり、暗黙の了解たる相場の定義が明確になってきます。

　つまり、他の投資家の顔色を気にしながら相場を考えているわけですから、だいたい同じような行動をとるのです。あとは資金量や知識、経験などといった諸条件が、個々の投資家の行動に違いをもたらすのでしょう。

「定義」が投資家の行動を制約する

　不思議なことに、相場に定義が導入されると、その定義そのものが投資家行動を制約し始めます。信号が赤に変われば、そこで一時停止するようなものです。これを無視すれば事故になります。相場では損益に絡む問題が発生するわけです。

　何度も繰り返しますが、相場の定義に従うことは自らのリスクを限定します。つまり、資産を増やすという目的を達成しやすくするのです。

　皆が同じ定義に従って行動すれば、相場は大きく動きます。そのときにルールを知らない投資家がいれば、相場の動きから取り残されてしまいます。定義を遵守しようとする証券会社のディーラーや相場巧者たちは、こうした収益機会を逃さずに積極的に収益化しようと行動します。

　結局、定義を知らない投資家がたくさん存在するから、定義を知っている投資家たちが収益を上げることが可能になるのです。

8．「定義」に従うためにローソク足を使う

投資家が相場の定義に従うには、常に「高値」と「安値」を考えながら行動しなければなりません。

高値と安値を見るのに一番便利なテクニカル指標はローソク足です。ローソク足チャートを使えば、ある期間の相場の動きと強弱感を的確に捉えることができます。

テクニカル分析というと、難しそうなツールほど良さそうに思えるものですが、実はそうではありません。しょせん我々投資家は相場の動きに追随することしかできないので、複雑なものも簡単なものもパフォーマンスは変わりません。ですから、ローソク足のようにシンプルなテクニカル指標のほうが実際には使いやすいのです。

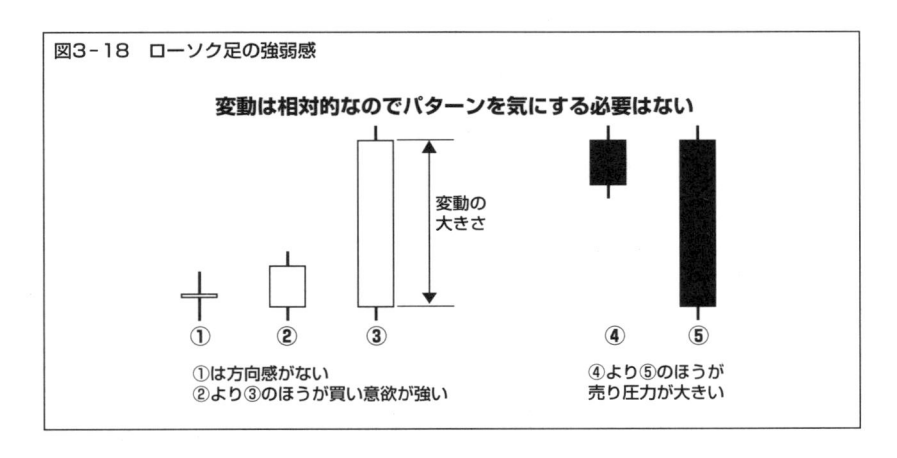

図3-18　ローソク足の強弱感

変動は相対的なのでパターンを気にする必要はない

① は方向感がない
② より③のほうが買い意欲が強い
④ より⑤のほうが売り圧力が大きい

ローソク足がわからなければ相場がわからない

よく、ローソク足によるテクニカル分析を通り越して、他のテクニカル指標を使う人がいますが、あまり感心しません。相場に参加

するには、まずはこのローソク足を使って高値と安値の確認から考えなければ、相場の定義を理解することは困難です。

　第2章で説明したように、ローソク足には、「陽線」と「陰線」があります。本来、陽線は赤、陰線は黒で表されるものなのですが、本書のようにモノクロ印刷ではたいてい陽線が白、陰線が黒で表されます。また、コンピューターのディスプレーでは、背景との関係から陽線が赤、陰線が白となったりすることもあります。これらは単に見た目の問題で、神経質に考える必要はないことです。

　先ほどから言っている「相場のトレンドに乗る」というのは、表現を換えれば、相場参加者の意思と同じ方向を指向することです。そして、この相場参加者の意思は、ローソク足に反映されるのです。

　陽線は、その日（または週、月）の終値が始値より高かったことを表します。つまり、その日（週、月）は、買う人の力関係が売る人より強かったという意味です。

　これに対して陰線は、その日（週、月）の終値が始値より安かったことを表します。その日（週、月）は、売る人の力関係が買う人より強かったという意味です。

　ここでは、「買う人の力関係」「売る人の力関係」という表現を使っています。相場が上昇するとき、買う人が売る人より多ければ相場が上がりますが、ものすごく多くの相場参加者が売り買いを交錯させている場合もあり、また、相場に先高感があれば売り手が売りものを出さないため少数の買いもので値が上がる場合（「薄商い」などといわれる）もあるなど、状況はさまざまです。そうしたさまざまな状況を総括して「買う人の力関係」が強いとか弱いというわけです。同様に、下落相場についても「売る人の力関係」が強いとか弱いという表現をします。

売り手と買い手の均衡点を見極める

　ローソク足（日足）では、その日の「始値」「安値」「高値」「終値」を知ることができますが、１日のうちで株価がどのように動いて上記の値段を付けたかはわかりません。例えば、始値500円、安値495円、高値555円、終値550円という陽線の場合、500円から495円を付けて、その後555円まで値上がりしてから550円になったのか、500円から一度555円を付けて、その後495円まで売られて最後が550円だったのかはわからないのです。

　ちなみに、そうした細かい動きを知るために、ザラ場（注37）のティック・データ（注38）や、３分足、５分足などのローソク足を利用することがあります。最近は、ほとんどのネット証券（注39）のサイトでザラ場の動きが見られるようになっています。とはいえ、ローソク足の考え方は、ザラ場のものでも、通常の日足・週足・月足でも、年足でも変わることはありません。

　ここで重要なことは、500円から始まった相場が、495円まで売られたところで止まっていることです。これにより、この銘柄を売買しようとしている投資家が、495円以下では売る人より買う人のほうが多いと判断できるのです。つまり、安値というのは、それ以下なら買う人のほうが多い（売る人のほうが少ない）と判断されるポイントで、これが相場参加者の意思となります。

　そして、495円を付けてからは、再び500円を超えて買われていきます。つまり、495円なら買う人が多かったので、あとはいくらま

（注37）寄付きから引けの間の時間、及びその間の売買方法。日本の株式市場では通常、前場は午前９時から11時の間、後場は午後12時30分から３時の間。
（注38）日中の取引における約定値、気配値を、それが発生した時刻、出来高などとともに個別に記録したデータ。
（注39）店舗を持たず、インターネットを通じたオンライン取引の仲介を専業にしている証券会社。

でなら買う人がいるのかをテストしているのです。

　ここでは、買う人のテストだけではなく、売る人のテストもしています。つまり、いくらまで相場が上昇すれば売る人が買う人を超えるのか、その均衡点を模索しているのです。

　その結果、その日は555円までなら買ってもいいという人がいましたが、それ以上の価格では買う人がいなかったので、高値が555円となっているのです。高値は、それ以上では売る人が多いと判断されるポイントでもあります。

暫定値と確定値の確認

　売買には時間的制約があります。上記の例はあくまでも１日での値動きです。もう３時（注40）が近いのでその日の売買はこの辺でやめておこうかと思ったのかもしれません。つまり、このあとさらに上値を買うのか買わないのかは、これだけではわかりません。次の日の相場の動きを見ないことには判断できないのです。

　結局、ローソク足も１本だけでは何もわかりません。本当に投資家の意思としてその終値を付けたのか、あるいはその日の立会が終わるので時間的制約からその水準に落ち着いたのか判断できないのです。ですから、その翌日以降にどのような推移をするかを見なければなりません。

　この点は重要な意味を持っています。つまり、直近のローソク足は、時間的制約があるので、まだ暫定的な判断材料であるということです。しかし、その前のローソク足は、その終値に対する反応を既に受けているので、確定した判断材料になっています。ですから、当日のローソク足と前日のローソク足とでは、暫定値と確定値という大きな違いがあるのです。

（注40）株式市場における後場の立会時間の終了時刻。

上記の例では、500円から550円に1割値上がりしていますから、この銘柄はかなり買われています。あまり買われないのであれば、500円から510円程度の値動きであったかもしれません。つまり、ローソク足の変動の具合を見れば、株価がどのくらい買われているかが判断できることになります。これは非常に便利なことです。

陰線についても少し説明しましょう。例えば、始値550円、安値495円、高値555円、終値500円という陰線を考えてみましょう。

ここでも重要なことは、高値が555円であったことと、安値が495円であったことです。なかでも高値が555円であったことは、「555円以上に行かない」という相場参加者の意思を示していることを忘れてはなりません。

そして、その日の安値495円に近い500円で引けていますが、これは暫定的な材料です。少なくとも翌日以降の相場で、参加者の意思を確認する必要があります。

このようにローソク足は、ある一定時間における相場参加者の売り買いの意思を示すものです。多くの投資家は、単純に「今日は高かった」とか「安かった」と、終値だけを見て安易に判断してしまいますが、それではなんの進歩もありません。

これからチャートを勉強する人は、必ず、「いくらなら買いが入ったか」「いくらなら売られているのか」を常に確認する必要があることを肝に銘じておくべきでしょう。

9．高値と安値の確認

　ローソク足単体の見方は上記の通りです。あとは、始値から終値までの長さや、その日の変動幅に対する終値の位置など、その時々の相場の強弱感を読みとればよいのです。第2章で述べたように、ローソク足のパターンを気にする投資家もいますが、私はそのバランスを考えるだけで、パターンについてはほとんど考えたことがありません。

　相場は相場参加者の意思の集合体であり、連続する動きの中で今後の流れを判断する必要があります。先ほどの陽線の例では、安値から買いが入り、高値圏で引けている（終値を付けている）ので、翌日の相場では前日の安値495円は意識されません。しかし、495円で買われたという事実は非常に重要です。一度買われたというコンセンサスを示唆するこの安値を割り込めば、さらに安いところまで売られる可能性が出てくるからです。

　同じく、陰線の例でも555円では売られているという事実が非常に重要で、この高値の水準を超えてくれば、もっと買われる可能性が出てきます。

上昇相場では下値、下落相場では上値を押さえる

　ここで重要なことは、相場が上昇している局面では、その上昇がどこまで続くかということよりも、どの水準を割り込めば売りになるかを確認することです。

　前述のソフトバンクのように、過去の高値である1万3000円近辺を上限と考えていた投資家は、常識をはるかに逸脱する高値19万8000円を付けるような急上昇の動きには対処のしようがなくなりま

す。しかし、このように例外的なほど強力な上昇トレンドが発生したとしても、その都度、どの水準を割り込むとこの上昇が終わる可能性があるのかを把握しておけば、その水準を割り込まない限り、買いポジションを保っていればよいことになります。つまり、利益の追求ができます。

この点が、テクニカル分析によって売買するポイントになります。どこまで上昇、あるいは下落するかわからない相場に対応するためには、どこまで行くかを考えるより、どこを割り込んだり、どこを超えるとその流れが変化するかを考えるべきなのです。私が相場を予測しても意味がないと言うのはこのためです。

また、このような考え方で売買をしないと、必ず訪れる損切りという負の売買を凌駕する利益がとれなくなります。おそらく生涯の運用生活の中で一度巡り会うかどうかという大相場のチャンスをつかみ損ねてしまうことにもなります。

では、高値と安値の確認の方法についてもう少し具体的に説明していきましょう。ここでは「ワイルダーの定義」と呼ばれる法則を紹介しながら、トレンドの転換点について考えていきます。この定義は、RSI（2章参照）などで有名なJ.W.ワイルダー氏が開発したものです。

相場が上昇局面にあるならば、上値を予測するのはなく、下値を押さえる必要があります。次ページの図3-19を見てください。前々日と前日のローソク足があるところで、当日の相場を考えています。

これは前日安値の方が前々日終値より高い例です。前々日終値はその日の最終的な相場の落としどころ（確定値）であり、前日安値は直近の相場のサポート・ポイント（暫定値）になります。当日は、この前々日終値と前日安値の安いほう、ここでは前々日終値を終値で下回るか否かが相場の分岐点になります。

図3-19　ワイルダーの定義（その1）

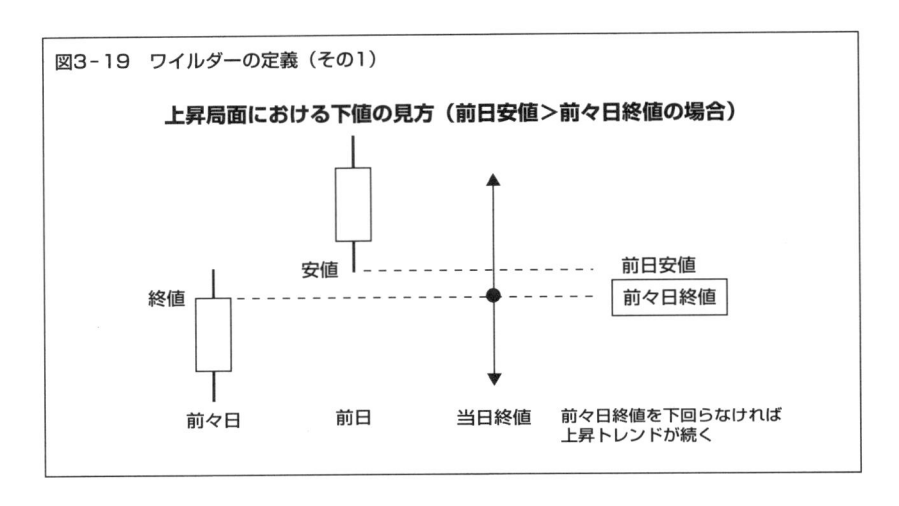

上昇局面における下値の見方（前日安値＞前々日終値の場合）

前々日終値を下回らなければ上昇トレンドが続く

　図3-20は、前日安値のほうが前々日終値より安い例です。この場合も、前々日終値（確定値）と前日安値（暫定値）を比較し、その安いほう、つまり前日安値を当日終値が下回るか否かが相場の分岐点となります。

図3-20　ワイルダーの定義（その2）

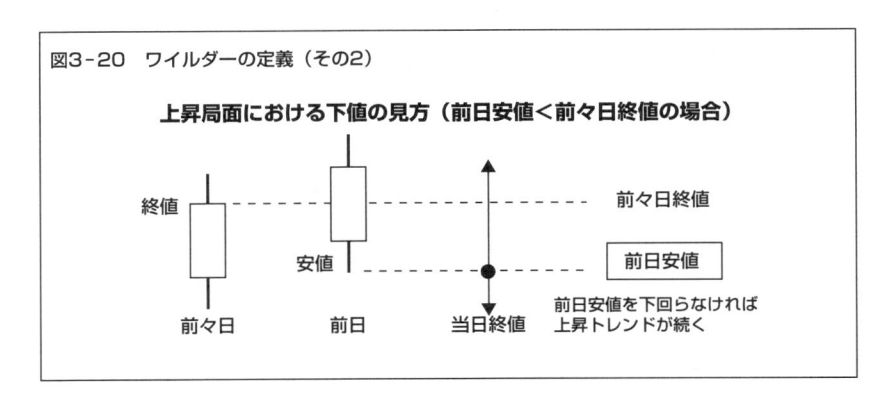

上昇局面における下値の見方（前日安値＜前々日終値の場合）

前日安値を下回らなければ上昇トレンドが続く

　上記の2例は、相場が上昇トレンドを維持するための短期的な条件を示しています。

次は、相場の下落局面です。相場が下落しているときは、下値を予測するのではなく、上値を押さえる必要があります。

図3-21では、前日高値（暫定値）と前々日終値（確定値）を比較すると前日高値のほうが高いですから、この前日高値を当日の終値が上回るか否かが相場の分岐点となります。

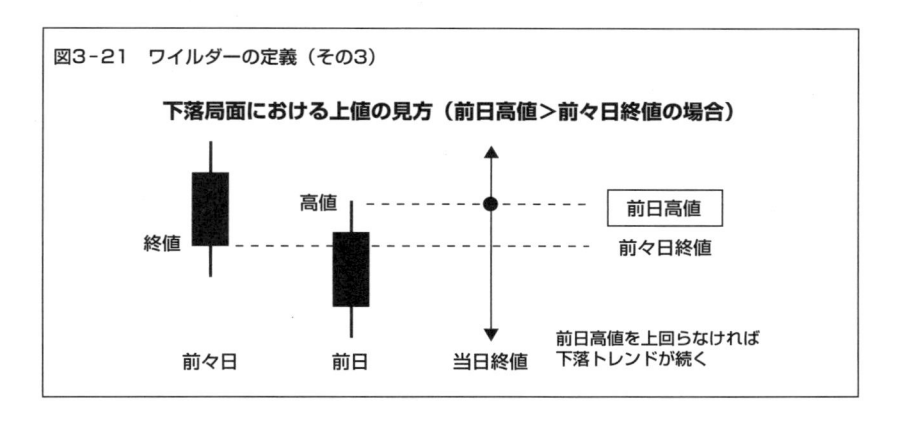

図3-21　ワイルダーの定義（その3）

下落局面における上値の見方（前日高値＞前々日終値の場合）

前々日　前日　当日終値

終値　高値　前日高値　前々日終値

前日高値を上回らなければ下落トレンドが続く

次ページ図3-22は、前々日終値（確定値）のほうが前日高値（暫定値）より高い例です。ですから、当日終値が前々日終値を上回るか否かが相場の分岐点となります。

上記の2例は、相場が下落し続けるための短期的な条件を示しています。

もう少し大きな相場の流れはこのあと説明することになりますが、少なくとも短期的には、上昇が続く条件と下落が続く条件というワイルダーの定義を押さえることにより、相場の変化をいち早く捉えることが可能になります。

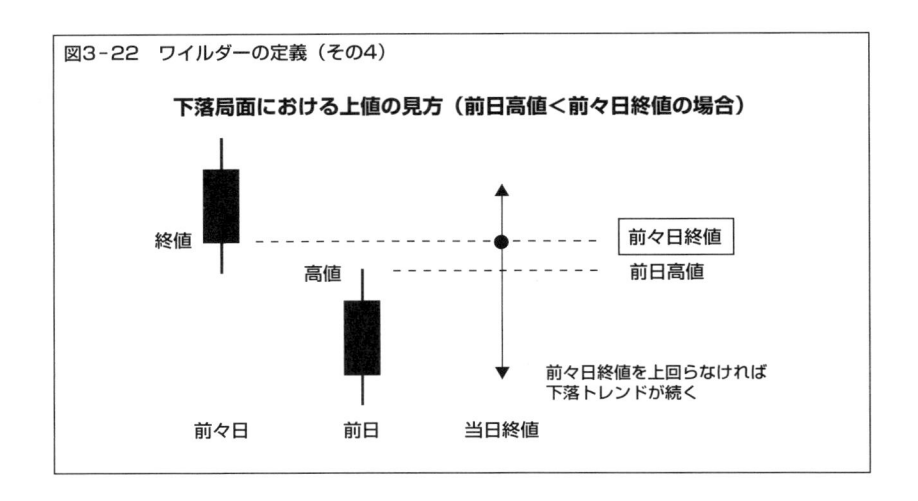

図3-22 ワイルダーの定義（その4）

下落局面における上値の見方（前日高値＜前々日終値の場合）

終値 / 高値 / 前々日終値 / 前日高値 / 当日終値 / 前々日 / 前日

前々日終値を上回らなければ下落トレンドが続く

考えるべき基準は毎日変わる

　では、実践例で短期的な上昇・下落の動きを追ってみましょう。図3-23は島津製作所（7701）の2002年後半の値動きを表した日足チャートです。同社社員の田中耕一氏がノーベル化学賞を受賞したという材料を受け、10月半ばから広く買いを集めた局面です。材料はともかく、当初の買いが入ったところから相場は上昇し始め、図3-19、図3-20の上昇の条件をしばらく維持しています。

　10月22日には大きな陰線を引いていますが、それでも10月22日の終値は、前日安値か前々日終値の安いほう（ここでは前々日終値）を割り込んでいませんから、上昇局面が終わったかどうかは定かではありません。

　翌日にはこの陰線の安値が分岐点になりますので、もしも終値でこの分岐点を割り込めば、上昇から下落への転換がハッキリするわけです。つまり、考えるべき基準は毎日変わります。

図3-23 相場が上昇する局面

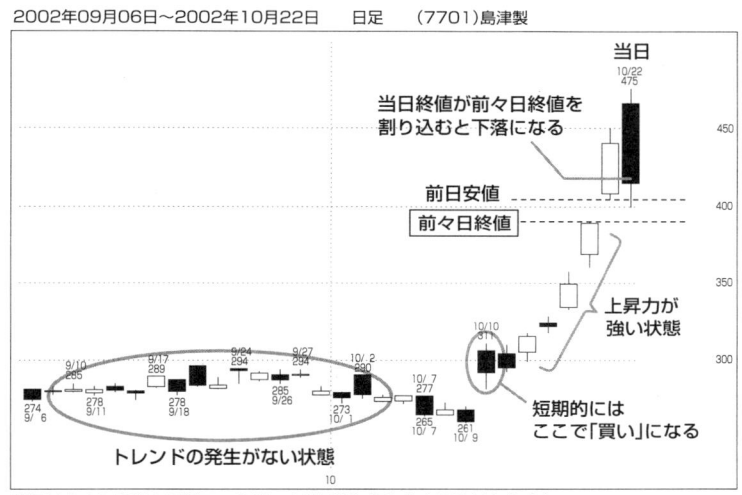

2002年09月06日〜2002年10月22日　日足　(7701)島津製

当日は大きな値幅を下げているが、まだ下落に転じたか否かはわからない。

　図3-23では、上昇に入る前の動きは全く方向感がなく、トレンドの発生がない状態を示しています。しかし、いったん上昇し始めると上昇力が非常に強い相場へと変わっていきます。ちなみに、このように相場が急速に上昇していく様子を俗に「足が蔦（つた）っていく」と表現します。

　第1章でも説明した通り、相場で利益を得るためにはトレンドの方向が定まることも必要ですが、そのトレンドに強さあることが重要です。トレンドの発生がない銘柄や、トレンドの弱い銘柄は、売買してもあまり意味がないということになります。

10. トレンドの定義——ダウ理論

次に、より本格的な意味でのトレンドについて説明していきましょう。ここまでのローソク足の説明は、トレンドというよりは、いわば定点における相場の強弱感を見るものでした。もともとトレンドとは、数日間で方向が変わるようなものではなく、もっと長期間にわたる相場の大きな方向性を指すものです。

トレンドに関して相場参加者が暗黙の了解として考えているものが、第1章で述べた「ダウ理論」です。これは、現在の相場が「上昇」しているのか、「下落」しているのかを定義づけるもので、相場を判断し、売買する際には非常に重要な考え方となります。

もう一度「ダウ理論」の定義を確認しておきましょう。

上昇トレンド＝次の高値はその前の高値より高く、次の安値はその前の安値より高い。
下落トレンド＝次の安値はその前の安値より安く、次の高値はその前の高値より安い。

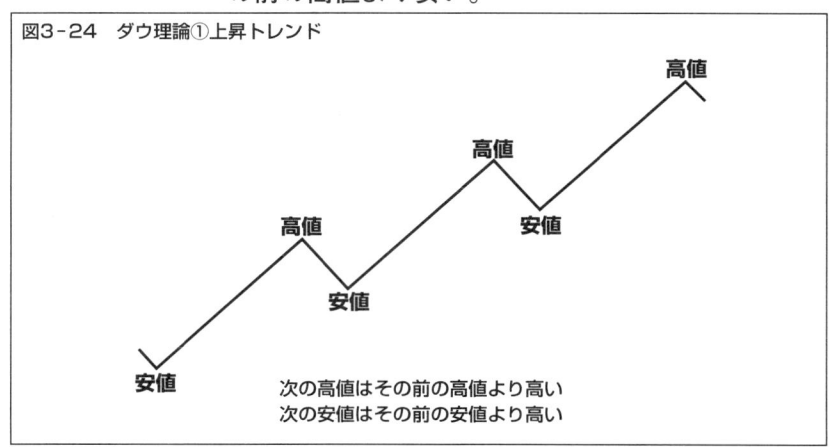

図3-24　ダウ理論①上昇トレンド

次の高値はその前の高値より高い
次の安値はその前の安値より高い

```
図3-25　ダウ理論②下落トレンド
```

（図：下落トレンドを示すジグザグの線。高値→安値→高値→安値→高値→安値と切り下がる。注記：「次の安値はその前の安値より安い／次の高値はその前の高値より安い」）

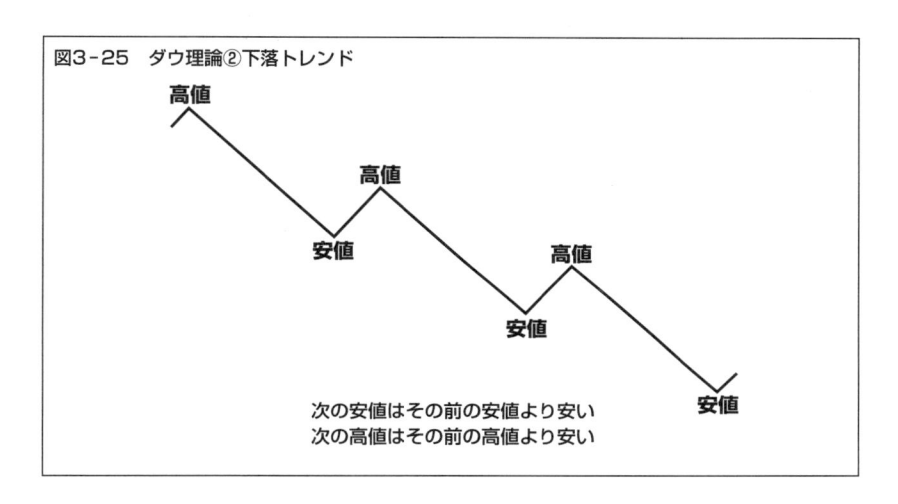

　つまり、これだけのことです。上昇トレンドでは高値を超えることが、下落トレンドでは安値を割り込むことが問われます。

　実はこれは、ローソク足について説明したワイルダーの定義、つまり上昇相場で前々日の終値と前日の安値の安いほうを割り込むか否か、下落相場で前々日の終値と前日の高値の高いほうを超えるか否かという判断基準と同じ意味を持ちます。これらの基準は、ダウ理論においてトレンドが変わるための条件でもあります。

　それではまず、上昇トレンドの特徴である「次の高値はその前の高値より高く、次の安値はその前の安値より高い」を確認します。

　時節柄、上昇トレンドの事例として掲載できるものが限られますが、ここではニプロ（8086）の週足チャート（次ページ図3-26）で説明します。なお、ここでの説明は、あくまでもこのチャート掲載期間に限定しているものと考えてください。

　当初、1320円の高値があり、これが1086円－998円と切り下がります。そして、その間に770円の安値が見えます。テクニカル分析では、この安値を「支持点」（サポート・ポイント＝Ｓ点）とも呼ん

図3-26 上昇トレンドへの転換例
1999年01月14日〜2002年11月05日 週足 (8086)ニプロ

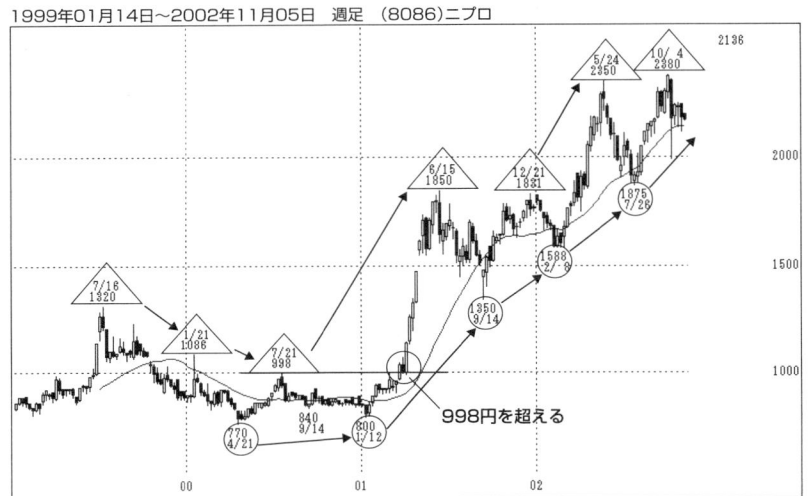

800円の安値がその前の安値770円を割り込まず、次の高値で998円(前の高値)を超えたことにより、上昇トレンドへの転換を確認

んでいます。しかし、まだこの時点では、この安値が本当に主要な安値になるかは確定しません。あくまで、この時点での暫定安値です。

　770円の安値を付けたあと998円まで買われますが、まだこの時点ではその前の1086円の高値を超えていません。そして、そのあと売られるものの、その前の770円の安値を割り込まずに株価800円で下げ止まり、998円の高値、さらに1086円の高値を超えていきます。

　このように上昇トレンドにおいては、その前の安値を割り込まず、その前の高値を超えるという動きになるわけですが、とりわけ、前の高値を超えることが非常に重要です。高値を超えるということは、前の高値以上の値段でも買ってもよいと考える投資家がいることを証明しているわけです。

　なお高値というのは、それ以上買う人がいないか、売る人が多い水準なので「抵抗点」(レジスタンス・ポイント)とも呼ばれています。

第3章　新井邦宏の相場哲学

図3-27　高値と安値の確認（その1）

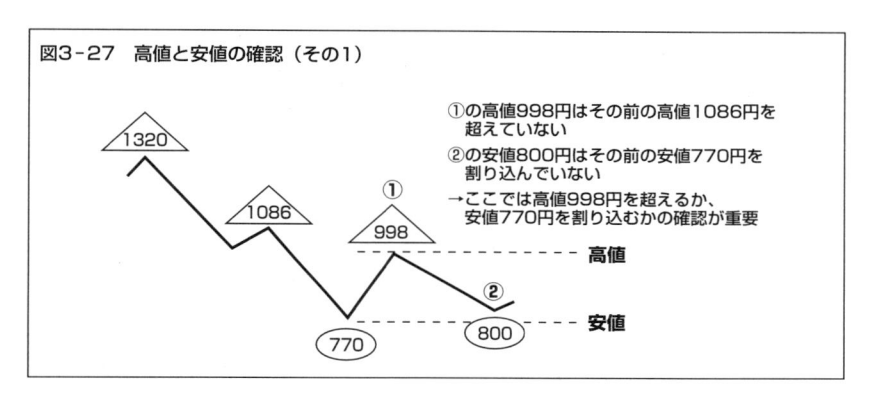

①の高値998円はその前の高値1086円を超えていない
②の安値800円はその前の安値770円を割り込んでいない
→ここでは高値998円を超えるか、安値770円を割り込むかの確認が重要

図3-28　高値と安値の確認（その2）

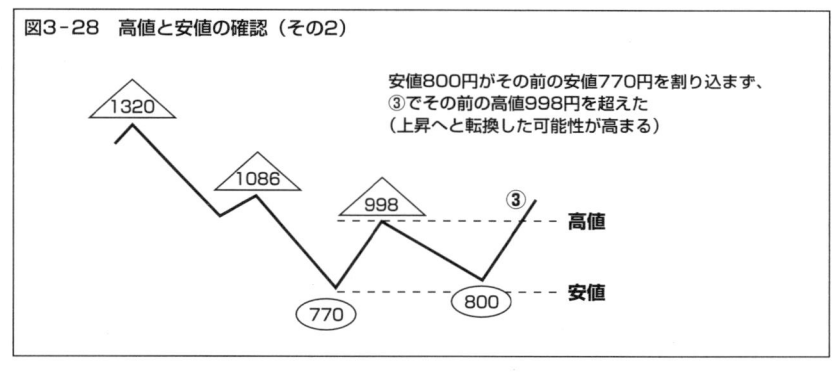

安値800円がその前の安値770円を割り込まず、③でその前の高値998円を超えた
（上昇へと転換した可能性が高まる）

図3-29　高値と安値の確認（その3）

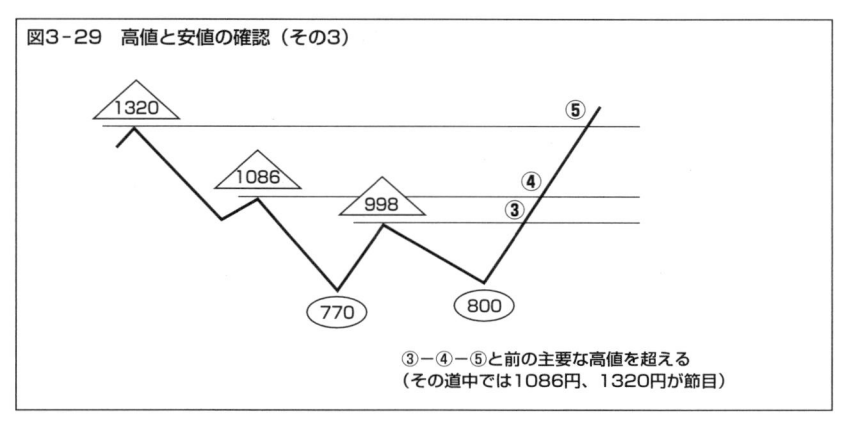

③－④－⑤と前の主要な高値を超える
（その道中では1086円、1320円が節目）

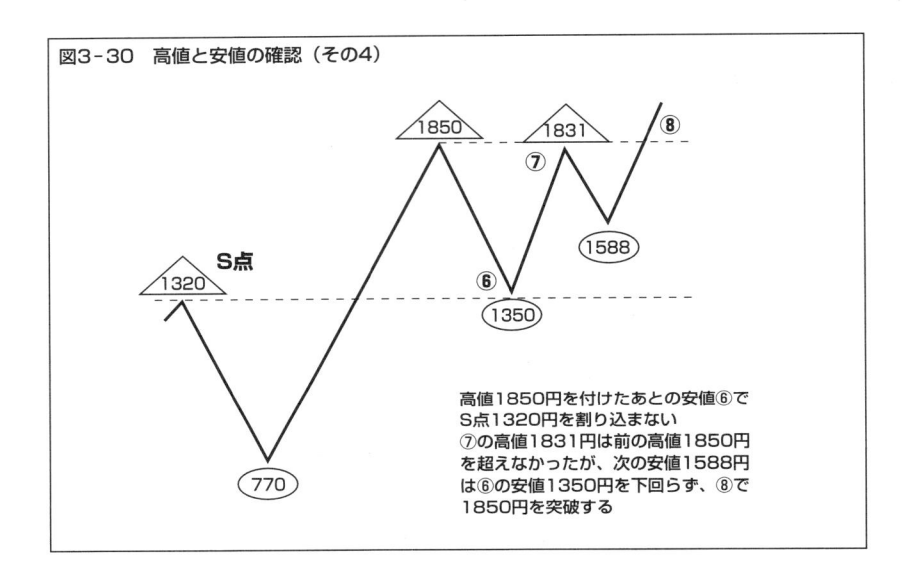

図3-30　高値と安値の確認（その4）

```
          △1850    △1831
                          ⑧
          ／＼       ／＼／
         ／  ＼   ⑦／  ＼
   △S点 ／    ＼ ／    (1588)
  (1320)／     ＼／
   ／＼／      ⑥
  ／  ＼     (1350)
 ／    ＼
        ＼
        (770)
```

高値1850円を付けたあとの安値⑥で
S点1320円を割り込まない
⑦の高値1831円は前の高値1850円
を超えなかったが、次の安値1588円
は⑥の安値1350円を下回らず、⑧で
1850円を突破する

　998円を超えたあと、相場は1850円まで買われるものの、1350円まで調整することになります。

　770円の安値を付ける前の高値1320円は、この価格以上では買いものが入らなかったか、売りものが多かったポイントです。つまり、その時点ではそれ以上の高値はないと判断されました。

　しかし、770円を付けたあと、この1320円の高値を超えたことで、1320円は買ってもよいとの判断に変わります。その結果、1850円を付けたあと（実際にはその前の1810円の主要な高値を超えています）は、1320円手前の1350円で買いが入り、これが安値になります。

　その後の1831円の高値は1850円の高値を超えていませんが、その後の安値1588円が1350円の安値を割り込まないことで、上昇トレンドは続き、やがて1831円も1850円も超えて、2350円まで高値を更新していきます。

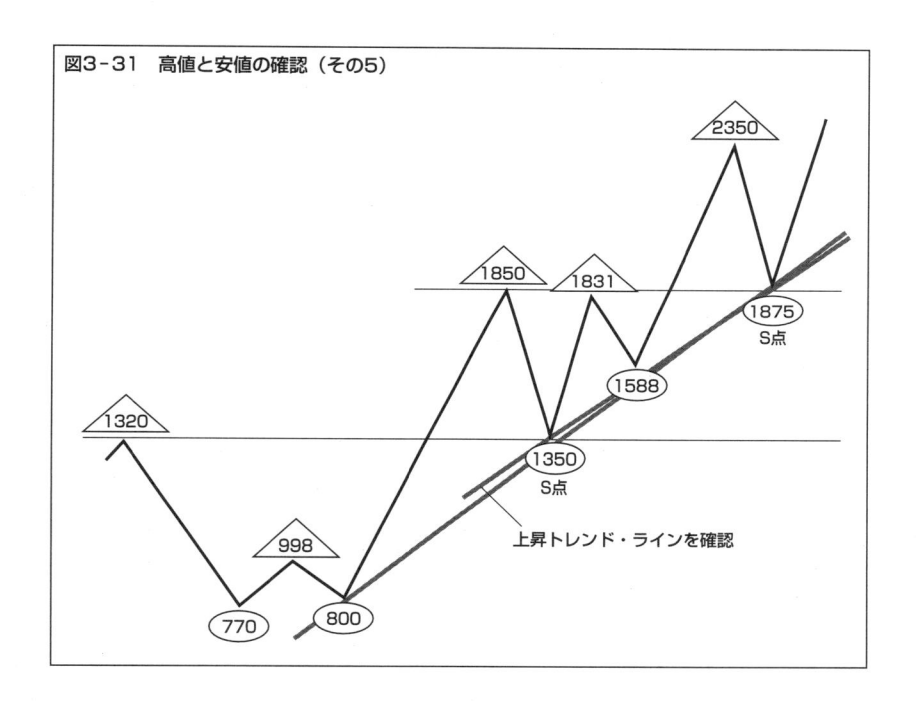

図3-31 高値と安値の確認（その5）

2350円の高値以降の1875円の安値は、前述の考え方と同じです。前回は1850円以上は買わないという判断でしたが、これを超えたことで今度はそこでは買いという判断になり、1850円を割り込む手前で買いが入ったことになるのです。そして相場はさらに上昇を続け、2350円の高値を超えます。

上昇へ転換するにはテストを受ける

　このように、時間の経過とともに、高値が切り上がり、安値も切り上がっていくのが上昇トレンドの特徴です。

　この事例には、相場を考えるうえで非常に多くのポイントが含まれています。まず、下落トレンドの特徴があり、その下落トレンドが安値を付けたあと上昇へと転換する特徴が表れています。ダウ理論では、相場が上昇するためには、少なくとも前の主要な高値を超えなければならないとされています。同時に、前の主要な安値を割り込まないことも重要です。

　ここでは770円の安値のあと、すぐには1086円の高値を超えていません。つまり998円の高値で売られた段階では、まだ770円が安値である確証は得られていないのです（実際の相場では770円の安値の前に710円の最安値があります。そして、710円のあとの主要な高値が1320円になっています）。つまり1320円超えで真の高値を超えたことになるのです。

　しかし、1回目のトライで高値抜きに失敗しても、その後の安値が800円で止まり、770円を割り込まない点が重要です。前の安値を割り込まないで相場が反転したことで、相場参加者は再び998円超えのテストに入ります。結果、998円の高値を超え、1086円の高値も超えることで、次は1320円の高値のテストに入るのです。

　1320円は主要な高値であり、これを超えたことでその前の1450円や1810円（図3-26には掲載されていません）のテストに入り、結果的には、この1810円を超える1850円を付けることになります。

　ここで頭に入れるべきことは、このように相場参加者は何回かに分けて、高値や安値をテストすることがあるということです。たとえテストした結果が失敗に終わっても、もう片方のトレンド転換条

件（高値がダメだったら安値）が崩れていなければ、まだそのトレンド転換の可能性は温存されます。

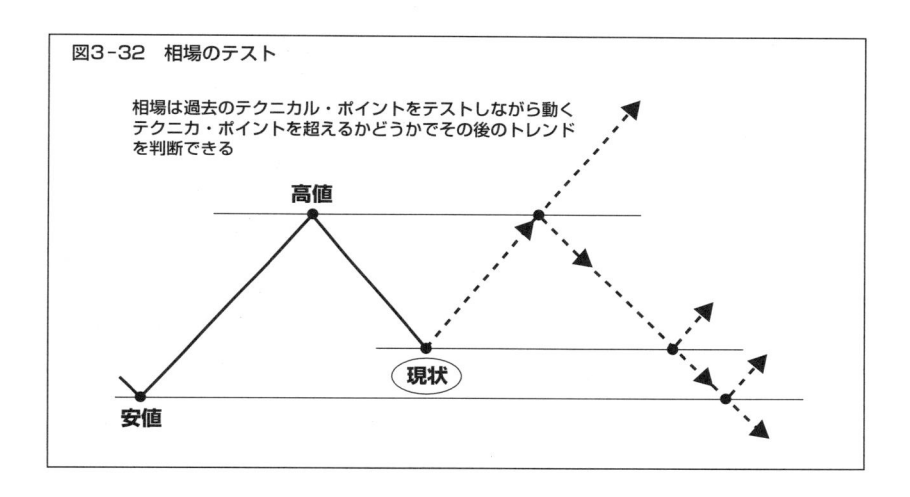

図3-32 相場のテスト

相場は過去のテクニカル・ポイントをテストしながら動く
テクニカ・ポイントを超えるかどうかでその後のトレンドを判断できる

例えば、998円の高値を更新したあとで1086円の高値トライに失敗し、相場が下落する場合には、安値は800円で止まらず770円を割り込むことになるものです。また、1850円の高値のあと1831円の高値で相場上昇がいっぱいなら、その後の安値は1588円で止まらず、1350円を割り込むはずです。

このように、主要なテクニカル・ポイントへのテスト失敗のあとは非常に注意が必要になりますが、それが確定されるのもダウ理論の定義によるのです。

ここでは説明しませんが、通常はテスト失敗のあと、その前の安値を割り込む前に、トレンド・ラインを割り込むなど、相場転換の特徴が現れることが多いのです。つまり、主要な安値が確定するに従って、その後の主要な安値はトレンド・ライン上にあることが多くなります。

信用取引のカラ売りが相場を押し上げる

　主要な高値・安値を形成する場合には、ローソク足のところで説明した相場転換の動きが見られることが多く、これも重要な示唆を与えてくれます。

　あくまでもこの掲載期間での話になりますが、1320円の高値に対する1350円の安値、1850円の高値に対する1875円の安値は、それまでのレジスタンス・ポイントがサポート・ポイントに変わったところです。

　実はこの事例の陰には、信用取引のカラ売りが隠れています。上昇トレンドにおいてカラ売りを行うことは、それだけで損失を被る可能性が高くなります。カラ売りした投資家の意に反して相場が上昇を続けると、売りポジションを外すための買い戻しが出やすくなり、そうした買いが相場をさらに押し上げる圧力になります。つまり、相場の高値更新時は、カラ売りした投資家による損切り（ロス・カット）のポイントにもなるのです。

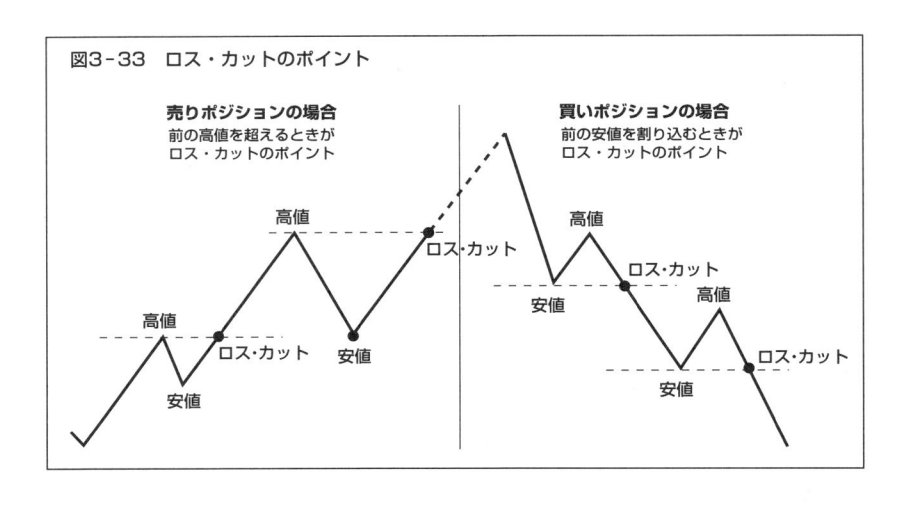

図3-33　ロス・カットのポイント

上記のような相場の動きをしっかりと頭に入れることは、今後の相場を考えるうえで非常に重要です。

大相場のあとの「最後の逃げ場」

それでは下落トレンドはどうでしょうか。「次の安値はその前の安値より安く、次の高値はその前の高値より安い」という特徴を確認してみましょう。

図3-34を見てください。このNEC（6701）の週足チャートは、大相場のあとの下落局面を示しています。

2000年7月上旬に付けた3450円が高値になり、下落トレンドへ転換するか否かを判定するには、しばらく時間がかかります。

まず、3450円の高値のあとに安値2690円を付け、その後の高値

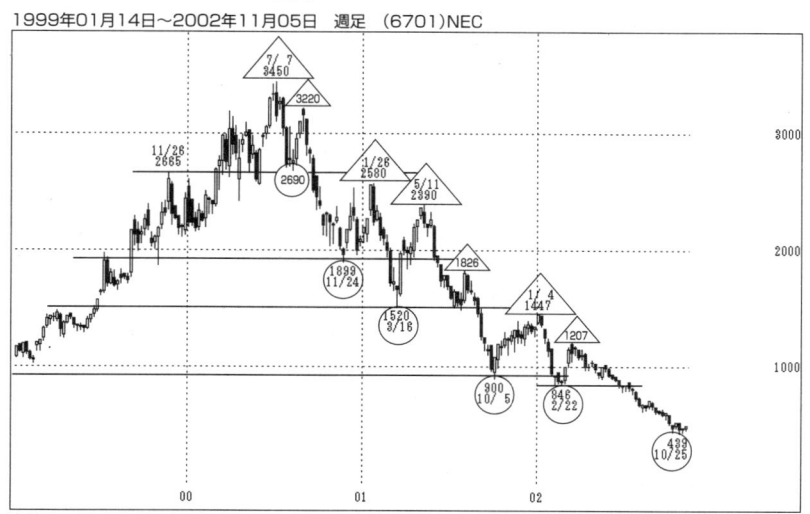

図3-34 下落トレンドへの転換例
1999年01月14日～2002年11月05日 週足 （6701）NEC

安値2690円のあとの高値3220円が3450円を超えられなかったことから下落が始まった。

3220円が前の高値である3450円を超えられなかったことにより、トレンドが変わったのではないかとの疑いが芽生えます。

　しかし、上昇トレンドのときに説明したように、これだけでは下落へ転じた確証はありません。確証が得られるのは、さらに2690円の安値を割り込んだときです。

　これまで述べてきたように、このポイントがわかっている投資家は、相場が2690円を割り込んだ瞬間に買いポジションを外すことになります。これが大相場のあとの最も重要なポイントです。一般に、相場下落の速さは非常に速く、買いポジションを外し損なうと大きな損失につながるからです。

　2690円を割り込むと投げ売りが出て、1899円まで下落します。この段階は、押し目と勘違いする投資家が多く、買いが入ることが多い局面です。実際、この下落局面に入ってから信用買い残は増加しています。

　高値3450円の直後の2690円は、相場参加者がその水準で買ってもよいと考えたサポート点でした。しかし、いったんその水準を割り込んでしまうと、今度は、それ以上では買わない水準と判断されてしまいます。もちろん買い直されない保証もありませんが、実際に1899円から2580円まで戻したところで大きな売りものが出て、その後1899円の安値を割り込みます。これで大方、下落トレンド入りが確定します。

　一般的には、この2580円の戻り局面が、買い方の最後の逃げ場になるといわれています。もっとも、期待に反して逃げ場を与えてくれずに相場が下落することが多いのも事実です。

　その後も、安値を割り込み、戻り高値はその前の高値を超えず、相場は下落を続けます。1520円の安値を割り込んだあとにも戻りがありますが、1447円がいっぱいで1520円を超えることがありません。

図3-35 トレンドに沿った売買の基本

上昇トレンド
➡押し目買い

下落トレンド
➡戻り売り

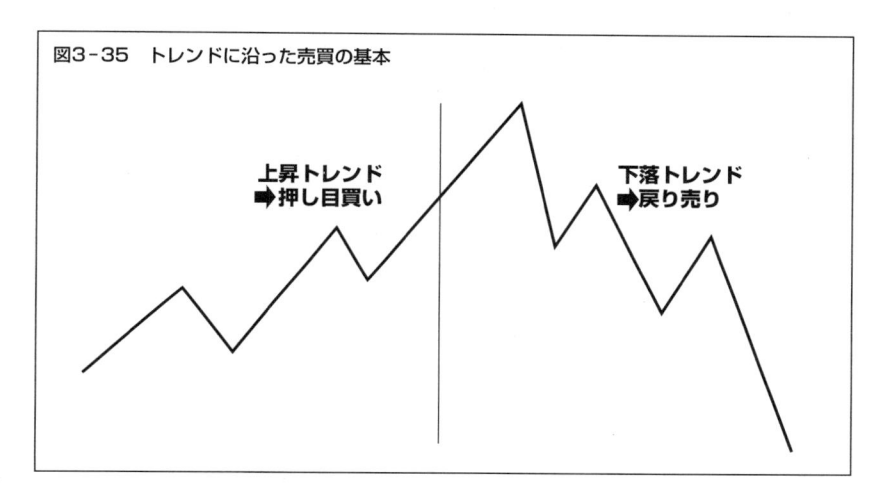

前の安値を相場が割り込んだことで、前の安値の水準がレジスタンス・ポイントになっているからです。

このように、相場がひとたび下落トレンド入りすると、安値を更新し、高値も低くなっていきます。ダウ理論の通りに、時間の経過とともに高値も安値も切り下がっていくのが下落トレンドの特徴なのです。大底を確認し、相場が上昇へ転じる条件がそろわないことには、この流れは変わりません。

相場参加者の評価損が上昇を妨げる

この事例には、下落トレンドに対処するための重要なポイントがあるのでもう少し補足しておきましょう。

安値が切り下がるというのは、前に付けた安値以下で売ってもよいと考える投資家がいることの証拠です。同様に、高値も切り下がっているのは、前の高値より安い値段で売ってもよいと考える投資家が多いということです。安値からの戻りが鈍く、もう株価が上が

らないと判断した投資家が我先に売ってくるのです。この動きは、その前の高値を超えない限り継続されます。

　結局、一度安値を付け、そのあと前の安値を超えないと、この動きは止まらなくなります。このNECの例では1899円を付けたあとの上昇が2580円で止まりましたが、なかには2690円の安値を超えてくるような事例もあります。こうなると、投資家は「トレンドが上昇に転じるかもしれない」と買いを入れてきます。もちろん、本当に上昇に転じるためには、そのあと3220円の高値を超え、1899円の安値を割り込まないなど、上昇に転じる条件がそろうことが必要です。

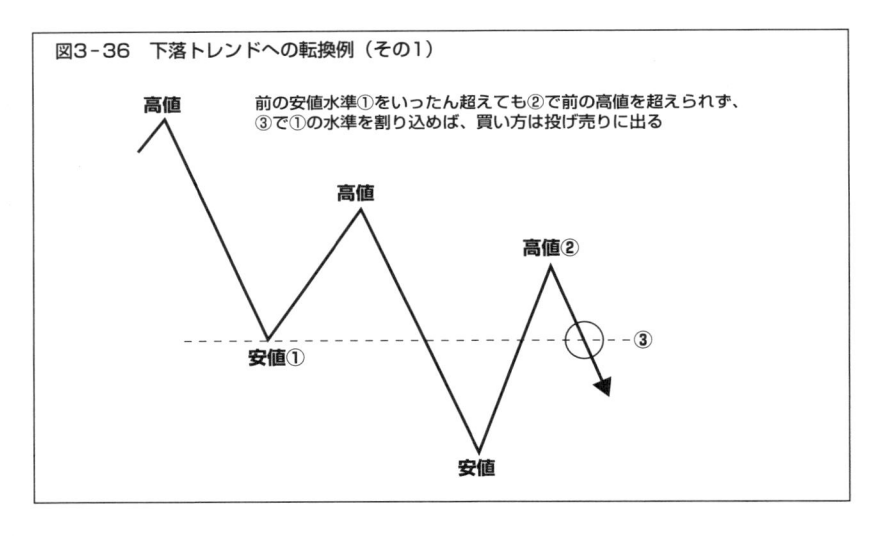

図3-36　下落トレンドへの転換例（その1）

前の安値水準①をいったん超えても②で前の高値を超えられず、③で①の水準を割り込めば、買い方は投げ売りに出る

　しかし、たとえ2690円の安値を超えても、ある程度の戻り局面から再び売られることもあります。それまでのサポート・ポイントがレジスタンス・ポイントに変わるためです。こうした局面では、再び2690円水準を割り込むところでストップ・オーダーを入れておくべきです。

　この考え方は他のテクニカル指標を使う場合にも重要です。例え

ば、下落相場で移動平均線を割り込んでいた相場が、一時移動平均線を超えて買い（上昇）に変わっても、そのあとすぐに移動平均線を割り込めば、売り（下落）継続になります。この場合の移動平均線の価格は、ローソク足の主要な安値の価格と同じ意味を持ちます。

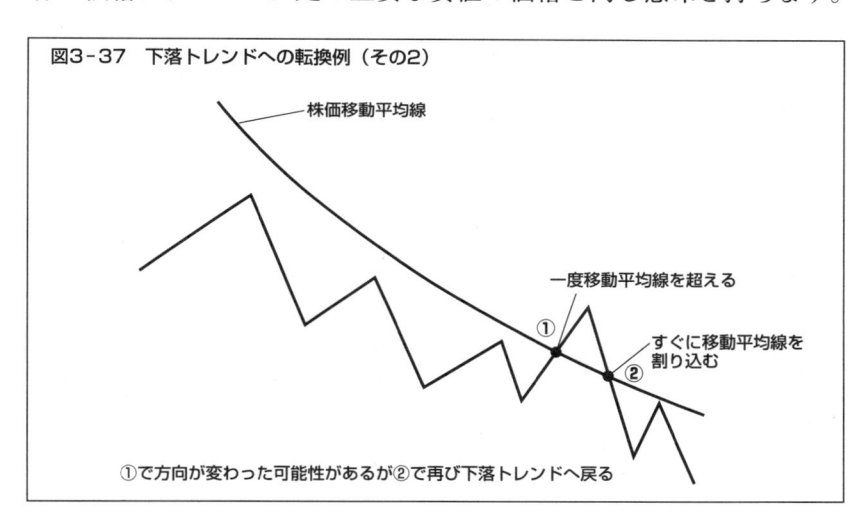

図3-37　下落トレンドへの転換例（その2）

株価移動平均線
一度移動平均線を超える
①
すぐに移動平均線を割り込む
②
①で方向が変わった可能性があるが②で再び下落トレンドへ戻る

　重要なのは、大相場のあと、主要な安値を割り込むことは、その上の水準で買いポジションを持っている投資家がすべて評価損を抱えることです。その戻り局面で新規の買いが入れば、さらに相場は重くなります。その後、主要な安値を割り込むにつれて、上値の買いポジションの凝（しこ）りはますます大きくなるのです。こうなっては、相場が戻ればすぐに戻り売りが出るので、結局、下落が続くことになるのです。

下落相場でのナンピン買いは愚の骨頂

　要するに、下落トレンドの中で買いを入れても、その後は安値も

高値も切り下がるので、利益につながる可能性が小さいのです。

　多くの日本人投資家は、高値で買いポジションを持っているとそれを損切りすることなく保有し続ける悪い癖を持っています。さらに、その買いポジションを助けるために、下落相場でナンピン買いを重ね、損失を拡大させていきます。

　これは相場の定義に明らかに反することですが、過去、このパターンで資産のほとんどを失った投資家が非常に多いのです。にもかかわらず、この悪癖が改まらないのはどうしたものでしょうか。

　投資の目的を達成するには、もっと合理的な行動をとるべきです。そのためにも難しいテクニカル指標を学ぶより、上記で説明した「ワイルダーの定義」や「ダウ理論」による高値と安値の関係をしっかり押さえ、その定義に従った売買を行うことが、相場で勝ち残るためには何よりも重要になります。これができないのに、高度なテクニカル指標を使うことなどできるはずもないのです。

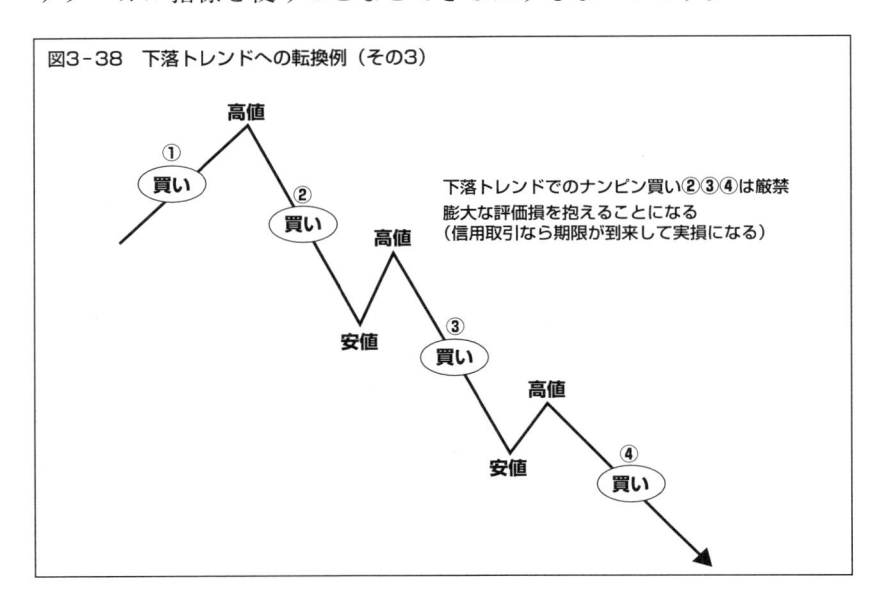

図3-38　下落トレンドへの転換例（その3）

下落トレンドでのナンピン買い②③④は厳禁
膨大な評価損を抱えることになる
（信用取引なら期限が到来して実損になる）

安全なポジションのとり方

　第3章ではここまで、第1章で説明したことと同じようなことを述べてきました。なぜ、このような基本的なことを繰り返すのかと疑問に持つ読者もいると思います。もっと高度な内容を知りたいと思っている方もいることでしょう。

　しかし、大げさかもしれませんが、相場の手法について行き着くところまで行ってしまった私が最後にたどり着いたのが、まさに本書で説明していることなのです。特にここ数年は、何も難しい理論も概念も必要ないと思っています。

　そのあたりの背景を知っていただくためにも、ここで私の相場観の変遷を述べておきます。

1．私の相場観の変遷

　私は、本やセミナーでどんなに説明しても、結局、おのおのの投資家はそれぞれ勝手な行動をとるものだと思っています。相場に入るタイミングも、出るタイミングも皆違うはずです。これは、同じテクニカル指標を使っても同じことです。

　テクニカル分析の話をしながらこのような話は禁物かもしれませんが、実際の相場では、投資家の力量以外に不思議な幸・不幸が作用します。テクニカル指標に忠実に従って売買していても、相場の

一瞬の動きに振られてしまうことが多々あるのです。

　例えば、指値注文を入れるとき、自分の前の注文まで約定したのに自分の注文まで順番が回ってこない場合があります。会議中で電話が受けられなかったために、注文の機会を逃すこともあります。こうした偶然の要因が損失につながったり、場合によっては利益につながったりするわけです。つまり、相場で利益を出すには、それなりに幸運が重なり、自分に都合良くことが運ぶ必要があるのです。

経験で相場を判断するのは危険

　株価の変動というものは、本来何年もかかって形成され、大きな変動の中で短期的な上下動を繰り返します。しかし、我々投資家が考え得る相場の変動は、我々が生きている今という時間を基準に、そこから過去に遡ったものにすぎません。この先、相場がどのようになるかは、生きている期間に限定されて知ることができるのです。日経平均株価をまだ「東株」と呼んでいたころ、誰が3万8915円になることを思い描いたでしょうか。

　本来人間が持っている知識や経験は、万物の生々流転からみればほんの小さなことにすぎません。したがって、私は相場をこれまでの経験や知識の範疇で判断することは危険だと考えています。

　これは、前述したソフトバンクの変動を考えてみれば明らかでしょう。過去に1670円から3万100円の範囲で動いていた銘柄が、あっという間に10万円を超え、19万8000円まで上昇することなど、誰が予想できたでしょうか。私の知る限り、このような事例はほとんどありませんでしたが、2000年前後のIT・半導体相場のときには、多くの銘柄が似たような急騰を記録したものです。

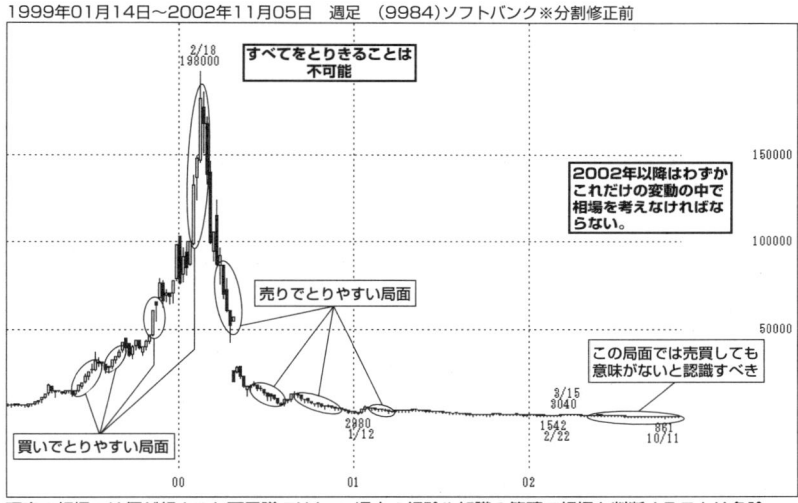

図3-39 常識外れの大相場の例
1999年01月14日〜2002年11月05日 週足 (9984)ソフトバンク※分割修正前

- 2/18 198000
- すべてをとりきることは不可能
- 2002年以降はわずかこれだけの変動の中で相場を考えなければならない。
- 売りでとりやすい局面
- この局面では売買しても意味がないと認識すべき
- 買いでとりやすい局面
- 2980 1/12
- 1542 2/22
- 3/15 3040
- 861 10/11

現実の相場では何が起きても不思議ではない。過去の経験や知識の範疇で相場を判断することは危険

　背景には、企業業績とは関係のない株価上昇局面で信用カラ売りが非常に増え、株価上昇に拍車をかけたという要因があったようです。ダウ理論のところで説明したようなトレンドに逆らった売買が、異常な大相場を演出したとも言えるかもしれません。

　現実には、私はこうした大相場の上昇トレンドに乗ることができませんでした。その理由は、最初に乗るべきタイミングを逸したからです。また、そのとき発表されていた企業業績からは、相場が明らかに割高に見えたからです。

　さらに言えば、下落トレンドにも乗れませんでした。なぜかといえば、下落局面になったときには企業業績が非常に良くなっていたからです。

　「ファンダメンタルズはあまり重視しない」と言っている私の考え方と矛盾する行動だと思われるかもしれませんが、ファンダメン

タルズと値動きがこれほど極端に乖離してしまうと、なかなか対処できないというのが現実なのです。ある意味では、これも幸・不幸の問題かもしれません。

目先の動きだけでは大きな流れはわからない

　一般的にチャートでは「月足」「週足」「日足」などを、それぞれ長期・中期・短期の動きを表現するものとして使います。

　時間軸が違うと、それぞれのチャートにダウ理論を当てはめたときにトレンドが変わることがあります。月足では下落トレンドと定義されても、週足・日足では上昇トレンドと定義される場合もあることでしょう。

　また、チャートの掲載期間やスケールのとり方が変わると、トレンドが違って見えることがあります。通常、チャートは人間の目で見て見やすいように掲載期間が設定されます。価格を表す縦軸のスケールも銘柄ごとに異なります。前述したニプロのチャート（図3-26）もそうですが、主要な高値や安値がそのチャート内に掲載されていない可能性もあるのです。

　このため、日足だけを見ている投資家は、目先の動きだけを捉えるようになり、大きな相場の流れの中で相場を考えないようになります。安値圏で株価が推移すれば、「もうこれで底入れ」と勝手に思うようになりますが、その小さな動きは、全体の大きな動きから見れば誤差にすぎないかもしれません。

　本来、ダウ理論でいう「トレンド」は非常に大きな相場の流れを指します。日足のような目先の動きだけを見てどうだこうだと考えるものではありません。月足などで長期の流れも考えながら判断することが重要になります。

人間に幼年期－青年期－中年期－老年期という移り変わりがあるように、相場のトレンドにも時間の流れに沿った変化があります。幼年期から老年期へ変わるためには一定の時間、相場でいうところの「日柄」が必要になるのです。日柄だけは相場参加者に皆平等で、いかんともしがたいものです。

当てようとすると外れてしまう

私が相場を始めたころは、株式投資に関する知識はほとんどありませんでした。たまたまチャートブックに巡り会い、そこで「移動平均」という指標を知っただけです。

詳しいことは何もわからなかったので、単に指標の通りの売買を行ったところ、着実に利益が上がりました。これは、テクニカル分析うんぬんというよりも、当時の相場全体の地合が良かったからで、環境面の影響が大きかったように思えます。

相場が少しわかり始めると、チャートを見ながらどこで買い、どこで売るかを考えるようになります。つまり、相場を当てようとし始めたのです。しかし、当てようとすると外れるもので、高値を買い、安値を売るようになってしまいます。これは、投資の入門者なら誰でも経験することで、しばらく失敗を繰り返して売買に慣れるしかありません。

また同じ時期に、相場の情報や企業業績についても考えました。どの銘柄に仕手筋が入ったか、あるいはどの企業の業績が良くなったかと、材料を模索するのです。これは、売買に関係のない、単なる材料ですが、そうした材料により相場がわかり始めると、自分では売買していないにもかかわらず、自分は相場が巧いと錯覚を起こすものです。もちろん、これが錯覚であることは、後から振り返っ

て初めて気づくものですが…。

高度な計算をしてもパフォーマンスは上がらない

　やがてファンド・マネジャーになると、こうした情報や材料に基づいた運用では、全く資金管理ができないことに気がつきました。ここで初めて、テクニカル分析の重要性がクローズアップされたわけです。ただし、このころの私のテクニカル分析は、単に相場をテクニカル分析で考えて始めた段階にすぎず、資金管理という考え方にはほど遠いものでした。

　ともあれテクニカル分析に足を踏み入れた私は、各種テクニカル指標を組み合わせたり、複雑系の手法もいろいろ取り入れながら、試行錯誤を繰り返しました。ここでは主に、過去10年間の株価データを使ってさまざまなシミュレーションを行い、売買の最適化を図ろうとしたわけです。

　しかし、前述したように、どんなに精緻にシミュレーションを行っても、それほどパフォーマンスが上がらないことに気がつきました。相場の出方によって、その年のパフォーマンスにどうしてもバラツキが出てしまうのです。

　そこで今度は、クォンツ分析（注41）に取り組みました。通常のテクニカル分析では飽き足らなくなり、確率論的な投資の世界を目指したわけです。しかし、どんなに高度な計算を繰り返してみても、やはりパフォーマンスは伸びませんでした。

　ここまで延々と同じようなことを述べてきたのは、結局、その時々の相場の状況にパフォーマンスが依存すること、そして、その

（注41）統計的・計量的なデータ処理など、いわゆる金融工学を駆使して相場の値動きを分析する資産運用手法。

状況に応じて売買のやり方を変えなければならないことを強調したいからです。上述したように、どんなに複雑で高度なテクニカル指標を駆使したとしても、画一的なテクニカル分析では、パフォーマンスが上がらないのです。

　過去の確定データを対象としたシミュレーションですら利益が上がらないのですから、運・不運が絡み、どのように推移するかわからない現実の相場を相手にした取引では、おそらくもっとパフォーマンスが落ちてしまうことでしょう。

相場に常に参加していては利益は上がらない

　相場は、自分で経験してみると見えてくるものです。今の私は、いわば相場の研究が一通り終わって原点回帰の過程にあるのですが、この過程において初めて体得したことがあります。

　それは、すべての相場変動から収益を得ようとするとパフォーマンスが落ちるということです。事後データを分析するのと違い、実際の相場が相手では、よほどの幸運が連続しない限り、すべての相場変動から利益を上げるのは不可能です。つまり、常に相場に参加しているとパフォーマンスが上がらないということです。

　もう一つは、相場分析に使うテクニカル指標はシンプルなもので十分だということ。結局、どんなにテクニカル分析に精通していても、相場は自分の言うことを聞いてくれません。時としてあざ笑うがごとく、自分の意思とは反対に動くのです。

　自分の人生を豊かにするという目的観に立てば、相場の変動をすべて収益化する必要はなく、とれる局面でできるだけ確実に利益を上げればよいと考えるのが合理的です。ディーラーなど、職業として相場に対峙しなければならない者はいつも売買をしなければなり

ませんが、個人投資家はそのような必要がないのです。

　このことは、テクニカル指標を駆使して各種シミュレーションをした経験がある者なら、すぐに感じとれるものです。テクニカル指標はそれぞれ、相場の「騙し」や「チャブツキ（注42）」を回避しようと、さまざまな条件でフィルターを設定できますが、いくらフィルターをうまく組み合わせても騙しやチャブツキをすべて回避することはできません。騙しやチャブツキを根本的に回避したいなら、そうした局面で相場に参加しないことです。

60歳になって相場を張るつもりはない

　投資家も、まだ若いうちは飲み込みが早く、各種テクニカル指標に対応した売買が可能です。しかし、私もそうですが、歳を経てくると、どうしてもプライス（価格）に対する反応が遅くなります。これは相場の世界では致命的です。ですから、証券会社などでもディーラーは若者がやるべき仕事であって、ディーラーが歳をとると管理業務に回されます。60歳で現役バリバリなどというディーラーはどこにもいません。

　相場の局面に応じた売買のやり方が必要なように、年歳相応の相場のやり方もあるはずです。私は60歳になっても相場を張るつもりはありません。その前に卒業するつもりです。

　このように考えていくと、相場の方向を考え、その分岐点で正しい対処を行うことだけが、時間とともに資金を増やしていくために必要だと考えるようになったのです。言い方を換えれば、損失を最低限度に抑え込み、利益を追求することです。

（注42）ハッキリとしたトレンドがなく、目先の相場の動きに翻弄されやすい局面。

一昔前までは、手数料などの取引コストが高かったので、頻繁に売買すると取引コストがかさみ、パフォーマンスの低下につながったものです。しかし、今は手数料の安いネット取引が普及しましたから、取引コストをあまり心配せずに売買できます。「つなぎ売買(注43)」など過去の遺物で、もう必要はないのです。

　難しいことや余計なことを考えるよりも、基本に忠実に売買を行うことが、最も効率的に利益の蓄積につながると考える次第です。不要なテクニカル・ツールは破棄すべきで、これまで損失の山を築いてきたやり方はきれいさっぱり捨て去ることが必要です。

　もっとも、人間はこれまで自分がやってきたことをなかなか捨てられないのも事実です。ですから今後も損失を出し続ける人はあとを絶たないでしょう。もっとも、この人たちがいなければ相場で利益を上げられないことも確かなことですが…。

　捨て去るべきものの中には、通常の指値による売買も含まれます。テクニカル分析を使うのであれば常に、後述する「逆指値(注44)」を使って売買をすべきです。この注文形態こそが、テクニカル分析を最も効率的に運用してくれるものです。

　何度も繰り返しますが、相場で利益を出したいのであれば相場の基本を習得することです。相場の基本さえ押さえておけば、新規で売買するタイミングと反対売買するタイミングがわかります。あとはそれに忠実に売買することです。難しい理論は必要ありません。

(注43) 例えば、手持ちの株式が値下がりしそうな場合にカラ売りして反対のポジションを持ち、損失を補うような保険的な売買。
(注44) 従来の指値注文とは反対に、現在の株価より上値に買い注文、下値に売り注文を出す方式の指値注文方法。

2．絶対的なテクニカル・ポイント

　チャートは、「高値」と「安値」で規定される区間を上下に動きながら推移していきます。月足でも週足でも、日足や5分足でも同じです。5分足などの超短期の変動が日足を構成し、日足が週足を、週足が月足を形成することになります。いずれにしろ重要なことは今であり、過去ではないのです。

　投資家の中には、その時々の高値と安値を確認しながら非常に短時間でポジションを変えていく人もいれば、何年もほったらかしにする人もいますが、相場に参加している投資家はすべて今を考えています。その売買の軌跡がチャートを形成しているにすぎません。

　前述したように、私はこうした相場変動の中から、自分がわかりやすい局面を選んで、その動きを収益化しようとしています。わかりやすい局面というのは、「ここならこのように動く」と高い確率で判断できるところです。具体的に言えば、高値と安値をブレイクするポイントです。このポイントこそが、新規の売買のポイントであり、損失を限定するために手仕舞うポイントになるのです。

テクニカル・ポイントの確認

　図3-40は富士通（6702）の週足チャートです。ここでは「高値」と「安値」の関係に着目して相場の流れを考えてみてください。富士通にはなんの感情もありませんが、この銘柄こそ、相場上昇局面で売り方が大きな損を出し、相場下落局面で買い方が大きな損を出している教科書的な典型例です。過去の先達を反面教師にするとはまさにこのことで、このパターンを認識しておかないと、この先も同じパターンで損失の山を築くことになります。相場は繰り返す―

——これがテクニカル分析の前提条件です。

図3-40　投資家が大きな損を出すパターン
1999年01月14日〜2002年11月05日　週足　(6702)富士通

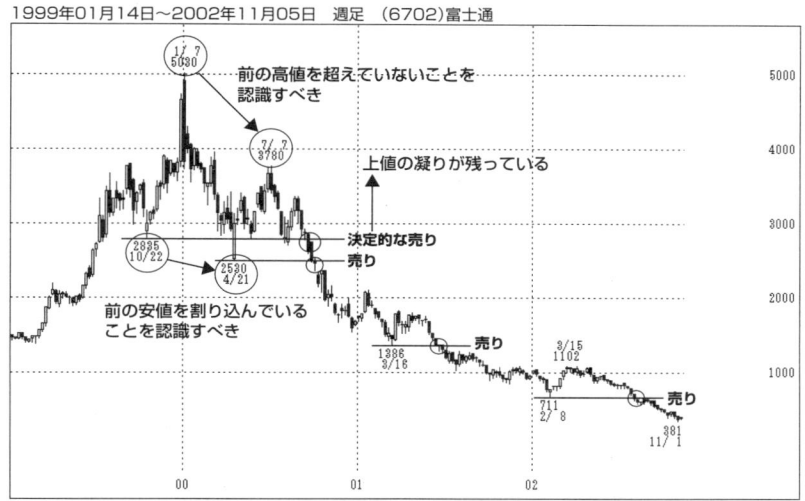

2835円割れと2530円割れは、買いポジションを外す絶対的なテクニカル・ポイント

　富士通のチャートでは、高値5030円を付ける前は、相場は何週間もかけながら主要な高値と安値を切り上げて上昇しています。そして、5030円を付けたあと、相場は高値と安値を切り下げながら下落していきます。まさに「ダウ理論」の定義に呪縛されている相場の動きになっているのです。

　このチャートには載っていませんが、今回の大相場は直近の高値1780円とその前の主要な高値1950円を超えたことから始まりました。その後、5030円の高値を付けるまでに、2835円という安値のポイントがあります。

　この2835円という安値は、5030円の高値を付けたあとには非常に重要な意味があります。このことは、ダウ理論やエリオット波動原

理、トレンド・ライン、三尊構成などで説明した通りです。この2835円のポイントは、5030円の高値を付けたあとに2530円の安値を付ける過程で絶対に押さえなければなりません。なぜなら、テクニカル分析を知る人間なら、この段階で「相場が終わったかもしれない」とのコンセンサスを持つところだからです。

もちろん、テクニカル分析には騙しといわれるイレギュラーな動きがあるので、その後の動きも確認しなければなりません。その意味で「終わったかもしれない」と言っているのです。第1章で説明したように、その後再び5030円の高値を超えてくるようなら上昇継続となる可能性が高いのです。

しかし、このチャートでは、2530円の安値を付けたあと、その後の高値が3780円止まりで5030円の高値を更新できません。次の高値も切り下がっています。このような動きを見て、相場転換への確信はさらに高まります。

決定的なのは、2530円の安値を割り込んだ時点です。このあとは、安値・高値ともに切り下がるという、下落トレンドの典型例に陥っていきます。

主要な安値を割り込む意味

いったん大きく買われたあと、主要な安値（この場合は2835円と2530円）を割り込むとどうなるかを話しておきましょう。

当初、2835円から5030円までを付ける上昇局面で、ここを買った投資家がいるはずです。この段階で出来高が非常に増加していれば、2835円を割り込んだ瞬間に、2835円以上で買ったまま保有している投資家はすべて評価損を抱えていることになります。

損をすれば、当然、「戻ったら売りたい」という投資家心理が働

きます。加えて、損切りをしてくる投資家もいるので、相場が少し戻せばすぐに売られることになります。わからなければ、その状況で自分ならどうしたいかを考えてください。

2835円割れのあと、2530円を割り込むと、2530円以上で買った投資家がすべて損をしていることになります。損をしている人が増加すると、売り圧力はさらに増していきます。高値で買って含み損のある投資家の凝りが残るため、この銘柄は戻れば売りと判断されるのです。戻れば売られるとわかっているので、新規買いを行う投資家も減ってしまいます。結局、上値の凝りが整理される段階である「大底」の確認まで、売られ続けることになるのです。

ここで言いたいことは、ダウ理論の定義という基本に従うべきだということに加えて、中期や短期の動きは長期トレンドの中で考えなければいけないということです。目先数百円上昇することがあっても、時間をかければ売られてしまう流れにあるということがわからないと、結局損をする可能性が高くなるという認識が重要なのです。だからこそ、長期トレンドを見ることが、本来の意味での「トレンドを見る」ということになるのです。

高値で買った投資家の評価損を考える

相場の世界では、どこでポジションを持ったかが非常に重要になります。富士通の株を500円を買っている投資家なら、たとえ5030円のときに売る機会を逃したとしても、そのあと2530円で売ればまだ十分に利益を確保できます。しかし、高値近辺で買ってしまった投資家は話が異なります。

通常、株価はピークを打つ前に、出来高もピークを打ちます。高値手前が最も出来高が多くなるところなのです。ということは、ピ

ークの手前あたりの株価水準を割り込めば、損失を抱える投資家が非常に多くなるのは当たり前のことです。

　富士通は2835円割れのあと2530円から3780円まで戻しています。買い方にとっては非常にありがたいことです。ピークでの売りどきを逃したあとにもう一度買いを外す機会をもらったわけですから、幸運としか言いようがありません。しかし現実には、このような戻り局面がなく、そのまま相場が急落する銘柄が少なくありません。

　したがって、2835円割れのところ、そして、遅くとも2530円割れのところは、買いポジションを外す絶対的なテクニカル・ポイントとして考えておかなければなりません。逆に言えば、これらの安値を割り込まなければ、まだ相場が上昇する可能性もあります。「割り込んだら売る」という発想は相場の定義にも則した売買のやり方なのです。

　とはいえ、現実には、こうした下落トレンドへの転換の局面では、信用取引でナンピン買いを重ね、損失の山を築いている投資家が山のようにいることは繰り返し述べている次第です。

　なお、ここでは、上昇から下落への転換点を買い方のポジションを手仕舞うポイントとして説明しましたが、このポイントは信用取引を使ってカラ売りのポジションをとるところでもあります。

3．注文形態の誤謬──逆指値の必要性

　投資家が損失を出す本質的な理由は、彼らが欲深いからにほかなりません。それに加えて、日本の投資家が損失を出す理由として特に挙げなければならないのは、売買システムの問題です。つまり、従来の「成り行き」「指値」という注文のシステムです。

　例えば、前述の富士通の例で考えてみてください。相場が安値2835円を割り込むかもしれない局面で、買いポジションを持っている投資家としてはどうすればよいのでしょうか。絶対的なテクニカル・ポイントを割り込みそうだというときには、株価ボードやパソコンの前に張りついて、相場の動向を監視し続けなければならないのでしょうか。もしもそのとき、大事な会議の予定が入っていたらどうすればいいのでしょうか。

　「成り行き」注文では、相場の上昇・下落に無関係に売れてしまいます。「指値」では、注文時点よりも高い値段でしか売り注文の指定ができません。これでは対応のしようがないのです。

　また、2835円を割れた段階で、信用取引でカラ売りを行ったあと、ブレイク・ポイントになるはずの2835円を超えたら買い戻したい場合もどうすればよいのでしょうか。

　これまで日本の証券業界では、投資家保護というお題目のもとでさまざまな対応がとられてきましたが、最も重要な売買システムにおいては何も対応ができなかったのです。これは、売買システムの変更に莫大なコストがかかるという理由からにほかなりません。

　結局、リスクをコントロールする売買を行うためには、従来型の注文形態ではなんの役にも立たないのです。

「安く買い」「高く売る」指値はおかしい

　ここで、株式の注文形態について考えておきましょう。

　図3-41を見てください。現在の株価（直近に取引が成立した株価）が500円であるとして、その前後に498円から503円まで、売り注文・買い注文が入っているとします。こうした注文の状況を、通常「注文板」または「板」と呼んでいます。

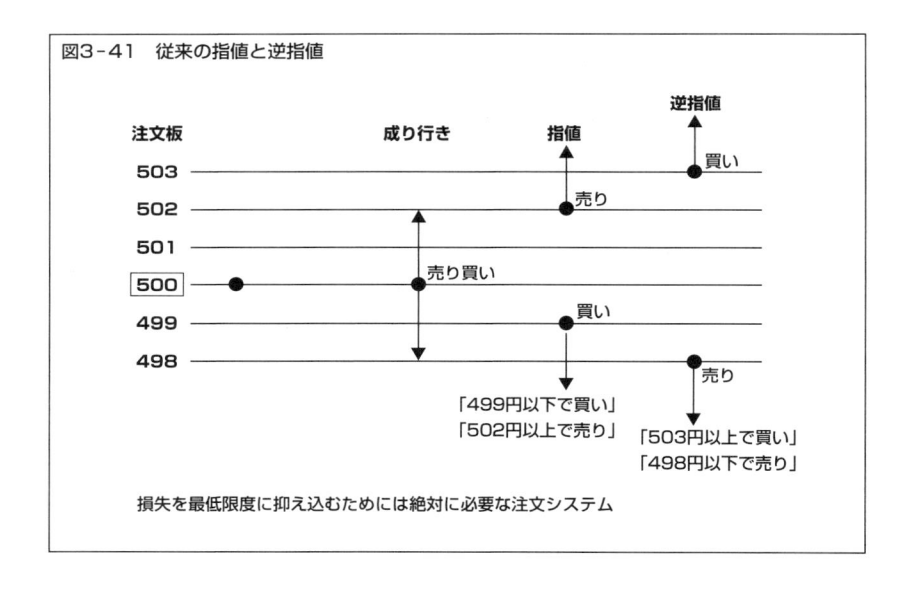

```
図3-41　従来の指値と逆指値
```

注文板　　　成り行き　　　指値　　　逆指値
503 ────────────────────────────── ● 買い
502 ──────────────────── ● 売り
501 ──────────
500 ── ● ── 売り買い
499 ──────────────── ● 買い
498 ──────────────────────────── ● 売り

「499円以下で買い」
「502円以上で売り」

「503円以上で買い」
「498円以下で売り」

損失を最低限度に抑え込むためには絶対に必要な注文システム

　最初に「成り行き注文」を考えます。成り行き注文は、そのときの市場価格ならいくらでもよいから「買う」または「売る」という注文で、そのときの注文板の状況によってさまざまな価格で約定されます。ここでは、基準値500円に対して498円〜502円の範囲で例示してあります。

　次に「買い指値注文」を考えます。まず、基準値500円に対して、

「499円で買う」注文を考えます。これは、499円以下で売ってくれる投資家が現れないと約定されません。また、時間優先の原則に従って先に注文を出した人が優先されますから、仮に499円が付いたとしても必ず約定できるものではありません。もちろん、株価が499円以下であれば、480円でも470円でも約定されます。

　今、移動平均線の値が503円で、この線を超えたら買いたいと思っています。相場を見続けていて、それを確認してから成り行き注文を出せば約定できますが、仕事の都合で相場を見ていられない場合はどうしたらよいのでしょうか。499円の買い指値注文では、499円でも490円でも買えますが、移動平均線を超えていないのでこれでは買いたくありません。

　「売り指値注文」ではどうでしょうか。基準値500円に対して、「502円で売る」注文を考えます。これは502円以上で買ってくれる投資家がいないと約定されません。時間優先の原則もあります。さらに、株価が510円でも550円でも約定してしまいます。

　今、移動平均線が498円で、これを割り込んだら売りたいと思っているとき、502円の売り指値では対応できません。これでは502円でも510円でも売れてしまいます。しかし、この値段では売りたくないのです

　通常の感覚では、買い指値で安く買えればよいではないか、売り指値で高く売れればよいではないかと思うかもしれません。

　しかし、相場が下落トレンドにあるときに安く買えてうれしいのでしょうか。下落トレンドでは株価はもっと安くなるはずです。また、相場が上昇トレンドにあるときに高く売れてそれでよいのでしょうか。上昇トレンドでは株価はもっと高くなるはずです。

　つまり、これまで日本人投資家が描いてきた相場観は、欧米の常識（＝合理的な相場観）とは正反対なのです。欧米の常識では、上

昇トレンドでは株価がもっと高くなるので買っていきます。反対に下落トレンドでは、株価がもっと安くなるので売っていきます。

　前述の富士通の例をもう一度考えてみましょう。チャートには表れていませんが、株価が移動平均線を超えて上昇すると信用カラ売りが増え、逆に、株価が移動平均線を割り込んで下落すると信用買い残が増えているのです。もちろん、ともに相場のトレンドに反している売買ですから、大きな損失に結びついているわけです。

　こうした局面では反対の売買、つまり移動平均線の上で推移している時に信用取引で買い、移動平均線の下で推移しているときにカラ売りしておけば、大きく利益を得ることができるのです。

損失を抑えるには「逆指値」が絶対必要

　それでは、どのような売買システムが必要なのでしょうか。

　答えは単純です。「いくら以上になったら買い」「いくら以下になったら売り」という「逆指値注文」です。こうした注文形態は欧米では常識です。日本でも為替取引や商品先物取引では通常行われています。一部の証券会社はこのシステムを取り入れていますが、日本の証券業界ではまだ一般的な取引とは言えません。

　例えば現在の基準株価が500円で移動平均線が503円のとき、移動平均線を超えたら買いたいとしたら、逆指値では「503円の逆で買い」という注文を出します。

　さらに細かく言えば、503円を付けたら成り行き買いという注文と、503円を付けたら指値いくらで執行するという形態があります。ある値段を付けたら成り行きという場合には約定値が非常に高くなってしまう可能性があります。成り行きなので仕方ありませんが、ここで、あまり高い値段では買いたくないという場合には、ある値

段を付けたら指値という方法を選ぶのです。つまり、「503円を付けたら505円で買い」というように指値をしておけば、505円までなら買いにいきます。売りものが503円にあれば503円で約定されるし、505円まで売りものがなければ505円で約定されることになります。もちろん、503円を付けたら必ず約定できるという保証はなくなってしまいます。

 このような逆指値の注文システムがあれば、仕事の都合などで相場をチェックできなくても、あらかじめ移動平均線の数値を計算して「503円の逆で1万株買い」といった注文を出しておけば、その条件を満たせば約定されます。これはテクニカル指標を使ううえで非常に便利です。

 同じように、現状が500円で、498円を割り込んだら売ってしまいたいと考えるとき、「498円の逆で売り」という注文であれば、499円では約定されずに、498円を付けてから成り行き売りになり、指値売り注文が執行されます。仮に移動平均線が498円にあり、これを割り込む局面で売りたいといった場面では非常に便利です。もちろん、「498円を付けたら495円で買い」という指値も使えます。

 こうした逆指値の注文形態こそ、危ない場面で損失を最低限度に抑え込み、好機が来たら利益を追求するためには絶対に必要なシステムであると言えるのです。

4．逆指値のメリット──損失を限定し、利益を追求する

　一般的には、「株で儲けるためにはどうすればよいか」という質問に対して、「安く買って、高く売ればよい」との答が返ってきます。この答を、指値の取引に照らし合わせれば、安値に買い指値を入れてそれが約定し、そのあとで高値に売り指値に入れたものが約定されればよいことになります。

　しかし、相場が上昇局面にあるならば、株価はしばらく下落しないかもしれません。本当に強いトレンドでは押し目などないものです。とすれば、安値に買い指値を入れても約定されないことになり、買いの好機を逃してしまいます。

　運良く買い指値で約定できて、そのあと相場が上昇したとしても、売り指値を入れてしまえば、ほどほどの高値で約定し、利益が確定します。これでは、前述のソフトバンクのような大相場をとることはできません。

　買い指値で約定したあと、相場が下落した場合はどうでしょうか。ある程度値下がりした段階で自分で損切りできる人は問題はありませんが、世の中そんなに賢い人ばかりではありません。高値で買った銘柄が大幅に下落しても「塩漬け」と称して保有し続けている投資家が非常に多いのが現実です。

相場が巧い人は損切りが巧い人

　当初述べたように本来の目的に則して投資を考えるならば、相場の下落局面で株という形態で保有することは誤りでしょう。資産が減りそうならば銀行預金に移して、減らないようにするのが合理的な行動です。

これがわからない投資家は、評価損を損と思っていないのかもしれませんが、評価損も間違いなく損であることを認識する必要があります。常に、資産価値の基準となるのはマーケットで付いている価格です。

　結局、株式投資では損は必ず出るのですから、いかにそれを最小限度、あるいは計算の範囲内に留めるかが重要なのです。このためには、ポジションを持ったら必ずそれを手仕舞う逆指値注文を入れておくことが有効です。

　自分の損失額は、相場で売買する前に決めておくべきものです。売買したあとの相場を見てから考えるのでは遅いのです。昔から相場が巧い人は損切りが巧い人といわれてきました。これは、損失に対して自己管理ができている人であるという表現でしょう。

　私もそうですが、損失が5万円や10万円ならまだ損切れますが、これが500万円、1000万円になれば心理的に損切れるものではありません。これが人間の心理です。ですから、そこまで損失が大きくなる前に必ず処理してしまうルールが必要になるのです。

　損失処理は、いろいろ考えずに、ルールに従って機械的に行うことです。「そこで損切ったあとに戻したらどうしよう」などと考えてはいけません。損切りのタイミングを逃してからでは収拾不能になってしまいます。

　この意味で、買いポジションを持ったら逆指値の売り注文を、カラ売りポジションを持ったら逆指値の買い注文を常に出しておくことが、損失を最小限度に押さえるためには最も簡単で最も確かな方法となるのです。

相場が上昇し続ける限り利益を追求する

損失が限定されれば、次に考えることは利益の追求です。

損切りは自分でその金額を決めておいて自動的に実行するだけですが、利食いについてはそう簡単にはいきません。利益は相場が決めることなので、いくら皮算用してみても無駄なことです。

前述の通り、上値を指値して当初から利益を決めるやり方では、とれるはずの大相場を逸してしまいかねません。ですから、利益の追求については、別のスキームを考えなければなりません。

実はここでも、逆指値が役に立ちます。例えば、買いポジションを持ったあと、同時に逆指値の売り注文を入れておきます。ここまでは上記の損切りの方法と同じですが、そのあとに思惑通り相場が

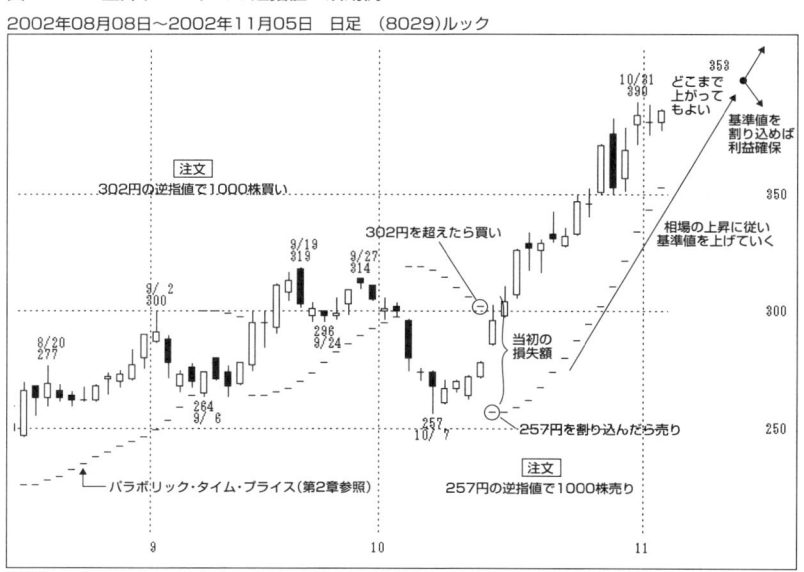

図3-42　上昇トレンドでの逆指値の活用例
2002年08月08日〜2002年11月05日　日足　(8029)ルック

損失限定・利益追求という相場の基本に従うには逆指値による売り買いが有効。

図3-43 逆指値と従来の指値

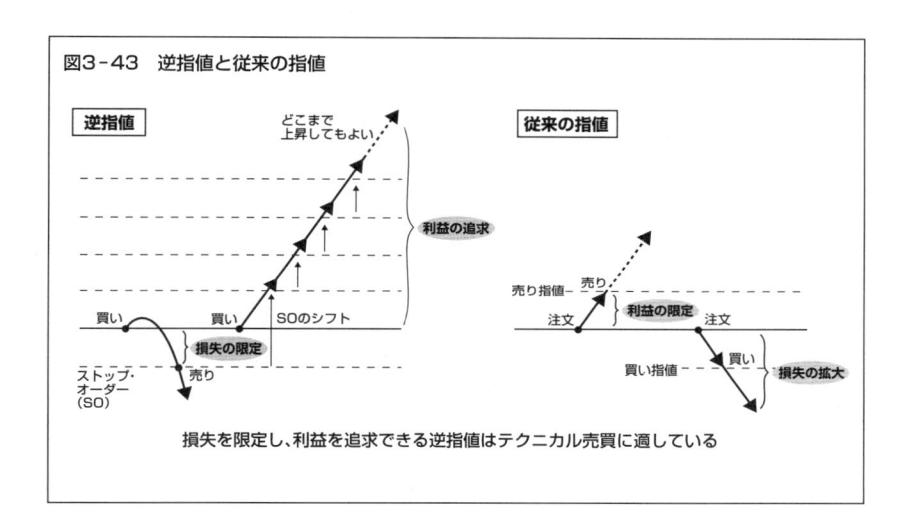

損失を限定し、利益を追求できる逆指値はテクニカル売買に適している

上昇すれば、今度は当初の逆指値の水準を上げていくのです。

　こうすると、相場が上昇を続ける限り、逆指値の売り注文に引っかかることなく利益を追求することができます。そして、最終的にはどこかの下落局面でこの売り注文に株価が引っかかり、利益確保がなされます。論理的には、相場が大相場になるほど利益も大きくなるわけです

　このように、逆指値注文を使うと、損失を限定し、利益を追求するという、投資のあるべき姿が実行可能になるのです。これを、従来型のやり方、つまり上値に指値をして利益を限定し、損切りすることなく損失を拡大さるという、到底利益を生むはずがないやり方と比較してみると、その差は歴然でしょう。

　投資家としてまず考えなければならないのは、利益を生むやり方を選ぶことです。これはテクニカル分析以前の問題です。

5．逆指値注文とテクニカル指標

　この逆指値注文を使うと、これまで何十年と使われてきたテクニカル指標の中には、全く意味がなくなるものが出てきます。

　逆指値注文を使う場合、上昇相場では上値がどこまであるかを気にすることなく、常にどこを割り込むとこの上昇が終わるのかを考えます。つまり、上昇相場では下値を見るのです。

　反対に、下落相場ではどこまで下落するかは考えず、どの水準を超えるとこの下落が終わるのかを考えるのです。つまり、下落相場では上値を見るのです。

　ここでのテクニカル指標の目的は、相場の局面に応じて基準を確認することです。この考え方に立つとき、まず、オシレーター系の指標 (注45) がいらなくなります。「このあたりで安値圏」とか「このあたりで高値圏」と考える必要がないので、これらの指標を使う意味がなくなるのです。高値と安値の確認であれば、ローソク足とトレンド・フォロー系の指標 (注46) を見ればそれで事足りるからです。

オシレーター系の指標は必要ない

　いまだにオシレーター系の指標、つまり「逆張り系」の指標を見ている投資家は、相場に対する思考パターンが旧態依然のものであると言わざるを得ません。私がオシレーター系指標を使わないのは、使う必要がないからなのです。例えば、ストキャスティクス (注47)

(注45) 主に価格変動の度合いを観測し、「買われ過ぎ」や「売られ過ぎ」といった相場の状態を捉えるテクニカル指標。ストキャスティクス、サイコロジカル・ラインなど。
(注46) 相場の上昇トレンド・下落トレンドを判断するためのテクニカル指標。ローソク足チャート、株価移動平均線、σバンドなど。
(注47) ある期間の価格変動幅を基準に、現在の株価の相対的な水準を示すテクニカル指標。詳しくは第2章参照。

が20％から21％になっても、それでリスク管理はできません。

　本書では第1章で、オシレーター系指標が得意とする「逆張り的局面」を補完するために、ワイルダーの考え方を紹介しました。つまり、ローソク足で、その前々日の終値と前日の高値・安値に基づき相場の短期的な転換を決定するものです。この考え方さえわかっていれば、相場が下落している局面で、移動平均線などの下方で推移していても、そのリバウンド局面で下値を押さえる基準作りができます。反対に、上昇局面で相場が移動平均の上方で推移していても、リバウンド局面で上値を押さえる基準作りができます。要するに、オシレーター系指標を使うのと同じことが、ローソク足と移動平均線だけでできてしまうのです。

　こう考えれば、非常にたくさんあるテクニカル指標の中から、オシレーター系指標の大半を排除することができます。道具の数が少なくなれば注意力が増しますから、投資家にとっては非常に楽になるのです。

　もっとも、上記のワイルダーの手法を使っても、相場の騙しは回避できませんが、これは、ほかのどの指標を駆使しても的確に判断できるものではありませんから、あきらめればいいのです。昔は手数料などの取引コストが高く、機敏な売買ができませんでしたが、現在のネット取引ではコストが劇的に下がりました。騙しに引っかかれば、それでいったん手仕舞い、また新たにポジションを持てばいいだけのことです。

　繰り返しますが、逆指値を使った取引で必要なのは、具体的な（損益が計算できる）数字でリスク管理ができるトレンド・フォロー系指標なのです。このように、テクニカル分析も時代の流れに則して考えるべきでしょう。

6．売買の基本と逆指値の使い方

　正直なところ、私はテクニカル指標に従う必要さえないと思っています。アクティブ運用（注48）とシステム運用（注49）を比べたとき、平均的なパフォーマンスではシステム運用が勝つのでしょうが、それでもベンチマークたるTOPIXの変動に若干勝る程度で、それほど大きな利益は生み出せないものです。アクティブ運用でも、リスク管理ができればそれでよいのではないでしょうか。

　ある意味、どこで売買しても、あとは損失の抑えをしっかり行い、運用資産が徐々に増えればそれで目標を達成できるものでしょう。アクティブ運用といえども、テクニカル指標を見ながら行っているので、どちらが良いかなどという議論は無用のものです。

　私は常に「相場を考えていない」と話しています。まさにその通りで、実際の相場の中では、最も理想的な局面がやって来るのを待っているのです。つまり、わかりやすい、とりやすい局面を模索しているのです。

　そのため通常は、最低ロットでの売買を繰り返します。現実のテクニカル・ポイントで相場参加者がどのように反応するのかを確認しているのです。相場参加者の反応というのはチャートだけではわからないので、自分でも小さな取引に参加しながら様子を探っているわけです。

　そこでは常に、「ここでサポートされたので、次はこの水準を試しに来る」などと、第1章で説明したトレンドの基本に従って場を考えています。考えているというより、目の前のチャートを見なが

（注48）運用の評価基準となるベンチマーク（TOPIXなど）を上回るパフォーマンスを目指す資産運用。ファンド・マネジャーの判断がパフォーマンスを左右する。
（注49）さまざまなテクニカル分析手法を駆使してコンピューターで売り買いする資産運用。ファンド・マネジャーの主観は入らず純粋にシステムの優劣がパフォーマンスを左右する。

ら「感じている」と言ったほうが正しいのかもしれません。なぜなら、すべての判断は一瞬だからです。

ストップ・オーダーの使い方

　もちろん、一瞬の売買にも基本があります。それについて説明しておきましょう。

　我々は相場に対峙するとき、なんらかの基準を持ちます。高値や安値、移動平均線、トレンド・ライン、ローソク足の短期基準など、トレンド・フォロー型の指標なら使うツールはなんでもよいのですが、いずれの方法でも売買の基本はおおむね2パターンあると思われます。

図3-44　ストップ・オーダーのための逆指値の活用パターン

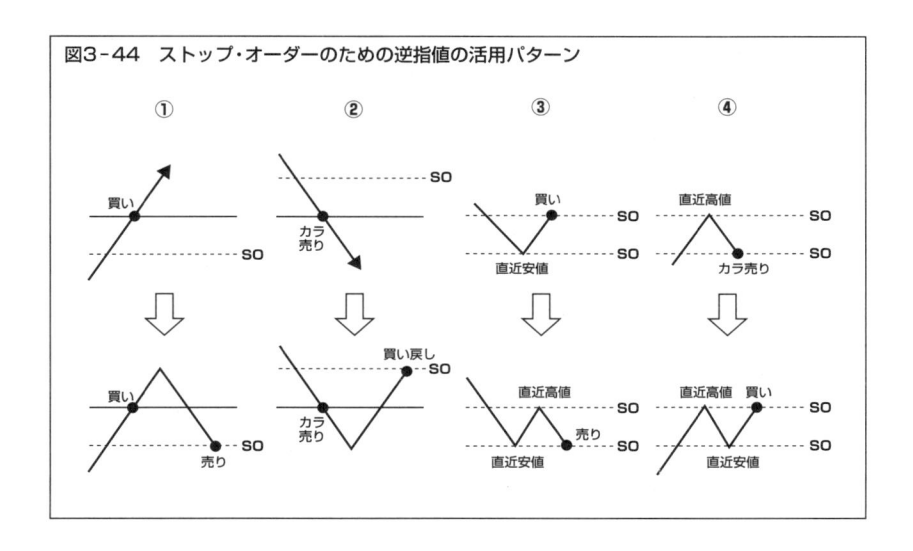

　図3-44を見てください。これは逆指値を使った売り買いの基本的なパターンです。「SO」はストップ・オーダー（損切り）の略で、

その水準になったらポジションを手仕舞うことを意味します。

①と②は両方とも、トレンド・フォロー型の売買パターンです。①は、当初決定した基準値で逆指値の買い注文を入れ、それを超えれば買いポジションを持ちます。そして、同時にストップ・オーダーを逆指値の売り注文で入れます。こうしておくと、もしも思惑が外れて下落しても、SOの水準で自動的に損切りできるわけです（①下の図）。

②は下落局面での逆指値の入れ方で、考え方は全く同じです。売りポイントを割り込めばカラ売りし（上の図）、そのあと相場が上昇に転じてしまったらSOの水準で買い戻す（下の図）ということを示しています。

ここで一番の問題は、ストップ・オーダーをどの水準に入れるかということです。買値（または売値）に近づければ損失は小さくて済みますが、すぐにヒットしてしまいます。買値から遠ざければヒットする確率は低くなりますが、その分損失額は大きくなります。

これはテクニカル指標の変数の問題と一緒です。大きな変数を使えば、相場への入りと出が遅れます。小さな変数を使えば入りと出は早まりますが、細かいノイズを拾ってしまいます。

また、この買値とSOの幅は、運用資産の状況に応じて変わるべきものです。通常は、運用開始当初は極力小さくして、しばらくの間は地道に利益を積み重ねるのが賢明なやり方です。そして、ある程度利益が貯まってきたら、徐々に幅を広げていって利益追求を目指すのです。

なぜなら、投資の初期の段階で資産を減らしてしまうと、取り戻すのが非常に大変になるからです。100の資産を80に減らせば減少率は20％ですが、80のものを100に戻すには増加率25％のパフォーマンスが要求されます。

ですから、運用開始当初は、損失幅をかなり厳しく限定しておくべきです。例えば、1回のトレードで100の資産のうち3までの損失に抑えるようにするとします。その3の金額を株数で割れば、1株当たりの許容損失額が計算できますから、買値からその額を引き算した水準にストップ・オーダーを設定すればいいのです。

トレンド・フォロー型の売買は下落のほうがとりやすい

　第1章では、トレンドには3つの段階があることを述べました。つまり、最初の角度は小さく、それが途中から加速し、最後に鋭角的上昇をみせます。

　運用資産の増加も同じです。勝ち分から負け分（損切りした金額）を引いた利益が増加する角度が小さい時期が最もつらいときです。ある程度利益が積み増してくると、あるときを境に運用がグッと楽になるものです。

　それはともかくとして、ある基準に対し、逆指値で買いポジションを持てば、それと同時にストップ・オーダーを入れます。あとは、相場が思い通りに上昇を維持すれば、前述の通り、ストップ・オーダーの位置を切り上げていきます。

　不幸にして相場が下落に転じ、ストップ・オーダーにヒットしてしまえば、そのトレードは終わりです。それを苦にすることもなければ、悩むこともありません。これはルールなのです。もちろん、口惜しくないはずがありませんが、「今回はやられちまったよ」と笑い飛ばせるほど精神的にタフにならなければ相場などやっていられません。

　ここで、買いと売りの違いついて若干触れておきます。

　図3-44の①は買いのパターンです。買いの場合は、株価が上がる

ことで常に売りものが出ていきます。つまり、あとからあとから出てくる売りものをさらに買っていくのです。このため、相場には騙しが多くなります。

反対に、②は売りです。あとから買いものが続くことは少ないので、売りは相場の崩壊で一瞬にして決まります。つまり、動きが単純なので、短期的な相場の綾をとる売買ではなく、トレンド・フォロー型の売買ならば、②の方がとりやすいかもしれません。

ワイルダーの定義による逆指値の入れ方

これに対し、③と④は一種逆張り的な発想に立ちますが、前述したように、相場の転換はワイルダーの定義に従っています。

③は相場下落局面での買いの例で、目先のローソク足が買いに変わったものです。この場合、直近安値が皆のコンセンサスとなっているので、ストップ・オーダーはこの水準に入れるべきでしょう。当然、下落トレンドから抜け出していないので安値を割り込めば売りになります。

④は上昇局面でのカラ売りの例で、目先のローソク足が売りに変わったものです。この場合も、直近高値が皆のコンセンサスとなっているので、ストップ・オーダーはこの水準に入れるべきでしょう。これも直近高値を超えれば買いに戻ります。

おそらく、③と④では、戻り待ちの売りものが残っているので③の方が相場が重いはずです。④は既にかなり買われているので、下落するならこちらのほうが速いはずです。また、③と④はワイルダーの定義に従っているので、一度基調が変わったあとは、それが再び変わるのもワイルダーの定義に従うのがよいでしょう。

7．ローソク足／トレンド・ライン／高値と安値

　相場の解説が難しいのは、方程式で解けないからです。これは、背景に人間の行動があるからでしょう。過去の例をいろいろ研究したとしても、現実の相場の中では、それらの例のどのパターンが最も参考になるのかを見つけ出さなければならないのです。第1章で説明した相場の基本的な動きの中でも、結局どれが効いているかはその都度判断しなければならないのです。

　「ローソク足」「トレンド・ライン」「高値と安値」を例にとれば、最も速く動くのはローソク足を使ったワイルダーの定義で、ついでトレンド・ライン、そして主要な高値と安値になるはずです。

　つまり、ローソク足で目先の基調転換サインが出て、次にトレンド・ラインをブレイクします。もっとも、トレンド・ラインをブレイクしても、主要な高値や安値の前で反転する可能性もあります。

　これはどうなるかわらないことです。相場参加者も迷っているので、通常、明確な動きが出るには時間を要します。そして、これは第4章で述べることですが、上記の相場の主要なポイント以外にも別なテクニカル指標の影響を受けていることがあります。

週足でわからない動きは月足で見る

　次ページ図3-45は、ルック（8029）の週足チャートです。日足ではノイズが多くなり、説明が大変なので週足を使いますが、基本的には、日足・週足・月足いずれでも同じように考えてよいと思います。

　①の高値のあとの②の安値は前の安値を割り込んでいます。次の③の高値は①の高値を超えられず、④の安値は②の安値を割り込みます。

まず、④の安値以降、①と③を結んだ上値抵抗線bを超えることで目先の上昇が確認されます。しかし、まだこの段階では④の安値が目先の安値であるかどうかは確認できません。

　こういう場合には、もっと長期の週足チャートか月足チャートを見ると、大きなトレンドの流れがわかります。

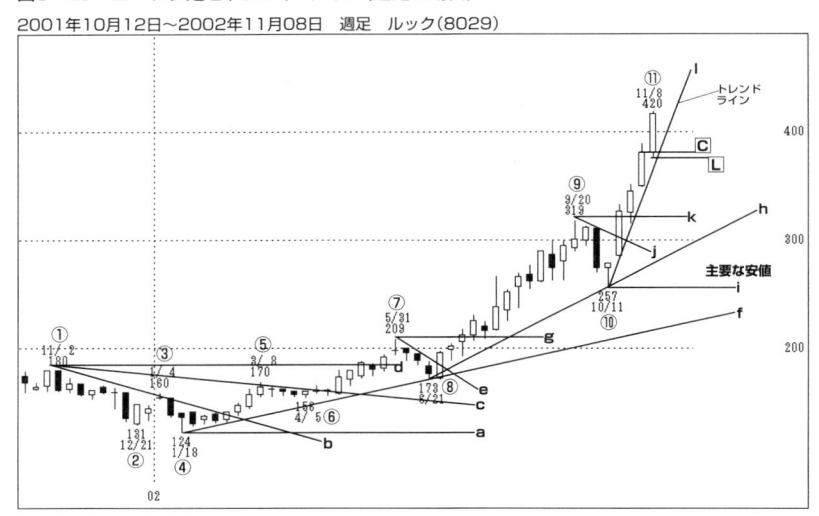

図3-45　ローソク足とトレンド・ライン（週足の場合）
2001年10月12日〜2002年11月08日　週足　ルック(8029)

　図3-46を見てください。最高値2960円からの下落局面で、主要な安値も高値も切り下がっています。そして、75円に安値が見られます。ここでは、この75円で大底が入っているか否かが非常に重要になります。そのあとの相場が高値①やその前の高値840円を超えてくれば、相場の上昇が明確になります。ただし、そこまではかなりの値幅がありますから、ダウ理論によるトレンドの確認が必要です。

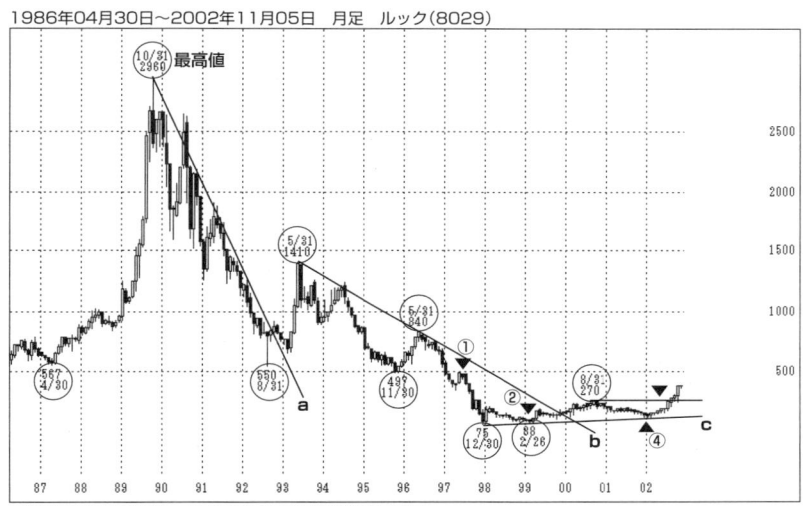

図3-46　ローソク足とトレンド・ライン（月足の場合）
1986年04月30日〜2002年11月05日　月足　ルック(8029)

安値75円で大底が入ったかどうかの確認が非常に重要

　75円のあとの安値88円では、75円の安値を割り込んでいません。そして②の高値を、次の高値270円は超えています。ここで上昇に転じたかもしれないとの感覚が持てます。その感覚は、④の安値が75円−88円の安値を結んだ下値支持線水準ｃで止まったことで確信に変わり、次に270円の高値を超えたときに確定的となるのです。

　相場の大きな流れはこのように考えます。トレンド・ラインでいえば、ａの上値抵抗線、ｂの上値抵抗線、そしてｃの下値支持線を軸にして見ていきます。この月足チャートでは、ｃは既に上昇していますが、通常はａ−ｂ−ｃと徐々に下落の傾きが緩やかになって底入れするものです。また、ａ、ｂ、ｃの大きなトレンドの中にも、ある程度わかりやすい波動があります。我々はこのわかりやすい動きを収益化するのだということを忘れてはなりません。

トレンドの転換と加速の確認

　話を図3-45の週足に戻しましょう。124円の安値④以降、ｂの線を超え、⑤が③の高値160円を超えることで、④が安値であることが確認できました。そして⑥の安値156円が②の安値を割り込まないことで、三尊構成がハッキリしてきます。ついで180円と170円を結ぶ上値抵抗線 c を超え、⑤の高値170円を超え、最後に180円の高値水準 d を超えた段階で、④の安値がさらに明確になります。

　結局、⑦で209円の高値を付け、それから173円の⑧の安値までの調整になりますが、この動きには170円に対するＳ点（サポート・ポイント）としての意識が表れています。

　その後も⑦の高値水準を超えて上昇が続きますが、月足高値の270円も念頭に入れておかねばなりません。

　この段階では、④と⑧を結んだｆの線が下値支持線として意識されます。同時に、⑦の高値水準 g 線も意識されるに違いありません。

　相場はそこからさらに上昇し、⑨の319円まで到達します。このあと、⑩の257円まで下落しますが、なぜ257円で止まるのかはローソク足だけではわかりません。それを知るには、第４章で説明する別の指標を追加する必要が出てきます。

　⑩の安値のあと、相場は⑨の高値を超えます。ここでは、⑧の安値173円と⑩の安値257円を結んだ線 h が、次の下値支持線として意識されるはずです。

　相場は⑨の高値水準 k を超え、そこから上昇が加速します。ｆ－ｈ－ｌと、下値支持線の角度が鋭角になっていることに注意してください。前述したように、相場はこのように徐々に上昇加速度を高めるものなのです。このチャートからではわかりませんが、⑪の後、ｌの線以上に上昇が加速している可能性もあります。

以上は、前回の主要な高値を超えるか、安値を割り込まないかという確認作業の連続です。その間に相場の推移とともに描かれるトレンド・ラインとその角度を見ていく必要があります。

　目先の確認事項としては、Lで示された直近のローソク足の安値と、その前のCで示された終値の安い方、ここではLの水準を、次の終値で下回らないことが挙げられます。これが、ワイルダーの定義による上昇継続への条件となるからです。

　さらにこの場合は、加速している上昇トレンド・ライン1が目先の重要な下値のポイントになることでしょう。319円の高値⑨や257円の安値⑩も重要になります。

　ここでの結論をまとめると、上昇トレンド・ライン1、ワイルダーの定義のポイントL、そして⑩の主要な安値水準iが重要な基準になります。したがって、目先の売買では、それらのポイントで逆指値を入れることになります。

見た瞬間に感じるためには訓練が不可欠

　第1章とこの第3章で示したことは、基本中の基本ですが、これらはチャートの中で自分で考えなければならないことなので、わからない人には全くわからないものです。つまり、これらが相場の暗黙の了解事項となり、相場を知っているプロの判断を支配します。その意味で、新規に仕掛ける場合も、相場から逃げる場合も、必ずこれらのポイントを押さえていかなければならないのです。

　そして、これらは考えるべきものではなく、見た瞬間に感じるものなのです。それができるようになるには、毎日チャート見て訓練するしかありません。そうしないと、東証1部だけで1400程度ある銘柄の分析ができません。分析できないということは、「わかりや

すい局面」を収益化できないことを意味します。

　相場では自分で勝手に判断するのではなく、参加者の意思を見抜くことが最も大切です。相場を動かしているのは自分ではなくマーケットです。その動きに乗れるか否かが自分の利益に直結するのです。

　投資家がやるべきことは、余計なことは何も考えずテクニカル・ポイントに逆指値を入れ、常に自分のポジションを相場のトレンドに対して安全なところに置くことです。ですから、私はわずか数分で損切りすることも多々あります。

　個人投資家の中には、最安値を買い、最高値で売ることが重要と思っている人がいますが、そんなことを考えても意味がありません。しょせん最安値・最高値というピンポイントはあとからわかることで、そうしたピンポイントの模索は危険ですらあります。短期的に運用資産が何倍にもなるやり方など筋違いとも言えます。

　また、注意が必要なのは、自分が扱う商品が何であるかということです。つまり、現物株を扱うのか、信用取引なのか、あるいはレバレッジが効いた日経平均先物なのかということです。これは、各種テクニカル指標の変数設定にもかかわってきます。ちなみに私は、現物株などでは200日近い変数を使いますが、日経平均先物では5分足などの超短期指標を使います。もっとも、相場の世界では、形を決めて、決め打つことは危険です。常に、臨機応変な対応が求められるのです。

　さて、次の第4章では、より実践的な相場判断や売買手法について解説していきますが、私としては、第4章で説明することよりも、この第3章で説明した基本の習得に努めるべきだと思います。実際の相場は、ここで示した基本の複合系です。何度も言いますが、基本がわからなければ相場に立ち向かうことなどできません。逆に、基本さえわかっていれば、すべてに対応できるものなのです。

第4章
相場実践の中での考え方

Chapter4

1．相場の中でのテクニカル指標

　チャートなど紙の上で考えることと、実際の相場の中でポジションを持ちながら考えることの間には、実に大きなギャップがあります。あとから見てわかるチャートも、現時点を基準に将来どうなるかを考えた場合、わけがわからなくなるものです。

　本来、押し目で買わなければならない局面で売ってみたり、戻りを売らなければならないところで買いから入ったりと、人にはやってはいけないと言っていることも平気でやるようになります。それが間違っているとわかっているのに、戻るかもしれないと淡い期待を持ち、結局深みにはまり最後は大きな損切りを強いられるのです。

大負けを経験して相場に対する考えが変わった

　私は実際の相場の中から多くのことを学びました。利益も損も、やるべきだと言っていることもやってはいけないと言っていることも、すべて自分自身の相場や業務で経験してきました。

　その中で、私の相場のやり方を決定づけたのは、過去最大の損失を出したときです。リスクのとり過ぎとトレンドに逆らった売買、そして何よりナンピン買いが原因です。最終的にすべてを損切りしましたが、それまでに胃を痛め、毎日憂鬱な日々を送っていました。しかし損切りをしたあとは胃もすっきりし、気分も晴れ晴れです。

結局、「大きく負ける前に、早く損切りしてしまえばよいのだ」と悟ったのです。
　相場であれば損は出るものです。損が出たら気にすることなく、機械的に、ルールに従って損切りすればいいのです。相場はテクニカル分析で当てるものではなく、テクニカル分析を使って管理するものなのです。管理する以上、考え方はシンプルなほうがよいに決まっています。
　私は相場を見るにあたっては、ローソク足（日々線）と移動平均線、あとはいくつかのテクニカル指標があれば十分だと考えています。いくつかのテクニカル指標というのは主に「σ（シグマ）バンド」と「一目均衡表」です。これらを使うのは、今が売りなのか買いなのかを判断するためと、その変動範囲を考えるため、そして何よりも、相場参加者の多くがこれらの指標を見ているからです。
　テクニカル指標の中には、一部の投資家が勝手に考えているものと、皆がそれを見てそれを基準に行動しているものがあります。重要なのはもちろん後者で、その指標によって皆が動くテクニカル・ポイントを押さえることが必要なのです。

どの指標を使ってもトレンドの方向・強さが重要

　本来、相場の世界では自分の運用手法を公開することはあり得ません。だいたい、利益を上げられる手法をなぜ他人に公開しなければならないのでしょうか。このように考えてみれば、第2章に羅列したテクニカル指標はどれもその程度であるということです。
　しかし、それらの指標を使っても利益が上がらないかというとそうではありません。利益を出しやすいか否かは、そのテクニカル指標そのものより、相場のトレンドの強さに依存します。トレンドが

強ければどの指標を使っても利益を上げやすく、弱ければどの指標でも難しい対応を迫られます。

ですから投資家としては、どのようなテクニカル指標を使うにしても、今の相場のトレンドの方向性と強さを考えることが重要なのです。私も常に疑心暗鬼で相場を模索しています。よりわかりやすく、強いトレンドを探しています。過去の経験から、そうすることが最も利益を上げやすい方法だと確信しているからです。

したがって、この第4章で説明することも、相場の中でのトレンドの捉え方に終始することになります。ローソク足や移動平均線以外にもいくつかのテクニカル指標を使って、より実践的な分析手法について話を進めますが、考え方の軸は変わりません。

皆が見ているテクニカル指標とは？

テクニカル分析の目的は、自分のポジションが相場の流れに対して安全か否かを確認することです。安全ならそのまま放置し、危険ならば資産が減らない銀行預金などへ資産をシフトします。

安全か否かを判断するにはいくつかの基準が必要です。第3章までに説明した通り、代表的な基準としては以下の3つが挙げられます。

① **ダウ理論によるトレンドの定義**
② **トレンド・ラインによる変化**
③ **ワイルダーの定義による短期的変化**

さらに、相場参加者の多くが見て、それにより行動しているテクニカル指標があります。以下の3つです。

④ **株価移動平均線**
⑤ **σ（シグマ）バンド**
⑥ **一目均衡表**

現在、多くの投資家が①～⑥を基準にして日々の売買を行っていると考えて間違いありません。彼らは、これらの基準を見ながら、常に自分のポジションが安全なのか否かを判断しています。

そこで示されるテクニカル・ポイントが、新規で相場に入るべきポイントになります。同時に、相場から出るべきポイント、つまり「ストップ・オーダー」を入れるべきポイントにもなります。

ほかにもテクニカル指標はいくらでもありますが、①～⑥ほど重要ではありません。パラボリック・タイム・プライスやポイント・アンド・フィギュアなどは有効であるとは思いますが、それほど多くの投資家が見ているわけではありません。ＲＣＩやＲＳＩ、ストキャスティクスなどは、一部の投資家が参考として使っている程度でしょう。サイコロジカル・ラインを使って、日常的に売買している投資家がいるとすれば、私はその投資家の資質を疑います。

逆張りのためのオシレーター系指標も不要です。オシレーター系指標を使い、上昇トレンドでカラ売りをしたり、下落トレンドで信用でナンピン買いをする投資家は、我々から見ればトレンドを確固たるものにしてくれるありがたい存在です。その意味では、オシレーター系指標を否定することはないのですが、あまりにも多くの投資家が損失の山を築いているので、その点だけは明確にしておきます。なお、この点についてさらに詳しく知りたい方は、私の著書『信用取引　実践バイブル』（投資レーダー）を参照してください。

要するに、多くの参加者が見て、それによって行動している①～⑤のような基準や指標が重要なのです。そして実際の相場では、①～⑤の動向を常にモニターしながら、そのほかの要素も参考にしつつ、売買の判断をしていきます。

例えば、ローソク足と移動平均線の動きを基本に信用買い残・信用売り残を見るとします。ここでは、信用買い残が急増したあとの

テクニカル・ポイント割れや、信用売り残が急増したあとのテクニカル・ポイント超えが、その反対売買を伴う非常に重要なポイントとなるため、そのポイントに新規売買のオーダーやストップ・オーダーを置くのです。

　第3章でも説明しましたが、これからの株式売買はすべて逆指値注文をベースに取引を行うのが賢明なやり方です。意外に思う投資家がいるとすれば、それは単に自分が行っていなかっただけです。逆指値注文による利益の追求と早期の損切り（ストップ・オーダー）こそが、本来のテクニカル分析による相場のやり方です。ストップ・オーダーで常に自分のポジションを安全な位置に置きながら、一方で利益を追求するのが、最も有効な投資方法なのです。

　とはいえ、利益になるか否かは、相場のトレンドの強さに依存することを忘れてはなりません。同時に、そのときの相場の状況よっても投資パフォーマンスが変わるものです。その意味で、テクニカル分析の基準や売買方法とともに、売買する時期が重要であることは記述した通りです。

　テクニカル売買では常にポジションを持つようにいわれていますが、私はそれは間違いであると考えます。相場の状況次第では、売買しない期間を設けないとパフォーマンスが出ないことを、シミュレーション結果は示しています。

　テクニカル売買においては、相場のチャブツキ、つまりトレンドがない局面を排除すること、そして波動の先端では新規ポジションを持たないようにすることがパフォーマンスに大きな影響を及ぼすのです。少し話が難しいかもしれませんが、これはヒントとして各自が考えてみてください。前述の通り、私はすべてのノウハウを本書で開示することはできません。常に、損失を出す投資家がいるからこそ収益の機会があるということをお忘れなく。

2. 実践的なトレンドの確認

　相場分析の基本は、トレンドの方向性の認識です。これを「ダウ理論」で定義することはこれまで述べた通りです。
　私は、相場が巧い人はどのように対処してもよいと考えています。そのような人は、逆張りなら逆張りでの対応方法を知っているからです。しかし、そうでない投資家は、やはり基本に忠実に相場に対峙すべきだと考えます。

図4-1　下落トレンドからの反転の見方
1999年12月30日～2002年11月05日　週足　日立(6501)

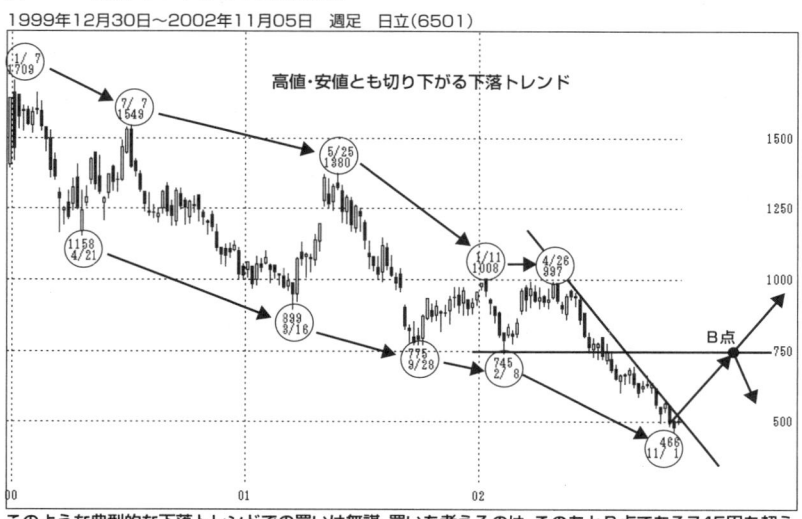

このような典型的な下落トレンドでの買いは無謀。買いを考えるのは、このあとB点である745円を超えて上昇への可能性が出てから。

前ページ図4-1の日立製作所（6501）の週足チャートを見てください。高値が切り下がり、安値も切り下がっていますから、ダウ理論の定義による典型的な下落トレンドです。
　ここで逆張りで買いを考える投資家は、リバウンド局面を狙うのです。タイミングを間違わなければいくらかの利益を得られることは否定しませんが、そのタイミングを外せば、高値も下がり、安値も下がる中で窮地に立たされます。
　残念ながら個人投資家でそれほど売買が巧い人は数えるほどしかいません。多くの逆張り投資家はトレンドに則した売買の基本ができていないから、こうした相場を買いから入ろうとするのです。下落トレンドでは戻りを売るスタンスに徹するのが基本というものです。

トレンドの変化を確認してからポジションを持つ

　ここで確認しておきますが、相場の分岐点はいわば紙一重です。あるポイントを超えられなければ戻り売りですが、そのポイントを超えてしまえば押し目買いになります。
　つまり、現実の相場では、相場がそのポイントに達したときのマーケット参加者の意思を確認する必要があるわけです。そこでは、トレンド・ラインやワイルダーの定義など、第3章までに示したパターンを頭に浮かべながら相場を考えるのです。少なくとも、売買の判断の前に目先の変化を確認する必要があります。
　あるポイントに達したとき何も考えずポジションを持つことはナンセンスです。ここで、日立は下落過程にあるので、買うならば完全にトレンドが変わるのを確認してから、少なくともワイルダーの定義に従って相場が短期反転するサインが出るのを確認してからということになります。

このチャートでは、997円の高値のあと745円の安値を割り込んでいることで、その上で買っている投資家はすべて評価損を抱えています。賢明な投資家なら745円の逆指値で損切りしているはずです。しかし、実際には（このチャートには出てませんが）信用買い残が増えているので、ナンピン買いをした投資家が多いのでしょう。トレンドに反し、単に自分の高値ポジションを助けようとしている独りよがりの行動です。

2 単元買っておいて戻せば1単元売る

　結局、株価は466円まで下落していますが、このあと、この相場が買いに変わるためにはどうなればよいのかを考えてみましょう。

　まず、短期的にワイルダーの定義を満たすか、下落トレンド・ライン（上値抵抗線）を超える必要があります。そして、その後はＢ点（ブレイク・ポイント）である745円水準まで戻したところが大きなポイントになることを認識すべきでしょう。つまり、466円の安値から反転した場合、745円が一つの戻り目処となり、その水準まで戻したときに、戻り売りとなるのか、あるいは997円に向けた上昇へ転じるのかを確認することになります。

　もう少し具体的な話をします。仮に466円から反転し、ワイルダーの定義を満たした、あるいは下落トレンド・ラインを超えたとしましょう。そのときに1000株などの１単元（注50）ではなく、２単位買うという方法があります。そして、745円水準まで上昇したときには１単元売ります。もしもそのあと戻り売りに遭い、買値まで下がってから手仕舞ったとしても、一定の利益を確保できます。もち

（注50）その銘柄を売買できる最低株数。従来の「単位株制度」では通常1000株が最低株数だったが、2001年から「単元株制度」が導入され、1000株未満でも売買できる銘柄が増えた。

ろん、買う水準の手前の安値水準には、逆指値でストップ・オーダーを入れておくべきです。

　上記の話は、この下落トレンドが反転することが前提ですが、下落トレンドが続くと見るのであれば、現水準から信用カラ売りで売る方法もあります。ここでも、上値で逆指値の買い注文を入れてストップ・オーダーを設定しておきます。ストップ・オーダーの水準は、ワイルダーの意義による短期反転、または下落トレンド・ライン超えのポイントでよいことになります。

　このように考えれば、いつでも相場に入ることはできます。

　図4-2は、同じ日立の日足のチャートです。こちらでも下落トレンドが確認されますが、466円の安値が今後745円に達する前に、もっと多くの節目があることに気がつきます。

図4-2　日足チャートで細かい動きを確認

2002年04月01日～2002年11月05日　日足　日立（6501）

週足チャートと同様に下落トレンドの特徴を備えているが、より多くの節目を確認できる。

見にくいですが466円直後に高値があります。今後、この高値や572円の高値を超えれば戻り歩調に入ることがわかります。さらに、592円の安値水準にも節目があります。週足の997円からの下落トレンド・ラインは、日足では668円と572円を結ぶ線として映ります。

このように日足チャートでは、週足について説明した売買方法より、さらに短いスパンでの売買も同じように考えることができるのです。従来の手数料体系では、このような細かい売買は取引コストがかさんで意味がありませんでしたが、現在のネット売買ならこの程度の動きでも収益の確保ができるのです。

図4-3　上昇トレンドからの反落の見方
1999年12月30日〜2002年11月05日　週足　ツムラ（4540）

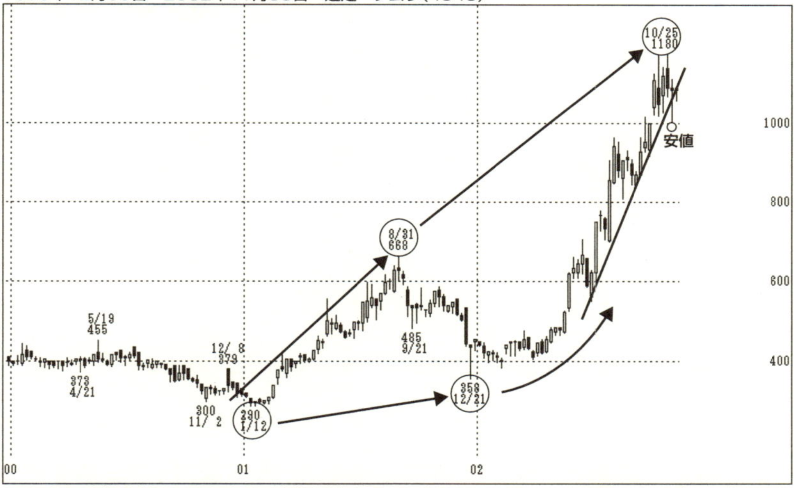

1180円の高値を付けたあとすぐに安値を付けている。上昇トレンド・ラインを割り込み、売り圧力のほうが勝っているように思える。

次に図4-3のツムラ（4540）の週足チャートを見てみます。この相場は強い上昇局面に入っています。既にかなり上昇しているので、ここから新規買いで対応するには勇気が必要になるところです。

1180円の高値を付けたあと、安値を付けている点に注意してください。上昇時の窓を埋めた(注51)といえばそれまでですが、ここに引いた上昇トレンド・ラインを割り込んでいるようにも見えます。

　私は、このような細かい点の発見が重要だと思います。それまでの上昇トレンドの水準では買いが入っていたのに、もう売り圧力のほうが勝りつつあると考えられるからです。

図4-4　日足チャートで安値の付け方を確認
2002年04月01日～2002年11月05日　日足　ツムラ(4540)

1180円の高値を付けたあと、1022円の安値を割り込む動きを見せた。これは黄色信号。

　こうした点を踏まえて、図4-4の日足チャートを見てください。それまで高値・安値とも切り上げてきましたが、1022円の安値を割り込む動きを見せ、高値も今のところ更新していません。これは黄色信号と映ります。そのうえ、上昇局面で加速したトレンド・ライン

(注51) 急騰・急落の局面では、ある日（週・月）のローソク足が、前の日（週・月）のローソク足と離れることがあり、その空白部分を「窓」という。その後の反落・反騰局面でその空白部分を埋める値動きを「窓を埋める」または「窓を閉める」という。

と、もとの上昇トレンド・ラインを両方とも割り込んでいます。これも買いが維持できない動きを示すものと映ります。

この段階では、短期の調整なのか、本格調整なのか、あるいはトレンドの転換なのかわかりません。しかし、少なくとも今までとは異なる動きであることは確かでしょう。私ならとりあえず利益を確保します。戻すならまた買えばよいのです。

このように、常に、どこを超えれば買いになり、どこを割り込めば売りになるかを確認しておくこと、そしてそこで逆指値注文を入れることが重要なのです。

株価が高値にあるということの意味

ここで改めて「ダウ理論」、つまりは高値と安値がなぜ重要なのかを考えてみましょう。

最初に次ページ図4-5で、ホンダ（7267）の月足チャートを見てみます。本来、どこでどれだけの出来高をこなしているかも見なければなりませんが、ここでは株価の動きだけで考えます。また、あくまでチャートに掲載されている期間の制約を受けることを考慮してください。さらに、価格の変化がわかりやすいように、株式分割などを修正している点もお断りしておきます。

チャートを見ると、いくつかの主要な高値と安値を捉えることができます。これらはあとから見ているからわかることで、その瞬間には、それが高値であり、安値であることは誰にもわかりません。「この辺で安値になりそうだ」「高値になりそうだ」といった当たりをつけることはできますが、それとて、確証を得るにはもっと時間を要することになります。

図4-5 株価水準と投資家の損益(上昇局面)
1986年04月30日〜2002年11月05日 月足 ホンダ(7267)※分割修正後

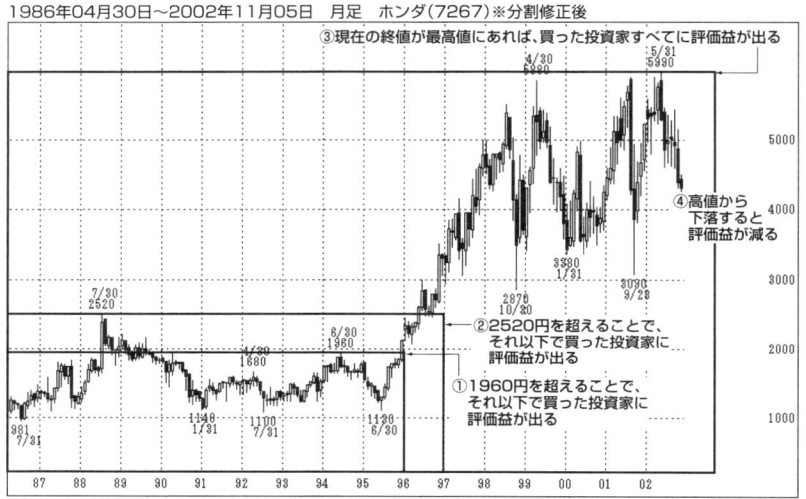

③現在の終値が最高値にあれば、買った投資家すべてに評価益が出る
④高値から下落すると評価益が減る
②2520円を超えることで、それ以下で買った投資家に評価益が出る
①1960円を超えることで、それ以下で買った投資家に評価益が出る

②の2520円を超えると上値の目標がなくなり「青天井」の状態に。過去の戻り待ちの売りものがないので相場の上昇が軽くなる。

　ホンダの株価が1000円水準を安値に推移してきて、その間に2520円の高値と1960円の高値があることがわかっていれば、①で1960円を超えてくると、1960円以下で買いを持っている投資家はすべて評価益になっていることになります。

　対象期間が長いので、現実には既に売ってしまった人がいるかもしれませんが、そのようなことは考えなくてもよいのです。少なくとも1960円の水準を超えたことにより、その前の高値1680円以上で買ってもよいという投資家が1960円を付ける過程で存在し、さらに1960円を超える水準で買ってもよいと考える投資家が大勢いると認識すればよいのです。

　①を超えると、その手前で信用カラ売りなどをしている投資家は、定義のうえからもピンチに陥り買い戻しを急ぐので、株価は急上昇します。ここでは、売り方は1680円−1960円と高値が切り上がるに

つれて立場が悪くなり、1960円を超えると「危ない」という認識を持たなければなりません。

1960円の高値を超えると、次の目標は2520円という水準になり、相場はこの高値を超えるか否かをテストしにいきます。

②で2520円を超えると、2520円以下で買っている投資家は皆利益になります。このあとは、上値の目標・節目となるところがないので、これを「青天井」と呼んでいます。つまり、快晴のときのように雲一つない状況です。

あとでも説明することですが、相場の世界では、ここから自分が買っていっても利食い売りしか売りものが出ないのか、それとも過去に高値で買った投資家が戻りを待って売ろうとしているのかの見極めが非常に大切です。自分が利益を上げようと思って買っていくのに、それを妨げようとする力が大きければ、上がっても売られてしまいます。合理的に考える投資家なら誰もそのような銘柄を買おうとしません。しかし、このホンダの例では、2520円を超えると、過去の戻り待ちの売りものがないので相場の上昇が軽いのです。

ホンダの場合、2002年5月の5990円は上場来高値です。つまり、この銘柄を買っている投資家はこの時点ですべて評価益になっていることになります。これはテクニカル分析からは判断できないことですが、来期も最高益を更新する予想があり、さらに買われると考えている投資家が多いからでしょう。

カラ売りの買い戻しを忘れてはいけない

それまでの高値を超えることは、さらに上値で買ってもよいと考える相場参加者の意思の表れです。それとともに、上昇局面で信用カラ売りを行った投資家が買い戻しを入れてくるという事実も忘れ

てはいけません。カラ売りが高水準で売り残が多いほど、それ自体が相場を押し上げる力として作用するのです。

つまり、株価が高値にあることは、それ以下の買い方がすべて利益が出ていて、それ以下の売り方がすべて損をしていることを意味します。このことが相場を考える基本になります。

したがって、カラ売り筋にとって前の高値の水準はストップ・オーダーを入れておかなければならない限界点になりますが、それは同時に、新規買いの逆指値ポイントでもあります。そのため欧米では、高値を超える、つまりＨＬバンド(注52)の上限を超えたときが買いであるといわれるのです。

高値を超えて、売り方が買い戻しを入れ、結果的に信用売り残が減少すれば、それは上昇エネルギーが発散していることを意味します。当然、売り方が買い戻す局面では、買い方もその買いに利食いの売りものをぶつけてきます。これまで見てきたように、相場が上昇するにつれて上昇角度が鋭角になるのは、おおむね信用売り方が追証(注53)に耐えられずに買い戻しを急ぐ局面となります。

そのような動きが見られれば、賢明な買い方はそこで利食いを急いできます。その結果、買い戻しが一巡すると相場が急落することが多いのです。ネット取引時代には、そのような局面になると、今度は買い方を投げさせるために新規で売り叩く動きも見られます。

ホンダのように、高値から下落し始めると、これまで評価益の増加を実感してきた投資家は、逆に評価益が減少してくることを感じます。早く利益を確定しないといけないとの焦りが出て、それが売りものを誘発するのです。そうした動きは、売りたい投資家と買い

(注52) 過去の一定期間における高値・安値同士を線で結び、ローソク足チャート上に書き込んだもの。詳しくは第２章参照。
(注53) 信用取引などで、評価損が保証金を上回ったときに差し入れなければならない追加保証金のこと。

たい投資家が均衡する、次の主要な安値まで継続することになります。

株価が安値にあるということの意味

相場が高値にあれば、カラ売りなどをしていなければ、特に考えるべきことはありません。しかし、相場が安値を割り込んでくると、本来、資本調達の源泉であるものが値下がりするので、こちらのほうが被害甚大です。

例えば、図4-6NTT（9432）は、株式上場後、300万円を超える水準まで買われました。このときは、最初の公募で買った人と、300万円までに買った人はすべて利益になっているはずです。

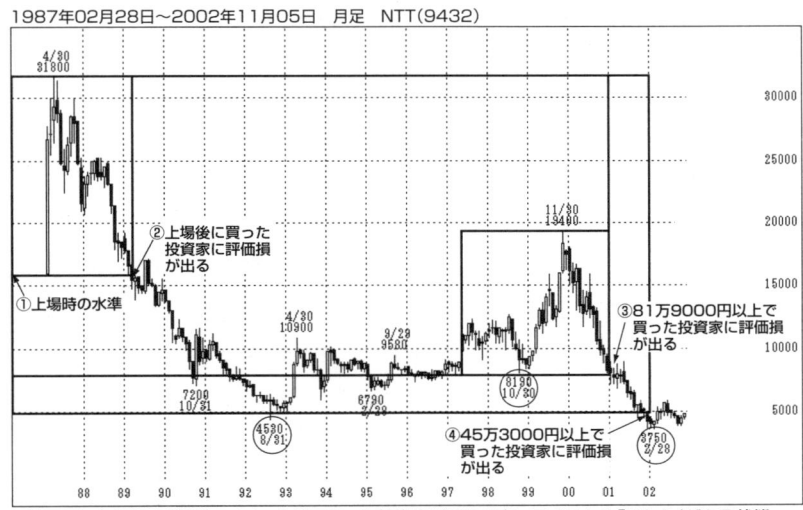

図4-6 株価水準と投資家の損益（下落局面）
1987年02月28日〜2002年11月05日　月足　NTT（9432）

①上場時の水準
②上場後に買った投資家に評価損が出る
③81万9000円以上で買った投資家に評価損が出る
④45万3000円以上で買った投資家に評価損が出る

下値で買った投資家が利食いをし、上値で買った投資家が戻りを売ってくるため「おもり」がある状態。
④で最安値45万3000円を更新するとすべての買い方が水面下に沈む。

しかし、②を割り込んだ瞬間から、②以上で買った人はすべて評

価損を抱えます。公募で買った人や①近辺で買った人は大した損にはなっていませんが、さらに上値を買った投資家は大きな損になっているはずです。賢明な投資家なら、②以前のところで安値が切り下がっていることに気がつき、「下落に入ったかもしれない」と考えるはずです。それを感じとれないなら、相場というものが何もわかっていないことになります。

　もしあなたがこの高値を買っていたらどうでしょう。私なら「戻れば売りたい」と思います。だとしたら、②以上の値段で売りたい人が山のようにいるのに、ここからこの銘柄を買いますか？　私は買おうとは思いません。

下落局面では「おもり」を意識する

　このチャートの中で表した長方形は、損をしている人や利益になっている投資家のブロックです。つまり、ここでは②を割り込んだことで、自分の頭の上に大きな「おもり」があると思ってください。この「おもり」は相場が動くことで、重さが刻々と変化します。

　株価が45万3000円の安値まで下落した段階では、それまでの買い方はすべて評価損を抱えていることになります。このポイントは、そこまで下落したら買ってもよいと考える投資家がいた分岐点でもあったので、そのあと株価は109万円まで戻します。

　しかし、ここではまだ下落前の主要な高値を超えません。下値で買った投資家が利食いをしてくるのと、上値で買った投資家が戻りを売ってくるためです。

　その後、安値は徐々に切り上がり、1999年末には194万円まで値上がりしますが、戻しはそこまで。過去に②以上で買った投資家による戻り待ちの売りものと、安値を買った投資家の利食いで値を消

していきます。③で81万9000円の安値を割り込み、ついには④で45万3000円の安値を割り込むに至って、再びすべての買い方が水面下に沈みました。

つまり、安値を割り込むということは、その上値での買い方が損を抱え、その度合いに応じて投げてくる引き金になることを意味します。これは「安値を割り込むとさらに安くなるよ」という暗黙の了解があるからです。したがって、高値で買ったものが安値を割り込んでいるのに持ち続け、大きな損になってから「どうしよう」と考えても既に手遅れだということです。

注意すべきは、売りの速度は非常に速く、考えたり躊躇している間に、株価はどんどん安くなってしまうということです。傷が大きくなると、心理的に損切りできなくなります。

安値を割り込む際には、その後の結果は考えずに、いったんポジションを手仕舞うというルール作りが必要だと思います。これも考えているとできないので、株価がその水準に近づいてきた場合には、先にストップ・オーダーを入れておくことです。

それ以前に、下落トレンドで買いを持っていること自体が間違いなわけです。高値からハッキリと下落する局面では、買いではなく、素直にカラ売りで対応しておけば、利益にこそなれ、損失になるわけもありません。

急落からV字回復の幸運

NTTのように時間をかけて下落してしまうとその後の上昇にも時間がかかりますが、なかには急落した直後「V字型」に戻るパターンもあります。次ページ図4-7の東京エレクトロン（8035）がその例で、2755円から2万90円まで一気に上昇したあと急落し、直後に1

万円まで値を戻しました。

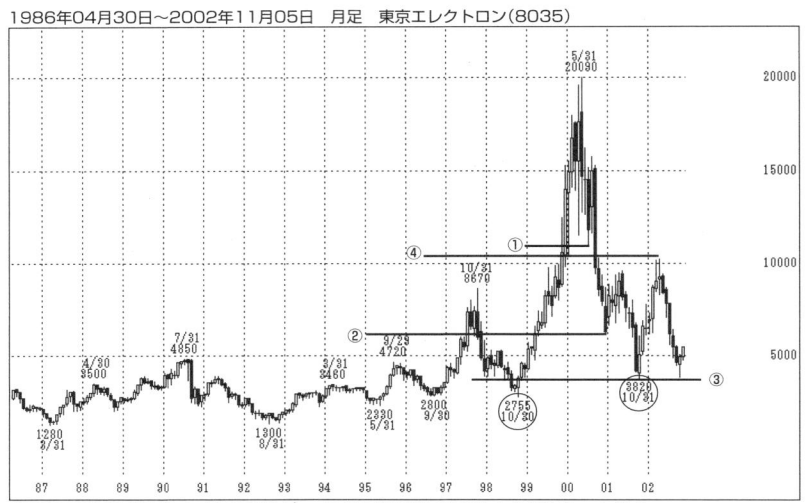

図4-7　急落からの「Ｖ字回復」
1986年04月30日～2002年11月05日　月足　東京エレクトロン(8035)

③で2755円を割り込まずに再び上昇へ。この戻りで買い方はかなり楽になったはず。

　ディーラー達の暗黙の了解に「損になっているポジションが運良く戻したら、その場で切れ」というものがあります。一度、損になってそれが回復してくると、今度はそれが利益になるという期待感を持ってしまいますが、実際には既に下落トレンドに転じていることが多く、戻り売りに遭うからです。同時にこの言葉は、自分の判断ミスによる損が幸運にもなくなったのだから、一度ポジションを外し、もう一度冷静にポジションを持ち直すべきとするものです。

　東京エレクトロンが２万90円から下落する道中では、①の安値を割り込み、その上が凝りになり、その投げで②の安値まで下がり、それを割り込んでさらに投げが出ます。しかし、2755円という上昇前の安値を割り込まずに、③の3820円から上昇に転じています。

本来この戻りでは、②より上値の凝りが大きいはずですが、その水準を買い上がり④まで達しました。これは後述するように、売り方による買い戻しが演出したものと思われます。

　この戻しにより、下落過程の④以下で買った投資家が立ち直りました。また、④は下落前の高値を超えているので、大相場を逃してしまった長期保有者もかなり楽になったものと思われます。

　ただし、相場はその後再び下落に転じます。よく見ると、③からの下値支持線割り込み、ワイルダーの定義による安値の切り下がりといった、下落転換の条件が揃っていることがわかります。

　ともあれ、急落後にこれだけ戻してくれたわけですから、買い方にとっては幸運というほかありません。

「買い戻し」には2種類ある

　高値と安値が重要なのは、相場が動くことによって、投資家の評価損益が刻々と変わるからです。安値を割り込むことによって、その上の買い方はすべて評価損になり、これが売り圧力になります。そのとき信用買い残が多ければ、その力たるや想像を絶するものです。反対に、高値を超えると、その下の売り方はすべて評価損になり、買い戻しを急ぐため買い圧力が生じます。

　ここで、「買い戻し」について少し触れておきます。

　信用取引のカラ売りで売りポジションを持っていれば、高値を超えれば評価損となるため、当然、買い戻さなければ損失が拡大してしまいます。これがカラ売りの場合の買い戻しです。

　実は「買い戻し」には、もう一つの意味があります。例えば、移動平均線を超えて推移してきた相場が移動平均線を割り込んだとき、そこでいったん売るとします。その後、相場が再び上昇して移

動平均線を超えた段階で同じ銘柄を買えば、下落していた間の損失は回避されます。結果的に1万株なら1万株持っていたということと同じになります。

　こういう売買をする長期投資家はけっこう多いのです。彼らは、高値を超えてしまうと当初の株数を買えなくなるので、相場が再上昇する早い段階でとりあえず買いを入れてきます。相場が長期下落トレンドにありながら目先の戻りを演じるのは、この種の「買い戻し」があるからです。

「信用売り残」が上昇エネルギーに

　図4-8の富士通（6702）では、安値が①－②－③、高値が④－⑤－⑥と切り上がり、その後急騰しています。東京エレクトロンの場合

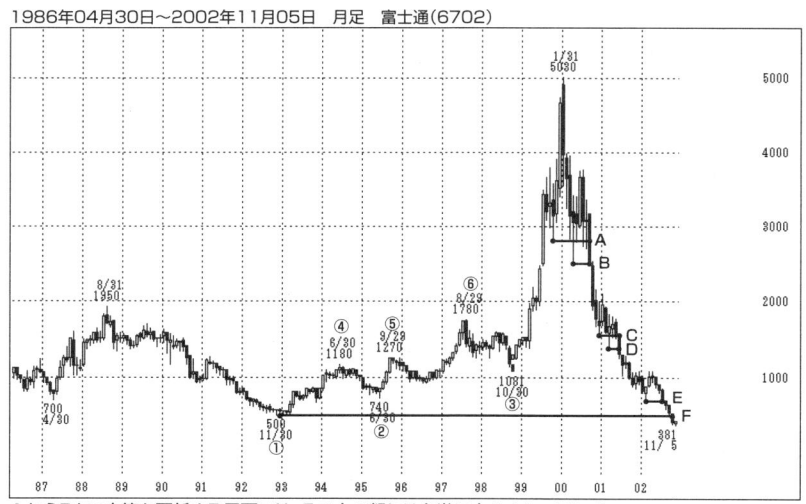

図4-8　短期的な急騰の例
1986年04月30日〜2002年11月05日　月足　富士通（6702）

AからFまで安値を更新する局面では、その上の凝りは急激に大きくなっていく。

もそうですが、こうした急騰局面では「信用売り残」がそのエネルギーになっているようです。

　富士通では、①から⑥までの動きはダウ理論の定義通りですから、買い方にとっては安全なところです。問題はそのあとで、せっかく高値まで持ちこたえたとしても、利食いを逃したり、逆に損失になってしまってはなんにもなりません。

　5030円の高値を付けたあと、相場はAからFへと次々に安値を更新し、その上の凝りが急激に膨らんでいきます。この局面を週足チャート（次ページ図4-9）で確認してみると、Aの安値を割り込むときは小さな長方形（＝凝り）であったものが、B－C－Dと安値を更新するたびにどんどん大きくなっていることがわかります。

　3キロのおもりなら頭の上に載せられますが、それが10キロになり、50キロ、100キロと増えていけば、支えきれなくなり、その重みで潰されてしまうことでしょう。前述の東京エレクトロンのように短期的に戻れない場合には、上値の投げが進んでおもりが軽くならない限り、あるいは、業績が急激に良くなって上に持ち上がる力が大きくならない限り、底入れには相当の時間を要するものです。

　富士通の場合、現実の相場では、5030円を付ける前の相場上昇局面で売り残が増加し、5030円を付けたあとの相場下落局面で買い残が増加しました。いわゆるナンピンです。特に信用買いのようなレバレッジ取引（注54）では相場下落に伴うおもりの重さが3倍以上になりますから、これだけ株価が下落すると救いようがありません。

　何度も繰り返すようですが、これが日本人投資家が最も損を出すパターンだと思ってください。このパターンに陥りそうになったら

（注54）実際の投資資金を超える金額の売買を行うこと。日本の証券会社での信用取引では、あらかじめ預けた保証金の約3倍までの金額を売買できる。評価損が保証金を上回った場合には追加保証金（追い証）が必要になる。

いち早くポジションを手仕舞うことです。逆に、こうしたパターンを利用して利益を上げたいと思いのならば、上昇局面では買いを、下落局面ではカラ売りを徹底することです。つまり、どこで逆差値注文を入れておけば最も効率的かを考えてみることです。

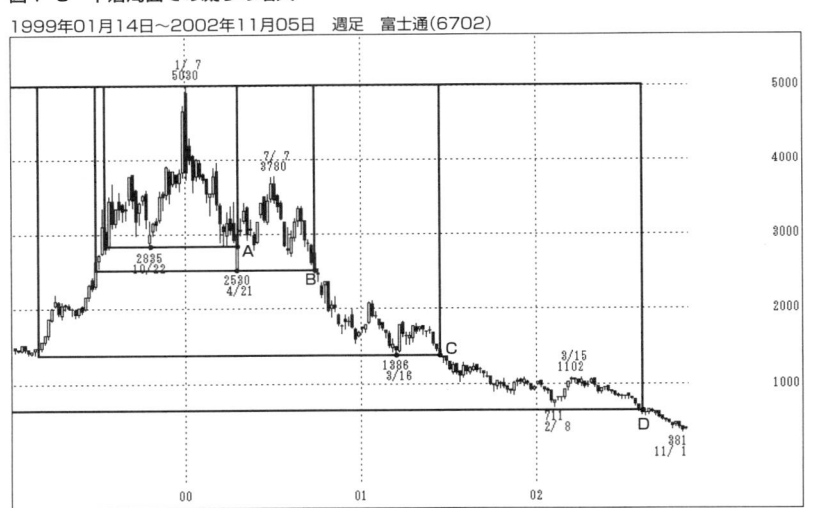

図4-9　下落局面での凝りの増大
1999年01月14日～2002年11月05日　週足　富士通(6702)

Aで2835円の安値を割り込むときはまだ小さな長方形だが、B－C－Dと安値を更新するに従って、凝りの長方形(＝おもり)はどんどん大きくなる。

戻りの確認と高値・安値

　次に図4-10のソニー（6758）を見てください。１万6625円の高値を付けたあとに下落に転じていますが、Bの時点ではAの安値を割り込んでいません。つまり、定義のうえではまだ上昇トレンドが崩れていないことになります。

　しかし、現状は高値からの調整局面には違いないのです。定義通りに高値・安値とも切り下がっている最中で、まだ底入れが確認さ

第4章　相場実践の中での考え方

れません。Bからの戻りの局面では、このあとBの安値を割り込まず、まず7460円の高値を超えることが上昇への前提条件になります。そして、本格反騰に入るためには、少なくとも1万340円の高値④を超える必要があります。

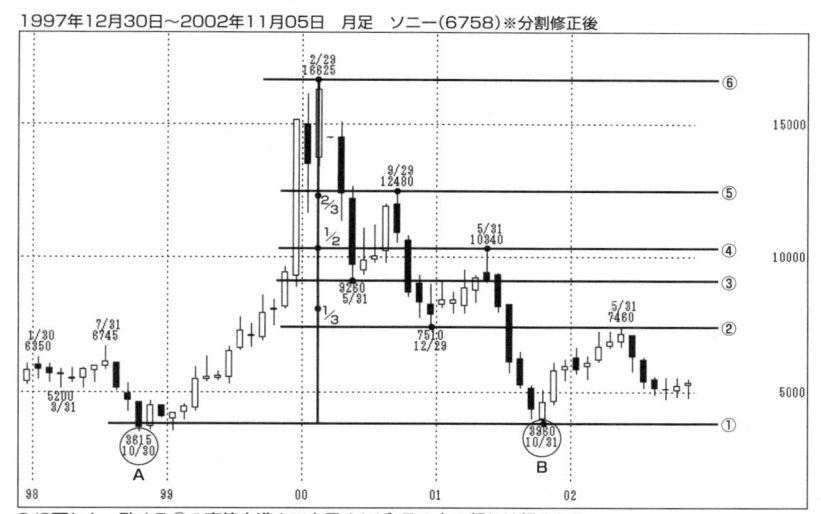

図4-10　下落からの戻りの確認
1997年12月30日～2002年11月05日　月足　ソニー(6758)※分割修正後

2/3戻りと一致する⑤の高値水準まで上昇すれば、その上の凝りは軽くなる。

しかし、7460円超えから④に達するには7510円の安値②を超えなければなりません。②を超えた段階で、②以上で買った投資家の戻り売りが出てきます。安値で買った投資家の利食い売りも出てくることでしょう。7460円の高値で止まったのは、まさにそうした投資家による売りが原因で、「B点叩き」と言える動きです。

下落から半分戻せれば買いが強い

このチャートには、高値⑥から安値①までの下落幅を1として、

安値から1／3、1／2、2／3という戻りのポイントを示しています。一般に大きな下落からの反転局面で1／3しか戻せなければ戻りが鈍く、半分戻せば買う力が大きいとみなされています。1章のエリオット波動のところで紹介したフィボナッチ指数を使って、0.382や0.618と細かく定義する場合もありますが、あまり細かい数字にとらわれる必要はありません。

　ソニーの場合、②まで戻したすぐ上の水準が1／3戻りの水準になり、②以上の買い方による戻り待ちの売りものが出るところです。②から③の安値に接近するところでは、それ以上の人が見切りをつけるかもしれません。

　④の高値、つまり、Bの安値を付ける前の高値として重要なところを超えると、定義の上からも基調転換が鮮明になります。このポイントとほぼ同水準のところに1／2、つまり半値戻しの水準があります。「半値戻りは全値戻り」といわれるのは、売り買いのバランスの中値を超えることにより基調転換の可能性が高まるからかもしれません。さらに、2／3戻りのところは、⑤の主要な高値水準とほぼ重なります。ここまで戻せば、その上の「おもり」は非常に小さなものになります。

　このように、上昇トレンドと下落トレンドが交互に進行する相場では、高値・安値の切り上がり・切り下がりによって生じる「評価益」や「凝り」の長方形がどのように変化するかを常に考えることが必要です。

　そして、損益が変わる局面こそが、逃げのポイントであり、仕掛けのポイントでもあるのです。実際の相場では、これらのポイントに相場が達したときに投資家がどのように行動するかを確認するしか、相場の方向を確認する方法はないのです。私も必ず注文板を見ながら、売り手と買い手の売買の状況を判断しています。

3．移動平均線の利用方法

　私は、相場で最も難しいことは、売買であると思っています。
　相場の経験が長くなり、それなりにテクニカル分析がわかってくると、おのずから相場の行くべき方向や、いくらくらいまで動くのかがわかる局面も出てきます。各種テクニカル指標を使えば、今が売りなのか買いなのかもすぐにわかります。しかし、そうしたことがわかってもなお、利益ではなく損失が多くなる投資家が少なくありません。その理由は、売買が伴わないからです。
　大方の投資家は、現在の価格ではなく、当初自分が持ったポジションの価格が相場の基準だと認識していますが、これではテクニカル分析など学んでも意味がありません。思うがままに損失を拡大させていくしかないでしょう。
　売買というものは、相場のトレンドの方向に自分のポジションの方向を合わせることです。自分の資産が増える方向を常に維持することです。このためには損切りが絶対に必要になります。そして、その損切りを投資家の感情を入れずに行うために、必ずストップ・オーダーを入れて売買を行うべきなのです。
　相場の方向に合った売買をするには、移動平均線を使うのが最も簡単です。私は、移動平均線を使いこなせないのに、他のテクニカル指標が使えるわけがないと思っています。当たり前の指標を当たり前に使えるようにならなければ、その先はありません。

前の車が止まったらブレーキを踏む

　これまで「高値」と「安値」の重要性を何度も強調してきましたから、ここまで読んだ方は、ローソク足を見て相場の基本的な動きを押さえられるようになっているかもしれません。しかし、それだけでは相場で利益を上げることはできません。重要なのは、高値と安値の原則通りに売り買いすることです。運用資産の維持・増加という大原則に従って行動することです。

　いまだに多くの投資家が、安値がどんどん切り下がっているのに買いを持ったままにしたり、高値がどんどん切り上がっているのに信用カラ売りを放置したまま平気な顔をしています。「安値を割り込んでも安くなったから買いじゃないか」「そこで売って、また戻したらどうするんだ」と言う人がいます。

　まあ相場ですから、どうなるかは誰にもわからないのですが、原則に逆らった取引の結末はたいがい悲惨なものです。仮に何年にもわたって下落を続けたり、上昇を続けたら結果はどうなるでしょうか。まして、信用取引で自分の資金を目一杯使っていたらどうなるでしょうか。追証を5回も6回も入れて、最後は担保にしていた家までとられてしまった事例を私は何件も知っています。皆、自業自得、自己責任です。

　時として兜町で話題になる巨大仕手筋も、何度かの成功のあとに大きな落とし穴にはまって、最後は市場から消え去って行くのが現実です。皆、最後は借金取りに追われ、惨めな運命に見舞われているようです。

　車を運転していて、信号が青なのに前の車が突然止まれば、信号が青でもすぐにブレーキを踏みます。踏まなければぶつかるからで、それは無条件に反応します。止まったあとに、また前の車が動き出

せば、自分もアクセルを踏みます。

　投資も同じです。危なくなれば一度売買をやめ、安全だと思えばまたやればよいのです。前の車に突っ込んでしまえば、悪いのは相手ではなく、自分の前方不注意が問われます。止まれば燃費が悪くなるかもしれませんが、事故になればそれ以上の負担が発生します。

　大丈夫だと思うなら、私の言うことを無視してそのまま前の車に突っ込んでみてください。たまには、ぶつかる直前に前の車が動き出して助かることもあるでしょうが、いずれ大事故を起こして大きな損失を抱えることになるはずです。

　車なら保険でダメージの一部をカバーできます。株式の売買でも、現物を買ったら先物やオプションでヘッジを入れるなどの手法はありますが、売買が複雑になるので初心者には勧めません。もっと単純に良い悪いを判断すべきでしょう。

　さて、これまでダウ理論による相場上昇・下落の定義に則して「高値」と「安値」の重要性を話してきました。この考え方が発展すると「エリオット波動原理」になりますが、理論的にはよく理解できても、現実の相場の中ではわからない局面が多々あります。わからない局面があるということは、常には使えないということです。それに対して「移動平均線」は常に使えます。しかも使うのが簡単で、どの銘柄でもすぐに考えられます。

　これから相場を勉強する方に注意していただきたいのですが、相場理論というのはすべての積み重ねで、個々のテクニカル指標だけで考えることは不可能なのです。大方の投資家は、だんだん自分に知識が身についてくると、基本をなおざりにして難しいことをやり始めます。人の知らないことをやっていると偉いという一種の思い上がりの気持ちが出てきて、テクニカル指標の細かい動きに囚われ、やがて相場の動きを見失います。

我々の目的は、相場の動きを利用して自分の資産を増やすことです。テクニカル分析の達人になることでも、能書きの多い知識人になることでもありません。

　危なくなれば考えずに反射的にブレーキを踏み、安全になればゆっくりとアクセルを踏む。相場の世界でも、考えるより行動することが大事なのです。もちろん、行動するにはお金が必要です。お金をなくしてから「どうしよう」と言っても既に手遅れです。

　これから移動平均線の話に入りますが、これから説明する内容は、個々の話ではなく、いままで説明した相場の基本とすべて関係し合っています。こうした積み重ねの判断が問われていることをくれぐれも忘れないでください。

ローソク足とその他のテクニカル指標

　またテクニカル分析論の最初に戻るようですが、本来、「ローソク足」はそれだけでも十分といえば十分なテクニカル指標なのです。私もローソク足については勉強しましたが、半ばわからなかったというのが本当のところで、それが本書でローソク足についてあまり解説していない理由でもあります。おそらく人ぞれぞれの相性もあるのでしょうが、結局、私は相場参加者の意思だけを考えるようにすることに徹しているので、今はローソク足自体のパターン分析は重視していません。

　したがって、ローソク足だけを眺めても、あまりハッキリしたことはわかりませんが、ここに「トレンド・ライン」を加えることで、相場の動きはより鮮明になります。さらに「移動平均線」などを加えると、相場の考え方に厚みが出てくるのです。私は、ローソク足とトレンド・ライン、そして移動平均線があれば相場で十分利益を

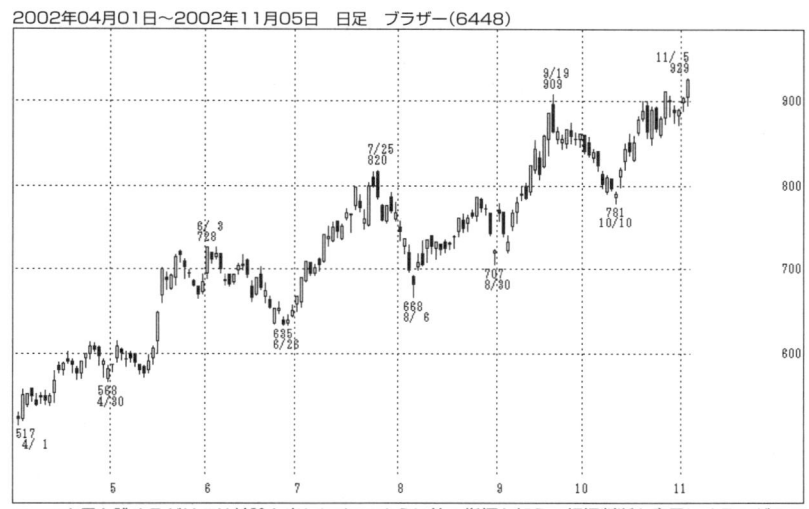

図4-11　ローソク足のみによる相場の判断
2002年04月01日～2002年11月05日　日足　ブラザー（6448）

ローソク足を眺めるだけでは結論を出しにくい。さらに他の指標を加えて相場判断を容易にするのがテクニカル分析。

上げられると考えています。事実、私自身がそうでした。その後、さまざまなテクニカル指標を使ってきましたが、それができるのは、ローソク足＋トレンド・ライン＋移動平均線で鍛えた基本がしっかり身についているからだと考えています。

　人間が扱える情報量には限界があります。一つ二つよりは五や十のほうがよいと思いますが、これが五十、百になればとうてい扱えるものではありません。多くを浅く扱うよりは、少なくを深く扱ったほうが成果が上がることでしょう。

　図4-11のブラザー（6448）のチャートを見てください。ダウ理論によって判断すれば、おおむね上昇している様子がわかります。

　ここでよくよく考えてほしいのですが、この銘柄に興味のない人にとっては、このチャートは全く意味のないものです。また、この

銘柄を保有していない投資家もあまり興味がないかもしれません。つまり、このチャートに興味を持つ人は、既にこの銘柄を売買してポジションを持っている人か、これからこの銘柄を売買しようと考えている人だけです。

　また、この銘柄を600円で買っている人と、900円で買っている人では考え方が異なるでしょう。さらに、「既に値上がりしてしまっているのでここからの売買は避けよう」と思う投資家もいれば、「もっと値上がりすると思うのでここから買っていこう」と考える投資家もいるでしょう。「既に上がったからここからカラ売りを仕掛けよう」と思う人もいるはずです。

　思いを巡らせればどのようにも思えるので、それ自体はどう考えてもよいのですが、端的に言うと、このチャートはすでに過去のもので、このチャートから今後の動きに対する判断を下すのは難しいのです。これまでの株価の推移から将来の動きを予測したとしても、その通りになる保証はありません。

　簡単に言えば、このローソク足だけをどれだけ眺めていても結論が出ないのです。もっと相場判断が容易になるように、つまり自分が安全なのかどうかを判断しやすくするためにほかの指標を加えてみようというのが、テクニカル分析の考え方です。そこでローソク足に加える指標として一番に挙げられるのが、移動平均線なのです。

「皆が見ている」ということの重要性

　一般的に株価のチャートにはローソク足と移動平均線が描かれています。移動平均線が広く使われている理由としては、以下のような点が挙げられます。

① 終値が次に相場が始まるまで時間的に一番近いものである

② 終値がその日の評価基準である
③ 終値の平均値がその間の取引の平均コストの近似値である
④ 実際の相場がその平均コストより上にあるか下にあるかで、買い方と売り方のバランスを判定できる

　そして、何よりも重要なのは、①～④のような理由によって広く使われているという事実です。皆が見ていて、それに基づいて行動する基準になっていることが非常に大切なのです。

　一度移動平均線の上に出た相場はしばらく上昇を続け、一度移動平均線の下に潜った相場はしばらく下落を続けます。相場がこのような動きをするのは、「上に出れば買い、潜れば売り」という教育を多くの投資家が受けているからで、そうした動きに従って、さらに売買の意思決定が行われているのです。

　移動平均には、単純移動平均・加重移動平均・修正平均・指数平滑平均など様々な種類があります。最近はＶＷＡＰ（注55）という出来高を加味した平均株価もあり、実質的な平均コストの指標としては精度が高いといわれています。しかし、各種シミュレーションによれば、どれを使ってもパフォーマンスの違いはほとんどありません。それならば、「皆が見ている」という事実を重視して単純異動平均を使うべきでしょう。

平均値を直近データと比べる意味

　単純移動平均の計算に必要なのは「終値」です。テクニカル分析では常に、テクニカル指標の元になっている数値が何であるのかが

（注55）Volume Weighted Average Priceの略称で、その期間の価格を、価格ごとの売買高で加重平均した値（売買高加重平均価格）。単純移動平均よりも取引実態に近い指標として、主に機関投資家が利用している。

非常に重要になります。つまり、移動平均線は終値が元になっているので「相場を考える基準は終値」ということになります。言い方を換えれば「ザラ場の高値・安値は関係ない」ということを意味しています。

また、テクニカル分析では「何日間」の数値を使うかも重要です。日足チャートでは一般に「25日」が使われます。計算方法は、過去25日間の終値を合計し、25で割るという簡単なもので、図4-12の例では、現在の25日移動平均の値は866円になります。

統計学では、平均値はそのサンプルとなるデータ郡の真ん中にプロット（置く）するのが普通ですが、相場の世界で使う移動平均では平均値を直近のデータのところにプロットするのが特徴です。

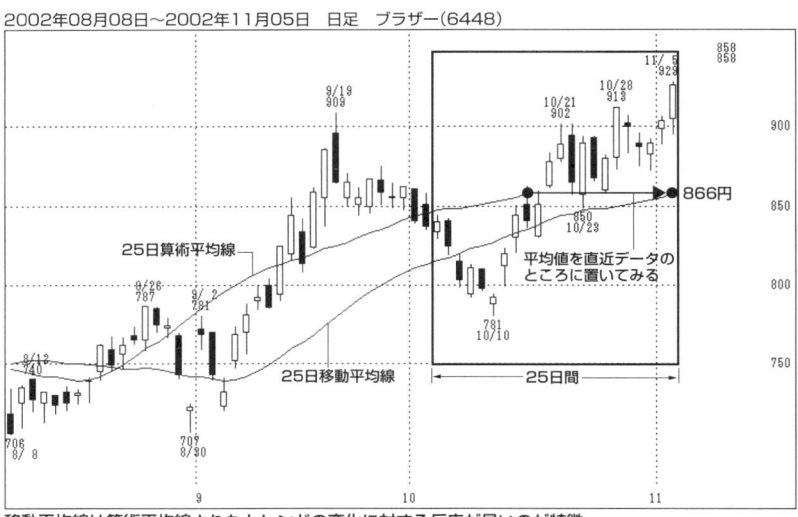

図4-12 平均値を直近に置く意味
2002年08月08日〜2002年11月05日 日足 ブラザー(6448)

移動平均線は算術平均線よりもトレンドの変化に対する反応が早いのが特徴です。

図4-12では、25日移動平均線のほかにもう1本の線が引いてありますが、これは「25日算術平均線」といって、25日移動平均線を過

去に13日間ずらした線です。つまり、サンプル・データ群の真ん中にプロットしたものです。

この算術平均線と移動平均線を比べてみると、当然のことながら算術平均線はトレンドに対する反応が遅く、おおむねローソク足の真ん中を通過しています。これに対して移動平均線は、トレンドに対する反応が敏感で、変化をいち早く反映しています。

例えば、安値707円以降の動きのように上昇トレンドがはっきりしている局面では、主要な安値がこの線に絡んできます。反対に、下落トレンドでは主要な高値が移動平均線に絡んできます。終値が移動平均線の上にあるか下にあるかを見ることにより、今後の相場の変化がつかみやすくなるのです。これが、平均値を直近のデータのところにプロットする意味です。

相場参加者の力関係を見る

大方の投資家は、買う局面なら「買い」、売る局面なら「売り」と明確なサインを欲しがります。しかし、すべての銘柄にそのような「1＋1＝2」というサインが出たらどうでしょうか？

おそらく「買い」になった銘柄には絶対に売りものが出ません。「売り」になった銘柄にも絶対に買いものが入りません。いずれにしても相場は成立しないでしょう。

相場というものは、上がるのか下がるのかわからないから、そこで買おうとする人も売ろうとする人もいて、それで成立しているのです。買う力が6で売る力が4なら相場は若干上昇するでしょうが、買う力が4になり売る力が6なら若干下がるでしょう。これが、買う力が8で売る力が2なら相場は力強く上昇します。買う力が2で売る力が8なら相場はどんどん下落していきます。さらに細かいこ

図4-13　下落から上昇への転換例

2002年04月01日～2002年11月05日　日足　山之内製薬(4503)

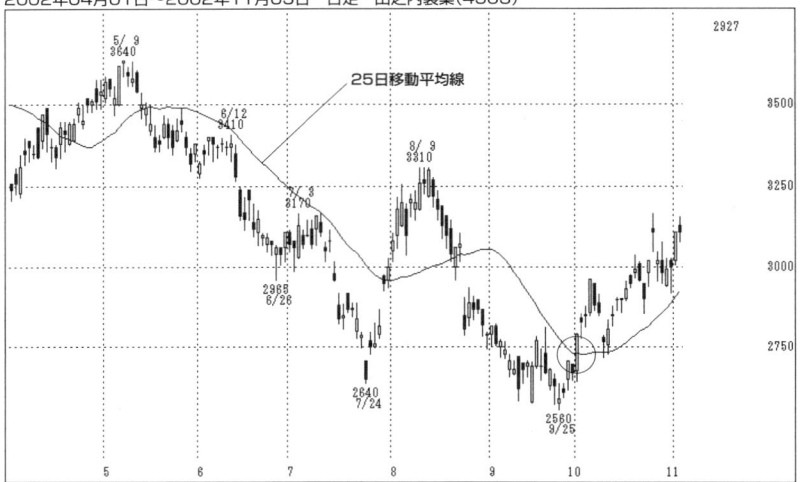

移動平均線の下方で動いていたローソク足が移動平均線の上方へ移行し、上昇への転換を示唆。

図4-14　長期間続く下落トレンドの例

2002年04月01日～2002年11月05日　日足　安川電機(6506)

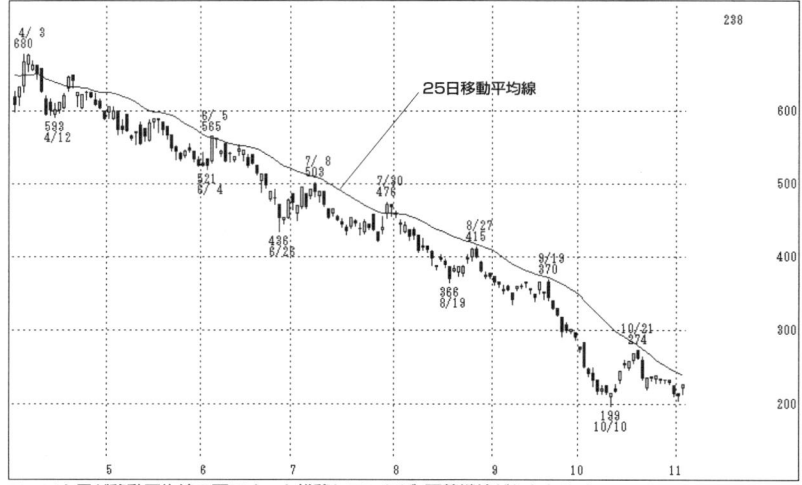

ローソク足が移動平均線の下でずっと推移していれば、下落継続がわかりやすい。

とを言えば、指値なら相場は動かないし、成り行きなら動くという場合もあります。結局、そのときの相場参加者の力関係が相場を動かします。

　図4-13の山之内製薬（4503）を見てください。それまで下落していた相場が2560円の安値から反転し、移動平均線の上方で推移し始めます。これは、安値2560円を境に相場参加者の力関係が買い方優勢になった兆候を、移動平均線が示している例です。

　図4-14の安川電機（6506）は、680円の高値以降、相場が移動平均線を潜りっぱなしで推移しています。途中の上昇局面では何度か移動平均線に絡んでいく動きもありますが、一貫して「まだ買いではない」というサインを出し続けていると見ることができます。

　もちろん、こうしたサインの多くはあとからチャートを見て初めてわかることです。実際の投資行動としては、状況が変わったあたりを見計らって売り買いの注文を出しておくしか方法はありません。その判断が間違っていたら、ストップ・オーダーですぐに手仕舞えばいいのです。

　次ページ図4-15の三菱東京ファイナンシャル・グループ（8306）はどうでしょうか。高値と安値の関係がまちまちで、相場が移動平均線を跨ぐ動きが多い場合は、相場参加者の意思もまちまちであると考えられます。参加者の意思がハッキリしない場合には、テクニカル分析といえども判断はまちまちにならざるを得ません。したがって、こうした銘柄には手を出さないのが賢明でしょう。

　相場で利益が出るか出ないかはトレンドの強さに依存します。トレンドが強ければ、移動平均線だけで十分に利益を出すことができますが、弱ければさほどの利益は期待できません。

　移動平均線を使っても利益が出ないという人は、相場のトレンドの強さについて考えてみてください。利益が出るパターンと、全く

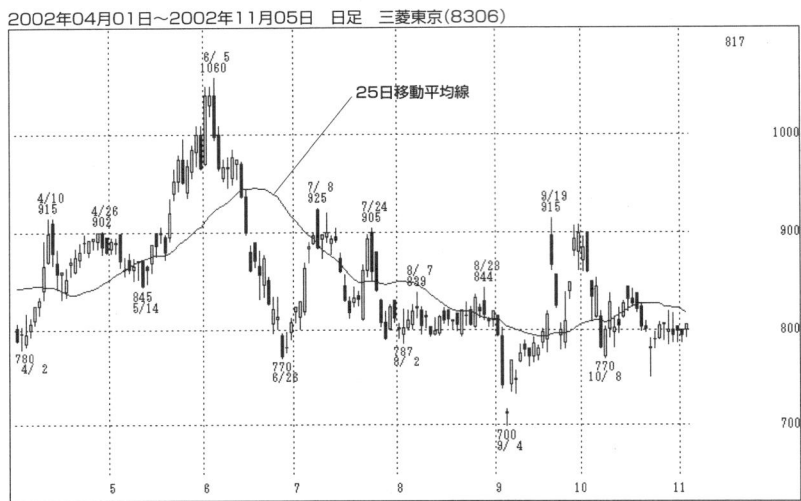

図4-15 参加者の意思がはっきりしない相場
2002年04月01日～2002年11月05日　日足　三菱東京(8306)

ローソク足が移動平均線を頻繁に跨ぐ場合は、相場の方向性がハッキリせず売り買いの判断を下しにくい。

利益が出ないパターンがあることがわかるはずです。そして、その利益が出ないパターンを排除することを考えてみてください。

月足・週足・日足・ザラ場足

　投資家の方から必ず受ける質問の中に、「チャートは月足・週足・日足のどれを見たらよいのですか」という内容があります。答は「すべて見なさい」です。

　そもそも、どれか一つで済ませようとするところに敗因があります。チャートには、掲載するうえでの制約があります。日足のチャートを何十年にもわたって掲載するのは実質的に不可能です。また、個々のチャートは人間の目で見て心地よいレイアウトに編集されていますから、一つのチャートから読みとれる情報は限られています。

ですから、月足で足りない情報は週足で補い、週足で足りない情報は日足で補わなければなりません。いわば相場のマクロからミクロへの分析が必要になるのです。

もちろん、投資に使う銘柄（商品）によっても、また、その人の投資スタンスによっても考え方は異なってきます。例えば、現物株を長期投資として扱う場合は、月足などで大きな流れをつかみ、大きな波動を収益化するのが好ましいわけで、目先の変動には目をつぶらなければなりません。

信用取引など期限付きの売買をする人は、月足での大きなトレンドの把握が必要なことは間違いありませんが、実際にはもう少し短い動きを反映したチャートを見る必要があるでしょう。投資資金の何倍かの取引をしているので、資金面からのコントロールが効かなくなるからです。

日経平均先物など信用取引の数倍のレバレッジを効かせたものを売買している場合には、月足の基準に基づいて売買していたのでは短期的な相場の変化に資金面で対応できなくなってしまうことがあります。この意味で、日計り(注56)や先物を売買する人が月足に基づいて判断することはほとんどいないと思います。私は5分足を利用します。

月足→週足→日足の順で考える

このように、自分が何をどのようなスタンスで売買するかによって、売買に必要なチャートは決まってきます。

（注56）ポジションを持ったその日に反対売買をして利益を上げようとする短期取引のこと。デイトレードとも呼ぶ。ネット証券の普及で売買コストが下がったことなどの理由から、個人投資家による日計り取引が急増している。

相場の見方は百人百様ですから、やり方は自分自身で確立するものですが、私は銘柄を見るときに常に「月足→週足→日足」の順で見ることにしています。こうすると、大局的な相場の動きの中で現在の中期的な動きがわかり、さらに目先の短期的な動きが把握できるからです。

もちろん、チャートのデータというのはすべて、瞬間瞬間の動きが日々の動きになり、週の動き、月の動きを形作っていくものです。この意味では、チャートが「日足→週足→月足」の順に積み重なっていることを頭に入れて売買する必要があります。

いずれにしてもチャートは月足・週足・日足のすべてを見る必要があり、日足だけとか週足だけでことが足りるわけではないのです。

月足・週足・日足の変数

次に来る投資家からの質問は、「月足・週足・日足の移動平均線の変数は、何日が良いのでしょうか」というものです。

これも説明し始めると、一冊の本になるくらい奥が深いものです。今でこそ、移動平均線以外のテクニカル指標がたくさん使われていますが、ほんの十数年前までは、この移動平均線による分析が相場分析の主流で、外資系といえどもこの分析に膨大な研究時間を費やしていたものです。

この移動平均線の変数選びには、大きく分けて二つの考え方があります。一つは、相場参加者の多くが見ている変数を使うこと。もう一つは、利益を最大にするような変数を使うことです。

例えば、日足のチャートには、5日・25日・75日・100日・200日などの移動平均線が使われます。週足では13週・26週・52週など、月足では12ヶ月・24ヶ月・60ヶ月などです。

これらは、昔の営業日数や信用取引の期日などの影響もあるのでしょうが、いわば定番の変数で、皆これらを使います。皆が使うということは、一種の信号機のようなもので、ある線を超えたら皆（ひねくれたものの見方をする人と、それを見ていない人を除く）が買ってきて、割り込めば売ってきます。これは、その線自体に理由があるというよりは、そのように行動したほうが利益を上げやすいし、損をしづらいとの認識があるからです。

　少し専門的に言えば、上記の変数の流れには、大まかに倍数の関係があります。例えば、ある銘柄が52週で1周期となっていれば、それを分析する場合の移動平均線は半分の26週、さらにその半分の13週などになります。もちろん現実の相場は当初決めた通りの周期で動いてはくれませんが、かつての慣習が元になって大まかな変数が決まったものと思われます。

　そのため、通常のチャートには長短2本の移動平均線が描かれていて、相場の変化を別な角度から見ようとしています。簡単に言えば、下落してきた相場が、短期線の上で推移し始めたときが買いに変わるポイントで、さらに相場が上昇すればおのずから長期線の上で推移するようになります。このとき、短期線が長期線を下から上に抜いていきます（ゴールデン・クロス）。

　逆に、上昇していた相場が短期線を割り込むときが売りに変わるポイントで、さらに相場が下落すればおのずから長期線の下で推移することになります。このとき、短期線が長期線を上から下に抜けていきます（デッド・クロス）。

　我々は、通常皆が見ている移動平均線を2本なり3本使って、上記のようなクロスのポイントで相場を考えています。それは理論的にはあまり意味がないことですが、自分の資産を安全圏に置くという観点から今のポジションが安全か危険かを判断するうえでは、十

分に実用的な見方なのです。

最適の組み合わせを探る「マッピング」

　ただし、本来はどうすべきかも知っておいていただきたいので、少しだけ話をしておきます。
　前述した移動平均線の変数の決め方は、相場の周期や半周期などを基準にするものでした。しかし欧米では、過去のデータを基準にシミュレーションを行い、何日間と何日間の移動平均線がクロスするところで「買い」「売り」を行えば、最も利益を生み出すかという研究が盛んに行われています。
　2本の移動平均線それぞれの対象期間を、1日、2日、3日…と変化させ、あらゆるパターンで売買シミュレーションを行い、最も利益の出る組み合わせを探し出すのです。こうした作業を「マッピング」と呼んでいます。これは人の感覚で判断するのではなく、通常10年程度のデータをもとに実際の損益を計算して検証します。
　その結果、たいてい、短期の変数と少し大きめの変数、例えば、4日移動平均線と65日移動平均線の組み合わせが良いなどと決定されます。
　このやり方では、相場の動きが変わると組み合わせる変数を変え、常に現状の相場の動きに適しているかどうかの検証を繰り返していきます。プロの相場の世界では、このようなことがごく当たり前のように行われているのです。
　このように移動平均線の変数の決め方は、①皆が使う変数、②利益を最大にする可能性が高い変数、に大別されます。本来ならば投資家それぞれが日々の努力によって②を追求するのが理想ですが、入門者ならそれほど難しいことを考えるよりも、一般的な移動平

線を使って自分の今置かれているところが安全か危険かを判断することを優先すべきでしょう。

「上なら買い」「下なら売り」と決めておく

では、実例を見ながら移動平均線によるトレンドの見方を説明しましょう。ここでは、12ヶ月と24ヶ月の移動平均線で説明します。

図4-16の伊藤園（2593）では、ローソク足（日々線）が12ヶ月移動平均線の上で推移しているときには相場が上昇し、下で推移しているときには相場が下落している様子がハッキリわかるでしょう。

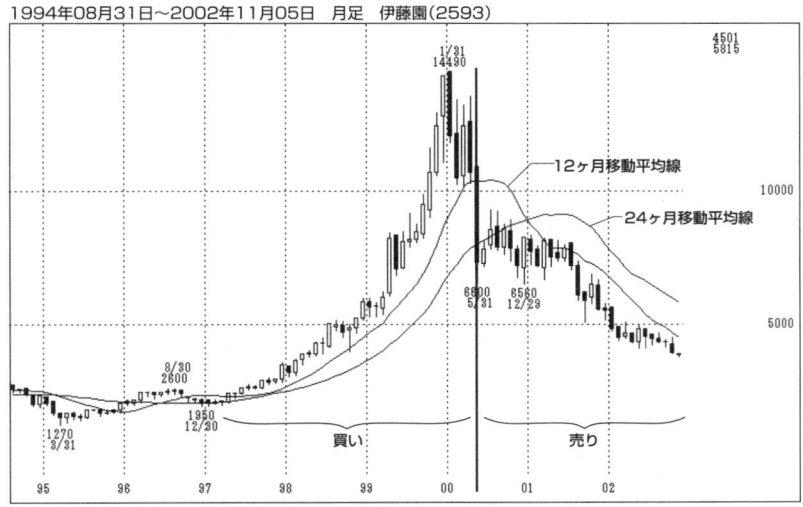

図4-16　月足チャートで長期トレンドを確認

1994年08月31日〜2002年11月05日　月足　伊藤園(2593)

長期の移動平均線と月足チャートは、大局的な相場の動きを確認するのに有用。

つまり、12ヶ月移動平均線の上ならば買っておいたほうがよいし、下なら買いは持たないほうがよいことになります。これが、大局的

な売り買いの判断の基本になります。

　もちろん、移動平均線の上でも下げる局面があるし、下でも上げる局面はあります。しかし、今自分が持っているポジションが安全か危険かという判断だけなら、単純に「移動平均線の上なら買いは安全」、「下なら買いは危険」、「上ならカラ売りは危険」、「下ならカラ売りは安全」と、信号機の意味を決めておいたほうが、万が一事故に巻き込まれても軽傷で済みます。

　次に図4-17のＮＴＴ（9432）を見てください。相場は12ヶ月移動平均線と24ヶ月移動平均線を割り込んでおり、「買いは危険」という赤信号がハッキリ点灯しています。にもかかわらず、この局面で信号を無視した信用買いが急増したのです。いわゆるナンピン買いで、その結果は言うまでもありません。そこでカラ売りしていたらどんなに利益につながっていたことでしょう。結局、こうした"信

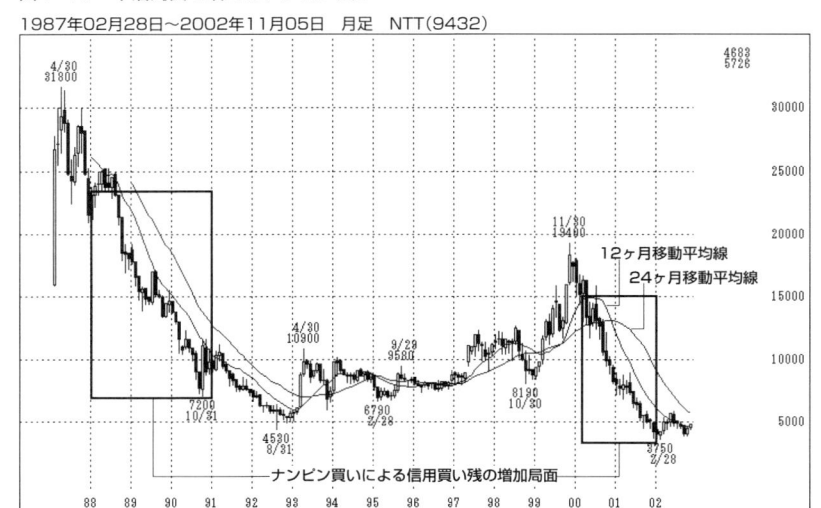

図4-17　下落局面で増えるナンピン買い

1987年02月28日～2002年11月05日　月足　ＮＴＴ（9432）

相場下落局面で買っても効率が悪いのに、多くの投資家が同じ過ちを繰り返している。

号無視"の買い方が投げきるまで、月足の流れは変わりません。

では、信号が見えにくい場合はどうでしょうか。これまで何回も、テクニカル指標を使って利益を上げるためには「トレンドに強さが必要」と述べてきました。この強さとは、言葉で表現すれば、日々線が移動平均線に接しないで離れて推移することです。

ところが銘柄によっては、図4-18の味の素（2802）のように、12ヶ月移動平均線を跨ぎながら推移している場合もあります。長い目で見れば徐々に値を上げているようですが、上がっては下げの繰り返しです。皆が積極的に買ったり、売ったりしているわけではなく、いわば信号が青なのか赤なのかハッキリしない状態です。どこで売買しても資金の運用効率が悪くなるだけですから、敢えてこのような銘柄に投資する必要はないと、私なら判断します。

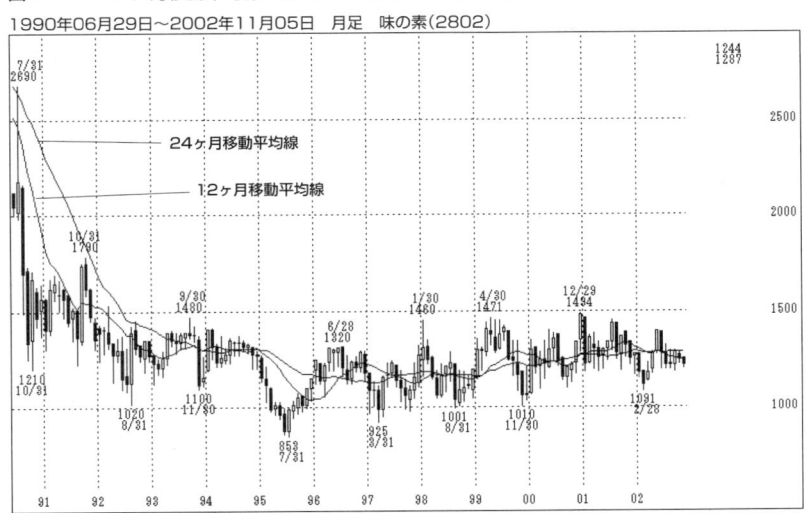

図4-18　12ヶ月移動平均線を跨ぎながら推移している銘柄

1990年06月29日～2002年11月05日　月足　味の素(2802)

上がっては下げの繰り返しで大きなトレンドが見えない。このような銘柄を売り買いしても資金の運用効率が悪くなるだけ。

月足で長期トレンドの変化を捉える

　相場というものは、利益があろうがなかろうが、売られるときは売られるし、買われるときは買われるものです。その基準となるのが、これまで何度も述べてきたダウ理論の高値と安値ですが、移動平均線を使ったテクニカル分析においても、この考え方は非常に重要です。特に、月足に出てくる主要な高値と安値は必ず確認しなければなりません。

　図4-19の西濃運輸（9076）のように、1880円の高値のあと移動平均線の下で推移していた相場が、429円の安値を付けてから反転し、移動平均線の上へ出ます。その後、直近の主要な高値790円を超えて848円を付けたあと、前の安値429円を割り込んでいない点を押さえる必要があります。さらにその後も移動平均線、特に24ヶ月移動平均線の上で推移していることに着目すべきでしょう。今後も移動平均線を割り込まずに848円を超えてくるようなら、長期上昇へと向かう可能性が高まります。

　ここでは、今まで24ヶ月移動平均線の下で推移していた相場が、この線の上で推移し始めているという変化がポイントです。長期間、移動平均線の下方で推移してきた銘柄が、移動平均線の上で推移し始めた、つまり、この時点で長期的な流れが変わったかもしれないと判断する感覚が重要なのです。目先の動きを狙うのであれば月足チャートはあまり関係ありませんが、長期トレンドに乗ろうとするなら、少なくとも相場が月足の上にあるところで買いを入れるのが安全です。

　逆に考えれば、それまで長らく移動平均線の上方で推移していた相場が移動平均線を割り込むなら、「買いはもうダメだ」ということを意味します。いわば買いの限界を示すサインで、そこからは

「カラ売りの制空圏」に入ります。カラ売り筋が本腰を入れるのはそれからです。

売買の観点からは、「移動平均線の上では押し目買い」「移動平均線の下では戻り売り」が基本になります。この基本的な売買スタンスを維持できないと、相場のトレンドに逆らった売買となり、得てして大きな損失へとつながります。

図4-19　下落局面での「カラ売り制空圏」

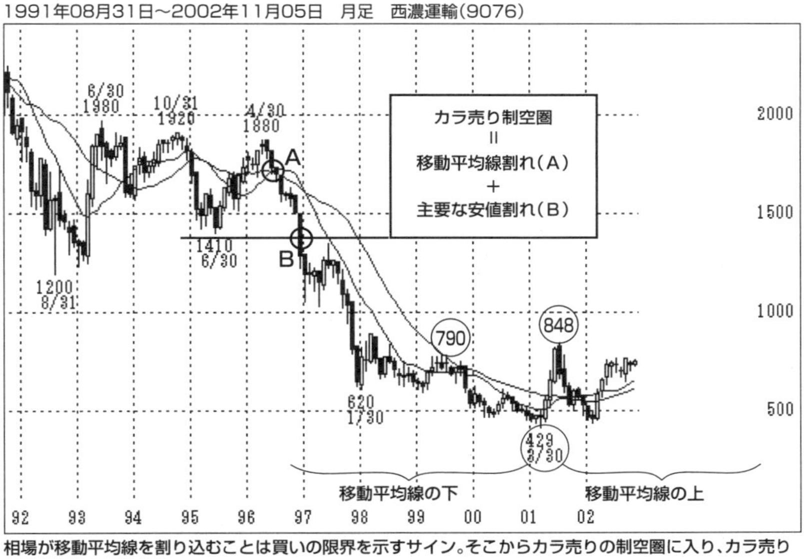

1991年08月31日〜2002年11月05日　月足　西濃運輸(9076)

カラ売り制空圏
＝
移動平均線割れ(A)
＋
主要な安値割れ(B)

相場が移動平均線を割り込むことは買いの限界を示すサイン。そこからカラ売りの制空圏に入り、カラ売り筋が本腰を入れ始める。

短期線と長期線で節目を考える

どの移動平均線でも同じことですが、特に月足のように大きな流れを見る場合、どの線が支持線・抵抗線になっているかを把握しておくことは重要です。例えば、短期線が抵抗線になっている場合は、

まずその短期線を日々線が超えないことには絶対に流れは変わりません。仮に、日々線が短期線を超えても、次の長期線が抵抗線になる場合もあります。

相場が上昇に変わったあとでも、図4-19の西濃運輸のように、その前の下落が大きい銘柄では「戻ったら売りたい」という投資家が多いため、一気に前の高値に向かって株価が上昇するのではなく、戻り売りをこなしながら上昇していくパターンになります。この意味では、過去の高値があってその凝りが残っている月足と、高値を更新中で過去の上値の凝りがない（青天井の）月足とでは、おのずと考え方が変わってきます。

図4-20　ローソク足と短期線／長期線の関係
1997年12月30日～2002年11月05日　月足　西濃運輸(9076)

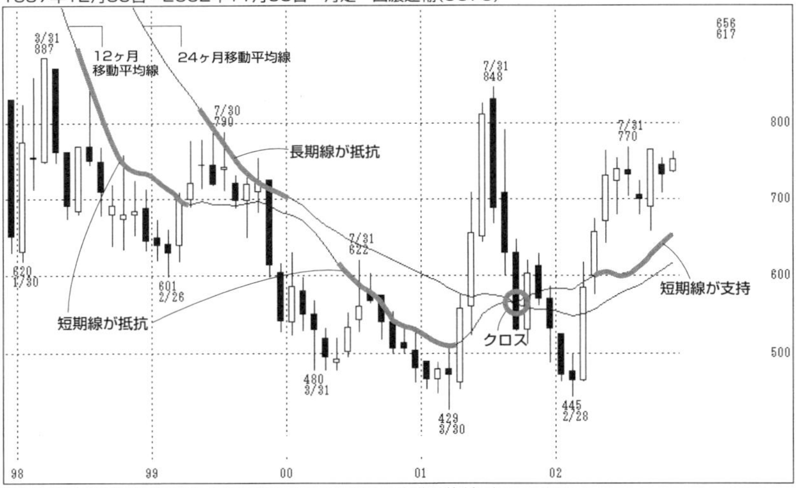

トレンドの基調が変化するときは常にローソク足と移動平均線がクロスする。

図4-20は西濃運輸の相場を1998年以降についてクローズアップしたチャートです。これまで24ヶ月移動平均線を割り込んだままでしたが、2001年春にこの線を超え、848円まで上昇したところからい

ったん売られました。やる気（買う気）があるなら移動平均線水準で止まるはずですが、この場合は12ヶ月線と24ヶ月線を両方とも割り込んでいます。

　ここで、本当に長期トレンドが変化しているなら、再び12ヶ月線を超えて上昇の動きを見せるはずです。事実、2002年春先の上昇で、再び12ヶ月線と24ヶ月線を超えていきました。このように相場に「やる気」があるかないかを、移動平均線との絡み方で確認することができるのです。もっとも、日々線と移動平均線の関係がいつまで継続されるのかという保証はどこにもありません。24ヶ月線を再び割り込むようなら見切りをつけることも必要です。

　これらの節目に対する判断で重要なのは、当たり前ですが、移動平均線の数値は相場の推移によって変化しているということです。現在の日々線がその水準に到達する時間（速度）も考慮しなければなりません。また、その線に到達したからといって、必ずしもその流れが止まるという保証もないのです。

　ここがテクニカル分析の難しい部分で、基本的には下落が止まれば押し目買いで、上昇が止まれば戻り売りなのですが、実際の相場では騙しの動きが出てきます。もっとも騙しの動きをその時点で回避することは難しいので、投資家にできることは、とりあえず相場の変化についていくだけです。

方向感が定まるまでは売買を手控える

　次ページ図4-21のトヨタ（7203）の場合、非常に長期の流れの中での下値支持線が形成されている一方、2000年以降の下落トレンドにおける上値抵抗線もあります。目先は12ヶ月線水準で方向感を探る動きになっていますが、日々線が12ヶ月線を超えても24ヶ月線ま

で達することはありません。つまり高値からの売り圧力が大きいと判断されます。しかも、目先に大きな保合（安値が切り上がっているけれど高値が切り下がり相場が煮詰まること）を形成しています。

　このような場合には、方向感が定まるまでは売買を手控えることも必要です。いずれ保合を放れ、方向感が決まった瞬間にポジションを持てばよいのです。相場の世界で最も危険なのは、相場の方向性が決まらないのに自分で勝手に方向性を決めてポジションを持つことです。これは博打以外の何ものでもありません。月足でこのように上下どちらともとれる位置に株価がある場合には、常に相場の動向を観察し、その変化に対応しなければなりません。

　しょせん、相場には上か下か、そして動かないかの3つの動きしかないわけです。それが現実に大きな損益になるのですから、月足で大きな動きの初期微動を確実に捉えることが何よりも大切なのです。

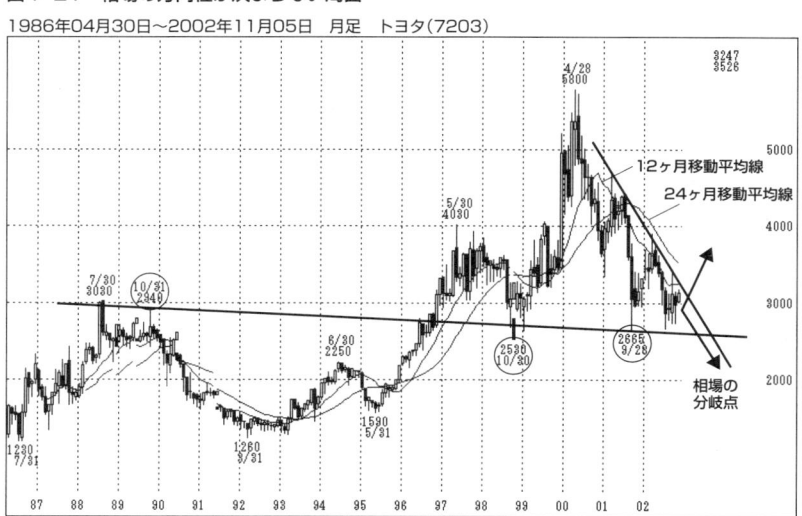

図4-21　相場の方向性が決まらない局面

1986年04月30日〜2002年11月05日　月足　トヨタ(7203)

高値5800円からの下落局面で、相場は12ヶ月移動平均線は超えるが、24ヶ月移動平均線は超えられない。方向性が定まるまで売買を控えたい。

4．移動平均線からσ(シグマ)バンドへ

　これまでの説明では、単に相場が移動平均線の上にあるか下にあるかで相場を判断しようとするものでしたが、それだけではトレンドの強さまでは判断しにくいものです。

　実際に相場を見ていると、相場が強いときは移動平均線を突き抜けて上昇が加速し、相場が弱いときは移動平均線を割り込んでどんどん下落します。つまり、移動平均線以外にも相場を支配している線があるということです。

　その一つが「ボリンジャー・バンド」です。第2章でも説明した通り、このテクニカル指標はもともとはジョン・ボリンジャー氏が開発したものですが、日本では私が紹介した「もう一つのボリンジャー・バンド」が普及しています。本書では両者を明確に区別するために、オリジナルの手法はそのまま「ボリンジャー・バンド」と表記し、私の手法は「σ(シグマ)バンド」と表記しています。

「σバンド」は相場参加者の分布を示す

　次ページ図4-22はルック（8029）の月足チャートを対象としたσバンドの例です。真ん中の線が60ヶ月移動平均線で、その上下に、標準偏差(注57)を基準とした線を3本ずつ付加したものです。

（注57）正規分布におけるデータの散らばり具合を数値化したもの。各データから平均値を引いたものを二乗した和をデータ数で割った値の平方根。株価の場合は変動率（ボラティリティ）を表す。

図4-22　σバンドで相場参加者の分布を確認

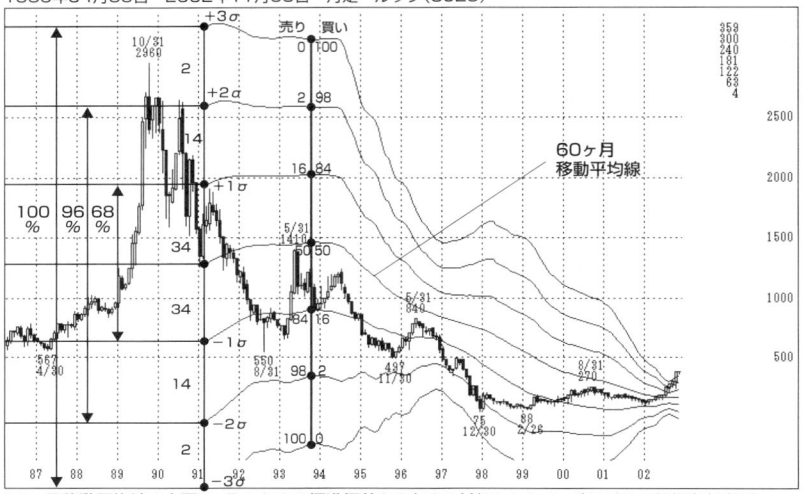

1986年04月30日〜2002年11月05日　月足　ルック(8029)

60ヶ月移動平均線の上下に、そのときの標準偏差を3本ずつ付加したもの。どれだけの相場参加者が評価益・評価損を抱えているかがわかる。

　第2章で説明したように、σバンドを上から見ると「＋3σ」から「－3σ」まで7本の線があり、線と線の間が6つのブロックに分割されています。理論上は「－1σ」〜「＋1σ」の間に全体の68％、「－2σ」〜「＋2σ」に96％、「－3σ」〜「＋3σ」に100％のデータが入ると考えられます。

　これを買い方・売り方の評価益という面から考えてみましょう。例えば、相場が「－3σ」の水準にあれば、評価益のある買い方の割合はゼロとなります。これが移動平均線の水準では50％に、「＋1σ」の水準では84％になり、「＋3σ」では100％になります。

　逆に、相場が「＋3σ」の水準にあれば、評価益のある売り方はゼロとなります。移動平均線の水準では50％に、「－1σ」の水準では84％になり、「－3σ」では100％になります。

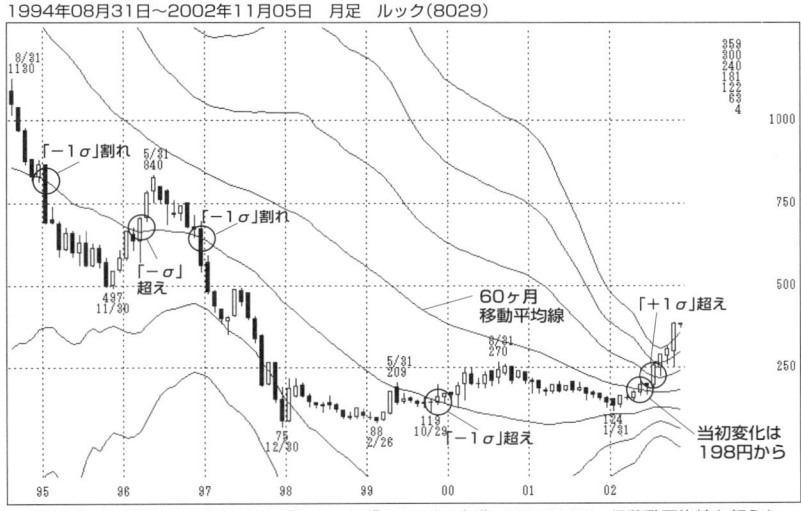

図4-23 60ヶ月移動平均線とσバンドで見るテクニカル・ポイント
1994年08月31日〜2002年11月05日 月足 ルック(8029)

通常、相場の動きが大きく変わるのは「＋1σ」と「−1σ」の水準。ここでは60ヶ月移動平均線を超えた198円から変化が始まった。

　実際の相場では、「＋1σ」を超えるかどうか、あるいは、「−1σ」を割り込むかどうかに注目が集まります。言い換えれば、相場参加者の大半が動き出すポイントが「＋1σ」と「−1σ」なのです。
　相場が「＋1σ」を超えると買い方の84％程度、つまり、かなり多くの人が評価益を持つことになります。そうなると買い方はさらに買い姿勢を強め、同時に、売り方の大半が評価損を抱え、買い戻しを急ぎます。その両者の買いによって相場はさらに上昇します。
　逆に、相場が「−1σ」を割り込むと売り方の84％程度が評価益を持つことになります。そうなると売り方はさらに売り姿勢を強め、同時に、買い方の大半が評価損を抱え、投げ売りを急ぎます。結局、その両者の売りで相場はさらに下落します。
　こうした買い・売りの動きは、「＋1σ」を割り込むか、「−1σ」

を超えるまで継続します。それまで上昇していた相場は、移動平均線を割り込む前に「＋１σ」を割り込みますから、「＋１σ」を超えている限り上昇が継続することになります。同じように、それまで下落していた相場であれば、移動平均線を超える前には「－１σ」を超えますから、「－１σ」を超えない限り下落が継続することになります。

　ということは「＋１σ」と「－１σ」の水準は、トレンドが加速するポイントであると同時に、トレンドが反転するかもしれないポイントでもあります。例えば、相場が月足の「－１σ」を割り込んで推移している状況から「－１σ」を超えると、84％の売り方の優位性が崩れるため、買い戻しを急ぎます。従って、下落トレンドからの反転局面で一種フライング的にポジションを持つのであれば、とりあえず「－１σ」超えのポイントを狙うべきでしょう。もちろん、上昇トレンドからの反転局面でも考え方は一緒で、「＋１σ」割れが、カラ売りで狙うべきポイントになります。

　なお、ここでは60ヶ月移動平均線を使っていますが、もっと変数を小さくすれば変化の先取りができます。もちろん、変数を小さくすれば相場のノイズを拾うことになることは、前述した通りです。

月足から週足へ

　さて、月足で「＋１σ」や「－１σ」、移動平均線を超えたこと、つまり基調が変わったことを確認したあとは、戦略地図をより詳細な週足・日足へと切り替えていきます。前述したように、相場の動きには初期・中期・最後の加速期があるので、これに対応して変数をより短めのものに変えていく必要があるからです。

　私は、個別銘柄、特に現物株の場合は比較的大きめの変数を使い

ます。信用取引のように期日と証拠金の問題があるものは現物株より小さめの変数を使い、先物取引などでは非常に小さい変数を使っています。また、相場の初期段階では大きめの変数、それがトレンドに乗ってくるようだと変数を徐々に小さくしていきます。

図4-24　52週移動平均線を中心としたσバンド
1999年12月30日〜2002年11月05日　週足　ルック(8029)

まずは52週移動平均線で比較的大きな流れを見る。「＋1σ」を超えると「＋2σ」を超えて上伸びしていく様子がわかる。

　図4-24はルックの週足チャートです。まず比較的大きな流れを見るために、52週移動平均線を使います。このチャートでの初期変化のポイントは移動平均線を超えた174円のところです。第1章で説明した「グランビルの法則」でも、上昇する移動平均線を割り込んだあと、再び移動平均線を超えたところが買いになっていましたが、これと同じところが初期変化のポイントになります。

　その後「＋1σ」を超えると、さらに「＋2σ」を超えて上伸びしていく様子がわかるでしょう。このチャートは、トレンドが強い

銘柄の特徴を示すために掲載しています。移動平均線や「＋１σ」を超えたあと、トレンドに強さがなければ何度も押し目を付けるはずですが、ここでは２回程度しか押し目らしい押し目は観測されません。「押し目待ちに押し目なし」との格言はこのようなものです。

　このチャートでは直近は「＋３σ」を超えようとしています。これは、初期、つまり52週前あたりのデータの動きが小さく、直近の動きが大いためです。理論上は「－３σ」から「＋３σ」の間に100％のデータが入るはずですが、相場のデータは必ずしも正規分布していないので、実際にはこのようなことが起こります。「売り方の買い戻しが相当入っている」、あるいは「相当相場が強い」と考えればいいでしょう。

　投資家の中にはボリンジャー・バンドを逆張りの指標として使っている人もいますが、私はσバンドでは、常に、各線を基準としたトレンド・フォローで使うべきだと考えています。したがって、ルックのこの上昇局面で短期的に利食いを入れたいなら、「＋３σ」を割り込む水準か、あるいは、もう少し幅を持たせて「＋２σ」の水準にストップ・オーダーを置いて、買いを入れるべきでしょう。

　もっともこのケースでは、現在価格と比べると「＋３σ」の水準は近すぎるし、「＋２σ」はやや遠すぎるように思えます。そもそも52週という長期の変数は、上昇に転じる前に変化を捉えるためのもので、現状分析にはあまり適さないのでしょう。

　そこで、変数を52週から半分の26週に変えてみます。次ページの図4-25を見てください。

　相場の初期変化は52週の174円から158円になり、押し目がおおむね「＋１σ」の水準に近づいてきます。このように、押し目が「＋１σ」になるように、つまり相場参加者の意思がある線上に表れるように変数を調整すると相場がわかりやすくなる場合もあります。

図4-25　26週移動平均線を中心としたσバンド
1999年12月30日〜2002年11月05日　週足　ルック(8029)

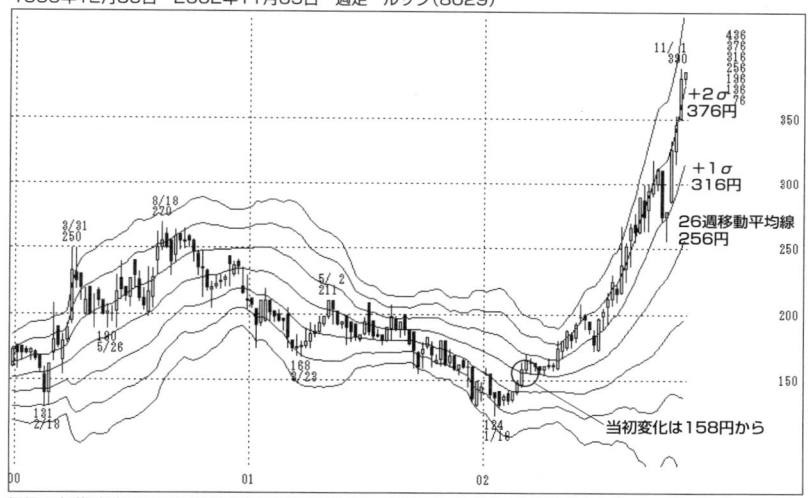

相場の初期変化は52週移動平均の174円から158円になり、押し目がおおむね「+1σ」に近づいてくる。

　ここでも、直近の相場は「+2σ」の水準を超えています。26週ベースで見ても依然として強い相場であることがわかります。なお、ここには信用取組(注58)を掲載していませんが、この銘柄は信用取組が拮抗し、現状では売り方が窮地に立っているという背景があることも述べておきます。

　直近株価に対する「+2σ」の水準にも注目してください。52週では「+2σ」が339円だったものが、この26週では376円となり、ストップ・オーダーを入れやすい水準になっています。また、このチャートでは見にくいですが、この376円という値は、ワイルダーの下値を押さえる数値とほぼ同じになっています。

(注58) 信用取引の買い注文・売り注文の状況をいう。買い残÷売り残を「信用取組倍率」と呼び、これが1以上だと買い圧力が強いことを示す。

図4-26　13週移動平均線を中心としたσバンド
2001年09月21日〜2002年11月05日　週足　ルック(8029)

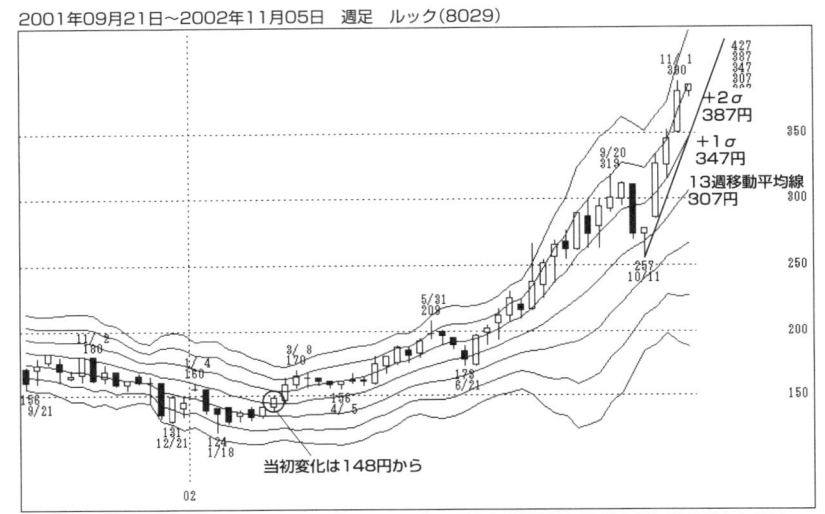

反転後の相場は「＋1σ」あたりで下値を付けている。押し目は13週移動平均線を割り込むこともある。

　図4-26では、変数を26週の半分の13週に変えてあります。相場の初期変化は、52週の174円、26週の158円から、148円にまで下がっています。相場の推移はおおむね「＋1σ」あたりで下値を付けるようになり、押し目は13週線を割り込む箇所も出ています。また、直近の「＋2σ」は387円で、「＋1σ」は347円です。

　最後に、変数を9週にします（図4-27）。この初期変化は142円で、その後、相場の下値は「＋1σ」から9週線あたりで推移し、押し目は「－1σ」を割り込む箇所もあります。そして、直近の「＋2σ」が400円、「＋1σ」が361円です。

　この銘柄の場合は上昇が加速しているので、相場に異変がなければこのまま加速するものだと考えられます。ということは、下値の押さえどころが利益確定のポイントとして非常に重要です。つまり、ストップ・オーダーを入れる水準をどこに設定するかが勝負の分か

図4-27　9週移動平均線を中心としたσバンド
2002年04月19日～2002年11月05日　週足　ルック(8029)

当初変化は142円から

変数を短くすれば、変化の価格が低くなる。52週移動平均線では当初の相場変動は174円だったが、この9週線では142円になった。

れ目になります。

　上記のように変数を短くしていくと、相場の初期変化が早くなります。52週では174円だったものが、26週では158円、13週では148円、9週では142円になっています。つまり、変数を短くするほど、変化を早く認識しやすくなるわけです。

　反面、13週や9週のような短期線を使うと、相場と移動平均線が絡むため、押し目の水準などを見極めにくくなります。直近の移動平均線の水準を比べても、52週では206円、26週では256円、13週では307円、9週では322円になります。これを5週、3週と短くすれば、さらに現在の株価に近づいていきます。

　相場参加者の分布に大きな影響を及ぼす「＋1σ」の水準も、52週では272円、26週では316円、13週では347円、9週では361円になります。また、相場が加速して、そこで目先の利食いを行う場合な

どは「＋2σ」も重要になりますが、この水準も変数が小さくなるに従って高くなります。

このようなことは、相場の初期段階と加速したあとでは、使うべき移動平均線を変えたほうがよいことを意味しています。いつも同じ変数を使っていたのでは、買い（カラ売り）や利食いのタイミングが早すぎたり、遅れたりするからです。

週足から日足へ

これまで月足から週足と見てきましたが、今度は、同じルックの相場を日足チャートで見ていきましょう。ここでは200日、75日、25日、9日の各変数を取り上げます。どれが良いとか悪いということではなく、その時々の相場の状況により、どれが最も効いているかを考えながら判断することが重要です。

月足から週足、そして日足にローソク足が移ると、目先のノイズを拾うようになり、相場の動きに人間の目は攪乱されます。この攪乱は非常に悩ましい問題ですが、現実の相場の中では投資家のテクニックだけでこれを回避することはできません。ノイズを回避するためには、相場のトレンドの強さが必要になります。

図4-28は、変数を200日とした場合の日足チャートです。移動平均線や「＋1σ」で大きな押し目は押さえられますが、相場はおおむね「＋2σ」を超えて推移していることがわかります。また、直近は「＋2σ」から大きく乖離し、「＋3σ」方向へのバイアスがかかっています。既に下値支持線が明確で、この線が重要視されます。

この相場を75日線（図4-29）で見ると、押し目は移動平均線あたりで、おおむね「＋1σ」水準を下値に推移しています。直近の相場は「＋2σ」を超えていて、下値の押さえは365円になります。

第4章　相場実践の中での考え方

図4-28　200日移動平均線を中心としたσバンド
2002年04月01日～2002年11月05日　日足　ルック(8029)

200日移動平均線や「+1σ」で大きな押し目は押さえられるが、おおむね「+2σ」を超えて推移している。

図4-29　75日移動平均線を中心としたσバンド
2002年06月13日～2002年11月05日　日足　ルック(8029)

押し目は75日移動平均線あたりで、おおむね「+1σ」水準を下値に推移している。

こちらのほうが、200日の「＋2σ」より現実的かもしれません。

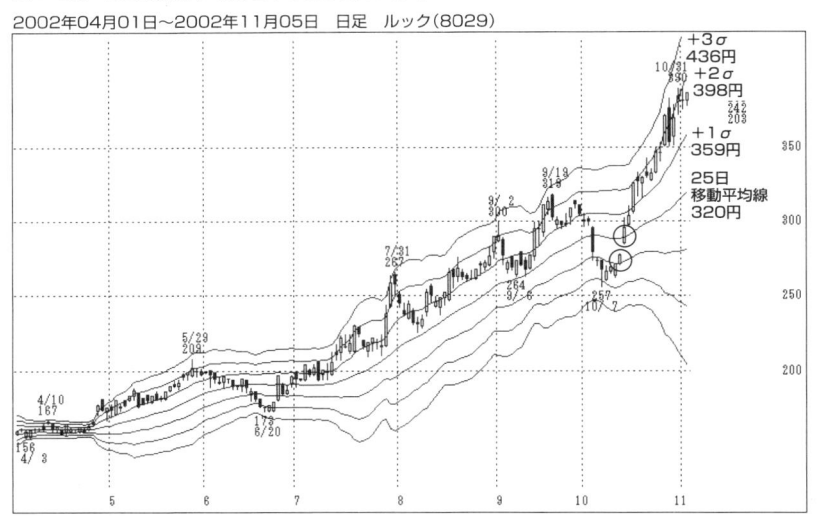

図4-30　25日移動平均線を中心としたσバンド
2002年04月01日〜2002年11月05日　日足　ルック(8029)

移動平均線を跨ぐときがあるが、直近は「＋1σ」を超えている。下値の押さえは「＋1σ」の359円がある。

　25日線（図4-30）では、移動平均線の水準で押し目を付けるという特徴が見受けられますが、移動平均線を跨ぐときもあります。直近は「＋1σ」を超えていて、下値の押さえとしては「＋1σ」の359円があります。

　最後に9日線（図4-31）を見てみましょう。ここまで変数を短くしても、相場のトレンドが強ければこのチャートのように「＋1σ」水準で推移します。下値の押さえは「＋1σ」の381円です。

　以上、4種類の日足チャートをざっと見てきましたが、変数の使い分けは、自分がどのような投資スタンスを持つかによっても異なってくるでしょう。日計り派なら5分足などザラ場のチャートを使うべきで、日足はあまり適しません。しかし、その場合でも日足に

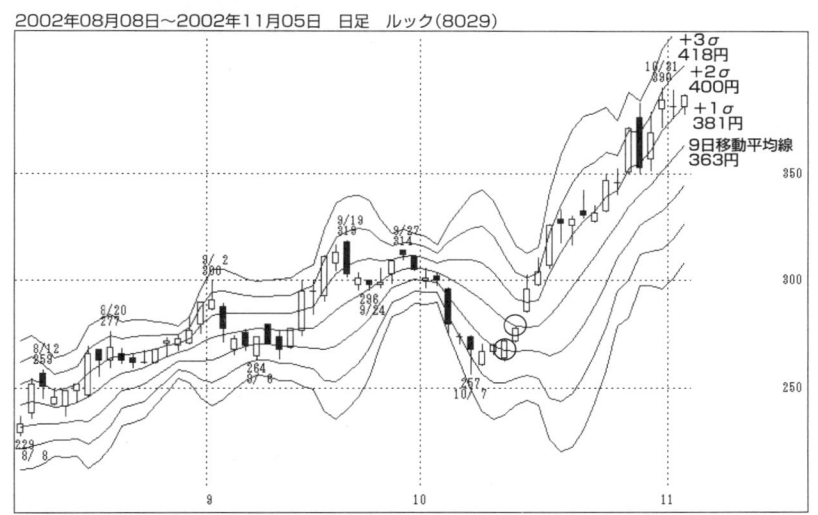

図4-31　9日移動平均線を中心としたσバンド
2002年08月08日～2002年11月05日　日足　ルック(8029)

相場が強ければ「＋1σ」の上で相場が推移する。直近の押さえは「＋1σ」の381円。

よるテクニカル・ポイントは、常にザラ場のチャートに反映させておくべきでしょう。

　各日足チャート内に示した○印は、重要な変化を示すテクニカル・ポイントです。単純に各ポイントを超えれば買い、割り込めば売りというふうにテクニカル売買に徹するのも一つのやり方でしょう。例えば「＋1σ」を割り込まない限り、買いは持ち続けるとか、「－1σ」を超えない限り、カラ売りは持ち続けるといった方法も考えられます。

　また、移動平均線で短期線と長期線を組み合わせて使うように、ここでも短期σバンドと長期σバンドを組み合わせて使うといった試みもあるはずです。ここから先は、各自の創意工夫によって自分に合った指標の使い方を考えてみてください。

5．誰もが見ている「一目均衡表（いちもくきんこうひょう）」

　パソコンとインターネットの普及により、個人投資家でもさまざまなテクニカル指標のチャートを手軽に利用できる環境が整ってきました。なかでも注目を集めているのが、これから解説する一目均衡表（いちもくきんこうひょう）なのです。

　一目均衡表は決して新しいテクニカル指標ではありません。ただ、ほとんどの個人投資家がその存在を知らなかっただけで、機関投資家や証券会社のディーラーは昔から使っていました。パソコンを使えば家庭でも簡単に扱えるようになったおかげで、ようやく個人投資家の目にも触れるようになったのです。

パソコン／インターネットとともに普及

　私は10年間以上、毎日、日経平均などの主要指標や、個別銘柄の日足・週足・月足を一目均衡表で見ています。さらに、為替やＮＹダウ、ナスダック指数、その他の相場商品に至るまで、すべて一目均衡表で相場を見ています。

　一目均衡表が作られた当時は、まだ専用のグラフ用紙に手書きでチャートを書いていたようです。当然、すべての銘柄を書くことなど個人投資家には不可能なことだったでしょう。

　私が「エクセル」や「ロータス1-2-3」で日経平均先物などを計算し始めた頃は、まだパソコンの処理能力が遅く、一度の計算に5分

から10分もかかりました。計算が終わったときには既に相場が動いてしまっているので、実践向けには使えないものでした。

証券会社のリサーチ・投資情報部門に属する人たちが集まる会合では、一部の証券会社から発表される非公式のレポートに一目均衡表が使われていましたが、他社からのレポートには使われていない状況でした。これが今から15年前です。

10年ほど前から、まず証券会社のディーラーやファンド・マネジャーの間で使われるようになり、5年ほど前から一部の個人投資家へ、そして1〜2年ほど前になってネット取引を行う個人投資家へと普及してきた経緯があります。その間、私も『チャートブック週足集の見方・使い方　基礎編』（投資レーダー刊）、『同応用編』（同）などを通じて一目均衡表の普及に努めてきました。

順バリに便利なテクニカル指標

一目均衡表の特徴をひとことで言えば、トレンド・フォロー型の投資スタイルにマッチしているテクニカル指標だということです。つまり、どこで相場に入り、どこで損切りすべきかを判断するうえで非常に便利になのです。

現在、マーケットで大きな資金を動かしているのは証券会社のディーラーや投資顧問会社のファンド・マネジャーですが、重要なのは、彼らがサラリーマンであり、常に組織から結果を求められているという事実です。彼らは利益を出すのが当たり前で、損失は許されません。損失を出せば、外資系企業ではクビになります。日本企業でも遅かれ早かれ配置転換をされるでしょう。そのため、自分を守るための売買のやり方がどうしても必要になり、一目均衡表が注目されるようになったのです。

同時に、一目均衡表は、運用担当者を管理する上司にとっても重宝がられてきました。従来は一人ひとりの担当者がどうして損を出すのかが具体的にはわかりませんでしたが、自分の机の上のパソコンで一目均衡表が見られるようになると、個々の担当者ごとのポジションが一目でわかるようになりました。そのため、個々の運用担当者の売買への管理も徹底されるようになったのです。

　常に上司のチェックを受けるようになった担当者は、損失が拡大する可能性があるポジションを持っていると上司に怒られるので、できるだけ安全なトレンド・フォロー型の売買を心掛けるようになりました。目先の収益を確保しつつ、損失が出ているものは上司に怒られる前に損切りしようとします。一目均衡表のいくつかの基準に従って売買している限り、上司に対する言い訳が説得力を持ち、サラリーマン人生を延命できるようになったのです。

　要するに、本来一目均衡表で定義されている売買の考え方と、現代のトレーダーやファンド・マネジャーの売買スタイルとが合致するようになったということです。その結果、最近では非常に多くの投資家が一目均衡表を見るようになりました。大口投資家の多くがその指標に従って売買しているということで、いわば「皆が見ている信号機」としての役割を担う指標になったのです。

　ここでは、一目均衡表の本来の考え方に加え、最近の動向を踏まえて一目均衡表について解説していきます。ただし、決して本質をすべて伝えるものではないことはご了承ください。本書でも何度か述べましたが、投資や相場の本質というものは、教科書や参考書の類で解説できるようなものではないのです。他人の解説に頼らず、各自が常に「原典」(注59)にあたって、自らの経験を通じてつかみとるものです。ですから、ここでの解説はせいぜい入り口のところへのガイダンスにすぎないことを忘れないでください。

なぜ一目均衡表を使うのか

　投資家の中には、一目均衡表の論理的な根拠について疑問視している人もいますが、これについてはなんとも答えようがありません。開発当時を知る人も何人かは残っていると思いますが、一目山人が学生達に何をやらせ、なぜこのような形になったのか、私は知る由もありません。著書が書き進まれた経緯を伝え聞くことはあっても、今となってはその真偽すらわかりません。

　投資の世界では、誰かが優れた手法を開発しても、それが他人に知られるとすぐにコピーされ、勝手に使われてしまいます。ですから、一般的には投資技術論は門外不出となります。一目均衡表とて例外ではありません。

　我々投資家にとっては、便利なツールを便利に利用して投資パフォーマンスを少しでも上げることが重要なのです。実践で便利に使えるツールである以上、ツールの中身まで突きつめて考える必要はないように思えます。

儲からない相場で利益を上げる考え方

　一目山人は、「相場は動かないか動くかどちらかであり、動けば上げか、下げか、極めて簡単である」と説く半面、「それでも実際にやってみると、従来のやり方では相場はなかなか儲からない」と指摘しています。この原因については、「相場分析の複雑化や希望的観測により、投資家が相場の動きを大きく見誤ることに起因している」と述べています。

(注59)「一目均衡表」は、東京都中央区日本橋茅場町の「千代田書店」(03-3666-5355)で入手可能。

また、「新聞、雑誌、または人の意見で、よく『押し目買い』『戻り売り』というのがあるが、抽象的過ぎて、実際にはどこまでが『押し目』か、どこまでが『戻り』かよくわからない」とも述べています。つまり、一目均衡表の原点は、相場は本来わかりにくくて儲からないという現状認識にあるとも言えるでしょう。
　相場は「生き物」で「変幻自在」です。経済学では「セテリスパリブス」という「条件所与」つまり条件が変わらないものとしてさまざまな議論をします。しかし、相場の世界は、１日のうちでさえ、条件が変わらないことがありません。
　損をする投資家に共通する考え方は、自分が買ったときの判断が未来永劫継続するというもので、どんなに相場が下がろうとも、その考え方は変わりません。しかし、現実は、刻々と前提条件が変化していて、その変化を反映して株価が形成されます。
　我々投資家としては、常に決まった方程式を使えば、ここは「買い」、ここは「売り」という答が出てくれることを望みますが、相手が生き物である以上、我々が要求する答を出してくれるものはないと考えたほうが簡単です。
　どんなテクニカル指標を使おうとも、それは同じことで、うまくいくこともダメなこともあると考えるべきです。我々の目的は、自分の運用資産を着実に増やすことで、相場を百発百中当てることでもなければ、あとから見てわかる大相場をとりきることでもありません。損切りは当たり前で、買った負けたがある中で総じて自分の運用資産が増えていればよいと考えます。基本は「損を少なく、利益を大きく」で、運が良ければ利益だけになる場合もあります。
　なぜ、このような曖昧な話をするかというと、一目均衡表の原典を読もうとすると、非常に曖昧、漠然とした箇所に出会い、わからなくなるからです。几帳面な人は、それでは納得がいかないでしょ

うが、あまり真剣に考えないことです。私の経験では、テクニカル分析を研究するときに重箱の隅をつつくように詳細・緻密にやればやるほど深みにはまり、パフォーマンスが下がるものです。

相場を「時間」の概念で捉える重要性

　一目均衡表が卓越しているのは、相場を「時間」の概念で捉えようとするところです。一目山人は、「相場に関係する人々は、とかく値段に重点を置き、騰落の値幅に注目するあまり時間をおろそかにしがちである」と指摘しています。「値幅はどうなるか、なってみないとわからないが、時間は1日1日決定的」と、時間の分析なくして相場の波動はわからないと説明します。ここから「スパン」の概念が生まれてきます。

　相場の動きは、「いくらからいくらへ」と値幅だけで考えるべきではなく、常に「日柄と値幅」の関数で考えるべきものです。通常、個別銘柄が1000円から1500円に上がるには半年や1年はかかります。おしなべてみれば1週間で上昇する値幅はわずか数十円ほどです。しかし、なかには、そのときの相場の地合が強く、数週間で同じ値幅を上昇する銘柄もあります。「日柄と値幅」で考えることは、このような相場の弱さ・強さを判断するために欠かせません。

　ギャンが、1 by 1、1 by 2、1 by 8などとトレンド・ラインの傾きを規定しているのも、「日柄と値幅」を重視しているからにほかなりません。

　「日柄と値幅」を考えるためには、前述したように、使うチャートの問題も頭に入れておく必要があります。つまり、本やパソコンのディスプレイに掲載されているチャートのスケールが、投資家に錯覚を起こさせやすいという問題です。

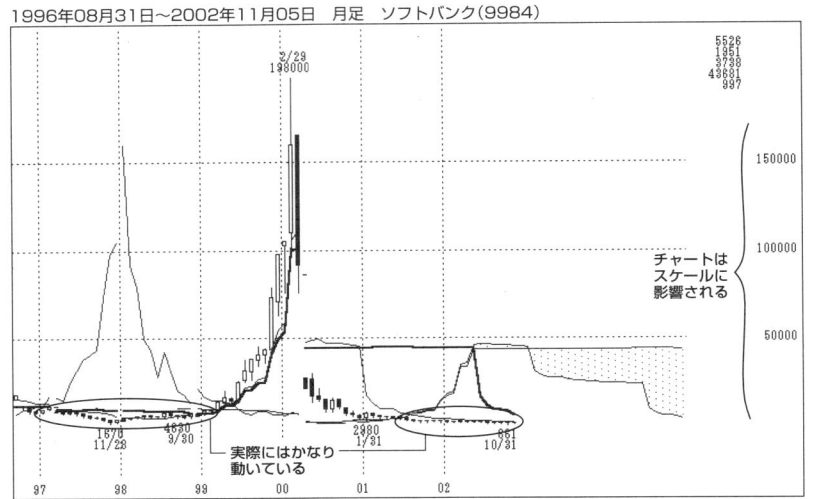

図4-32 一目均衡表で見たソフトバンクの大相場
1996年08月31日～2002年11月05日　月足　ソフトバンク(9984)

0円～500円のスケールなら上下動がはっきりわかる相場も、0円～20万円のスケールでは動きがほとんどわからない。

　図4-32のソフトバンク（9984）のように、1000円～2000円の動きをしていた相場が、ひとたび20万円近くまで跳ね上がり、その後再び1000円～2000円程度の動きをしていると、大相場の前後ではほとんど動きがないような錯覚に陥りますが、縦軸の値幅のスケールを数千円単位に設定してみれば、実際にはかなり動きがあるものです。

　横軸の日柄も同じことで、通常は週足は1～2年間、日足は数ヶ月間となかば機械的に設定されていますが、さらに過去の動きを表示してみれば全く違った印象を受けることが少なくありません。

　こうした問題は、一目均衡表でも同じように起こります。日足で好転した（買いになった）相場なのに、ある値段までいくと売られてしまうことがよくあります。その値段をよくよく見てみると、週足の「基準線」や「先行スパン下限線」の水準だったりします。また、週足で好転したあと、少し上昇した段階から売られてしまうこ

ともあります。その場合も、月足の「基準線」の水準で戻りを売られていたりします。

　日足の一目均衡表しか見られない人は、上記のような事例には絶対に気がつかないはずで、日足と週足の一目均衡表しか見られない人は、月足の分岐点が絶対にわからないことでしょう。

　このように、チャートのスケールを変えて考えることができなければ「値幅」の感覚も「日柄」の感覚もわかりません。「井の中の蛙大海を知らず」の諺通り、近視眼的に相場を見ることしかできず、全体感を失ってしまうのです。これは投資家としては致命的です。

　最近は、日計り取引（デイトレード）を行う投資家も多くなっています。一部の投資家は、5分足など非常に細分化されたデータを使って、その上に一目均衡表を被せて売買しています。ということは、5分足を見ていない投資家には、なぜそこで売られているのか、買われているのかがわかりません。

　相場の世界では、プロもアマもなく、皆同じ土俵で勝負しなければなりません。その中で、自分の持っている武器・使っている武器がほかの投資家より劣っていれば、それだけでも勝負の行方に大きな影響があるのです。「知らなかった」も自己責任です。

一目均衡表は「信号機」

　一目均衡表は、ひとめ（一目）見て、今の相場が売りなのか買いなのか（相場の均衡状態の崩れ）を判断するチャートです。当たる当たらないというよりも、その瞬間が、売りなのか買いなのかを示唆してくれるものです。そして、相場の流れが変わるときには、その変わりそうなことを警告してくれます。つまり、赤信号（売り）から黄色信号（変化のサイン）が出て、青信号（買い）に変わり、

ついで黄色信号（変化のサイン）が出て、赤信号（売り）に変わるのです。

　我々ができることは、「売り」の空間で「信用カラ売り」を行うか「買いを持たない」こと、そして、「買い」の空間で「信用買い」か「現物買い」を行うか「信用カラ売り」を行わないことです。

　ここでも徹底しなればならないことは、相場をとりに行くことよりも、危険の回避です。自分が危険な空間に入っていないということは、少なくとも自分のポジションと相場のトレンドが合っていることで、何の問題も生じません。あとは、そのトレンドが小さく終わるか大きくなるかの違いで、これは均衡表を見ながら確認していけばよいのです。そして自分が危険な空間に入ったときには、そのあとの動きがどうなろうとも、一度逃げておけばよいのです。

　ローソク足だけを使っていると、どこで相場に入り、どこで出るかという問題に対して、自分の欲得が絡んでなかなか踏み切りがつかないものですが、一目均衡表の各指標に従えば躊躇せずにそこで売買できるようになります。要は怪我がなければよいので、いったん買いから売りになったあとに再び買いになれば、そこで黙って買えばよいのです。いったん売りから買いになったあとに再び売りになれば、黙って売ればよいだけです。こうした危険回避ができれば、次に、一目均衡表本来の使い方をして、相場をとりに行くことを考えればよいでしょう。

　車を運転していて、交差点で青信号なら黙って進めばよいし、黄色信号ならば注意して進み、場合によっては止まればよいのです。何より大切なことは、赤信号なのに直進しないことです。黙って止まれば大事故は起きません。

一目均衡表の構成要素と見方

　一目均衡表には目に見える部分と目に見ない部分があります。

　目に見える部分としては、「転換線」「基準線」「先行スパン線（帯）」「遅行スパン線」「日々線（ローソク足）」があります。目に見えないもの、あるいは考えなければならないものとしては、「基本数値」「対等数値」「型譜（足型）」「均衡表計算値」「新値」「準備構成」などがあります。

　一目均衡表を使いこなすためには、これらのすべての指標を総合的・多角的に考えなければなりませんが、現実には均衡表の研究家でもなければ、これらの指標をすべて押さえることなど不可能です。

　ですから現実的には直感的にわかりやすい指標、つまり「目に見える部分」を読み解くことで相場の動きを判断できるように、均衡表の使い方を工夫する必要があります。本書で述べるのも、もっぱら「目に見える部分」についてです。

　これから説明することを考える場合には、常に「売り手」と「買い手」の力関係がどうなっているのかを考える癖をつけてください。昔は毎日手書きで均衡表を専用グラフ用紙に書いていたので、売り手と買い手の力関係など嫌でも頭に入ったものです。しかし、最近はパソコン上で簡単に表示されるため、単に見るだけで何も考えなくなる傾向にあります。それを補うためには、毎日、一目均衡表を見続け、自分で売りか買いかの判断をし続けることが重要なのです。

　各論に入る前に、チャートに描かれている各指標にどのような特徴があるのかを一通り見ていきましょう。

　次ページ図4-33の日本板硝子（5202）は、一目均衡表の特徴をきれいに示しています。最近は、下落局面に入っている銘柄や、トレンドがない、つまり、一目山人が言う「動かない」という銘柄が多

く、この例のように上昇相場と下落相場の特徴をハッキリ表している銘柄は珍しくなっているのです。

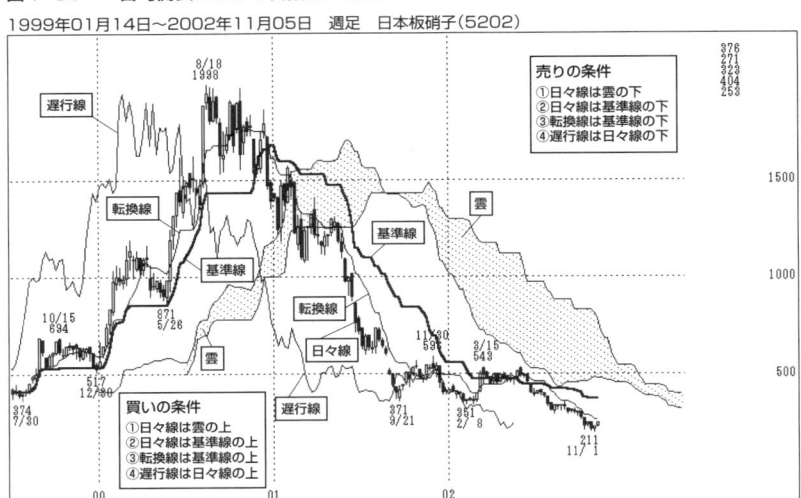

図4-33　一目均衡表における各指標の特徴

上昇局面から下落局面に変わる端境期では、①日々線が雲の中に入り始め、基準線を割り込むなどの特徴が見られる。

　まず相場が上昇している局面では、
① 日々線（ローソク足）が雲の上にある
② 日々線が基準線の上で推移している（基準線水準が相場の押し目となっている）
③ 転換線が基準線の上方で推移している（さらに相場が堅調に買われている局面では、日々線が転換線の上で推移している）
④ 遅行線が日々線の上にある

といった特徴が見てとれます。つまり、買いの条件です。
　次いで、相場が上昇局面から下落局面に変わる端境期では、
① 日々線が雲の中に入り始める

② 日々線が基準線を割り込む
③ 転換線が基準線の下に潜り込む
④ 遅行線が日々線を割り込み始める

などの特徴があります。

そして下落局面では、

① 日々線が雲の下にある
② 日々線が基準線の下で推移している（転換線水準が相場の戻り目処となっていて基準線までは反発しない）
③ 転換線が基準線の下方で推移している（さらに相場が非常に軟調な局面では、日々線は転換線の下で推移している）
④ 遅行線は日々線の下にある

といった特徴が見てとれます。つまり、売りの条件です。

このチャートではわかりませんが、やがて下落局面が終わり、上昇局面に転換しようとする端境期では、少なくとも、

① 日々線が転換線の上方で推移する
② 次いで日々線が基準線の上方で推移し始める
③ 転換線が基準線を超える
④ 遅行線が日々線を超える
⑤ 日々線が雲の中に入り、最終的には雲の上方に顔を出す
⑥ 遅行線も雲の上に出てくる

などの特徴が見いだせるはずです。

それ以外にも、

① 相場が強ければ雲の水準までの押し目はない
② 相場が強ければ転換線を割り込まずに推移し、転換線を割り込んだところから目先の調整に入る
③ それまで基準線を割り込まなかった相場が基準線を割り込み始めると、比較的大きな調整に入る可能性がある

④ 先行スパン上限線水準で押し目を付けたあと、基準線を超えられずに戻りを売られると雲を割り込みやすくなる
⑤ 遅行線が日々線や先行スパン帯を割り込むところでは大きな売りが出る
⑥ 下落局面では基準線までの戻りはほとんどない

等々、相場のさまざまな局面で数多くの特徴が見いだせるでしょう。

　要するに、一目均衡表は、ひとめ見て、現状が売りか買いかを判断する指標なのです。詳細はこれから説明しますが、上記のような各局面での特徴を押さえたうえで自分のポジションを決めていくことができれば、少なくとも大きな事故を起こさずに相場にのぞむことができるのです。

「転換線」と「基準線」の関係

 次に、各指標の動きについてもう少し詳しく考えていきましょう。なお、ここでサンプルとして使う銘柄は、相場のトレンドがはっきり出ていないものが多いため、騙しとなる事例が少なからず出てきます。本来の一目均衡表の解釈から逸脱する場合が出てくるかもしれないので注意してください。

「基準線」は「移動平均線」とは違う

 「基準線」は、その日を含む過去26日（週・月）の高値と安値の中値です。したがって、過去26日の売り手と買い手のバランスを考えれば、相場が基準線の上方にあれば、基準線は上向く傾向を強め、下方にあれば下落の傾向を強めると考えられがちです。
 しかし、本来基準線は、高値と安値が切り上がる変化か、安値と高値が切り下がる変化がないと、すぐには変化しない指標です。つまり相場が基準線の上で推移していても下で推移していても、その時々の高値と安値のバランスを決める中値が変わらない限り、基準線は変化しないことになります。
 したがって、基準線の変化は移動平均線の変化とは若干異なります。相場が前日までの移動平均値を少しでも上回ったり、または下回れば、その変化はダイレクトにその日の移動平均値に反映されますが、基準線には反映されません。
 その点では、基準線は移動平均線というよりは、「ＨＬバンド」に近い指標と言えるでしょう。ＨＬバンドは、相場が上限・下限をブレイクしたときに損切りを行うために使う指標です。一目均衡表には高値のバンドと安値のバンドこそ描かれていませんが、高値と

安値の変化を捉えるという意味では、基準線もＨＬバンドと同様の概念を持っています。

さらに考えてみると、基準線の概念は、ダウ理論のトレンドの定義に使われる高値と安値の考え方にも近く、ダウ理論の概念を期間変化として捉えようとするものと言えるでしょう。

ですから、相場が一時的に基準線を跨ごうが、それ自体に意味はありません。移動平均線の使い方に慣れている投資家は、ある線が相場の上にあるか下にあるかに興味を持ちますが、このような見方は基準線にはあまり当てはまりません。

とはいえ、基準線の上方で推移していた相場が基準線の下方で推移し始めるということは、その瞬間だけを捉えれば、それまでの売り手と買い手の力関係に変化が生じていることは確かです。

基準線が「押し目」と「戻り」の限界

一目均衡表では、基準線が「押し目」と「戻り」の限界とされています。つまり、上昇相場では基準線の水準を押し目買いのポイントとして使い、下落相場では戻り売りのポイントとして使うのです。

もっとも、「買い相場は努力相場」といわれるように、次から次から出てくる売りものを買いながら上昇していくため基準線までの押し目を付けやすいのに対して、「売り相場は崩壊の相場」といわれるように、買いが引っ込み、そこを売られるために、戻りらしい戻りがないの普通です。このため現実には、売り相場では基準線ではなく転換線が戻りのポイントとして考えられます。

相場の判断は「転換線」と「基準線」のバランス

　一目均衡表で相場の変化を捉えるには、「転換線」が「基準線」より上方にあるか下方にあるかを見ることが重要です。その理由は、「9日間の売り手と買い手のバランス」と「26日間の売り手と買い手のバランス」が変化したところをターニング・ポイントと考えるためです。

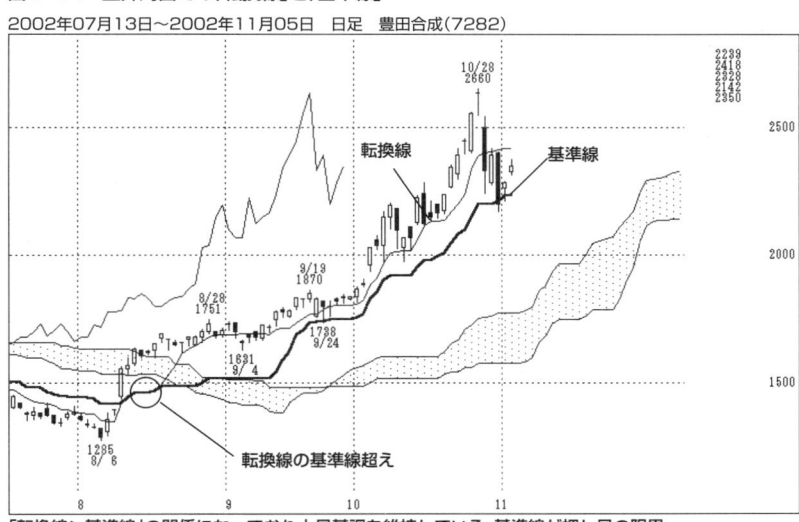

図4-34　上昇局面での「転換線」と「基準線」
2002年07月13日～2002年11月05日　日足　豊田合成（7282）

「転換線＞基準線」の関係になっており上昇基調を維持している。基準線が押し目の限界。

　図4-34の豊田合成（7282）の日足を見てください。2002年8月中旬以降、基準線と転換線の関係は転換線＞基準線となっており、上昇トレンドが維持されています。さらに、基準線は右上がりで推移し、基準線水準が押し目となっています。

　この銘柄をサンプルとして選んだのは、「基準線が押し目の限界」

を示そうとしたためで、上昇局面ではおおむね終値がこの基準線を維持しています。もっと強い相場では、転換線が押し目となる場合もあります。σバンドで移動平均線までの押し目がなく、「＋１σ」水準が押し目になるのと同じことです。

　本来、相場が強力に買われていくならば、基準線を割り込まずにどんどん上昇していくはずです。少なくともそれまで基準線を維持していた相場が、基準線を割り込む動きを見せるのは、調整に入ろうとしている兆しを示唆してくれるものです。最終的には、転換線が基準線を割り込んでくるか否かが判断の基準になりますが、用心して早めにポジションを外しておいてもよいかもしれません。

　一目均衡表を見ていると、相場が転換線や基準線を跨いで推移しているところが目に映りますが、線を跨ぐというのは相場に明確な流れが出ていないという証左でもあります。本来、相場に明確な方向と強い意思があれば、転換線を割り込むことなどあり得ません。もしも自分が買った銘柄が転換線を割り込まないで上昇してくれれば、それが投資家にとっては理想的なパターンになります。

　本来相場が強ければ、押し目らしい押し目などないものです。ですから、基準線が押し目の水準になっている程度の上昇相場では、本来は買えないことになります。よく、転換線を割り込んで基準線あたりまで調整したところを押し目として買う人もいますが、相場が急伸して上昇エネルギーが発散したあとを買ってもあまり意味がないように思えます。

　豊田合成の例で言えば、本当は1500円程度のところを買っていなければならないのです。それを、上昇後の押し目を買おうとするのは、本来打つべきホームラン・ボールを見逃したのに、また同じ打席のうちにホームラン・ボールが来ると信じているのと同じです。そんなに簡単にホームラン・ボールが来るはずはありません。

要するに、それまで転換線で維持されてきたものが、転換線を割り込むことは、既に上昇エネルギーを失っているものと解釈すべきでしょう。基準線で維持されてきた相場もしかりで、相場上昇後に支持されてきた線を割り込むところは、利食いの急所になることが多いようです。

「騙し」への対応

前掲の日本板硝子（372ページ図4-33）では、2002年春から夏にかけて日々線が基準線を超え、転換線が基準線を超えても、そのあとすぐに日々線・転換線ともに基準線を割り込む局面がありました。

このように一瞬ある線を超えたり、割り込むような「騙し」をいかに防ぐか、投資家ならば常に頭を悩ませるところです。騙しと思った動きが本当に騙しになるならまだいいのですが、騙しが騙しでなくなってしまったときに下手をすると大きな痛手を被ることになります。

とはいえ、騙しか否かはあとからわかることなので、その場は指標の指示に従うべきだと考えます。「基準線の向きは下だろう」と言われれば素直に引き下がって、騙しだとわかったら再びポジションをとれば済むことです。

わからない相場は手を出さない

次ページ図4-35のスバル興業（9632）のように、日々線が転換線も基準線も跨ぎながら推移している銘柄があります。どの線との関係もハッキリしない相場は、相場そのものにトレンドがない状態です。このような銘柄を真剣に考えても、わからないものはわかりま

せん。自分一人が美人だと考えても、他の人がそうではないと考えれば、誰も相手にしませんので、どうしようもありません。

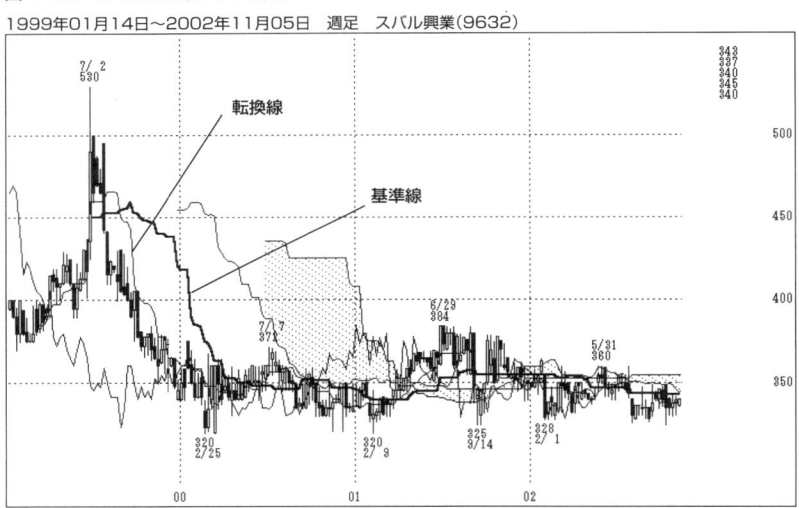

図4-35　ほとんど動かない相場
1999年01月14日～2002年11月05日　週足　スバル興業（9632）

350円前後でほとんど動きがない状態。このような相場は一目均衡表で考えても仕方がない。

　一目山人は、「一目均衡表に当てはまる銘柄を選べ」と述べています。わからない相場には手を出さないことです。

売り相場に妙味あり＝下落相場では買いは見送る

　前述したように、買い相場が「努力相場」なのに対して、売り相場は「崩壊の相場」なので、売りのほうがハマれば大きな利益を上げやすいのです。そのためには、大相場を経たあと、相場が売りに変わるときからのカラ売りの一手です。しかし、下落の速度が速いので、売りのタイミングが難しいのも事実です。

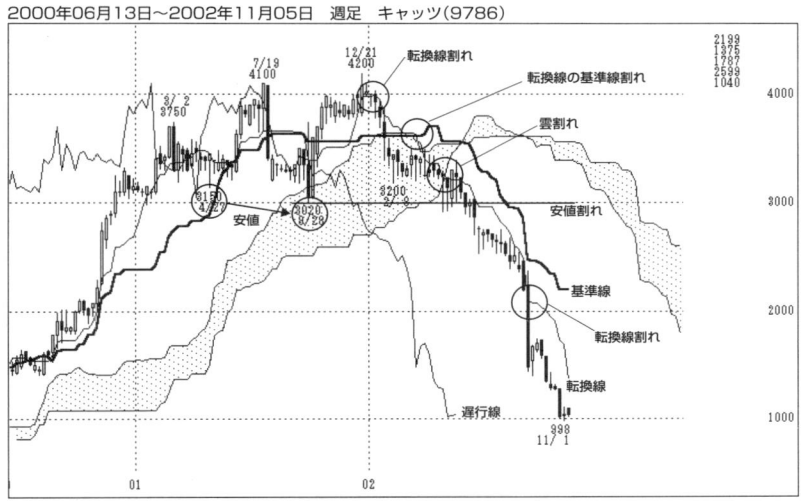

図4-36　売りの条件がすべてそろう局面
2000年06月13日～2002年11月05日　週足　キャッツ（9786）

日々線が転換線を超えない限り、相場の下落基調は変わらない。

　図4-36のキャッツ（9786）を見てください。2001年末に4200円の高値を付けたあと、相場が一気に下落していきます。2002年に入るとすぐ、日々線が転換線を下回り、次いで転換線が基準線を下回ります。これが、最も相場が弱い状況です。この後、相場が転換線を超えない限り相場の反転はありません。

　相場の底が浅ければそれに越したことはありませんが、浅いか深いかは、その時点ではわかるはずもなく、深くなってからでは手遅れです。買い相場が売り相場に転じたときには、まず、それまでの買いポジションを手仕舞い、さらにカラ売りで収益を追求することを考えるべきです。

　ナンピン買いは論外。相場が底入れするのにはそれなりに形があるので、安値で買うにしても、少なくとも下落が止まり、反転する兆しが見えてから買うべきでしょう。

大相場のあとの下落相場には近づかない

　図4-37のＮＴＴデータ（9613）は、長期下落トレンドの典型例です。短期的であれ、買ってもよいかもしれない状況は、日々線が転換線を超えてからの局面に限られます。これとて再び転換線を割り込めば投げなければなりません。常に、買うならば買いが良い場で、売るならば売りが良い場で、というのがセオリーです。短期的には、これを決めるのが転換線です。

図4-37　長期下落トレンドの例
1999年12月30日～2002年11月05日　週足　ＮＴＴデータ(9613)

下落相場での買いどきは一瞬で終わることが多い

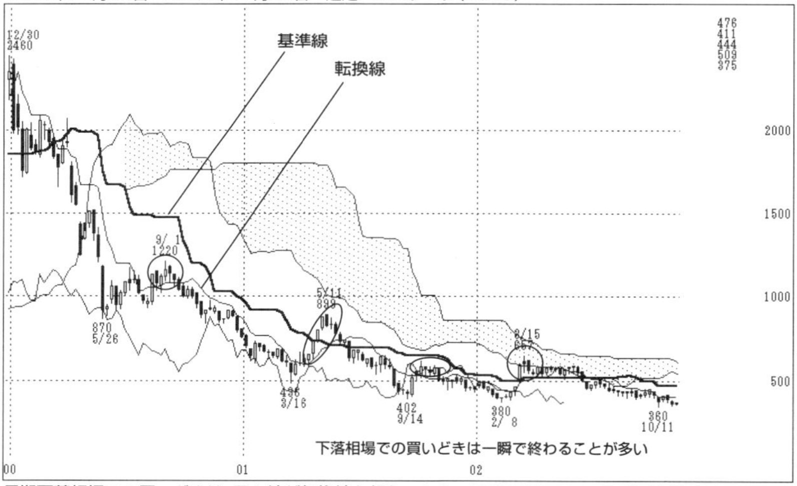

長期下落相場での買いどきは、日々線が転換線を超えてからの局面に限られる。再び転換線を割り込めば投げなければ危険。

　ＮＴＴデータのように、かなりの高値まで買われ大相場を演じた銘柄が、その後、基準線を割り込むと大きな下落に入るという例が、最近の相場では非常に多くありました。高値のうちに利益の確保ができず逃げ場を逸したり、あるいは、高値で買って凝り、損切りす

らできずに、多くの投資家が評価損を抱えてしまっています。

　特に、相場が急伸した直後に急落する局面では、転換線でストップ・オーダーを入れておくことすら間に合わない場合があり得ます。売り気配で、転換線水準で約定されないことも多々あります。そのくらい、大天井から相場が下落する速度は速いのです。また、相場下落に伴って上値の凝りがどんどん拡大しているので、それによる売り圧力の増大にも要注意です。どんな下落相場でも道中の自立反発はあるので、自立反発と本格反騰を間違わないことです。

　大相場のあとの大幅下落という危険パターンは、今後も必ず起きますから、常に用心しておかなければいけません。逆に言えば、こうした危険パターンは、売り方にとっては最大のチャンスとなることも忘れてはならないでしょう。

あくまでも相場の基本に従うこと

　次ページ図4-38の内田洋行（8057）のように、日々線が時として基準線の上に頭を出すものの、その都度戻りを売られている銘柄があります。これは週足を見れば明らかですが、まだ高値を切り下げる「下げ局面」にあるからです。

　一目均衡表でも、型譜の問題（注60）や準備構成（注61）など、均衡表以前に相場の基本となる考え方を踏襲しています。例えば、高値を超え安値も切り上がる局面での基準線超えと、安値が切り下がり高値も切り下がる局面での基準線超えとでは、基本となる相場の考え方に大きな違いがあります。

(注60)　一目均衡表の型譜とは、ローソク足の出方で示される相場の「型（かたち）」と「譜（符号）」のこと。三陽道と一陰介在五陽道、三陰道、一陽介在五陰道など。
(注61)　三尊構成（ヘッド・アンド・ショルダー）など、相場が天井・底を付けるときに出る相場の型。

図4-38　相場の基本の再確認

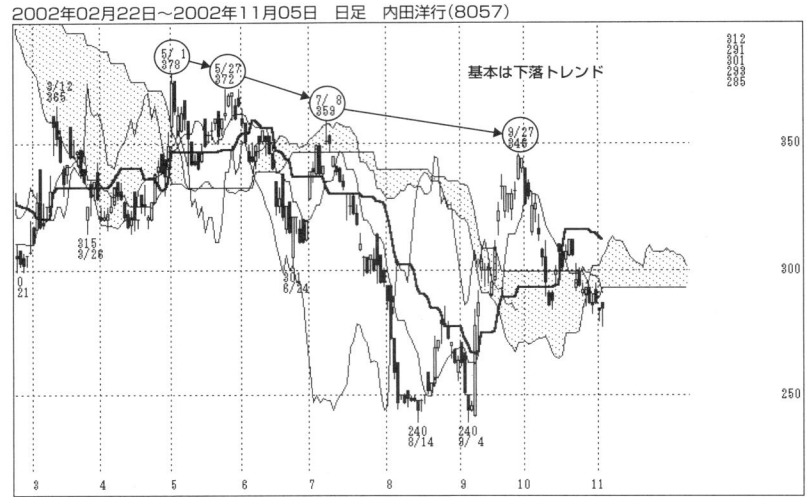

2002年02月22日～2002年11月05日　日足　内田洋行(8057)

時として日々線が基準線の上に頭を出すが、その都度戻りを売られている。やはり上昇相場では「押し目買い」、下落相場では「戻り売り」が基本。

　やはり、上昇相場では「押し目買い」、下落相場では「戻り売り」というポジションの取り方が相場の基本であることに変わりはありません。これに反したポジションは相場のトレンドに逆らうものとして手痛いペナルティを受けることでしょう。こうしたことは個々の指標だけを見ていてもわからないことで、やはり相場の考え方の基礎を押さえておく必要があるのです。

　以上、転換線と基準線の特徴について述べてきましたが、一目均衡表は説明を読んだからといってもすぐに理解できるものではありません。毎日毎日、相場を見続け、売り買いの判断を下していくことが大事です。そして、その結果を忠実に受けとめ、次の判断に生かしていくことが、パフォーマンスを向上させる近道なのです。

「雲」の見方・考え方

　一目均衡表は、ひとめ見て、そのときの売り手と買い手の力関係を判断するチャートです。ただし、私が毎日このチャートを見ながら読みとろうとしているのは、売り手と買い手の力関係というより、その時々の「市場参加者のやる気」です。

　今後の相場がどのように変化していくかは、結局そのとき売買している人たちが相場を上下どちらに行かせようとしているかにかかっているからです。つまり、相場の動きが均衡表の各ポイントに達したとき、「皆さん、ここではどうしようとしているのですか？」「買うのですか？　それとも売るのですか？」という意思を確認するのです。これを「相場は相場に聞け」と言うのでしょう。

　この「やる気」を読みとるうえでは、前述した転換線や基準線の動きだけでなく、「雲」の動きが重要になります。つまり、雲の水準を買いきる（日々線が雲から突き出る）のか、あるいは雲の水準を売ってしまう（日々線が雲の下に沈む）のかといったことです。

「雲」で「やる気」を確認する

　短期的にでも相場が上昇するためには日々線が転換線を超えていなければなりません。もう少し大きく上昇するためには基準線も超えなければなりません。我々投資家としては、日々線が転換線や基準線を跨がずに、その線の上か下で推移してくれればありがたいのですが、実際はそうはいきません。

　しかし、よくよく定義を考えてみれば、基準線も転換線も一定期間の高値と安値の中値なので、その線を超えたからといって本来のバランスが完全に変わりきったことにはならないのです。俗な言い

方をすれば、これらの騙しは当たり前なのです。このため、一目山人は、「基準線の方向が重要」と述べたのでしょう。その原理がわからない人からみれば、なんとも騙しの多い指標としか映らないことでしょう。

　このような騙しを補完するために、一目山人が導入したのが「先行スパン」です。転換線と基準線の中値、つまり短期的な均衡バランスの乖離の中心を一定期間延長した指標（先行スパン上限線）、さらに長期間の均衡バランスを一定期間延長した指標（先行スパン下限線）を導入することによって、実際の相場がそれらの線の間（雲）を通過するときに、力関係が変化してきているか否かを判断できるようにしたのです。

　具体的には、中長期的に相場が上昇するためには雲の水準を超えていなければならず、相場が下落するのであれば雲の水準を割り込んでいなければなりません。これが「市場参加者のやる気」に相当するわけです。では、雲の特徴のいくつかを見ていきましょう。

「雲」に関係ないときは考えない

　前掲のＮＴＴデータ（図4-37）を見ると、直近では日々線が基準線も転換線も下回っています。つまり、最も相場が弱い状況で、少なくとも転換線を超え、さらに基準線を超えないと基調が変わるべくもありません。

　今後「雲」が下がってくる、つまり売り圧力の水準が下がってくることはわかっているので、私はこのような場合、日々線が転換線を超えない限り何も考えません。

　また、この銘柄は雲の水準やその手前で相場が下落してきました。これは、そのあたりまで戻れば売ろうとする投資家が多い（あるい

はその上を買おうとする投資家がいない）という意味で、雲を買っていく意思がないと判断することができます。そのことは、基準線を割り込んで売られることによって確認できます。

このように、下落トレンドにある銘柄では、本来なら雲の水準で戻りを売られるはずだと考えるのが基本です。逆に言えば、相場がその雲の中へ入って行くときには、マーケット参加者がそれを買おうと意思表示していると考えるのです。

「やる気」の強さを見る

図4-39の三洋クレジット（8565）は、ひとたび買われたあと、基準線と雲を割り込むところを売られ、その後、完全に売られました。

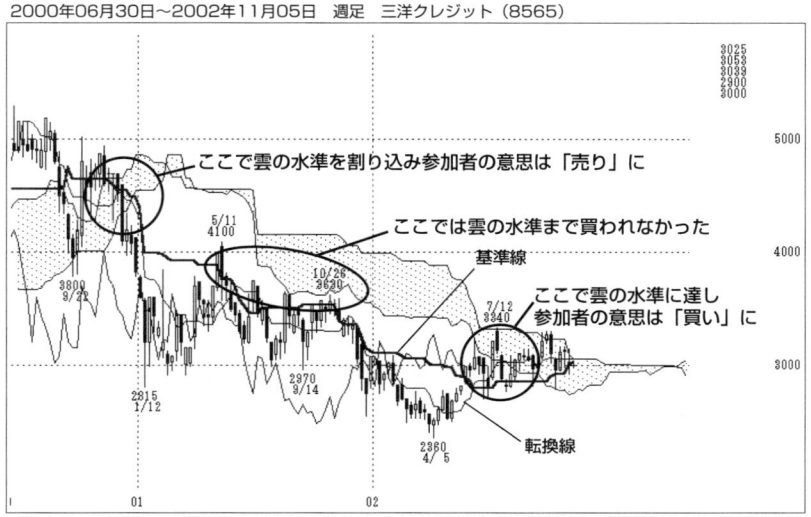

図4-39　「雲」で投資家のやる気を判断
2000年06月30日～2002年11月05日　週足　三洋クレジット（8565）

相場が上昇するためには雲の水準を超えていなければならず、相場が下落するのであればこの水準を割り込んでいなければならない。

しかし、直近は、これまで売られていたポイントである転換線を超え、ついで基準線を超えるに至って、それまでとは異なる動きを示しています。
　仕掛けるなら基準線を超えたあたりで仕掛けておけばよいのでしょうが、転換線・基準線というハードルを超えたあとで、次に残るのは、まず先行スパン下限線というハードルです。下落前には上値の凝りがあるので、そこまで戻したら売ろうと考える投資家が多ければ、雲の手前か、下限線水準で売られるはずです。
　当初はそのような動きを示していましたが、明確に雲の中へ入ってくると、それは「戻り待ちの売りものをもろとも買ってやろう」という強力なメッセージのように聞こえます。これは下落前の雲の水準における「ここでは止まらないよ」というやる気のなさとは正反対の意思です。
　まだほかにも考えることはありますが、通常このようなパターンの場合、戻り待ちの売りものゾーンと判断される雲の水準で買っていこうとする動きは、買い方の力関係が増していることの表れで、相場上昇へのやる気を感じさせます。
　利益が上がるかどうかは、相場のトレンドの強さに依存します。上値にどれだけ凝りがあろうとも、それが問題にならないくらいの買い材料があれば、当然買われるのが相場です。
　図4-40のアルプス電気（6770）のように、雲が厚くてもそれを一気に買いきる相場もあります。この場合は通常の買いだけではなく、安値圏でカラ売りした売り方が買い戻しを余儀なくされているのかもしれません。
　日々線が雲にかかったり雲を抜けても、その前の雲が厚い、つまり凝りが大きいと、それなりに影響を受けるものです。この銘柄のように日々線が雲を超えても、「遅行線」が雲の中にあるときはま

だ過去の凝りの影響を受けていることが多く、頭は雲の上に出ていても、遅行線が雲の上限線にかかるところで最後の叩きに遭う例も多く見受けられます。遅行線については後述しますが、日々線という実体と、遅行線という影の両者が雲を抜けきるまでは安心できないとも言えるでしょう。

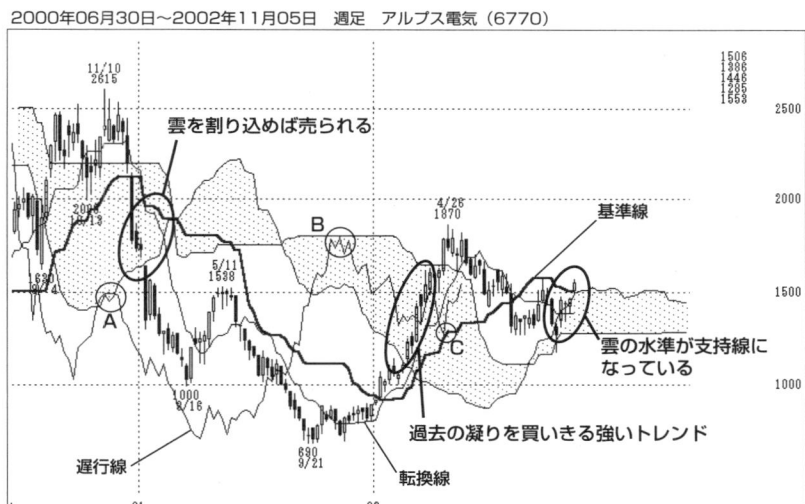

図4-40　「やる気」の強い相場の例
2000年06月30日～2002年11月05日　週足　アルプス電気（6770）

遅行線と雲の関係（A、B、C）にも要注意。日々線が雲を超えていても、遅行線が雲の中にあるときはまだ過去の凝りの影響を受けている。

　このアルプス電気のように、日々線が転換線の上下できれいに推移してくれる銘柄は、あとから見ればわかりやすいのですが、それとて、当初の変化の時点でトレンドに乗っていなければ単なる花火見物と一緒で、「きれいな形ですね」で終わってしまいます。

図4-41　大相場後の下落局面での凝り
1999年12月30日～2002年11月05日　週足　しまむら（8227）

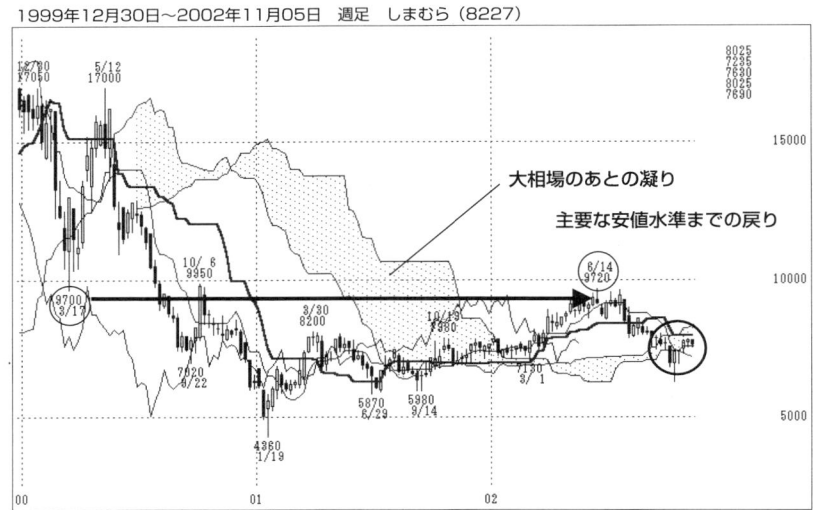

大相場のあとの凝り
主要な安値水準までの戻り

大相場後の下落から上昇に転じたが、動きが鈍い。再び雲の水準を割り込んでいる点に注意が必要。

　図4-41のしまむら（8227）のように大相場を演じた銘柄が下落すると、上昇時に買った投資家と下落時に買った投資家、そして安値以降に買った投資家が、株価が戻ると売りものを出してきます。

　大相場を演じる前に上値にまったく高値がないのを「青天井」といいますが、そのときの上昇力はものすごいものがあります。しかし、大天井を付けたあとに下落してしまうと、上値の凝りが大きいために、よほどの材料がないと上昇力が落ちてしまいます。しまむらでも凝りを表す「雲の厚み」が気になります。

　やがて基準線が徐々に上向きに変わり、下値を買っていく投資家が多くなると、動き自体は緩慢でも徐々に相場は上値を指向しようとします。当然、その道中では戻り待ちの売りものに押される局面もありますが、それでもその売りものを買っていくのがこの姿です。

日々線が雲の上に出ると、「この銘柄は売りから買いに変わった」という意思表示になるので、戻れば売りたい投資家も、「買いになったからもう少し売るのを待ってみようか」という心理になります。こうして雲を抜け出る意思が投資家マインドを変化させます。

　アルプス電気と比較してしまむらの値動きが緩慢なのは、過去の凝りの状況が影響しているのかもしれません。特にしまむらは下落後に、主要な安値（9700円）水準まで戻したところが高値（9720円）になり、そのあと基準線を割り込んだことで、上昇が維持できないと判断されたのでしょう。直近では雲の水準を割り込んでいる点に注意が必要です。

　一方、アルプス電気は同じように基準線を割り込み、次いで雲の水準にかかりますが、そこから買いが入っています。これは雲の水準で買うとの意思表示で、雲が下値の支持帯になる可能性があるパターンです。相場調整局面で、この先行スパン上限線水準で切り返すのが、買いを維持する最後の砦となることが多いようです。

　また、しまむらとアルプス電気を比較すると、アルプス電気は2615円からの下落過程で、いわば小山が連続した状況です。しかし、しまむらは2万500円（※チャート非掲載）からの下落過程では、富士山の頂上から急滑降してきたような状況です。チャート上は、雲の厚さが同じように見えますが、戻り待ちの売りものの大きさが違うようです。

下落か、持ちこたえるか

　次ページ図4-42のイズミ（8273）のように、基準線などで下値を支持され上昇を続けてきた相場が、基準線を割り込み始めると、もうその時点では売り方の力関係が増しつつある兆候を示していま

す。それが短期的な調整で終わるのか、あるいは本格的な下落になるのかは、やはり雲の水準での推移を確認する必要があるでしょう。

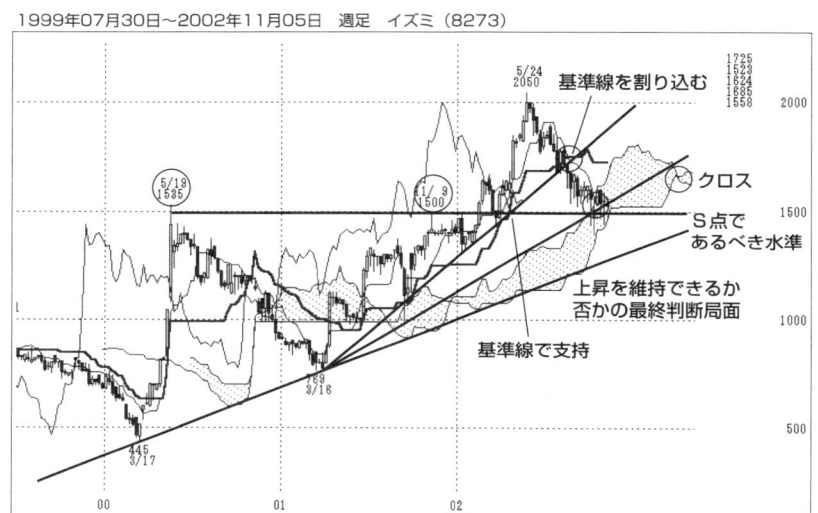

図4-42 基準線を割り込んだ局面
1999年07月30日～2002年11月05日 週足 イズミ（8273）

日々線が基準線を割り込み始めると売り方の力関係が優勢に。今後、雲の水準を割り込めば本格的な下落トレンドになる可能性が高い。

　それまで基準線で押し目を形成していた相場が、その線を維持できなくなっている時点で、「どうも変だ」という感覚にならなければいけません。ついで、先行スパン上限線の水準で止まらず、雲の中に入る状況を見て、「これは完全に崩れかかっているかもしれない」と考える必要があります。

　過去の高値1535円と1500円を結んだ水準はＳ点（サポート・ポイント）として意識されるべきですが、既に相場はこの水準を割り込んでいます。また、769円と1000円の安値を結ぶ２次加速線も割り込んでいますから、この点にも注意しなければなりません。つまり、

非常に重要なポイントにさしかかっているということです。仮に、このあと戻りがあっても基準線水準で戻りを売られ、2050円の高値を超えられないと、今度は雲を完全に割り込む動きなることが想定されます。

　その先に、2本の先行スパン線がクロスするところがありますが、このような局面では注意が必要になります。と言うのも、この銘柄では2050円の高値以降、ちょうど雲が薄いところを突いて売られています。このように雲が薄くなっている箇所は、買い方も売り方も過去の相場の凝りが小さくなるところなので相場が大きく動きやすいのです。

　一目均衡表では、時間の経過とともに、先行スパン上限線と下限線がクロスし、雲が薄くなります。相場が上昇するならクロスする前に上昇していなければならず、上昇しないならクロスするところで崩れる可能性があることを頭に入れておく必要があるでしょう。イズミのように、基準線を割り込んだ直後に、雲の薄いところで売られる場合もあります。

　日々線が雲を割れるときには、一気に売りものが出て下落します。雲を割り込めば、今度は雲の下限が上値抵抗線になり、戻り売りの急所になります。

上昇相場と下落相場の違い

　一目山人は、上昇相場と下落相場を分けて考えています。

　前述したように、上昇相場というのは、相場上昇に伴って、それ以下の買いものが絶え間なく売りものに変わるところを、さらに買っていく努力相場です。これに対して下落相場は、本来出てくる買いが引っ込み、上値で損を抱えた投資家が投げてくるので相場が崩

壊し、凝りが急速に大きくなります。

　したがって、一度下落相場に入ったあとの立ち直り局面で相場が雲を超えて上昇していくのには時間を要しますが、上昇後に相場が崩れたときに雲を割り込むのは一瞬だということです。

　自分が買いを持っていたら、やられるときは一瞬で、その瞬間に逃げないと、あとは時間（日柄）の経過とともに傷口がどんどん大きくなっていきます。その意味で、基準線は前線の砦ですが、雲は最後の砦であり、これを攻略されてしまうと敗戦色が濃厚になることを熟知しておかなければならないでしょう。

　ましてや信用取引など期限の限られた取引では、期間内での体制の立て直しが難しく、撤退が遅れれば遅れるほど兵（資金）の損失が拡大していくことになります。そこで応援（ナンピン買い）を求めても、既に勝敗が決しているあとでは、怒濤の敗走兵に踏まれて自分も立ち直れなくなります。つまり、そうなる前の水準でストップ・オーダーを入れておかなければならないのです。

雲のクロスはバランスの変化

　先行スパンの上限線と下限線がクロスするところは、相場のバランスが変化して26日目だったり、26週目だったりします。イズミのチャートでも触れたように、クロスするところで相場に変化が出ることも見受けられます。

　ただし、このクロスだけを捉えて「変化日だ」と言う人がいますが、それは誤りで、「変化する可能性を秘めた日」程度に考えていたほうがよいと思います。画一的な考え方は得てして大きな過ちを招きます。

　日本語の「変化」という言葉は、それまでの流れが変わることを

意味しています。つまり、それまで上昇していれば今後は下落し、それまで下落していれば今度は上昇するという意味です。

しかし、一目均衡表では、「変化日」には3つの意味があります。「変化日即変化」「変化日即加速」「変化日即延長」です。つまり、変化日に達したとき、そこで相場の流れが反転するのか、そこでそれまでの流れが加速するのか、次の変化日までその流れが延長するのかといった解釈です。

相場が反転するという意味で、「変化日がいついつに到来する」と言うアナリストもいますが、それは誤りです。変化日に対する正しい認識が必要です。

「雲」に関して感じること

一目均衡表では、本来、月足はほとんど考慮しません。日足が基本で、補完的に週足があります。

しかし私は、一目均衡表でも常に月足・週足・日足の順に相場を見るようにしています。つまり、長期波動の中での株価位置と均衡状況を押さえ、ついで中期波動・短期波動というふうに、マクロからミクロへ視線を移すのです。

その時々でどれが最も効いているかは状況次第ですが、週足や日足で日々線が雲を抜けていても、月足では基準線や雲の水準で頭を押さえられていて、その影響が週足や日足に出ているとしか考えられない事例をよく目にします。

日足だけを見ている人が「雲を抜けて好転した」と判断しても、実際の相場がその後頭の重い展開になるのはこのためでしょう。短期売買をする人は日足中心に考えればよいでしょうが、本来、現物株はそれなりの時間を要する取引です。場合によっては半年、1年、

1年半、2年とかなりの我慢と辛抱が必要になります。それであれば、大きなトレンドで相場を捉えたほうがよいと考えます。

その意味でも、月足・週足・日足をすべて見て、現状の相場が何を拠り処に動いているか、節目としてはどれが有効かを考えることが有用なのです。

図4-43 時間軸を変えて相場を見る（日足の場合）
2002年05月01日～2002年11月05日　日足　クラヤ三星堂（7459）

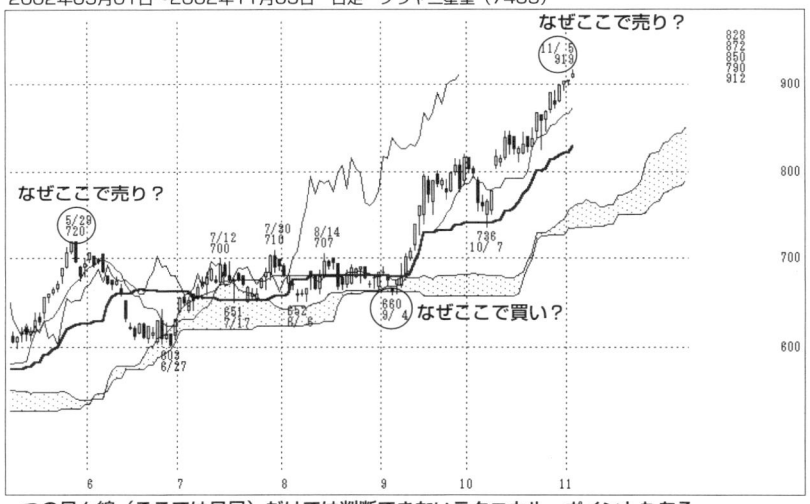

一つの日々線（ここでは日足）だけでは判断できないテクニカル・ポイントもある。

図4-43を見てください。このクラヤ三星堂（7459）の日足チャートは上昇局面を描いています。ここでは、雲の水準が支持帯になっている局面や、基準線や転換線を超えて明確に上昇している局面などがわかりますが、トレンドが転換した主要なポイントでの説明がつきません。

例えば、720円の高値からの下落、660円水準から上に放れるところ、そして919円の高値からの下落（図4-43では未掲載）などはどう

考えたらいいのでしょうか。

図4-44 時間軸を変えて相場を見る（週足の場合）
2000年06月30日〜2002年11月05日　週足　クラヤ三星堂（7459）

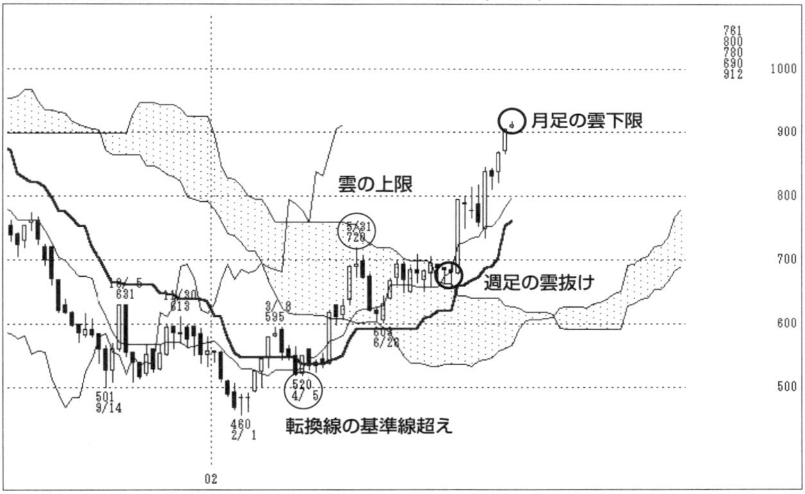

720円のポイントを週足チャートで見ると、雲の上限に達していることがわかる。

　こういうときには、時間軸を変えて相場を見る必要があります。図4-44の週足チャートを見てください。
　例えば、日足チャートにおける720円での売りは、週足チャートでは先行スパン上限線にかかるところで、このとき、遅行線はまだ雲の下にありました（遅行線はチャートでは26日（週・月）前に表示されていることに注意）。そして660円の安値（日足）から放れる局面では、先行スパン上限線から相場が上に放れるところで、このとき遅行線は雲の中を買いきります。

919円の高値は週足ではわかりませんので、今度は、図4-45の月足チャートで確認してみます。すると、919円の高値付近（直近の日々線）が、ちょうど先行スパン下限線にかかるところになっています。また、月足チャートでの転換線超えのポイントは、週足チャートで転換線が基準線を上回り、相場が好転した局面（2002年4月5日の520円付近）でもあります。

図4-45　時間軸を変えて相場を見る（月足の場合）
1996年09月29日〜2002年11月05日　月足　クラヤ三星堂（7459）

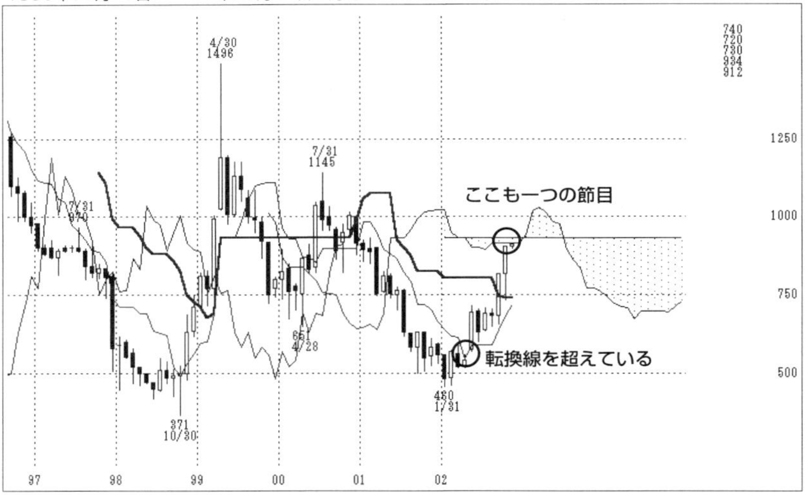

週足ではわかりにくかった460円後の上昇を月足で確認。日々線が転換線を超えていることがわかる。

このように実際には、さまざまな時間軸でのテクニカル・ポイントが関係し合いながら相場を形成していることが多いのです。一つのチャートだけではどうしてもわからない動きがありますから、常に日足、週足、月足すべてのチャートを見ている必要があるのです。

「最も重要な遅行線」

　「遅行線」は、その日の終値をその日を含めて26日（週・月）前に遡って記入した、いたって簡単な指標です。このなんの計算もいらない「遅行線」ですが、一目山人は「最も重要な遅行線」と著書の中で述べています。

　一般的に一目均衡表では、「遅行線＞日々線」なら買い、「遅行線＜日々線」なら売りと判断されます。これは、移動平均線の概念と同じで、それまで日々線の上で推移していた遅行線が日々線を下回るのは、移動平均線が下向きになり、終値が移動平均線を下回った状況に似ています。

　これとは逆に、それまで日々線の下で推移していた遅行線が日々線を超えるのは、移動平均線が上向きになり、終値が移動平均線を超えた状況に似ています。

　もっとも、相場に明確なトレンドが出ている場合は遅行線がスッキリ日々線を超えたり、日々線を割り込んだりしますが、そうでない場合は何度も跨ぎ続ける場合があるので、あまり神経質にならないほうがよいでしょう。その前に、日々線が転換線を超えるか割り込むかの変化があるはずです。遅行線は、大きな流れの変化を判断するのに使うべきでしょう。

　ここから先の話は、あくまで私が遅行線を見ていて感じたことを述べるもので、一般的な一目均衡表の解釈とは異なります。

　我々が見ている日々線、つまりローソク足はザラ場の高値と安値を含むもので、それ自体は相場分析に有効ですが、得てして、相場の動きの本質がわからなくなることがあります。

　しかし、遅行線は終値の系列で、その日、その週にマーケット参加者が容認した最終結果です。つまり、遅行線そのものにもトレン

ド・ラインや高値と安値の関係が当てはまるはずで、この関係を押さえることは非常に重要です。

売り相場での遅行線のパターン

では、遅行線の動きを実際の相場で確認していきましょう。一目山人は、相場で利益を上げる秘訣を「相場の崩れに乗じること」と述べています。そこで、まずは下落局面から見ていくことにします。

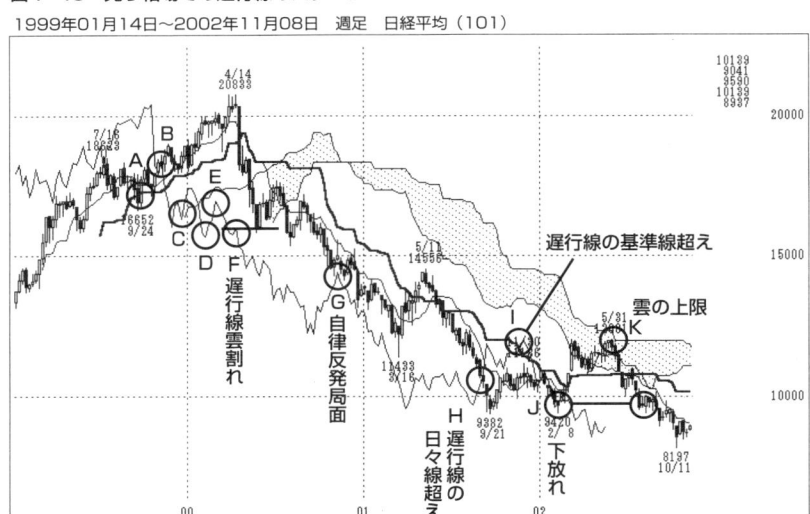

図4-46 売り相場での遅行線のパターン
1999年01月14日〜2002年11月08日 週足 日経平均（101）

日々線の基準線割れ・雲割れと同時に、遅行線の雲割れが究極の投げ場となる。

図4-46を見てください。日経平均（101）では、それまで基準線を超えていた日々線が、基準線を割り込み（A）、次に遅行線が日々線を割り込むとき（B）から下落に入ります。

よくあるパターンですが、当初は一気に下落しないで、遅行線が先行スパン上限線で止まる動きを見せます（C）。遅行線が雲の上限で止まるなら、まだ買い気が残っているとも判断できるわけです。実際、ここから切り返すパターンもあります。
　しかし、遅行線が上限線を割り込むと、次は下限線水準が一つの節目となります（D）。これを割り込んでしまえば、投げが出て相場は急落しますが、得てして、一度上限線まで戻るパターン（E）も散見されます。これもいわば上値のテストをしているわけで、その上限線で叩かれ、ついで下限線を割り込む（F）と、相場は大きな投げを伴って売られていくことが多くなります。
　買い方にとっては、日々線の基準線割れ・雲割れと同時に、遅行線の雲割れが究極の投げ場となります。大局観を示す遅行線の雲割れから本格的に下落することを考えれば、そこで投げておかないと、取り返しのつかないことになります。
　逆に、売り方にとっては、そのような局面が買い方が投げてくるポイントになるので、そのあたりから売り攻勢を仕掛けるのが最も効率の良いことになるでしょう。これが大相場を経たあとの大天井圏であれば、その効用は計り知れないものがあります。
　相場はいったん下落局面に入ると、その過程での自律反発局面があるものです。この日経平均でも、遅行線が日々線に達するところ（G）がそれで、大きな戻り売りポイントになることが多くなります。再度相場が崩れ始めるわけですから、ここが再度売り攻勢を仕掛けるところです。
　最終的には、安値の確認から、相場は反転色を強めてくるので、一般的な準備構成を経たあとに、遅行線が日々線を明確に超えてくるところ（H）などでは、高値からの売りポジションは買い戻しを急ぐことになります。

言うまでもないことですが、上記のような下落パターンにあるときに、買いポジションを持つことは効用が薄く、逆に損失を拡大させる原因になります。要するに、遅行線が日々線の下にあるときは買いをやめ、買いポジションを持たないことが合理的な投資行動になります。

売りから買いに変化するパターン

　一目均衡表でも、掲載されている指標だけを考えていてはいけません。ダウ理論などと同じ考え方で、別途底入れの確認が必要になります。これを「準備構成」と呼んでいます。

　相場が大天井から下落し、底値確認の動きになっても、通常は上値に凝りがあるため、それなりの日柄調整を行うか、あるいはその売りものをこなすだけの買い材料を待たなければなりません。

　遅行線に関してもいくつか特徴が挙げられます。まず、遅行線が日々線を超えることは言うまでもありませんが、日々線を超えても、次に基準線、そして先行スパンの雲がその前に立ちはだかります。

　一般的には、転換線が基準線を超え、遅行線が日々線を超え、そして日々線が先行スパンの雲を超えると「三役好転」といわれ、相場が上昇に転じたものとされています。しかし実際には、遅行線が雲を抜けきるまでは、なにがしかの抵抗を受けることが多く、気が抜けません。

　前掲のアルプス電気（389ページ図4-40）では、Aで遅行線が先行スパン下限線で叩かれ売られています。これも一つのポイントですが、上記の例はBのポイントです。このBの水準は相場が1870円の高値を付ける局面で、既に転換線は基準線を超え、遅行線も日々線を超え、日々線は雲の水準を超えています。しかし、現実には終値

ベースの遅行線が先行スパン上限線水準で抵抗を受けています。

また、Cの水準は、遅行線が基準線にかかるところで、これは日々線が雲の下限線にかかるところでもあります。このように、現実には遅行線が各種テクニカル・ポイントに接触するところが相場の節目になっていることが非常に多く見受けられます。

アルプス電気では、過去の凝りの影響を受けているのでしょうか、直近でもまだ遅行線が厚い雲の中にあります。このパターンは頭に入れておく必要があります。

明確な買いになるパターン

図4-47 明確な買いになるパターン（週足）
1999年12月30日〜2002年11月08日 週足 コーナン商事（7516）

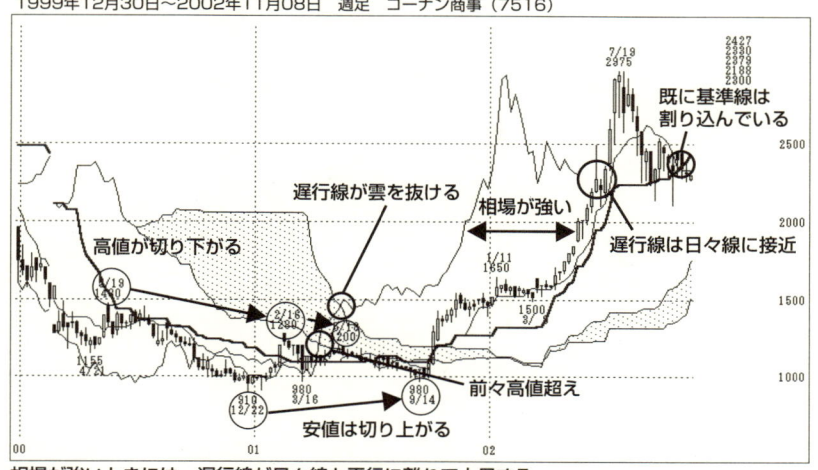

相場が強いときには、遅行線が日々線と平行に離れて上昇する。

次に図4-47のコーナン商事（7516）を見てください。2001年春から秋にかけて、日々線が先行スパン下限線に沿って売られたあと、980円の安値がその前の安値910円を割り込まず、その後一気に雲の

水準を超えて買いが入ります。つれて、遅行線も雲を超えて買いになります。

相場が強い場合、遅行線は日々線と平行に離れて上昇します。これが日々線に接近するにつれて相場の強さは弱まっていきます。本来、相場が上昇を維持できるなら遅行線は日々線を割り込まないので、遅行線が日々線に接近する局面は非常に注意を要するのです。

このチャートでは、直近で日々線が上昇する基準線を割り込んでいます。一目均衡表では基準線の上昇に準じて買うことが上昇相場で利益を得る鉄則ですが、このように基準線は上昇していても日々線がついてこない場合は、「おかしい」と感じなければなりません。

図4-48　明確な買いになるパターン（日足）
2002年04月01日～2002年11月05日　日足　コーナン商事（7516）

日足では、遅行線の基準線割れ・雲割れのポイントを押さえるべき。

この銘柄を日足（図4-48）で見てみましょう。相場が強ければ日足でも遅行線は日々線から離れて推移しています。しかし、遅行線が日々線を割り込むと調整に入ります。一度は先行スパン下限線水

準でリバウンドしますが、結局、雲を割り込むと売られていきます。

　週足では、遅行線が日々線や基準線を割り込むか否かという水準であっても、日足では既に基準線を割り込み、ついで雲を割り込み、雲の下での推移に変わっていることを押さえるべきです。ダウ理論で考えても、日足では既に高値が切り下がり、安値も切り下がるなど下落の特徴を示しています。

　今後、週足で日々線が基準線を明確に割り込み、雲を割り込んでくるならば、日足では2115円の安値などを割り込んでいるはずです。そして、再び上昇へ転じるならば日足のほうから好転していくはずです。このときも、週足がどうなっているか、その両者を見比べることが重要です。

図4-49　強い相場での遅行線の見方
2000年01月21日～2002年11月25日　週足　ニプロ（8086）

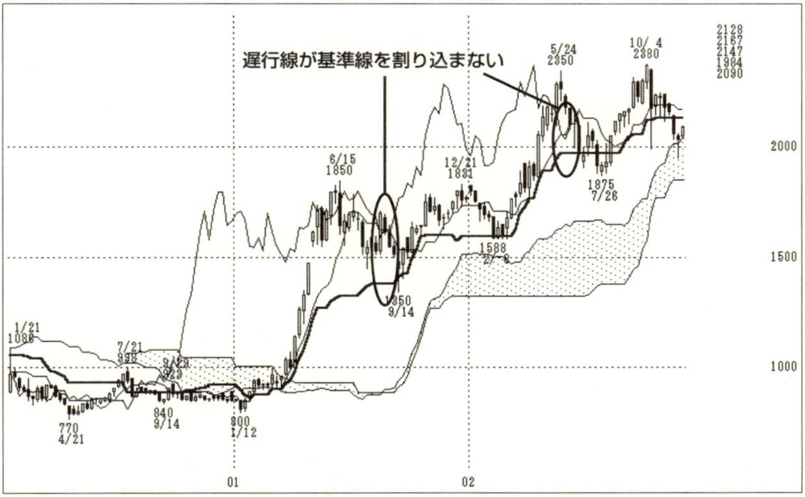

買いの力が弱くなり、遅行線が日々線にかかってきたとき、基準線を割り込まないことが非常に重要です。

　図4-49のニプロ（8086）のように相場が強いと、遅行線は26週離

れて上昇するため、遅行線と日々線の間が広くなります。これが日々線に接近するということは、買い方の力が弱まっていることを示します。遅行線が日々線にかかってくる局面では、基準線を割り込まないことが非常に重要になります。この銘柄の場合は、基準線の手前で相場が上昇し、高値の抵抗線を上に放れました。

　当初の雲抜け水準で買って、利食いが完了しているならば、このあとの中段揉み合いの放れから再び買っても問題はないでしょう。しかし、やはり相場が上昇している分、高値を超えてから買うのはそれなりにリスクを伴うものです。中途半端なポイントで買いから入るのではなく、きちんと放れのポイントで買いを入れる重要性を示しています。

相場が崩れるとき

　買いから入って利益を上げようと思うとき、買う以上に難しいのがポジションを外すタイミング、つまり利食いと損切りです。

　通常、大相場になればなるほど高値圏での値動きは荒くなります。大きく買われても、それが売られるのは一瞬で、売り気配のまま値を失います。一瞬の売りでもかなりの値幅を伴うので、これにより高値圏で買った投資家が大きな評価損を抱えることになるのです。

　既に大きく買われ、上値に凝りができた銘柄など、賢明な投資家なら買おうとしないでしょう。自分が買っても、上値で売りたい人がたくさんいれば、値が上がるはずもありません。それを「安くなったから買おう」と思うこと自体、考え違いがあります。

　おそらく、その時点では多くのテクニカル指標は売りに転じていることでしょう。唯一買いサインを出すのは、無用のオシレーター系指標だけです。エリオット波動のところで説明した、相場が下落

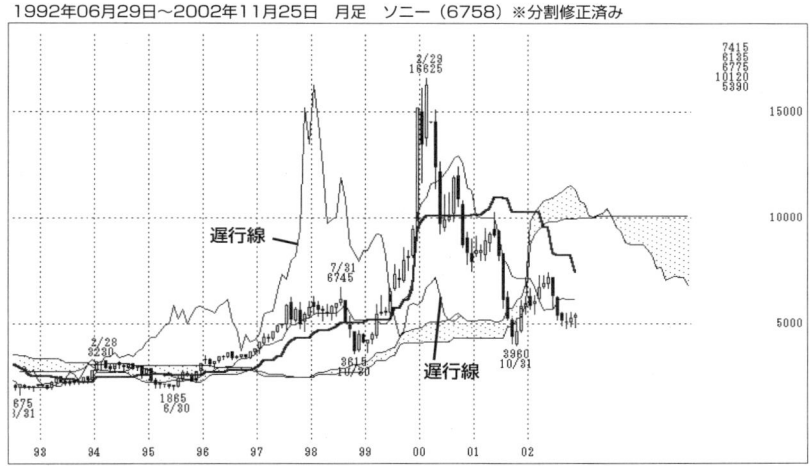

図4-50 相場が崩れるときのパターン（月足）
1992年06月29日～2002年11月25日　月足　ソニー（6758）※分割修正済み

まず月足で全体の流れを確認。3230円、6745円、1万6625円の高値から、調整局面では半値程度は下落している。

に転じたところを押し目と錯覚する局面です。

　図4-50のソニー（6758）の月足を見ると、3230円、6745円、1万6625円（すべて分割修正済み）の高値から、調整局面では半値程度は下落しています。相場は目先の上下動を繰り返すので、まず月足で全体の流れをつかむ必要があります。

　移動平均線のところで、相場の状況により変数を徐々に小さくしていく見方を説明しましたが、ここでも同じことです。全体の大きな流れを確認したあとは、週足、日足と視点を絞っていくのです。しょせん、月足だけですべてを考えることには無理があります。

　一目均衡表というのは、あまり考え込むものではなく、ひとめ見て判断する指標です。転換線が目先の押し目、基準線が押し目の限界、一歩譲って先行スパンの雲が買いの限界とわかっていれば、高値から転換線を割り込んだときに「これは危ない」と思い、基準線

を割り込むときには「非常に危ない」と感じなければなりません。

その道中で転換線まで戻せば再び上昇に転じる可能性もありますが、そこで戻りを売られたならば、マーケット参加者は「もう買いではない」と意思表示していることになります。つまり、そこが「戻り売り」のポイントになります。このとき「ワイルダーの定義」が生きてきます。

この間、遅行線が日々線を割り込み、ついで日々線は雲を割り込んできます。こうなると、その後下落してくる雲を超えに入るまで調整が続きます。

こうして月足の状況を踏まえたうえで、週足、日足に移り、月足の節目がどこにあるのかを判断すべきです。

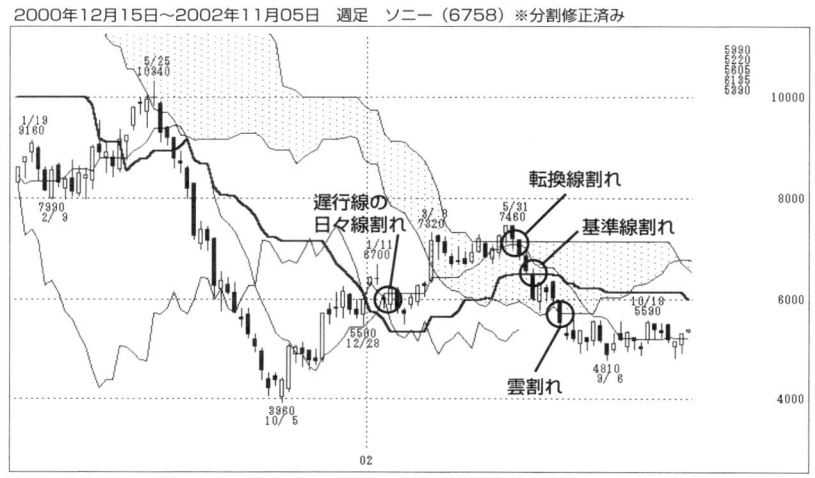

図4-51　相場が崩れるときのパターン（週足）
2000年12月15日〜2002年11月05日　週足　ソニー（6758）※分割修正済み

直近の安値3960円と高値7460円のどちらをブレイクするかの確認が重要。

図4-51を見てください。週足でも上記の説明と全く同じ動きになります。それまで転換線・基準線の上方で推移していた日々線が、

7460円の高値を付けたあと、これらの線を割り込みます。次に雲の水準を割り込み、遅行線も日々線を割り込みます。

　下落に入れば、短期的には転換線、ついで基準線が戻りの限界になります。そして先行スパンの水準が大きな戻り目拠となります。売り圧力が強ければ転換線で叩かれ、若干売り圧力が弱まれば基準線で叩かれます。その次は先行スパン下限線となり、最後は先行スパン上限線が叩きどころとなります。

　こうした特徴は、安値3960円から高値7460円まで上昇する局面ではよく出ています。しかし、この週足の掲載期間では今後のテクニカル・ポイントがわかりません。これは前掲の月足チャートで、3615円と3960円の安値の関係が直近の方が高いことを押さえておかなければならないのです。つまり、この2点の安値に対して下値を押さえたうえで、直近の3960円の安値と7460円の高値に対して、今後はどちらをブレイクするか確認しなければなりません。週足では、直近で日々線が基準線を割り込んでいますが、転換線は維持していますから、反転の可能性も残されているのです。

　週足の高値1万340円から安値3960円への下落、そして高値7460円への戻し、そこから下落する様子は日足に詳しくなります。次ページの図4-52を見てください。やや見にくいですが、週足での転換線割れの状態は、日足ではおおむね基準線割れとして映し出されます。そして、週足の基準線は日足では雲の水準になります。

　月足や週足と異なり、日足では目先の相場の変動ノイズをかなり拾うことになります。しかし、ここでも確認しておきますが、一目均衡表では本来、日々線と転換線や基準線の関係ではなく、転換線と基準線の関係が問われます。

　繰り返しになるので説明は省きますが、月足・週足・日足のそれぞれで、日々線・転換線・基準線・雲がどのように節目を形成して

いるか見比べてください。そして、その時々で遅行線がどのように動いているか確認することです。

図4-52　相場が崩れるときのパターン（日足）
2001年12月03日～2003年02月25日　日足　ソニー（6758）※分割修正済み

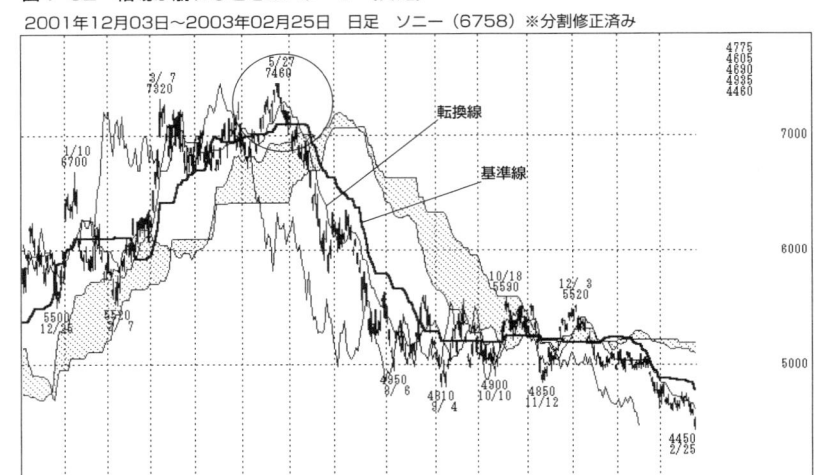

週足チャートでの転換線割れの状態は、日足では基準線割れとして映し出されることが多い。

　下落相場で総じて言えるのは、遅行線が日々線を割り込むところや、基準線を割り込むところが、注意を払わなければならないポイントです。そこで対処が遅れると、当然評価損が拡大し、通常の人の感覚では損切りができなくなります。危なくなったら、利益が出ていようが損が出ていようが、ひとまずポジションを外すことが重要です。再び買いになればまたポジションを持てばいいのです。
　今度は図4-53を見てください。ＮＯＫ（7240）のように、売りも買いもハッキリしている銘柄は、我々投資家にとってありがたいものです。このようにトレンドに強さがあれば、売りでも買いでも利益を上げることができます。前述した通り、トレンドに強さがあれ

ば、遅行線も一方通行になります。

図4-53 売りどき買いどきがハッキリしているパターン
1999年12月30日～2002年11月05日　週足　NOK（7240）

トレンドに強さがあれば遅行線は一方通行になる。

　このような相場では、好転したらすかさず買い、反転したらすかさず売ってしまえばいいのです。特に、高値圏で凝りができた相場が崩れれば、高値で買った投資家が投げてきますから、信用カラ売りの好機になります。ましてや信用買い残が多くなっていれば、通常半年間はそれを投げ続けるため、カラ売りが効を奏するでしょう。このとき、遅行線が日々線や雲を割り込むところが狙い目になることが、これまでの例に示されています。
　通常、売りの速度は速く、アッという間に崩れていくので、買いを投げる場合も、新規で売る場合も一瞬の判断で行うことが大切です。考えてから行動するのでは、売りの速度に遅れます。仕掛ける

なら、相場が割れて皆が投げを出すポイントに逆指値で売り注文を入れておくことです。

「崩れてからでは手遅れ」を肝に銘じるために

　しつこいようですがここでもう一度、ソフトバンクのチャート（368ページ図4-32）を振り返ってみましょう。
　いかにも険しい山の形になっているこの銘柄は、上場前には2000円程度で買えたときもあり、上昇後、あっという間に19万8000円まで上昇しました。つまり、1000株買っていれば、200万円が1億9800万円になったのです。
　残念ながら、一目均衡表を見る限り、この銘柄は既に終わった相場で、遅行線が雲を割ったきり、まるで上昇の気配が感じられません。それにもかかわらず多くの個人投資家が、ＮＴＴを下落過程で信用買いしたように、この銘柄もナンピン買いしているのでしょう。いったいなぜこの銘柄に執着するのか全くわかりません。基準線すら超えられないのに、上値をうかがうはずもないと考えるのは私だけでしょうか。
　結局、大天井からの下落が速すぎて、上値で利食いができないばかりか、19万8000円の高値覚えで、下落した局面では売るに売れなくなってしまったのが本当のところでしょう。基準線を超えて大きく上昇していた相場が基準線を割り込んだ段階でもう終わりとわかっていれば、新規は完全に見送り、持ち株も基準線割れの水準で外しておくべきでしょう。
　相場というものは、何度かうまくいくことがあっても、このようなたった一度の失敗ですべての資産を失ってしまうものです。それは何年かに一度訪れるような急騰相場で起こります。仕手株でも優

良銘柄でも同じことです。

図4-54　大暴騰・大暴落のパターン
1992年06月29日～2002年11月05日　月足　兼松日産農林（7961）

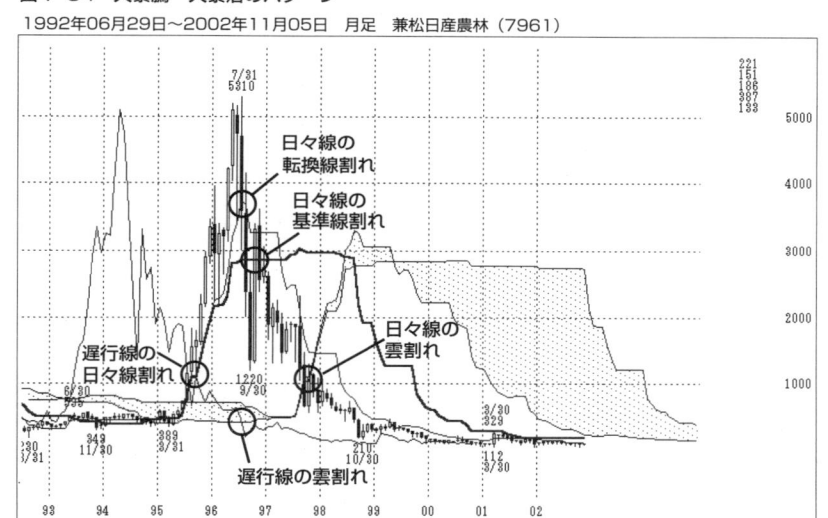

相場が危ないときには逐次「危ない」というサインを出してくれるのが一目均衡表。

　ここに兼松日産農林（7961）のチャートがあります（図4-54）。テクニカル分析は、相場が繰り返すことを示唆しています。歴史を学ぶのは、過去の過ちを繰り返さないためです。相場にも「過ちのパターン」は数知れずあるのです。

　個人投資家を巻き込んで、大暴騰・大暴落を演じた兼松日産農林は、既にソフトバンクの有り様を示しています。今後、ほかの銘柄にも同じようなことが起こるでしょう。相場で損失を出すことは仕方ないことですが、同じ過ちを再び繰り返さないことが何より大切なのです。

　これは、チャートを見ている投資家にはわかることですが、チャートを見ない投資家にはわかりようもありません。なかでも一目均

衡表というのは、相場がダメなときは「ダメだ、ダメだ」と教えてくれるものですから重宝します。兼松日産農林の場合も、日々線の転換線割れ、基準線割れ、遅行線の日々線割れ、日々線の雲割れ、遅行線の雲割れ等々で逐次そのサインを発してくれています。

　ただし、見てわかることと、その通りに行動することは違います。得てして、人間は損得が絡むと行動できなくなってしまうので、最終的には決断と行動力が問われます。くれぐれも、このようなパターンの相場で大切な資産をなくさないようにしたいものです。

「遅行線」をどう使うべきか

　遅行線のパターンをいくつか見てきましたが、少なくとも私は、「なるほど遅行線は数多くの示唆を与えてくれるものだ」と日頃から思っています。

　しかし、時として、長らく揉み合いの中を通過して方向感がつかめなかったり、各線で明確に止まってくれなかったりという場面も散見されます。これも相場に強いトレンドが出ていないから起こる現象で、相場が強ければもっと明確な動きを示すはずです。

　余談になりますが、遅行線の基準となる「終値」について少し付け加えておきます。

　昔はザラ場の概念がなかったらしく、常に終値で物事を考える癖（習慣）がありました。この影響からか、日頃からトンチンカンなことが起こっています。例えば、新聞には「日経平均が一時年初来の高値を超える」などと書かれていますが、このとき、ザラ場の年初来高値を超えたわけではなく、終値の年初来高値を超えただけのケースがよくあります。これは、新聞社が終値高値とザラ場高値を混同している結果ともとれます。

一目均衡表も終値が基準だったようで、やはり今でも終値を基準にしている人がいます。この点を一目均衡表の版元である経済変動総研に確認しましたが、「ザラ場を使っても構わない」と返答を受けました。

もっとも、遅行線はあくまでも終値の推移を示すもので、ザラ場とは若干異なる相場の高値・安値を見るべきものでしょう。これが好転するかしないかで相場を考えていくと、さまざまなテクニカル・ポイントが見えてくることは、これはこれで非常に興味深いものがあります。

残念ながら、なぜ相場がそのような動きを示すのかはわかりません。実際のポジションとの絡みでは、常にそのときの売り手と買い手の力関係を確認していくしか対処法はないようです。

私も、厳密な解釈はともかく、相場がどうしたいのかを見るためにこの遅行線を使っています。銘柄選びの中でも、遅行線の動きがよく出ている銘柄を重視しています。どんなテクニカル指標もそうですが、要は、うまく使うことでしょう。

6．テクニカル分析と
　　ファンダメンタルズ分析の融合

　私の売買がテクニカル指標に即していることは今さら言うまでもありません。しかし、こと銘柄選びにあたっては、ファンダメンタルズ分析も行います。なぜならば、株価の評価を支えているのは基本的にはファンダメンタルズだからです。テクニカル分析は、それを支援し、資産の安全性を確保するために使うべきものです。

　例えば、現在の株価がともに200円のＡ銘柄とＢ銘柄があるとします。Ａ銘柄よりもＢ銘柄のほうが明らかに業績が良く、Ａ銘柄は上昇してもせいぜい250円まで、Ｂ銘柄なら600円まで上昇するかもしれないと感じたとします。どちらを狙うでしょうか？　私は黙ってＢ銘柄を選びます。

　増収増益でも株価が下落したトヨタのような例があることなどわかっています。それでもＡ銘柄よりもＢ銘柄を選ぶのは、総じて業績が良い企業のほうが業績の悪い企業よりも有望に違いないと、当たり前に考えるからにほかなりません。

　もちろん、200円が間違いなく600円まで値上がりする保証などどこにもありません。もしかしたら100円に下落してしまうかもしれないし、逆に1000円まで上昇するかもしれません。実際の売り買いで利益を上げるか損失を被るかはテクニカル分析に委ねる問題です。

　しかし、250円か600円かの違い、つまり有望銘柄かそうでないかの違いは、テクニカル分析ではわからないことですから、この部分はファンダメンタルズ分析によらなければならないのです。

ファンド・マネジャー時代につかんだ教訓

　私は、以下の3つの過程に分けて個別銘柄への投資を考えています。
（1）　全体地合の判断
（2）　銘柄群の選択
（3）　テクニカル分析での売買の判断

　既述の通り、私はある意味、非常に短時間に、相場に関するほとんどすべてのことを業務上体験する好機に恵まれました。これはまさに幸運としか言いようがなく、現在の企業の有様では望むべくもないことだと思います。

　しかし、その時々は、業務とはいえ何をやるにしてもいわば全くの素人であり、失敗を繰り返しました。それは何もわからなかったからです。その後、さまざまな知識を得、経験を重ねるにつれて、それらの失敗は私の糧になっていきました。

　その中で、今非常に役立っているものを挙げてみましょう。
① 情報は常に遅い
② 相場はどうなるかわからない
③ ファンダメンタルズ分析ではリスク管理ができない
④ 自分が扱わない商品の動きが重要
⑤ 相場の予測は意味がない
⑥ 相場を当てないで相場に乗る
⑦ 相場を考えない
⑧ 損をしている人の行動が重要
⑨ 人は人、自分は自分
⑩ わからないものには手を出さない

① 情報は常に遅い

①は、リサーチ・情報部門を担当しているときに悟りました。私のところに入る情報が既に遅れているので、個人投資家に伝わる頃には相場は最終段階になっているということです。個人レベルで情報に頼ろうと思っても、それは初期段階で仕込んだ投資家の餌食になるだけです。

まず仕手筋といわれる人たちが安値を買い、買い終わったらそれを一部の歩合外務員を通じてその顧客に買ってもらい、最後は大勢の個人投資家と証券会社のディーラー達が買うのにぶつけて売り抜ける方法がとられます。まさに情報操作です。最近は、もっともらしい材料をネットに流し、買ってくれる投資家の気持ちを刺激します。

② 相場はどうなるかわからない

②は、相場は常識通りには動かないものだということです。自分でリサーチした業績の良い銘柄を買っても株価は下がるし、公定歩合の引き下げがあっても相場は暴落することがあります。状況が変われば、悪材料の中でも相場は買われるし、一瞬にして流れが変わります。この意味で、思惑売買は危険であると悟りました。これは過去最大の損失を出したときの教訓です。

③ ファンダメンタルズ分析ではリスク管理ができない

「バリュー・アット・リスク」(注62)の初期概念が生まれ、保有

(注62) VAR（Value At Risk）。過去の相場変動を基準に、見通しが外れたときの最大損失額がいくらになるかを推定する手法。

する有価証券のリスクについての測定が始まったことが、③を理解するきっかけになっています。今から考えれば当たり前ですが、現在保有する銘柄がテクニカル・ポイントに達したとき、損失がいくらになるかを正確に把握していることは、個人レベルでも非常に重要です。私が「損失管理ができないテクニカル指標は使っても意味がない」と言うのはここから出ています。

④ 自分が扱わない商品の動きが重要

　④は、たとえ現物株式しか取引しないとしても、裁定取引、先物、オプション、信用取引など自分が扱わない商品の動きが非常に重要であるという意味です。まさに現在の相場を動かすものの根幹に属する問題です。

　自分はそれらを売買しなくとも、それらの影響を必ず受けるのが現代の相場です。ですから、専門外の相場のスキームも正しく認識し、そこでの動きを自分の売買に生かす必要があるのです。

　また、持ち合い解消売り(注63)や、時価会計(注64)の導入に伴う機関投資家の行動についての理解がないと、わけがわからない動きで損失を出すことになります。貸し株市場(注65)の動向も確認が必要です。経験者でないとなかなかわかりづらい面もありますが、現代の相場では非常に重要なことです。とりわけ日本の投資家が遅れているのはデリバティブの領域です。

(注63) 系列会社や取引先銀行との間で株式を相互保有する「持ち合い」によって株主の安定を図ってきた日本企業が、株式時価評価の導入などを背景に、持ち合い株を売却する動き。
(注64) 企業が保有する株式の評価額を、会計期末時点の市場価格（時価）とみなす資産評価方法。従来は取得した時点での価格（簿価）を基準としてきた。
(注65) 信用取引でカラ売りする際に、証券会社や証券金融会社を介して調達する株券が「貸し株」。証券会社、証券金融会社、生保などの貸し手と借り手（投資家）の間で貸し株がやり取りされる市場を俗に「貸し株市場」という。

⑤ 相場の予測は意味がない

⑤は、予測をしないということではありません。常に予測は行いますが、その予測に自分が固執してしまうと相場の流れを見落としかねないということです。いつも偉い先生方が景気や相場を予測していますが、それが当たらないくらいですから、我々が予測してもあまり意味がないということでもあります。

⑥ 相場を当てないで相場に乗る

⑥は、⑤にも通じることです。予測をしたり思惑を張ったりして、たまに相場を当てることはありますが、最も大切なことは、相場のトレンドに乗ることで、より確実に、つまみ食いをするようにマーケットから収益を獲得することが成功への近道です。

⑦ 相場を考えない

⑦は、私の最近の傾向として顕著である考え方です。事実、ほとんど相場を考えていません。流れに乗る方向へポジションを持ち、利益になればそれで終わり。一度、手仕舞ってしまえば、その銘柄がどんなに値上がりしようと値下がりしようと関係なく、その銘柄に執着しません。

また、損切りになっても、それで終わり。あとをクヨクヨ考えることもありません。最大損失を出したときを境に考え方が自然体になった表れです。結果、資金運用をしていれば誰でも抱えるストレスがなくなり、胃に負担がかかることは皆無になりました。

⑧ 損をしている人の行動が重要

⑧は非常に重要な考え方です。新規売買をする投資家は、本当に新規で仕掛けてくるかどうかはわからないものです。確実に売買をしてくるのは、高値を買ってその後の相場下落でやられている投資家や、安値を売り込んでその後の相場上昇で担がれている投資家だけです。

また、先物・オプションなどのデリバティブ取引では、売り手と買い手の損益がトータル・ゼロ（ゼロサム）であり、負けている投資家は資金量の都合から必ず反対売買してくる傾向があります。これが裁定を生み、相場が動きます。現在の相場はこれを考えないと利益を出すことは難しいのです。

⑨ 人は人、自分は自分

他人が儲かっていると嫉妬心が生まれます。反対に他人が損をしていると、「人の不幸は密の味」といわれるように優越感が生じます。⑨は、そうした嫉妬心や優越感にとらわれてはならないという教訓でもあり、同時に、人の心理とはそういうものだという教えでもあります。

全銘柄が値下がりする局面でも、必ずいくつかの銘柄は値上がりしていますが、この値上がりしている銘柄に手を出すと、痛い目に遭う場合があります。相場全体が悪いので、他の銘柄での損失をその銘柄の利益で埋めようとする投資家がいるからです。

⑩ わからないものには手を出さない

　⑩は、うまい話には裏があって、世の中そんなに簡単に儲けさせてくれるほど甘くはないという教訓です。銀行預金の金利こそが、その時々の適正な判断材料と言えるでしょう。

　私は決して売買は巧くありません。売買が巧い人はもっとたくさんいます。上記の経験を踏まえて考えたことは、何度も言いますが、常に売買をしていると結果が芳しくないということでした。そのため、より利益を得やすい局面を模索するようになったのです。

　本来、勝てるか負けるかはやってみなければわかりませんが、それでも、常に利益が出そうなパターンで相場に入るように心掛けています。そうしたパターンが現れるまでは、それが何年かかろうとも、じっと待つことにしています。その判断のためには、日経平均やＴＯＰＩＸという指数が本来意味することをうまく利用することが重要です。

全体地合の判断

　私が「全体地合の判断」を分析の一つに加えているのには十分な理由があります。

　私は昔、日経平均連動パッケージ(注66)などの開発や、日経平均先物と現物株の裁定取引システム(注67)の構築などをやっていました。その関係から、機関投資家は、日経平均連動パッケージを50億円とか100億円、あるいはそれ以上のロットで売買していることがわかりました。実験段階で千株単位の裁定取引の注文を出すと、当時はそれだけで日経平均が数十円、品薄株を使うと100円程度変動したものでした。

　また、運用の世界では、利益の出ている銘柄と損失の出ている銘柄を抱き合わせて落とすなど、損失銘柄の処理の問題が必然的に出てくる事情も理解できました。

　これらはすべて指数パッケージにかかわるもので、先安感から先物が総じて売られることから先物と現物のベーシス(注68)が縮小し、総じて裁定解消売り(注69)が出やすくなり、それが相場の頭を押さえます。そのとき地合が悪ければ、売りが多く、買いが減っており、値が崩れやすい傾向があります。

(注66)　日経平均株価指数の値動きと連動するようにポートフォリオを組んだ投資信託(ファンド)。
(注67)　「裁定取引」を行うためのプログラム。裁定取引とは、株価指数先物と現物株価指数の差(ベーシス)が理論値から乖離したときに割安なほうを買い、同時に割高なほうを売ること。ベーシスが理論値に戻ったときに反対売買を行えば理論上はリスクなしで利益を上げることができる。
(注68)　ベーシスとは、ある現物商品の価格とそれから派生した先物商品の価格の差。ベーシス＝先物価格－現物価格。
(注69)　裁定取引で、株価指数先物と現物株価指数の差(ベーシス)が理論値に戻ったときに反対売買を行い利益を確定すること。

全体の相場が悪くなると、前述のように、本来値上がりしている銘柄も、他の損失をカバーするために売られやすくなります。また、損失を出している投資家が多いと、その動いている銘柄を新規で買う資金も気力もなくなる傾向があります。
　このように全体地合が悪いとすべてが悪循環で、自分が買ったあとをさらに高値で買ってくれる投資家がいなくなってしまうのです。
　私は日経平均先物をよく売買しているので、日経平均株価を基準に全体の地合を判断していますが、本来はＴＯＰＩＸを使うべきでしょう。ＴＯＰＩＸが下落するということは、値下がりする銘柄が多いということです。その場合、裁定取引では個別銘柄が総じて売られ、値上がりしている銘柄は値下がりしている銘柄の損を補填するために売られることになります。このような中で買いを考えても、なかなか株価は上がるものではありません。

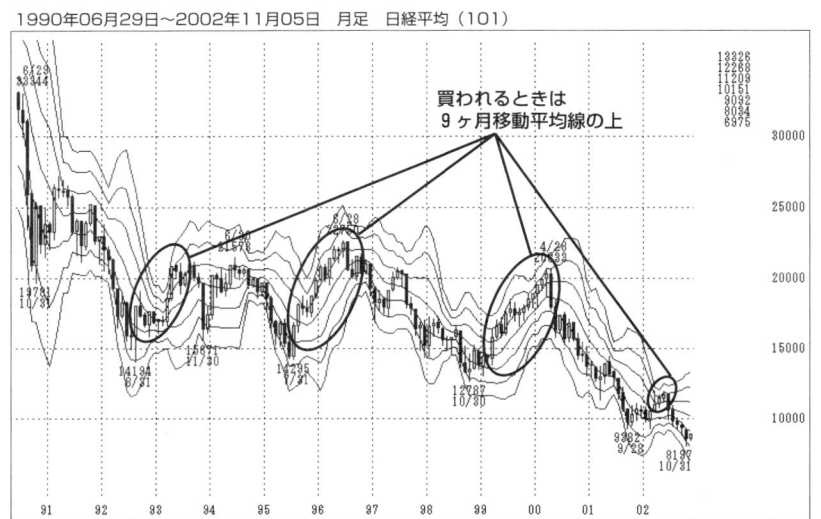

図4-55　日経平均の推移をσバンドでチェック
1990年06月29日～2002年11月05日　月足　日経平均（101）

全体指標としての日経平均が値上がりすれば買いどきになる銘柄が多くなる。

もっと簡単に言えば、相場が悪いと、100円や200円の仕手株は300円や500円程度までしか成長しませんが、相場が良いと、これらの銘柄の中には1000円、2000円へと成長するものが出てきます。この違いです。

　そこで私は、個別銘柄を買いから売買してもよいとき、さらに信用取引など通常より高いリスクをとってもよいときを、「全体地合が良いとき」と定義しています。これは具体的には、「日経平均の月足が9ヶ月移動平均線の上にあるとき」などで、そのような局面では総じて全体の銘柄が買われていきます（図4-55参照）。

　全体が買われるときには、少なくとも自分が売買している銘柄も他の人が買ってくれるわけで、買いで対応するにはより安全だからです。そのようなときには、業績的に割安な銘柄が循環的に物色され、出遅れている銘柄が順次嵩上げされていきます。

「株券が担保になる」ことの意味

　全体地合が良いときに「リスクをとる買い」を限定しているのは、信用取引の仕組みも関係しています。

　私が証券業界に入ったときに最初に教わったのは「株券が担保になる」ということです。つまり、相場が市場全体の時価総額を決定し、それが全体の担保価値を決定するということです。

　仮に市場全体の時価総額が500兆円で委託証拠金率が30％であれば、
　　500兆円÷0.3＝1666兆円
の建て玉が可能です。これが300兆円に減少すれば、
　　300兆円÷0.3＝1000兆円
の売買しかできなくなります。500兆円が300兆円に向かって縮小しているときと、300兆円が500兆円に向かって増大しているときとで

は、おのずと投資家の懐具合が違ってきます。もちろん後者のほうが買いには有利で、前者のほうが不利になります。

　一般に信用取引では、

委託保証金率＝（保証金－評価損）÷（融資残高）×100（％）

という公式を使います。

　ここでは「保証金」と「評価損」の項目が重要で、全体地合が悪化してくると、有価証券で代用している保証金の価値が下がり、委託保証金率が減少します。さらに、信用で買っている銘柄の評価損が拡大すれば、（保証金－評価損）の部分はどんどん厳しいものになります。当然、資金がない投資家は、持ち株を売却しなければならず、その売却でさらに（保証金－評価損）の部分は悪化します。

　つまり、自分が信用取引をやらなくても、世の中の動きが悪くなれば、自分も影響を受けざるを得なくなるわけです。反対に相場全体が良くなれば、保証金の価値が上がり、評価損がなくなるので信用買いの余地が大きくなり、その買いで相場はさらに上昇します。

マーケットに流れ込む資金量を考える

　こう考えると、全体地合の判断はかなり重要で、私はその縛りを入れることで、自分の売買をより安全圏に置こうとしています。

　これは、自分の売買が巧くないとの前提に立ち、どうすれば買いでとれるかを相場の条件の中から抽出したものです。逆に考えれば売りが有利な局面もおわかりいただけると思います。

　バブル期に立ち戻ってみれば、ホウスイ（1352）や宮越商事（6766）などの大乱舞がありましたが、これはマーケットにバブル資金が湯水のごとく大量に入っていたためです。バブル崩壊後も、兼松日産農林（7961）などが乱舞しましたが、これも日経平均が戻る局面で、

市場に資金が流入していたときです。

　これらの銘柄を見ると、大天井を付けたあとは、道中の戻りがあっても、時間をかけて売られ続けます。前掲（413ページ）図4-54「兼松日産農林」を一目均衡表で見てみると、基準線の上方で推移しているうちは買いが有利で、それを割り込むと売られていることが明白です。

　過去の資金流入銘柄もこれと同じです。株式投資では過去の類似パターンが多く出るので、最後はテクニカル指標を使って、自分のポジションが安全かそうではないかを確認する必要があります。

　何度か言及したソフトバンクも兼松日産農林と同じような形状で、過去の特徴を押さえている私は、ここまで下がった段階でなぜ多くの投資家がこれをいじろうとするのか合点がいきません。戻れば売りたい損を抱えた投資家の存在を考えないのでしょうか？

　ソフトバンクが買われたのも日経平均が戻る局面です。そして、売られたのはその後の日経平均の下落局面です。ただでさえ上値の凝りが多い銘柄なので、それを買うだけの資金がマーケットに流入していないことを考える必要があったのではないでしょうか。

　ともあれ、買いから入って利益を上げるためには、その銘柄自体に買いが入っていることと同時に、マーケット全体に資金が流れ込んでいることの確認が必要だと考えます。私は、この基準により、現物取引だけにするのか、信用取引まで使って買うのか、自分の資金の組み入れ具合を変えています。

　難しい話を抜きにすれば、個別銘柄など見なくとも、バブル絶頂期のようにマーケット全体に資金が流入し続けて、出遅れ株が物色されるようになれば、当然利益が出ると思っています。結局、自分が買ったあとにほかの人が高値を買ってくれないと絶対に利益が上がらないのが株式投資です。

裁定取引の動向が相場を動かしている

　日経平均株価やＴＯＰＩＸという指標は、いわばマーケット全体の状態を表す体温計みたいな指標で、これが上がっても下がっても一般の投資家にはあまり影響がないと感じるかもしれません。

　私も昔は、日経平均は単なる指標だと思っていました。しかし、外資系金融機関が行っていたように、自分で「日経平均現物買い＋日経平均先物売り」という裁定取引を行うようになると、これまでの相場に対する考え方は一変しました。時代はインデックス運用に突入しているんだと。

　個別銘柄を少し買っても売っても、自分の売買では日経平均など動きません。しかし、裁定買い注文を出した瞬間に日経平均は50円程度すぐに動きます。当時はまだ品薄株の影響が大きかったので、結構大きく日経平均は動きました。

　当時は友人のトレーダーも、機関投資家が日経平均のパッケージを数十億円単位で売買していることをよく話題にしていました。手数料競争で、だんだん手数料が安くなるのですが、最後は手数料をマイナスにしろと、とんでもないことを言いだす機関投資家もあったそうです。できないならほかの証券会社を使うということです。

　ともあれ、裁定取引を実際に体験すると、まさにこの動向で相場が動くことが実感でき、この動向をつかむことが相場全体の変化をつかむことにつながると考えるようになりました。

　ちなみに、先物は期限が決まった取引なので、市場全体では、利益が出ている投資家と損失を出している投資家の合計がゼロになります。つまり、利益が出ている投資家がいれば必ず損失を出している投資家がいるので、損をしている投資家はほぼ必ず反対売買してくる特徴があります。

どの指標で全体地合を判断するか？

　現在私は日経平均先物を使っているので、私にとって日経平均は指標というより一つの銘柄です。この銘柄は、1日に100円も200円も、時として1000円も動く銘柄です。個別銘柄で100円をとるのは大変ですが、日経平均先物なら場合によっては数分、あるいは前日終値から翌日始値の間で100円くらいとれます。

　日経平均と日経平均先物は表裏一体です。225銘柄をすべて売買するよりは、225先物を売買した方が、手間がかからず簡単です。先物の売買はリスクを伴うので、リスク管理の観点からも、テクニカル指標を使うようになります。結局、日経平均もテクニカル指標に従った動きを強めるようになります。

　日経平均は日本を代表する225銘柄で構成され、ＴＯＰＩＸは東京証券取引所の一部上場すべての銘柄を表します。全体地合を正確に表しているのはＴＯＰＩＸですが、皆がよく見ているという点で言えば、日経平均のほうが上です。「今日の日経平均はいくらですか」と聞かれれば、「いくらくらい」と答えられるでしょうが、「今日のＴＯＰＩＸはいくらですか」と聞かれても、余程指標を見ている人でなければわからないでしょう。私は両方見ていますが、どちらを徹底的に分析しているかというと、日経平均になります。個別銘柄を扱う目的で全体地合を見ようというのであれば、あまり神経質にならず、使えるもので代用してよいと考えます。

「σバンド」で全体地合を判断する場合

　前述したように、「σバンド」は移動平均線の上下に、標準偏差を加減したものです。

移動平均線だけでも、全体地合をある程度判断することはできます。移動平均線の上方で相場が推移しているうちは買い、割り込んだらやめる。あるいは、割り込んだらカラ売りを考えるという具合にです（もちろん、個々の売買は個別銘柄のテクニカル指標に従うべきです）。

　しかし、移動平均線の上方でも調整局面はあり、移動平均線の下方でも自律反発はあります。これを判断するには単純移動平均線だけでは不十分で、このためσバンドが必要になります。

上昇局面における「σバンド」

　移動平均線は、過去の一定期間における終値の平均です。終値がこの線上にあれば、売り方買い方ともに、損益がほどほどのところにあります。しかし、相場が移動平均線を超えて上昇すると損益のバランスが変わります。

　図4-56の日経平均週足チャートを見てください。

　σバンドで相場を考える場合はまず、移動平均線が右上がりのときと右下がりのときを分けることが必要です。移動平均線の方向が相場のトレンドを示し、それが右上がりなら相場は上昇し、右下がりなら相場は下落しているからです。

　移動平均線は、一目均衡表の基準線とは異なり、相場がその線を超えたり割り込んだりした場合、ダイレクトにトレンドが変化する可能性があります。それは、統計学の平均とは異なり、平均値を現在株価がある位置にプロットしているためで、終値が移動平均線を跨ぐと、それがすぐに変化をもたらすからです。

　上昇相場の場合、それまで移動平均線を下回っていた日々線が移動平均線を超え、次いで「＋１σ」の水準を超えてくると相場が上

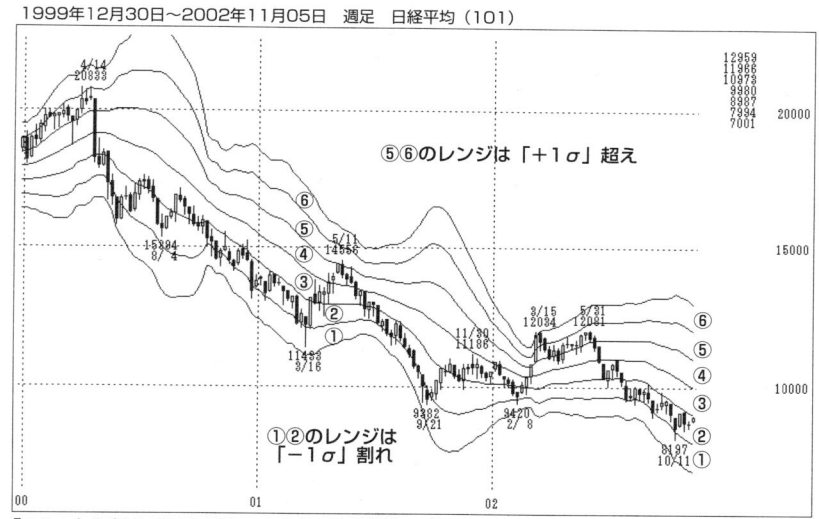

図4-56　σバンドで見た日経平均
1999年12月30日〜2002年11月05日　週足　日経平均（101）

⑤⑥のレンジは「＋1σ」超え

①②のレンジは「－1σ」割れ

「＋1σ」を超えていれば買い方の84％が利益。「－1σ」を割り込むと買い方の84％が損失。

昇色を強めます。終値が「＋1σ」を超えてくると、その期間に買った買い方の約84％が利益になることは前述の通りです。つまり、この線より相場が上にあるときが相場が強いときです。しかし、移動平均線が右下がりのときは、そこから下落することもあります。

　日々線が「＋2σ」を超えてくると、売り方の買い戻しなどが入り、相場が非常に強くなります。この局面は「＋2σ」の水準を割り込むまで続き、次いで、「＋1σ」方向へ下落していきます。相場が本当に強いなら、この「＋1σ」水準か、移動平均線の水準で押し目となり反発するはずです。

　しかし、それまで上昇していた相場が、移動平均線を割り込むと、売り圧力が増してきます。こうなると買いポジションを手仕舞わなければなりません。個別銘柄で言えば、攻めの姿勢を強めるのは

「＋1σ」を超えてから。そして、攻めから守りに入るのは、移動平均線を割り込むところです。

下落局面における「σバンド」

　σバンドでは、日々線が「－1σ」まで下落すると相場の流れが下落に変わります。終値が「－1σ」を割り込んでくると、その期間に買った買い方の約84％が損を抱えることになります。つまり、この線より相場が下にあるときが相場が弱いときです。しかし、移動平均線が右上がりのときは、そこから反発することもあります。

　日経平均が移動平均線を割り込み、「－1σ」水準も割り込むようだと、全体相場は完全に下落色を強め、当然、日経平均先物の買いを持った投資家が投げてきます。それは裁定解消売りを誘発して、相場がスパイラル的な下落へと導かれます。そうなっている頃には個別銘柄も相当下落しているはずです。

　このチャートを見てわかるように、下落相場では「－1σ」まで戻るのが精一杯になります。「－1σ」を超えて③のレンジに入らない限り、相場が上向くことはありません。いわば「－1σ」が相場の急所になります。あとは、それなりの波動を経て、安値確認の動きを示したあと、移動平均線を超え、次いで「＋1σ」を超えてくると、再び上昇に入ることになります。

　このように、σバンドを見る場合には、相場がどのレンジで推移しているかの確認とともに、どの線を超えようとしているか、どの線を割り込もうとしているかを確認することが非常に大切です。

　ここでは日経平均の動きを見ていますが、背景には、日経平均先物があり、またオプションもあります。相場が動くことで、これらのデリバティブ取引の損益バランスが変わります。買い戻しによっ

て裁定買いが誘発され相場全体が上昇する、または、投げによって裁定解消売りが誘発され相場全体が下落するといった動きが、当たり前のようにあるのです。これはＴＯＰＩＸも同じで、全体相場はＴＯＰＩＸ先物と現物株の裁定で変動します。

「一目均衡表」で全体地合を判断する場合

図4-57　一目均衡表で見る相場の強弱
1988年04月30日〜2002年11月05日　月足　日経平均（101）

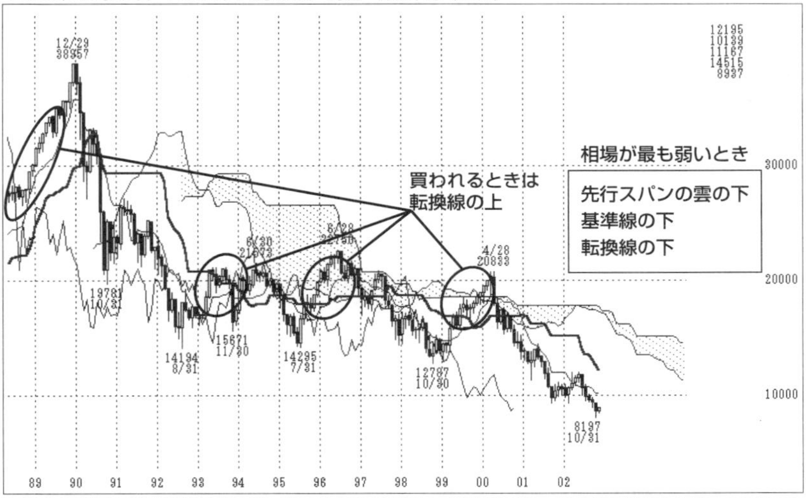

相場上昇時は日々線が先行スパン帯の上方で推移し、下落時には、日々線が先行スパンの下方で推移する。

　「一目均衡表」については、別途説明しているのでそれを見ていただくとして、ここでは分布別に相場の強弱を示しておくことにしましょう。
　一目均衡表には、日々線（ローソク足）、転換線、基準線、雲（先行スパン上限線と下限線の間の領域）があります。

チャートを見てわかるように、大まかに言えば、相場が上昇しているときは日々線が雲の上方で推移し、相場が下落しているときは日々線が雲の下方で推移します。

　さらに詳細に見ていくと、相場上昇時には日々線が基準線の上方で推移し、相場下落時には日々線が基準線の下方で推移します。

　もっと短期的には、相場上昇時には日々線が転換線の上方で推移し、相場下落時には日々線が転換線の下方で推移します。

　こうしたことを少し細かく見ていくと、

① 日々線＞転換線＞基準線＞雲
② 転換線＞日々線＞基準線＞雲
③ 基準線＞日々線＞雲
④ 先行スパン上限線＞日々線＞先行スパン下限線
⑤ 雲＞日々線＞基準線
⑥ 雲＞基準線＞日々線＞転換線
⑦ 雲＞基準線＞転換線＞日々線

と分類することができます。

　①が最も相場が強い状況で、それが②→③→④となるに従って買い方が売りに転換します。さらに④→⑤→⑥→⑦となるに従って相場は弱くなっていきます。特に⑦の状態は、完全に売られている状況なので、ほとんどすべての銘柄が下落していきます。

相場の強弱によってメリハリをつける

　大方の投資家は、おそらく相場の強弱感に関係なく、持っている資金を目一杯使って売買しているものです。それでも足りなければ信用取引を使って、資金量の何倍もの取引をしていることでしょう。もちろん、上昇相場と下落相場を分け、買いとカラ売りを分けてい

るのならいいのですが、それほど賢明な投資家は少ないものです。

　仮に、買いだけを行う投資家なら、①の状況なら信用を含めてかなりの資金で攻め、それが②→③→④になるに従って投下資金量を減少させ、⑤⑥⑦の局面ではやらないか、やるにしても最低単位の株数でやるなどのメリハリをつけるべきでしょう。

　敢えて数量で言えば、現物で１万株買える人は、①の状況では信用取引を使って３万株、②では１万株、⑦では１千株といったメリハリです。⑦の段階で３万株張っていれば、すぐに追証がかかり、資金は飛んでしまうでしょう。

　資金を効率的に使うのであれば、相場が①のところにあれば積極的に買いで対応し、⑦のところにあれば積極的にカラ売りで攻めるのが有効です。重要なのは、中途半端なところで攻めないで、相場が変化するタイミングを捉えることです。

　ここでは、あなたがどれだけの資金を保有し、その資金がどのような性格のものなのかという問題を避けて通れません。老後資金として減らすことができないのか、あるいはまだ若いので無理をしても老後までにまとまった資金を作らなければならないのか、といったことです。もうリタイアしていて収入があまりないのに、老後資金を使って信用取引などするのはもってのほかです。

ＥＴＦの活用も考えてみる

　最近は、ＥＴＦ（注70）という指数連動投信も開発されているので、個別銘柄の売買ではなく、ＥＴＦを使った資産形成も有効だと思い

(注70) Exchange Traded Fundsの略で、日本では「株価指数連動型上場投資信託」と呼ばれている。2001年７月に東京証券取引所に上場された。従来の投資信託とは異なり、一般の株式のように取引所でいつでも売買できる点が特徴。

ます。そのときも、全体地合の判断基準を使い、買ってよいときと持たないときの分別をつけることが、最も効率よい運用方法になることでしょう。

　少なくとも、日々線が一目均衡表の基準線を超えてくれば、日経平均先物の売り方は買い戻しをかけてきて、そこに新規買いも入るので相場は瞬間に舞い上がります。その結果、裁定買いで相場全体が上向きます。逆に、基準線を割り込んでくると先物の買い方が投げてきて、そこに新規売りが入り相場は下落します。

　反対に相場が下落に入ると、先安感から買いものが入らなくなります。買いものが入らない中、必然的に売らなければならない投資家が成り行きで売ってくるので、相場はさらに下落します。下落すれば上値の凝り、つまり損をしている投資家が増え、その売りも誘発されます。そして、相場はさらに下落するのです。

　つまり、全体地合が下落相場に入ればことごとく売られてしまうので、「自分の個別銘柄だけは上がる」と思ってがんばっても損失が拡大するだけです。なかには上がる銘柄がありますが、それとて、売り圧力がかかっているので上げ幅は小さいはずです。

　よく仕手株が300円程度から2000円、5000円と育つときがありますが、そのようなときはマーケット全体に資金がどんどん流入し、その資金流入と信用取り組みで相場が舞い上がります。しかし、下落相場では、どんなにがんばっても500円、800円程度でポシャってしまいます。

　要は、マーケット全体に資金が入ってきているのか、それとも資金が逃げているかの見極めが大切で、その時々の状況に応じて、自分の資金のどの程度を投入するかを決めることが重要なのです。

デリバティブ取引に対する考え方

　以前、信用取引についての原稿を書いたときに、「仕手株について書くのはけしからん」という抗議を読者から受けたことがあります。とかく日本人は、相場で儲けることに対して偏見を持つ傾向があります。自分が働く会社も年金も、株式と切っても切り離せないのに、「株で儲けるのはけしからん」という感じです。また、現物で儲けるのは良いことで、デリバティブを使って儲けることはいけないというような勘違いもよく見受けられます。

現物株に限定するのは武器を制限するようなもの

　私は、一般的にはテクニカル売買をしているように思われていますが、当然、ファンダメンタルズも重視しています。銘柄選びにあたっては企業業績を重視します。これは、投資を行ううえでは、ごく当たり前の考え方です。
　それでは、私は業績の良くない銘柄は売買しないかというと、決してそんなことはありません。ボロ株も仕手株も売買対象として考えます。相場を考えるうえで制約条件を入れてしまうと、実戦で武器の使用を制限するようなものですから、不利になります。
　何度も言うようですが、株式投資に参加するのは自分自身の資産を増やすためで、何も経営に参加するためではありません。結果的にそれが資本市場、ひいては日本国の発展に貢献し、他人から正当な行いとして評価してもらうことができるとしても、そんなことを目的に市場を参加するなど馬鹿げています。
　投資の目的が資産を増やすためであるならば、その目的を達成するためには、あらゆる手段を使うべきです。資金は常に利益を生む

のに有利なところに流れ、それが個別銘柄にも影響を及ぼすのであれば、知らないでは済まされません。

　もっと具体的に言えば、1000万円を投資に向けている投資家がいた場合、何も現物株に特化する必要はなく、信用取引も日経２２５先物取引も、オプション取引も為替も、さらには金先物のような商品先物まですべてを使うべきだと言いたいのです。

　日本人の場合、信用取引やオプション取引を毛嫌いする傾向があって、「それは私には関係ない」とか「怖いからやらない」と言う人がいます。しかし欧米では、相場として動けばすべてかまわないという考え方が定着しています。

　よく「ヘッジファンド」という言葉を耳にすると思いますが、これは欧米の資産家を対象とし、世界中のありとあらゆる金融商品（株も為替も商品先物も債券も皆含まれます）を使ってパフォーマンスを追求するものです。そして、政府の高官も普通にヘッジファンドに参加しているといわれています。政治家や官僚が株をやってはいけないという風潮がある日本とは正反対です。

現物株とレバレッジ商品は考え方が違う

　1000万円の投資資金があれば、１株1000円の銘柄なら１万株買えます。そして、1000円の株価が1200円になるのか900円になるのかを考えていきます。

　しかし実際には、株価の動きよりも、そのとき何株売買しているかが非常に重要なのです。1000円の株価がたとえ100円になってしまっても、買っているのが1000株なら全体資産は90万円しか減りません。しかし、1000万円を投じて１万株買っているなら、全体資産は900万円減って100万円になってしまいます。

もしも信用取引で3万株買っていたとしたら、1000円が900円になっただけでも300万円、全体資産の3割の損失となり、さらに追証の問題が出てきます。

要するに、株価の動きとともに、これからは常に自分の資産のうちのどれだけを売買するかということを考えてほしいのです。つまり、テクニカル分析とマネー・マネジメントを同時に考えなければならないのです。

信用取引の特徴は「レバレッジ」と「カラ売り」

ここで、マネー・マネジメントを考えるうえで重要なレバレッジについて説明しておきましょう。

現物株も1000円の銘柄と50円額面割れの銘柄ではリスクのとり方が違いますが、ここでは投資資金が1000万円あることを前提に、現物株とレバレッジのかかった金融商品との比較を行っておくことにしましょう。

次ページ図4-58の表を見てください。現物株では、株価1000円の銘柄なら最大1万株買えます。約定金額(注71)は1000万円で、これは投資資金1000万円と同じ、つまり1倍となります。これを「レバレッジ＝1」と呼んでいます。この銘柄が100円動くと100万円の評価損益が発生します。現物取引ですから追証の発生はなく、この企業が倒産した場合、最大損失は1000万円になります。要するに、ごく普通の取引です。

次に、もっとたくさんの資金を動かせばもっと利益が出ると考えて、「信用取引」を始めます。ここでは投資資金1000万円の3倍、

(注71) 投資家からの売買注文が証券会社により執行され、市場で取引が成立した金額。信用取引などでは、投資額以上の約定金額で取引できる。

約定金額3000万円まで使うことができることにします。株価1000円の銘柄なら3万株まで買えるわけで、「レバレッジ＝3」となります。なお、信用取引の基準は各社まちまちなので、ここでは一つの目安と考えてください。

図4-58　投資資金とレバレッジの関係（各商品の価格は一例）

	現物	信用取引	225先物（100万円）	225オプション	金先物（6万円）
価格	1000円	1000円	1万円	200円	1000円
単位	1万株	3万株	10枚	50枚	166枚
約定金額	1000万円	3000万円	1億円	1000万円	1億6600万円
必要資金	1000万円	1000万円	1000万円	1000万円	1000万円
レバレッジ	1倍	3倍	10倍	1倍	16.6倍
追証	ナシ	866円以下	スパン方式で計算	ナシ	970円以下
100円の変動	100万円	300万円	100万円	500万円	1660万円

　この場合、1000円の株価が100円動くと300万円の評価損益が発生します。1000万円の現金が担保になっているので、おおむね866円を割り込むと追証がかかります。資金に余裕のある人はかまいませんが、余裕のない人は、ここで損切りをしなければなりません。
　このように信用取引は、レバレッジをきかせることによって、少ない資金で大きな取引を行うことができますが、もう一つ、現物取引にはない大きな特徴を持っています。それは、これまで再三述べてきた「カラ売り」です。現物取引では株価が下がるときに利益を上げることは不可能ですが、信用取引のカラ売りを使えば相場の下落局面でも利益を出すことが可能になります。

10倍のレバレッジをきかせられる「日経平均先物」

　多くの投資家は、今日の日経平均はいくら高かったとか安かったと言っているだけですが、その背景には日経平均先物（日経225先物）という金融商品があります。これが先物・オプションの相場に与える影響は計りしれません。

　ここでは計算を簡単にするために日経平均株価を1万円、日経平均先物を売買するのに必要な資金を1枚（100万円）としましょう。1枚というのは倍率が1000倍で、現物の1000株の売買と同じようなものです。ここでは投資資金が1000万円あるので10枚の売買が可能で、約定金額は1億円になります。つまり「レバレッジ＝10」になります。

　この証拠金はＣＭＥスパン方式(注72)という複雑な方法で計算されますが、一定以上の損失が出れば追証を差し入れなければならないのは信用取引と同じです。

　ここで日経平均が100円動くと、10枚で100万円の評価損益が発生します。日経平均先物では100円動くのにわずか数分ということがよくあります。1日に300円から1000円程度動くこともあるので、これだけで損益は300万円から1000万円にもなります。つまり、1日で1000万円の利益が出ることも、1000万円が消えてなくなることもあるのです。当然のことながら、投資資金すべてを使って売買するような商品ではありません。

（注72）シカゴ・マーカンタイル取引所（ＣＭＥ）が導入した、商品・市場のリスクに見合った証拠金を計算する手法。スパン（ＳＰＡＮ）は「Standard Portofolio ANalysis of risk」の略。

紙くずになることも多い「オプション」

　日経平均オプション（日経225オプション）は、買いから入る場合、5円程度から3000円程度まで数多くの商品に細分化されています。例えば200円のものを選べば、1000万円の資金で50枚（1枚＝1000倍）買えます。レバレッジは1倍ですから、100円動けば500万円の損益です。

　株式そのものを取り引きする現物取引と違い、株式を売買する権利を取り引きするオプションの場合、最終的に紙くず（0円）になってしまうことが非常に多いのです。

　値動きがきわめて激しいということもオプションの特徴です。前日の8円が翌日寄り付きには705円になるように、時として、現物株からは信じられないような値動きをします。

　ですから、1000万円を投じれば1日で数億円の利益を手にすることもあり得ますが、一瞬にしてすべてを失ってしまうことも珍しくないのです。

　オプション取引では、コール（注73）の買いとプット（注74）の買いでは、最大損失額が投資額とイコールになりますから、追証の発生はありません。

　しかし、コールの売りとプットの売りでは、損失額がどこまでも拡大する可能性がありますから、当然、一定の損失額を超えると追証が必要になります。

（注73）オプション取引で、株式などの商品を、将来の一定期間・期日に、特定の価格で買うことができる権利。
（注74）オプション取引で、株式などの商品を、将来の一定期間・期日に、特定の価格で売ることができる権利。

「金先物」は1000万円で1億6600万円の取引が可能

　「金先物」は、商品取引の代表格です。これも売りからも買いからも入れます。証拠金はその時々によって異なりますが、ここでは金価格1000円、証拠金を1枚（1000倍）当たり6万円とします。例えば、1000万円あれば最大166枚の建て玉が可能です。これは1000万円しか運用資産がないのに1億6600万円の約定金額を売買していることになり、「レバレッジ＝16.6」になります。

　追証は、証拠金の半分以上の評価損が出た段階、この場合6万円÷2÷1000倍＝30円の価格変動でかかります。買いの場合には、1000円から30円下落して970円を割り込むと、500万円の追加資金を要求されます。940円まで下がれば、既に当初資金1000万円は吹っ飛んでいます。

　信用取引や日経平均先物と比べてもレバレッジがきいているだけに、利益が出れば大きいですが、損失もきわめて大きいのが特徴です。とても全資金を投じられるような商品ではありません。

勝負をかけてリスクをとりにいくとき

　私個人としては、人生の中ではどこかで勝負をかけることも必要だと考えています。ビジネスを始めることも一つの勝負であり、リスクが伴います。成功すれば大きなリターンを得ることもできますが、そこに行き着くためには大変な努力と苦労が待ち受けています。

　投資の世界も一緒で、はじめから多くの資金を持っている人は安定運用を指向すればよいのでしょうが、お金のない人がお金を作るには、どこかで勝負して勝ち残らない限り不可能です。

　このように書くと、すぐに「じゃあ私も」と始める人がいますが、

勝負は時を選ぶので、闇雲に行うことは危険です。

　図4-58（440ページ）の表は、いわば最大建て玉を示した例です。この数字だけを見て儲かるときの妄想を描いて、損をしたときのことを考えないのは愚かです。相場を始める前には、儲かるときのことよりも損をしたときのことを考えて、「資金配分」と「建て玉株数（枚数）」を設定すべきです。これがマネー・マネジメントの基本です。

ハイリスク商品は全体資金の10％以内に抑える

　私は「金先物」などのハイリスク商品が悪いなどとは決して思いません。

　上記のように、資金量目一杯に建て玉すれば、私とて大きな損失を出すことはやる前からわかっています。手元資金が1000万円であるなら、せいぜい10枚（証拠金60万円）程度から始めるべきでしょう。これなら予想と反対方向に価格が100円動いたとしても、100万円、つまり全体資金の10％の損失で済みます。

　現実には10％の損失でもかなりの痛手になりますから、当初はもっと少ない玉数（5枚程度）で売買し、利益が出てから建て玉を増やすのが賢明でしょう。

　実際、欧米のまともな投資家なら、たとえ資金が1000万円あっても166枚建て玉することは絶対にありません。やはり当初は3〜6枚程度の売買を繰り返し、利益の上積みを図ります。そして、ある程度利益が出てから、売買枚数を増やしていきます。

　多くの投資家が、大きな損失を出してしまうのは、自分の持っている資金に対して過剰なリスクをとっているからです。また、現物株と同じ感覚で、これらのデリバティブ取引を行うことにも負ける

原因があります。

　証券会社や商品会社は、売買をしてもらうことで手数料収入を稼ぐのが商売です。お金を持っている人にたくさん売買してもらえば、営業成績が上がります。ブローカーの利益と投資家の利益は別物です。世の中、すべて営利が絡むので、手数料を払うのは当たり前ですが、こと投資家の立場に立てば、お金を持っているから闇雲に大量の売買をするという行為は間違っています。なかには、営業マンに対する見栄で、大きなロットを売買する人もいますが、「自分の資産を増やす」という目的とは全く関係のない愚かな行為です。

　多くの投資書がそうであるように、本書でもマネー・マネジメントの話は最後になってしまいましたが、これから相場に参加しようと考えている人にとっては何よりも大切なことです。

　人それぞれ、持っている資金やその性質、さらに年齢や収入などが異なります。証券会社に注文を出す前に、まずは紙とボールペンを用意して、自分で電卓片手に何度も何度も考え得るリスクについてシミュレーションしてみてください。

「本筋」と「ゲリラ戦法」

　株の売買には「本筋」と「ゲリラ戦法」があります。大ざっぱに言えば、企業利益などファンダメンタルズも考えながらトレンド・フォロー型の売買を行うのが「本筋」で、デリバティブなどのハイリスク商品を駆使して一度により大きな利益を狙うのが「ゲリラ戦法」です。

　私が本で書いたり、講演会でしゃべる話は、どうしても「本筋」に属することになってしまいがちです。つまり、私は常にトレンド・フォロー型の売買を推奨しています。これは、より安全な売買

をしてもらうためで、少なくとも損失を減らし、利益が出る機会を増やしてもらおうと考えているからです。

　とは言え、本や講演会で「やってはいけない」と言い続けているやり方を、私自身が敢えて行うことも実際には数多くあるのです。そのとき、「これまでとは話が違う」と言われても困ります。

　何度も言いますが、利益を出すためには手段は選びません。皆さんが私のことをどのように思っているかは勝手ですが、私は何にも支配されない自由な投資を行い、結果を出してきましたし、これからもそうするつもりです。ただし、勝手気ままに投資するということでは決してありません。背景には、慎重なリスク・コントロールが働いていることを忘れないでください。

　また、「ゲリラ戦」を仕掛けるには「本筋」を理解していなければならないことは、言うまでもありません。そうでなければ、「ゲリラ戦」で思わぬ大損を被る恐れがあります。

　もっとも、昨今のように景気が悪く、企業業績が悪化している局面を「本筋」だけで語れば、投資対象となる銘柄が全くなくなってしまうこともあります。それにもかかわらず、業績が悪い銘柄が買われていくことがあるのもまた事実です。こうしたことは、「本筋」の合理的な基準では説明ができません。

ファンダメンタルズ分析による銘柄選択

　次に銘柄選択について説明しましょう。ここで頭に入れておいてほしいのは、「銘柄を選ぶこと」と「その銘柄をすぐに売買すること」は違うということです。

　「銘柄を選ぶこと」とは、「買ってもよい銘柄」と「売ってもよい銘柄」を何銘柄か選んでおくという意味です。ここで銘柄数を絞るのは、東証一部だけで1400以上ある銘柄すべてについて、常に把握しておくことができないからです。

　通常、アナリストは自分の担当する業種やセクターを持っています。私は昔、自分の好きな企業を120社くらい回っていたことがあります。業種にとらわれず、あくまで自分が興味のある企業です。しかし、この120社ですら、すべてを追いかけていくことには限界がありました。プロでさえ無理なのですから、個人投資家レベルでは絶対に不可能だと思います。

「買ってもよい銘柄」と「売ってもよい銘柄」を決めておく

　数千社ある銘柄の中から、どれが蜂起してくるのかを予想することはできません。動き出せば、それが美人に見えて飛びつくことになりますが、既に安値から買われていたり、手を出すタイミングが遅れることも多々あります。

　また、今のようにほとんどの銘柄が安値圏にある中で、これらが一斉に蜂起し始めたら、いったい何を買えばいいのでしょうか。選んでいる間に、もう値上がりしてしまっていることでしょう。

　つまり、タイミングよく売り買いの注文を出して利益を上げるためには、その銘柄が動き出す前から相場の動向をウォッチしておく

必要があるのです。

　投資信託には、アクティブ運用型（注75）とインデックス運用型（注76）があります。最近ではアクティブ運用型のパフォーマンスがあまり芳しくなく、インデックス運用型が増えているようですが、これも、常に動く銘柄の動向をウォッチし続けることに限界があるとわかっているからなのかもしれません。

　上記のごとく、私が日経平均先物などの指数を売買するようになったのも、個別銘柄が難しいからです。それより、日経平均という１銘柄の分析に総力を結集したほうが分析が楽だし、レバレッジがきいている分、パフォーマンスも上がると考えたわけです。

　よく相場が下落してくるとチャートを見る人が減りますが、相場の流れを理解し、チャンスをつかむためには、それまでに増して真剣にチャートを見なければなりません。チャートを見ないということは、チャンスを逃し、気がついたときには結果的に高値を買うことになるという意味で、リスクを増大させているのです。

銘柄選びの基準はＰＥＲ

　前述したように、現在200円の銘柄が上がっても250円で精一杯なのか、600円まで上がる可能性があるかを見極めるには、企業業績を考慮します。なかでも、「ＰＥＲ（株価収益率）」（注77）が最も重要な指標だと考えています。

　当然、仕手筋の介入や新しい材料が出ることで、その銘柄が一時

（注75）ＴＯＰＩＸなどのベンチマーク（比較対象）よりも優れたパフォーマンスを上げることを目指す運用方法。通常、ベンチマークよりもハイリスク・ハイリターンになる。
（注76）ＴＯＰＩＸなどのベンチマーク（比較対象）と同じパフォーマンスを上げることを目指す運用方式。リスクとリターンはベンチマークとほぼ同等。「パッシブ運用型」ともいう。
（注77）Price Earnings Ratio。ＰＥＲ＝株価÷１株利益（ＥＰＳ）。

的に買われることもありますが、そのようなことは本来わからないものです。また、バブル絶頂期に500円以下の銘柄がなくなったように、全体の株価が変動すれば個別銘柄の株価も影響を受けますが、それは、そのような地合になってから考えればよいことです。

　私は、その時々にはさまざまな要因で動く株価も、基本は企業業績を反映したものだと考えています。ですから、「買ってもよい銘柄」と「売ってもよい銘柄」を選んでおく基準になるのは、この企業業績です。

　企業業績を基準にした絞り込み作業は、「チャートブック」や「日経会社情報」のように、業績推移がわかる資料を見ていくしか方法がありません。最近は、CD-ROMやインターネットのデータに「スクリーニング」をかければ、条件にかなう銘柄を指標ごとに割り出すのは簡単です。「経常利益増益何パーセント以上」「1株利益いくら以上」「有配」「ＰＥＲ何倍以下」という具合に条件設定をすれば、パソコンのディスプレイ上にすぐにリストを表示できます。なお、私は当期（税引前）利益よりも経常利益を重視していますが、それは「特別損益」に影響される前の損益を知るためです。

企業業績はチャートブックで確認

　もっとも、私は、パソコンによるスクリーニングは一切使わず、「チャートブック」の誌面でチャートを見ながら銘柄選びをしています。これは20年以上、毎週繰り返してきたためで、誌面のチャートの形状、信用取引の状況、噂等々、何から何まで一瞬に頭に入れて判断する習慣がついているのです。

　ページをめくりながら全銘柄のチャートに目を通していくと、全体の動きと各銘柄の状況が自然と頭の中に残ってきます。このよう

に総合的な動きの中で個別銘柄をチェックしてしていくプロセスにより、銘柄選びがより有効なものになるのです。これは「買ってもよい銘柄」も「売ってもよい銘柄」も同じです。

「ＰＥＲ」を重視すると前述した通り、私が「買ってもよい銘柄」として判断するのは、「業績が継続的に良く、ＰＥＲが割安な銘柄群」です。反対に「業績が悪化しているのに、ＰＥＲが割高な銘柄群」は、「売ってもよい銘柄」ということになります。

とは言え、銘柄選択は、それぞれの投資家が自分の判断で行うものです。投資家によっては、「50円額面割れ銘柄群の中で財務内容が相対的に良い銘柄群」でも、「仕手株銘柄群」でもいいのです。全体から条件に合わない銘柄を消去していく方法もあります。しょせん、自分で選ぶのですから「自分が惚れた銘柄群」でも構いません。

業績から株価を考える

　本書はあくまでもテクニカル分析の本ですが、上記のように銘柄群を選択するうえではファンダメンタルズ分析の指標についても知っておく必要があります。ここで若干の説明を加えておきましょう。
　昔から、株価水準を考える基準に「株価収益率」（ＰＥＲ）が使われます。これは、現在の株価が「１株利益（ＥＰＳ）」(注78)の何倍に買われているかという単純なものです。
　最近は機関投資家の間では、「株主資本利益率（ＲＯＥ）」(注79)などの指標が使われるようですが、ＲＯＥには株価の数値が含まれていませんから、株価がいくらなら安く、いくらなら高いという判断はできません。
　また、「株価純資産倍率（ＰＢＲ）」(注80)という指標もありますが、地価の算出基準など会計基準の曖昧さを考えると当てになりません。「ＰＢＲが１倍を割り込んでいるから割安」という表現は、セールストークとしては使えても、相場を考えるうえではほとんど使えません。

割安・割高の判断に使えるのは「ＰＥＲ」だけ

　このようなことを考えてみると、銘柄選びに使える指標としてはＰＥＲが一番適当だと思われます。本来株価は浮動株の変動で形成されるので、厳密にはもっと別な考え方をしなければならないので

(注78) Earnings Per Share。税引き後利益を発行済み株式数で割った値。
(注79) Return On Equity。税引き後利益を株主資本で割った値。投資家がその企業に投じた資金（株主資本）がどれだけ効率的に使われているかを示す。
(注80) Price Bookvalue Ratio。株価を１株当たり株主資本で割った値。市場が評価した企業の値段（時価総額）が、会計上の解散価値（株主資本）の何倍であるかを表す。

しょうが、結局、我々投資家が最も手っ取り早く、なおかつ客観的に株価の割高・割安感を判断できるのは、このＰＥＲ以外にないように思えます。

とはいえ、株式は単に業績が良いから買われるわけでもなく、悪いから売られるわけでもありませんから、ＰＥＲのような業績指標だけでは判断できないものがあります。割安・割高の株価から均衡点へと水準訂正されるには、通常はかなりの時間がかかりますし、その間には紆余曲折があるものです。

また、決算数字が発表される前に、通常は予想に基づいて株価が動いているのが現実です。決算数字が出たときに既にある程度買われていれば、目先の利食いに押されることもありますから、業績判断と売買とは建て分けて考える必要があります。もっとも、こういった相場の動きに関しては確たる方程式があるわけではありません。結局は投資家の総合力が問われる問題です。

現在の目安は「ＰＥＲ＝20倍」

株価は、その時の市場参加者の人気を反映するもので、人気がある株はかなり割高にまで買われますが、人気がなければさほど買われません。過去の値動きに伴う凝りがあるやなしやでもその動き方は変わってきます。

バブル絶頂では、ＰＥＲが100倍の銘柄があってもなんら不思議はありませんでしたが、今は30倍でも割高に映る場合もあり、これとて一律には判断できないものです。しかし、なんの基準もなく銘柄を選ぶことはできないので、そこは割り切ってなんらかの基準を考えなければなりません。

私の場合は、１年ほど前までは「ＰＥＲが40倍水準を株価の高値」

と勝手に決めて、現状の株価からどれだけ買い余地があるかを考えていました。しかし、現時点では東証一部全銘柄の平均的なＰＥＲは20倍程度となっているので、この水準を基準にしています。

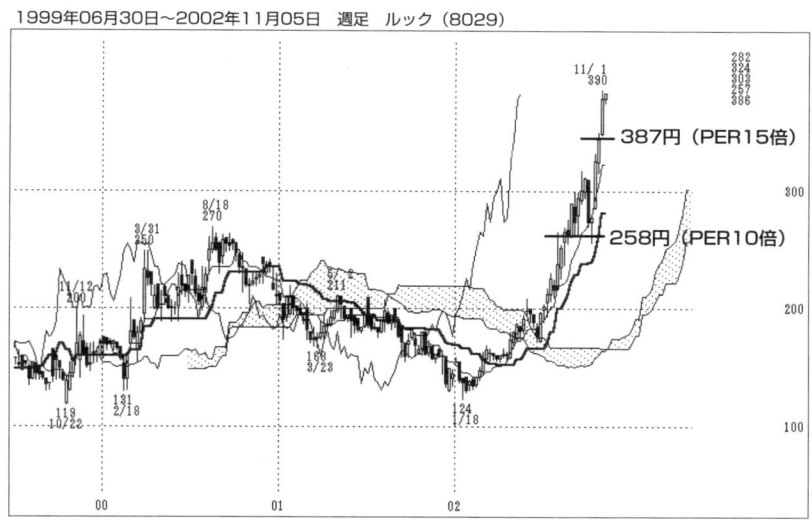

図4-59　割安感から上昇したパターン
1999年06月30日〜2002年11月05日　週足　ルック（8029）

PER10倍でも258円という割安感も手伝って株価が急上昇した。

　ここで図4-59を見てください。このルック（8029）の場合、株価は安値124円からかなり上昇しています。2001年12月期は当期損益が赤字になりかなり売られましたが、2002年12月期（予想）では1株当たり当期純利益（ＥＰＳ）が連結で25.8円となっています。
　買いから考える場合、常に利益の何倍まで買えるのかという目安を決めておくと、おおむねシナリオが作りやすくなります。ルックの例ではＥＰＳが25.8円ですから、ＰＥＲ10倍までなら買うと決めているのなら、25.8円×10倍＝258円までなら割安と判断できるでし

ょう。これが15倍では25.8×15倍＝387円、20倍では25.8円×20倍＝516円までなら買いというわけです。現在のマーケットの平均がＰＥＲ20倍であるならば、それより安いものは、全体地合が好転すれば割安感から買いが入ることになるでしょう。

　もっとも、業績が発表されるまでに既に買われてしまっていれば、良い数字が発表されても株価は動かないことがあります。逆に売られてしまうこともあります。これはテクニカル指標で判断するしか手がありません。利益水準から今後どの程度の買い余地（売り余地）があるのかをしっかり考える必要があります。

過去の値動きとの比較

　株式市場では、利益の絶対水準も重視しますが、その変化も気にかけます。つまり、株価が大きく動くのは、ＥＰＳが20円→40円→60円などと大きく変化している場合です。ＰＥＲ20倍までと考えれば、買える株価は、20円×20倍＝400円→40円×20倍＝800円→60円×20倍＝1200円と変化するわけです。

　図4-60の西松屋チェーン（7545）は、ＥＰＳが57円→60円→84円→90円→97円→167円→198円（分割修正済み）と高くなっています。ＰＥＲ20倍で考えれば、1140円→1200円→1680円→1800円→1940円→3340円→3960円と、買える目安も高くなっているわけです。

　しかし、利益が出ていることと株価の動きは別です。実際、この銘柄も5220円の高値を付けたあとは1225円まで売られています。どんなに業績が良いといっても、その時々の売買においてはリスク管理が重要で、単に決算数字だけの決め打ちは危険です。同じ買うにしても、株価（日々線）が移動平均線を超えてくるなど、テクニカル指標に沿った売買をしておかないと、その先の判断がしにくくな

第4章　相場実践の中での考え方

ります。

　ここでもそうですが、大きな波動が発生する前に買っておいて現状で利食い態勢にあるのと、ここから新規で買おうとするのとでは大きな違いがあります。前者が「金持ち父さん」、後者が「貧乏父さん」でしょう。

図4-60　PERと相場の動き
1997年07月31日〜2002年11月05日　月足　西松屋チェーン（7545）

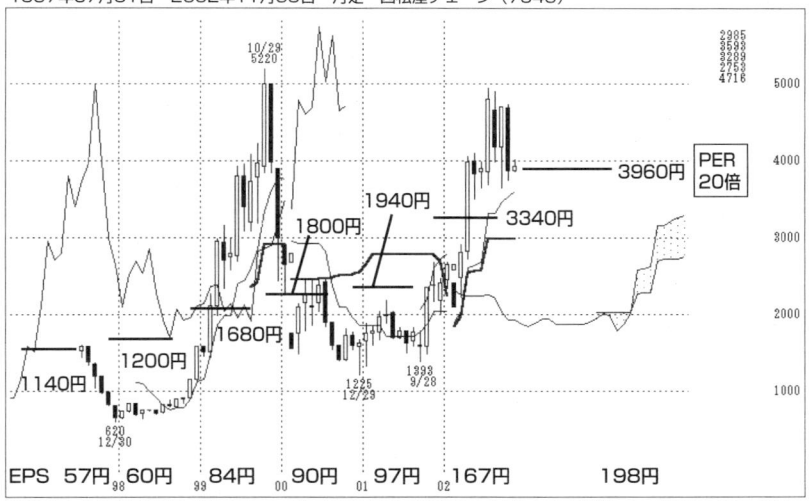

業績とともに株価が上昇していたが、5220円の高値を付けたあと急落した。決算の数字だけで売買するのは危険。

利益と株価のミスマッチ

　業績と株価のミスマッチの例として、もう一度トヨタ自動車（7203）のチャート（次ページ図4-61）も振り返っておきましょう。

図4-61　業績に反して下落したトヨタ自動車
1992年07月31日～2002年11月05日　月足　トヨタ（7203）

業績好調でPERも割安なのでもっと買われてもよいと思えるが、株価は5800円の高値以来下落する動きを見せる。

　2003年3月期は連結EPSが231円に増額するとの予想が発表されています。2002年11月5日の終値は3070円ですから、PERは13倍程度です。通常ならもっと買われてもよいように思えますが、株価は2002年4月の高値5800円以来、下落する動きをみせています。
　簡単に言えば、PER＝1倍というのは、その年の利益を買っていることで、PER13倍というのは13年分の利益を先に買っているという意味です。トヨタ自動車の場合、5800円の高値を付ける段階で、かなりの先行利益を織り込んでいたのかもしれません。
　このチャートの直近では、上値が重いものの、下値が切り上がり、保合を作っています。常識的にはこのあとどちらかに放れるはずで、我々投資家が狙うのは、この保合を放れた方向です。
　ここで下放れになれば、5800円からの下落が継続することになり

ます。しかし上放れになれば、3920円－4440円－4710円－5800円という上値の節目とともに、ＰＥＲで何倍まで買えるかと算段できるようになり、考え方は簡単になります。5800円の高値まで買ってもＰＥＲは25倍なので、これは十分可能な範囲です。

　投資家が陥りやすい落とし穴に、「業績が良いから株価は買われなければならない」というものがあります。株価が上昇トレンドに乗っていれば問題ありませんが、下落トレンドにあるときに「買われるはずだから」と買いを入れると、そのまま買い下がってしまいます。こうした行為が時として大きな損失につながります。

「どの程度織り込んでいるか」の確認が重要

　何度も言うようですが、今業績が良いということと、その先も良いということは別問題で、相場は常に先の先まで見越して動いていきます。今良くても、見通しが悪ければ、その前に売っておこうという意思が働きます。逆も真なりで、まだ業績が悪くても、これから良くなる見通しなら、まだ安いうちに買っておこうという意思が働くのです。そのため、業績が発表されたときには、業績の数値自体を吟味することは当然として、株価がそこに至るまでどの程度動いてきたかを確認し、既にどの程度相場に織り込んでいるかを推し量ったうえで売買を考えなければならないのです。

　この意味で、どこで相場に入っておくかという問題は非常に重要です。これは、業績などのファンダメンタルズを分析しても判断できないことでしょう。業績で株式投資が儲かるなら、膨大な数のアナリストを抱える機関投資家が必ず儲かるはずですが、現実はそうではありません。このことは、個人レベルでも十分に戦えることを物語るものです。

業績の良い銘柄を集めておく

　業績が良い銘柄を選んでおくことは、全体地合が悪いときに下落しても、全体地合が良くなるとおのずから水準訂正の動きになるので、その分保険をかけることにつながります。

　昔から銘柄選びは美人投票（注81）にたとえられてきました。業績が発表されたとき、皆が「美人」と認識して一気に迫れば急騰するのは当然ですが、なかには、はじめはあまり相手にされず、通りすがりで振り返ってみたら「あれ、美人だ」と気がつく銘柄があります。つまり、日頃から美人収集ならぬ「優良銘柄収集」をしておくことが大事というわけです。そして、それらの銘柄がテクニカル的に動き始めたところを狙うのが最もやさしい投資方法になるのです。

　もっとも、富士通（6702）のように、当初の業績数値が良くとも、株価が下落し、次いで業績の下方修正が発表になることがあります。こうなると収拾がつかなくなり、あとは高値の因果玉（注82）を助けるためのナンピン買いが主流になり、その投げで株価は大きく下落していきます。

　業績がどうであれ、テクニカル指標というフィルターを通じて株価を見ると、その流れはわかってくるものです。つまり、全体地合を確認し、売買する銘柄群（ユニバース）を作ったら、あとはテクニカル指標に従ってトレンド・フォローで売買することが肝要です。そのとき、必ずストップ・オーダーを入れなければならないことは、もう言うまでもないでしょう。

(注81) 経済学者ジョン・メイナード・ケインズによる理論。美人投票の1位を当てるには、自分の意中の美人ではなく、皆が選ぶと思われる女性に投票すべきである。株も同じで、自分が有望だと思う銘柄ではなく、他の多くの投資家が買うであろうと思われる銘柄を買ったほうが、値上がり益を得やすいということ。

(注82) 現在の株価よりも高値で買い（あるいは安値でカラ売りし）、損失を抱えている投資家が多く、大きな凝りが残っている銘柄のこと。

選んだ銘柄をいつ売買すべきか？

　私は、銘柄を選ぶことと、それを売買することは別な次元の話であると考えています。

　よく株式セミナーなどで個別銘柄の話が出ると、すかさず買う人がいますが、これでは銘柄ではなく、その講師を買っていることになります。そういう人たちはおそらく、証券会社の営業マンに「これがいいですよ」と言われればそれを買い、「まだ持っていたほうがいいですよ」と言われれば売らないで持っていて、値下がりすると文句を言うのでしょう。

　相場は、セミナーの講師や証券会社の営業マンの言葉とは関係なく動きます。つまり、選択した時点とその後の動きには継続性がないことが多いので、選択したときの条件が未来永劫続くなどと思うほうが間違っています。「あのとき買いと言ったじゃないか」と言われても、「あのときは買いだったが、今は売りだ」というのがごく当たり前のことなのです。

　発表されている企業業績にしても、あくまで企業側が発表するのはある特定の日であり、それまでの好業績が継続するかどうかなど、わかったものではありません。相場の世界では、発表されている数字ではなく、まだ発表されていない現実を織り込み、さらに将来を織り込みます。この意味で、人から聞こうが自分が選ぼうが、選んだ銘柄をすぐに売買することには疑問符が付きます。

売買のタイミングはテクニカル分析で判断

　では、選択した銘柄を売買するタイミングは、どうやって決めればいいのでしょうか。それを判定できるのはテクニカル分析しかあ

りません。買うにしろ、売るにしろ、相場の動きを捉え、最終的に注文を出すタイミングを決める段階で基準になるのは、テクニカル指標であると考えます。

　ファンダメンタルズ分析だけでは、「業績は良い（本当は悪化している）のに株価が下落していく」ことや、「業績は悪い（本当は良くなっている）のに株価は上昇している」という局面がわかりません。反対に、「業績が良いのに下がっているから買い」とか「業績が悪いけど上がっているからカラ売り」などと、相場の流れに逆らった売買をして損をしてしまうことになります。

　突き詰めていけば、ボロ株でも仕手株でも、テクニカル指標に従って売買を続けていけば、自分の資産が大きく減少することはなく、手堅く利益を上げることができます。

　売買するタイミングはファンダメンタルズ分析では絶対にわかりません。「過去の凝りが大きい」とか、「既に好材料を織り込んでいる」といったことを判断するのにもファンダメンタルズは無力です。

最後は「自分のルールに従うこと」

　ファンダメンタルズを中心に相場を考えていた私がテクニカル分析を導入したのは、このように、テクニカル指標を使う以外に客観的判断ができないと悟ったからです。

　ですから、ファンダメンタルズを考えて銘柄群を選んだあとは、必ずテクニカル指標に従ってそれらを売買することが大切です。さらに、ポジションを持ったあとも、テクニカル指標に従って反対売買のタイミングを考えることが大切なのです。

　このことを私流に言えば、「全体地合を味方につけ、業績の推移とＰＥＲから割安な銘柄を発見し、それをテクニカル的に良いタイ

ミングでのみ買っていく」ということになります。

　もちろん、これは買いの場合です。逆に、相場が上昇トレンドから下落トレンドに入りそうなときは、割高な銘柄群を選び、それがテクニカル的に悪化したタイミングでカラ売りすればいいのです。

　結局、重要なのは、自分のルールに従うということです。これを着実に守れる人だけが利益を積み増すことができるのです。その意味では、相場で最も難しく大切なことは、ファンダメンタルズ分析（銘柄選び）でもテクニカル分析（売買のタイミング）でもなく、ただ「自分のルールに従った売買をする」ことなのです。

7．まとめ

　テクニカル分析ですべての相場に対応できるならそれに越したことはありませんが、そうなれば相場が成立しません。現実には、相場の基礎もわからず、チャートもテクニカル指標も見ずに売買をしている投資家のほうが圧倒的に多いことも認識すべきです。どこの誰がそのポイントで相場を止め、そこから買い上がるのか、正確に知ることなどできるわけがありません。

　それでも、チャートを見る限り、本書で説明してきたさまざまな指標に基づくテクニカル・ポイントでは、なんらかの力が働いているのです。

　つまり、端から見ていると勝手気ままでランダムな動きを見せているかのようでいて、時としてテクニカル指標に従順に上げ下げを繰り返しているのが、相場というものです。

テクニカル分析は自分の資産を「管理」するための道具

　このようなやっかいな相場と日々対峙しなければならない我々投資家としては、刻々と変化する相場の動きに対して臨機応変に自分の資産管理を行わない限り、相場の中から利益を得ることは難しいものです。そして、臨機応変な資産管理に最低限必要なのが、テクニカル分析という道具なのです。

　もちろん、テクニカル指標の定義に基づいて相場の変化を素早く

察知するには、それなりに時間が必要となります。それまでは、投資家は常に遅れた対応をとらなければならず、時には損失を被り、時にはわずかな利幅で満足しなければならないかもしれません。それでも、テクニカル分析という道具を持たずに相場に参加することに比べれば、はるかに安全であることは間違いありません。

　この意味で、テクニカル分析とは「分析」だけに用いるものではなく、自分の運用資産を安全に「管理」するための道具と言えるかもしれません。要するに、自分の大切なお金を安全なポジションに置いておくための手段です。このことは、本書の中で何度も繰り返し強調してきたことでもあります。

　はたして、どれだけの投資家が運用資産の管理という観点から相場を考えているでしょうか。その数がきわめて少ないことは、いつまで経っても無謀な売買で資産を失ってしまう投資家が後を絶たないことが物語っているのではないでしょうか。

決して相場に逆らってはいけない

　相場には局面があり、その局面に応じた売買が必要になります。いつも同じスタンスで対応できるものではありません。

　明らかに自分のポジションと相場の方向が違うのであれば、そのときは迷わずポジションを外すべきでしょう。損失が出るのは仕方がないことで、その損失が出てもよいようなロット（投資資金量）と損失幅を決めるためにテクニカル指標を使うべきだと考えます。

　本来、相場にはトレンドといわれる大きな流れがあります。その流れに沿ったポジションを持っていれば、利益はおのずと向こうからやって来るものです。

　利益を伸ばすためには、従来型の指値注文では対応できません。

つまり、「逆指値」を考えなければならないのです。この意味で、従来型の指値注文はもう必要ありません。

結局、我々投資家にできることは、相場の定義やテクニカル・ポイントから現状を認識し、それに従ってポジションを管理することだけです。つまり、逆指値とテクニカル指標を使って相場に入り、ポジションを持てば必ずストップ・オーダーを入れて損失を抑え、利益を伸ばすことです。

相場が巧い人は、どのテクニカル指標をどのように使ってもよいでしょう。しかし、そうでない人は、オシレーター系指標に幻惑されることなく、常にトレンド・フォロー型の指標を意識することが重要なのです。

本書で説明した株価移動平均線、ボリンジャー・バンド（σバンド）、一目均衡表などのトレンド・フォロー型指標を正しく使えば、損失がそれほど大きくなるはずがないのです。

本来、投資手法は自分で考えるべきものです。利益を生み出す方法があったとしても、誰がそれを教えるでしょうか。ですから私も自分で編み出した投資方法をすべて公にするつもりはありません。

しかし、投資行動の原理については本書で述べてきた通りです。何も隠していることはありません。もう一度、本書に書かれている基準を確認してチャートを見てください。その局面で、相場参加者がどうしようとしているかを考えてみてください。

最後に、相場で一番重要なことをもう一度述べて結びの言葉に代えたいと思います。

相場から利益を得るには、相場に逆らわないことです。

デモ版
株の達人
インストール・操作手順

① **株の達人インストール手順**
　　　468ページ～473ページ

② **ディスプレイの表示設定**
　　　474ページ～475ページ

③ **株の達人削除方法**
　　　476ページ

④ **バックアップの説明**
　　　477ページ～478ページ

⑤ **株の達人の基礎知識**
　　　479ページ～490ページ

⑥ **お問い合わせ**
　　　491ページ

巻末のハガキでご登録いただくと、最新データの利用が可能な正規版（1ヶ月無料）のCD-ROMをお届けいたします。

セブンデータ・システムズ（株）
ⓒ 2003 Seven Data Systems Co. Ltd.

インストール前の確認事項

財務・業績詳細情報のインストールには **最低500MB** の空き容量が必要となります。
容量不足の場合は、通常の財務・業績情報をご利用いただきます。

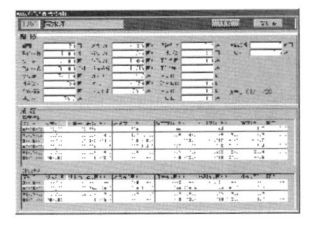

通常財務画面　　　　　詳細財務画面

1 「株の達人」のCD－ROMをパソコンにセットしてください。

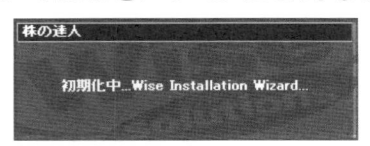

2 上記画面が表示されインストールが開始されます。

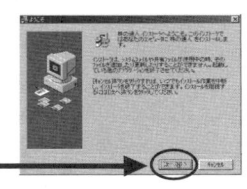

3 次へをクリックしてください。

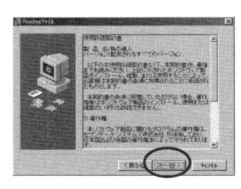

4 使用許諾書を確認の上次へをクリックします。

5 インストールドライブを確認し、次へをクリックします。

※ インストールドライブを変更する場合の手順

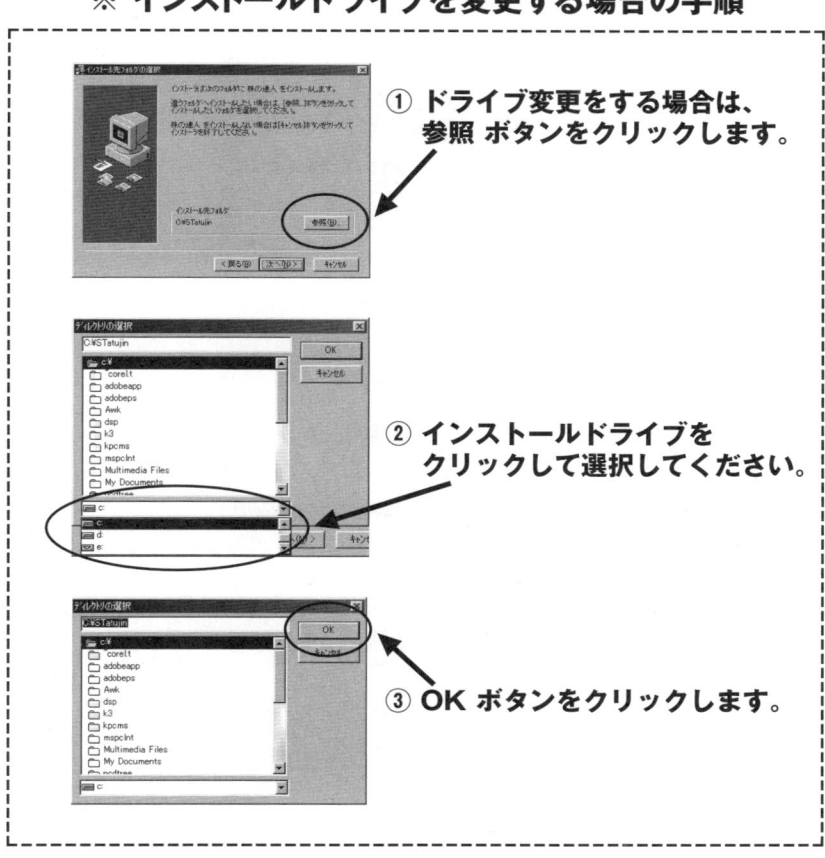

① ドライブ変更をする場合は、参照 ボタンをクリックします。

② インストールドライブをクリックして選択してください。

③ OK ボタンをクリックします。

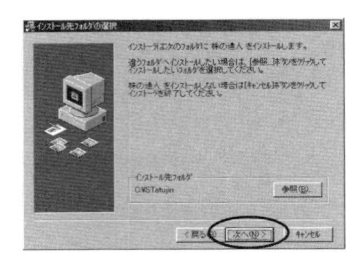

6 インストール先フォルダを確認の上次へをクリックします。

7 セットアップが始まります。 システム更新メッセージが表示されます。

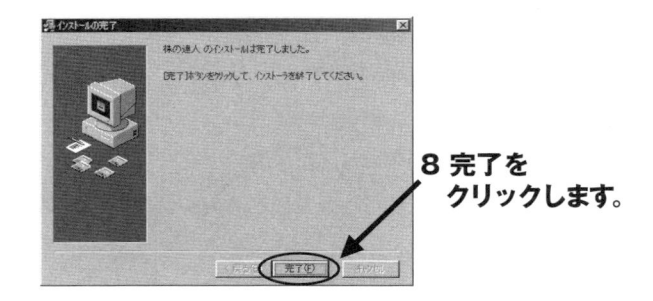

**8 完了を
　クリックします。**

※ CD-ROM は取り出さず、次のステップに進んでください。

**9 アイコンがデスクトップ上に作成されます
このアイコンをダブルクリックします**

※ メッセージがでた場合はHDの容量不足を起こしています。
　注意して作業してください。

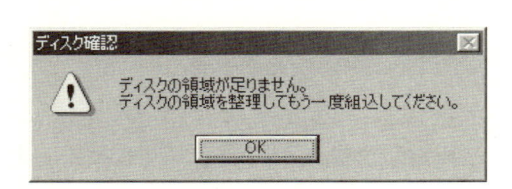

容量不足のため、株の達人がインストールできません。
空き容量を確保して、再度インストールをお願いします。

容量不足のため、財務・業績の詳細情報がインストールできません。
（株の達人のインストールは完了します）
空き容量を確保して、再度インストールをお願いします。

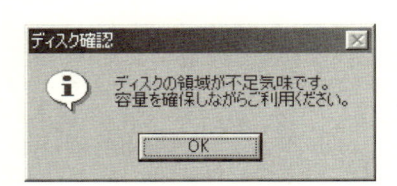

容量が不足気味です。できるだけ、容量を確保してご利用ください。

10 ID・パスワードの入力画面が表示されます。

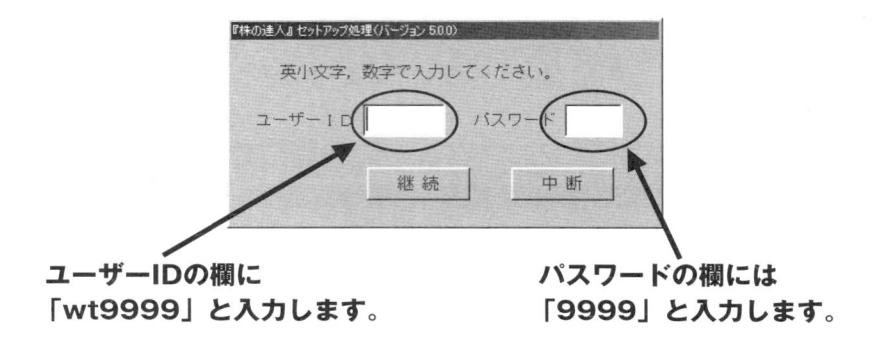

ユーザーIDの欄に「wt9999」と入力します。

パスワードの欄には「9999」と入力します。

正しく入力されないと上記エラーメッセージが表示されます。
OK をクリック後、再度入力してください。

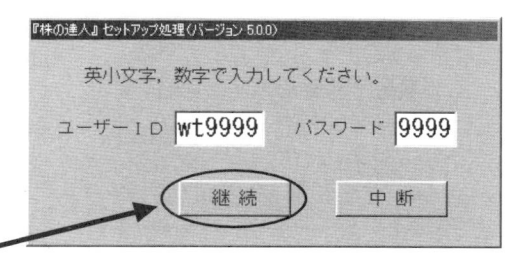

11 継続をクリックしてください。

※ **CD-ROMが入っているドライブです。**

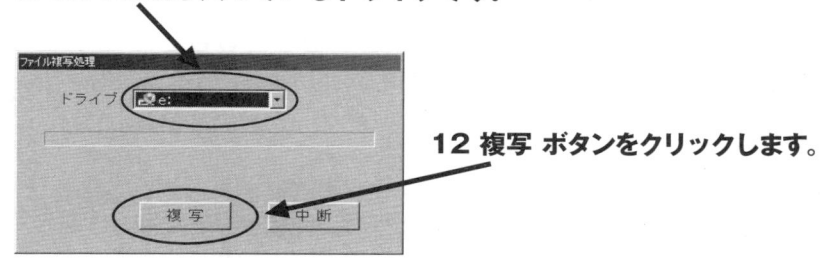

12 複写 ボタンをクリックします。

13 CD－ROMから株価データがコピーされます。

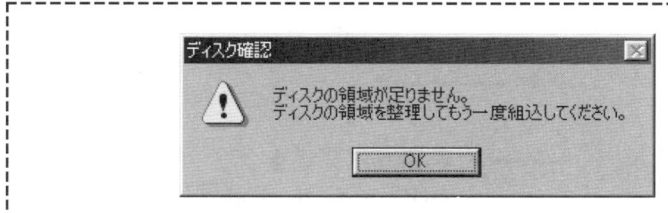

HDの空き容量が不足している場合、上記メッセージが表示されます。
空き容量を確保して再度、インストールをお願いします。

コピー画面が消えたら、インストールは終了です。
パソコンからCD－ROMを取り出してください。

画面サイズを確認します

① デスクトップ上のアイコンをクリックし、株の達人を起動します。

② デスクトップの画面と合っている場合は左記のように、画面表示がでます。
表示エリアの右側が切れている場合は、サイズ変更をします。

画面サイズが合っていないと銘柄名の表示がでません。

画面サイズを変更します

③ システムタグをクリックします。

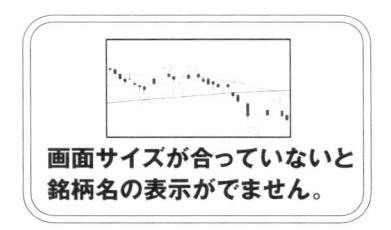

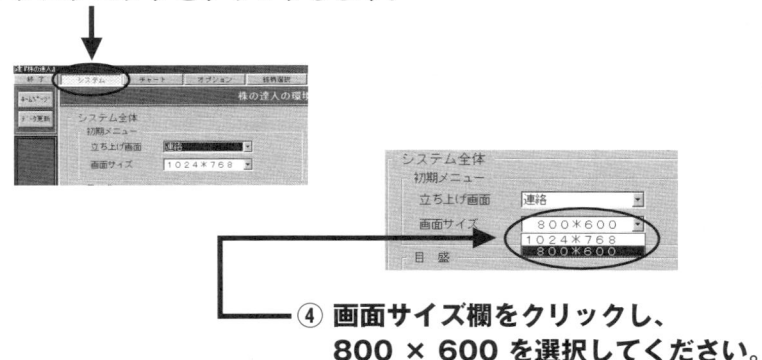

④ 画面サイズ欄をクリックし、800 × 600 を選択してください。

⑤ 株の達人を終了して、再度、起動してください。

それでも全画面表示ができない場合は次ページ以降の設定を行います。

パソコンの画面サイズ変更へ

パソコン画面サイズを合わせる
（この作業は画面表示ができない場合のみおこなってください）

まずウィンドウズのディスプレイ（画面）を設定します。

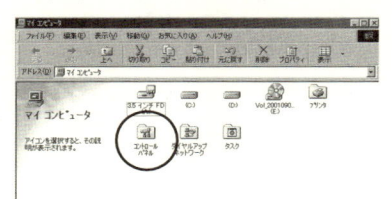

マイコンピュータをクリック
コントロールパネルをクリック
「画面」をクリック
画面のプロパティが表示されます。

画面のプロパティが表示されたら 設定 をクリックします。

「画面の領域」でサイズの確認、変更をします。

1024 × 768　　　800 × 600

詳細ボタンをクリック

フォントサイズは **小さいフォント** を選択します。

画面のプロパティの内容は
ウィンドウズの
バージョンやメーカーにより、
多少、異なりますので、
わからない場合は、各メーカーの
サポートセンターに
お問い合せいただきますよう
お願いいたします。

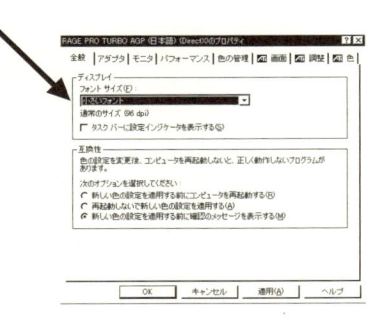

475

株の達人を削除する場合
※ このページの作業は株の達人が不必要になった時に行います

① デスクトップ上の
マイコンピュータ アイコンを
ダブルクリックします。

② 株の達人を
インストールしたドライブを
ダブルクリックします。

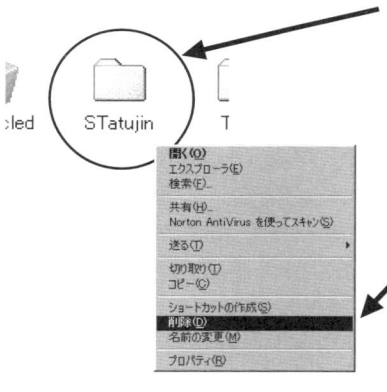

③ **STatujin フォルダ**に
マウスポインタを合わせて
右クリックしてください。

④ 削除を左クリックして
フォルダを削除します。

⑤ フォルダ名を確認して
はいを左クリックします。

⑥ すべて削除を
左クリックしてフォルダを
完全に削除します。

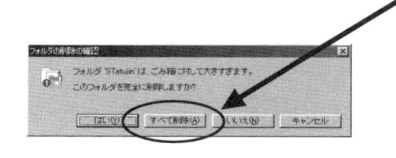

株の達人 個別情報バックアップ方法

バックアップできる情報は下記の情報のみとなります。
持株登録情報・個別登録条件および銘柄・コメントメモ欄

※ **株価情報、プログラム等**のバックアップはできません。

ハードディスク保存
① システム画面の左下の「HD保存」をクリックします。

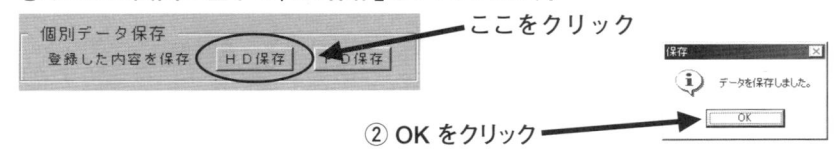

　　　　　ここをクリック
② OK をクリック

③ バックアップされたファイルは株の達人インストーラドライブ上に作成されます。
（Cドライブにインストールされた場合、Cドライブ内に作成されます。）

フロッピーディスク保存
① あらかじめ容量のあるフロッピーをPCにセットしておきます。
② システム画面の左下の「FD保存」をクリックします。

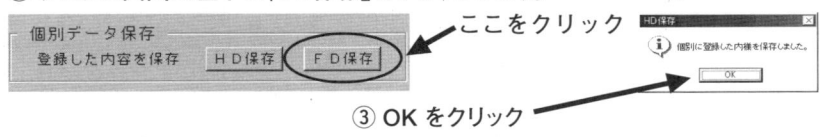

　　　　　ここをクリック
③ OK をクリック

左のようなメッセージが表示された場合は、
FDがセットされていないかFDの容量が不足しています。
OKをクリックし、再度容量の充分あるFDをセットしてから
バックアップを始めてください。

バックアップファイル名（INIファイル）
Personal.ini / PersonalS.ini / PersonalC.ini / Personal1.ini
バックアップファイル名（kdb ファイル）
GroupDP.kdb / GroupP.kdb

上記の6つのファイルがバックアップデータです。フロッピーにもコピーできます。
**（PersonalS.ini / PersonalC.ini / Personal1.iniのファイルは登録状況で無い
ケースもあります。）**

バックアップした個別情報を復元するには

① バックアップされたファイルを戻すには右下の復元ボタンをクリックします。
※ **フロッピー等に保存したデータを戻す場合には、あらかじめ、
株の達人インストールドライブにデータをコピーしてください。**

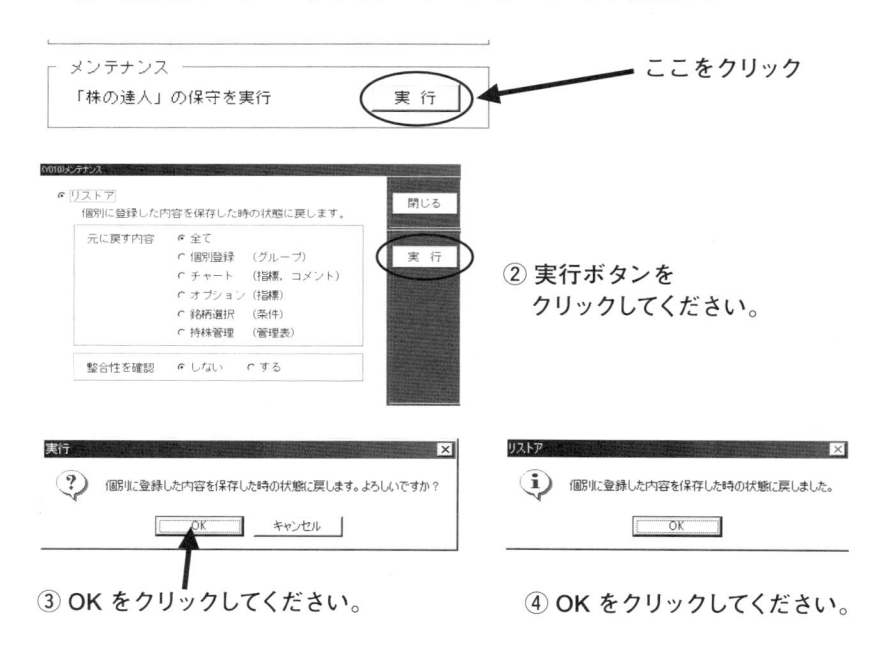

　　　　　　　　　　　　　　　　　　　　　　　　ここをクリック

② 実行ボタンを
　クリックしてください。

③ OK をクリックしてください。　　　　　④ OK をクリックしてください。

※ **フロッピー等に保存したデータを戻す場合には、あらかじめ、
株の達人インストールドライブにデータをコピーしてください。**

パソコンの機種変更などで個別情報を移す場合はこのようにしてください。

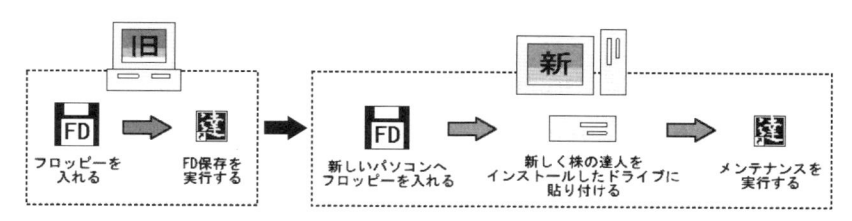

フロッピーを入れる → FD保存を実行する → 新しいパソコンへフロッピーを入れる → 新しく株の達人をインストールしたドライブに貼り付ける → メンテナンスを実行する

株の達人の基礎知識

【 サービスの概要 】

「株の達人」は、店頭証券を含めた日本の主要上場株式の銘柄と日経225オプション取引について、パソコンを利用して最新情報を取り込みながら投資対象銘柄の選定と、売買のタイミングや価格水準、投資ポジションの設定などを決定するための意思決定支援システムです。

ここでは、東証・大証・名証・店頭の代表的な銘柄(3,000以上)について、チャートや数値データをベースとしたテクニカル分析はもとより、企業業績・財務内容データを基にファンダメンタル分析の手法を取り入れながら、銘柄選択機能を複合的に利用して、短時間で魅力的な銘柄グループを探し出すことができます。

また、絞り込まれた銘柄グループを個別登録することによって、それぞれの銘柄の価格推移を時系列的に監視し続けることが簡単にできるため、投資対象銘柄の的確な売買タイミングを捕らえることができます。

更に、各銘柄の基調分類や、その銘柄に対するコメントやランキング情報、売買シグナルなどの分析情報なども同時に提供されますので、投資対象銘柄を選択する上で大変参考になります。

このシステムで使用するデータは、取引日ごとに毎日一括して更新しますので、最新データを入手した後はインターネット接続料や電話代を気にせずに、じっくり時間をかけて銘柄分析を行うことができます。

また、文字放送や、リアルタイムサービスを併用していただくと、配信される株価情報などのデータがパソコンに自動的に取り込まれるため、リアルタイムに近い価格情報が入手できます。価格変動の激しいオプション取引の分析に最適なシステム環境となります。

このシステムは、タイムリーな情報の提供に加え、便利な銘柄管理手法と優れた操作性によって、誰にでも簡単に利用できるように作られています。

【 株の達人の仕様 】

【 機器構成 】

本体：WindowsMe・98・95・XP　日本語版が動作する機種
本体メモリ：128MB　以上を推奨
ハードディスク：空き容量600MB以上
CRT：800×600ドット以上　プリンター：Windows対応プリンター
通信手段：インターネットにアクセスできる環境であること
文字放送アダプタ：所定の機種であること

【 保有データ 】日足：390日　　週足：200週　　月足：200月

【 株価データ 】

東証　大証　名証　店頭　外国全銘柄（大、名証は単独、優先）　日経（225・300・500）種　店頭平均　東証（1部・2部）単純　TOPIX　CB平均　業種別指数　東証時価総額　1株当時価　株式益回り　国際指標利回り　無担保コール　CD新発3ヶ月　イールドスプレッド　先物（裁定売買高・売、買当限、翌限残高）　日経（IV・HV）　P/Cレシオ　C・P（総売買高／総建玉）　為替　企業業績　財務　信用残

【 オプション 】 最新4限月と過去8ヶ月の全銘柄

【 指標 】

ローソク足　出来高　信用残　株価移動平均線　株価移動平均線かい離率　出来高移動平均線　出来高平均倍率　出来高移動平均線カイリ率　売買代金移動平均線　一目均衡表　株価移動平均2線かい離　価格帯レシオ　新値足　カギ足（％）RCI　SRV－K・D　モメンタム　モメンタム％　騰落レシオ　レシオケーター　RSI　サイコロジカルライン　％Rオシレータ　ボリュームレシオ　OBV　篠原A・B　篠原C　陰陽足　ボリンジャーバンド　SRV－％K・Dslow％D　ベクトル　MACD　パラボリック　ピボット　線形回帰トレンド　トレンドライン　DMI　ADX・R　三日平均線　コポック

【 財務・業績データ簡易版 】
■ 財務： 額面　単位株数　資本金　発行株式　総資産　株主資本　含み損
　　　　　益　特定株　営業CF　投資CF　財務CF　現金残等　CFマージン
　　　　　フリーCF　対CF比　経常利率　1株純資　配当利回　配当性向
　　　　　PER　RBR　ROE連結PER　時価総額　ROA
■ 業績： 単独　連結
　　　　　売上高　営業利益　経常利益　税引き利益　一株益　配当

【 財務・業績データ詳細版 】
■ 財務および業績：単独　連結
■ バランスシート（貸借対照表）
■ セグメント
■ 株主情報

【 通信形態 】インターネットFTP　プロバイダ経由

【 文字放送 】
「システック　WINDOWS95用　文字ビジョンU」または「システック　文字ビジョンLITE」を接続。日経テレプレス・NHKのデータを受信表示することができます。

【 リアルタイム 】
東証・大証・名証・店頭のデータをリアルタイムで表示します。
※ 別契約要　料金3500円（税別）/月

【 システムの構成 】

株の達人メニューは7つのインデックスから構成されています。スタート画面はチャートインデックスからの起動になっています。

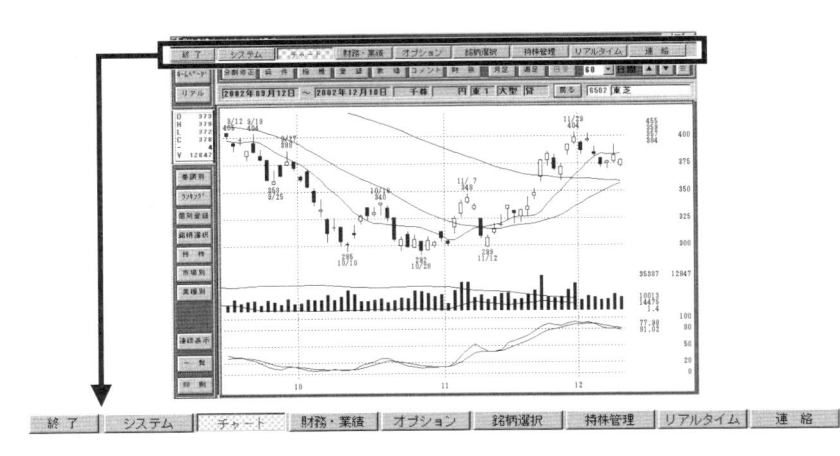

終　　了：株の達人を終了し、WINDOWSデスクトップに戻ります。
システム：データ更新、スタートメニュー（初期メニュー）や文字放送の設定、個別データのバックアップなど、システム上の各種設定をします。
チャート：東証・大証・名古屋・大阪・店頭・外国部の銘柄をチャート表示。各銘柄の財務業績情報、コメントを見たり、各種テクニカル指標で分析をします。日経平均やTOPIX等の指数もご覧になれます。
財務業績：各銘柄の財務・業績・バランスシート・株主情報・コメントがご覧になれます。
オプション：日経225オプション取引のデータがご覧になれます。各権利行使価格の理論価格やリスク指標を一覧で表示しています。
銘柄選択：条件を設定し合致した銘柄をグループから選択できます。
リアルタイム：東証・大証・名証・店頭のザラバデータがご覧いただけます。
持株管理：持株の損益収支などを管理します。
連　　絡：勉強会やバージョンアップのお知らせ等セブンデータシステムズからの会員の皆様への連絡事項です。毎週末に日経平均コメントも掲載されます。新しい連絡事項があるかないかをデータ更新後にご確認ください。

【 株の達人の起動 】

株の達人ショートカットをクリックします。

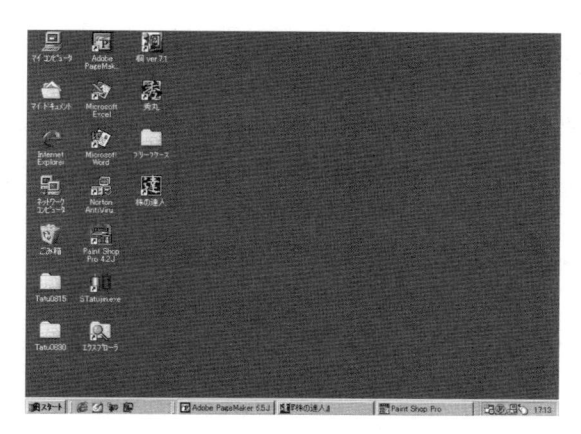

※ 株の達人が立ち上がり、画面が大き過ぎてはみ出てしまっている場合は、
　　10ページ　画面サイズ　をご参照ください。

【 株の達人の終了 】

株の達人の終了は画面左上の　終了　をクリックします。

【売買シグナルの見方】
売買タイミングを6種類のシグナルで表示します。

買いシグナル：ローソクの下に上向きの三角（▲）で表示します。
　①タイミング　色：ピンク
　　株価の動きに合わせたタイミング
　②突っ込み　色：黄色
　　株価が移動平均線から大きく下回ったポイント
　③値ごろ感　色：白
　　値ごろ感、割安感が感じられるポイント

売りシグナル：ローソク足の上に下向きの三角（▼）で表示します。
　①タイミング　色：ピンク
　　目先売り反転のタイミング
　②注意ゾーン　色：黄色
　　目先売り反転か上昇が弱まりそうな所
　③見切り　色：白
　　下値支持線を切って、さらに下落が続きそうな所

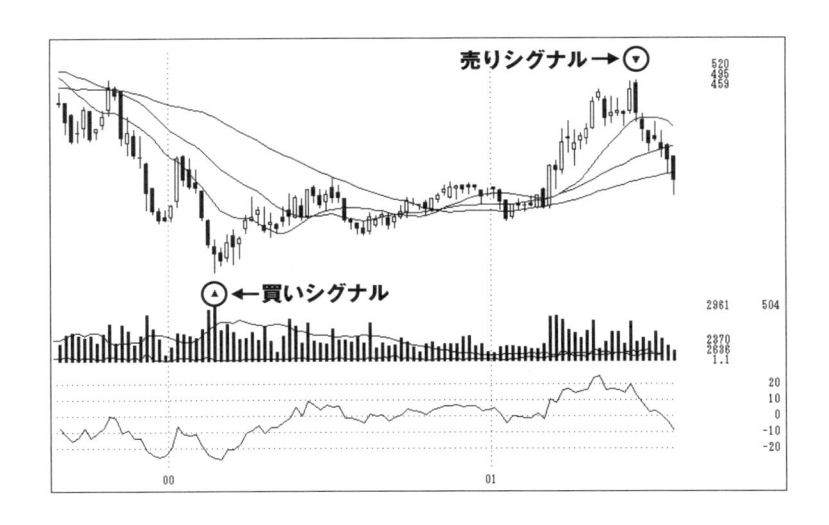

【 株の達人の基調分類の考え方 】

株の達人では全ての銘柄を株価の基調別に分類しています。基調分類は毎週末、コメントと一緒に更新されます。

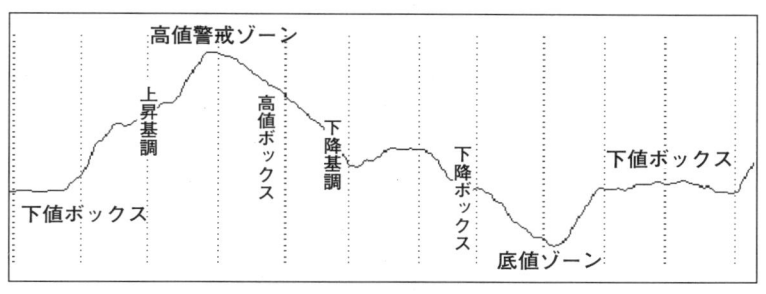

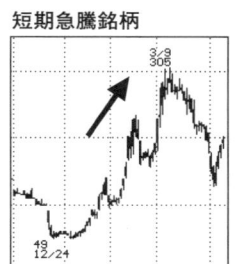

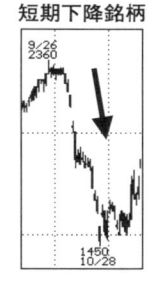

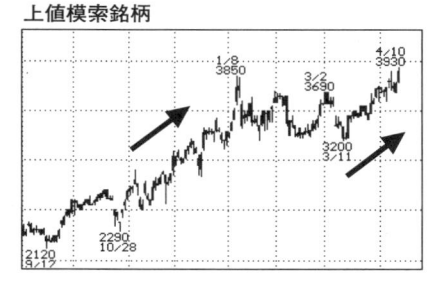

底値ゾーン銘柄群……………………… チャート的に下げ止まり、底打ち観のある銘柄
下値ボックス圏銘柄群………………… 底値圏から一段階の切り上げをした銘柄
有望チャート銘柄群…………………… 上昇基調の中で基調、継続性の強い銘柄
短期急騰銘柄群………………………… 短期間に急騰した銘柄
上昇基調銘柄群… 下値ボックスから上昇に転じた銘柄、上昇が崩れていない銘柄
上値模索銘柄群… 上昇基調の中で短期的な日柄調整から上値を試そうとしている銘柄
仕手株・材料株銘柄群………………… 仕手株・材料株が発表した銘柄
高値警戒ゾーン銘柄群… 目先高値達成、高値もみ合いから上昇が見込みにくい銘柄
高値ボックス銘柄群…………… 一度上昇をだした後、高値でもみ合っている銘柄
短期下降基調銘柄群…………………… 短期間に下降した銘柄
下降ボックス圏銘柄群………… 基調的には下降基調で下げしぶりをしている銘柄
下降基調銘柄………………………… 下降が止まらずに継続中の銘柄

【 様々な初期設定　システムインデックス 】

システム上の各種設定ができます。
インデックスの **システム** をクリックします。

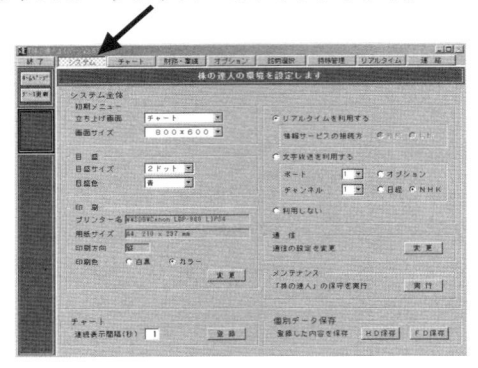

【 初期メニュー 】
立ち上げ画面：株の達人を起動したときに、どの画面からスタートするか設定します。
画面サイズ：1024×768／800×600　2種類のサイズに設定できます。

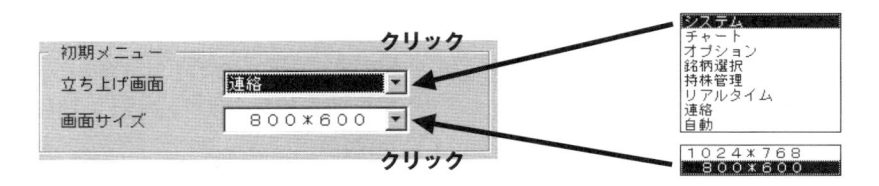

【 目盛 】
チャート画面の目盛のドットサイズ・色の変更ができます。

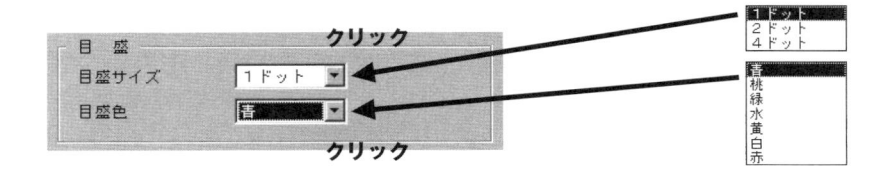

【 プリンター 】
標準プリンターの設定が表示されます。(通常使用されているプリンターに自動設定されますので、お客様での設定は不要です。)

【 チャート 】
チャート画面にてクリックせずに銘柄を連続表示させる際の表示間隔を設定できます。表示間隔の秒数は直接入力します。(半角)　変更後　登録　をクリックします。

```
┌ チャート ─────────────────────┐
│  連続表示間隔(秒)  [ 2 ]    [ 登 録 ]  │ ← クリック
└─────────────────────────────┘
```

【 バックアップ 】
個人的に登録した持株データや指標データをフロッピーや、ハードディスクにバックアップすることができます。バックアップはマメにしておくことをおすすめします。

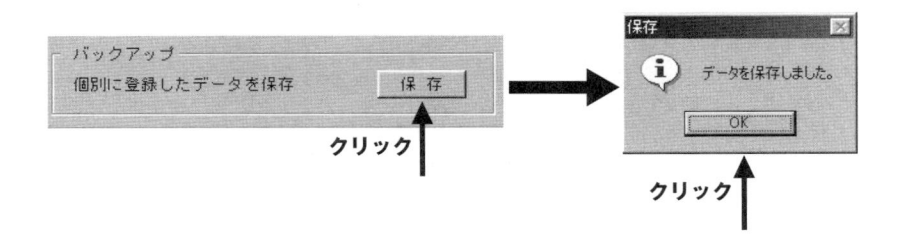

```
┌ バックアップ ──────────────┐      ┌ 保存 ────────── ☒ ┐
│  個別に登録したデータを保存  [ 保 存 ] │ →   │ (i)  データを保存しました。│
└──────────────────────┘      │         [ OK ]         │
              ↑                         └──────────────────┘
            クリック                                    ↑
                                                     クリック
```

【 ホームページの活用 】

株の達人ホームページでは、株式投資またオプション投資に関する様々なコンテンツを用意しています。また会員様専用HP「株達奉行」も充実しています。今後もホームページを活用して株の達人を御利用の皆様に多様な情報を提供してゆきますので、是非ご活用下さい。

アドレス　http://www.sevendata.co.jp

【 株の達人ホームページへの簡単な接続方法 】

①株の達人の画面左にある　ホームページ　ボタンをクリックします。

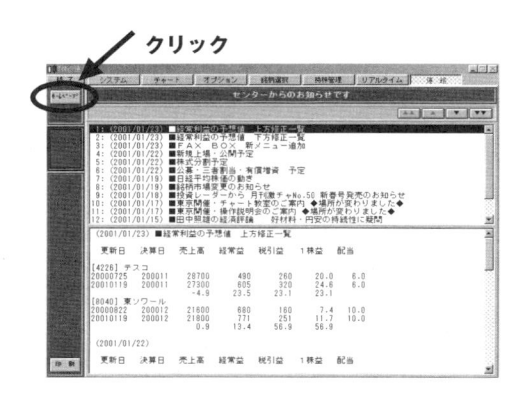

②インターネットの接続をします。パスワードなどを入力し　**接続**　をクリックします。（自動接続になっている場合、こちらの画面は出てきません。）

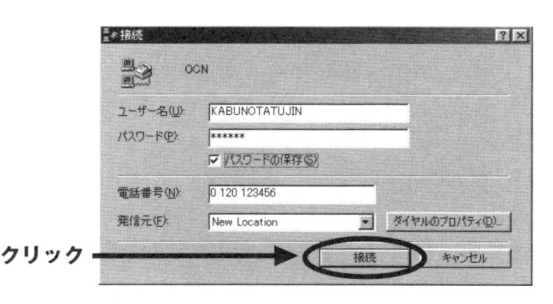

③株の達人のホームページが表示されます。
　会員専用ホームページ「株達奉行」は、株の達人ご契約時に配布する、正式なID・パスワードでご入場いただけます。

株の達人ホームページ
セブンデータ・システムズ株式会社

資料請求　『株の達人デモ版CD付き』

会員専用
株達奉行
随時UP中！！！

オンライン入会申込

田中照雄の経済評論
10月31日　更新
『総合デフレ対策で外人はどう動く？』

大好評リクエストのコーナー
10／30　本日**4**銘柄です
合同製鐵(5410)　ワールド(3596)
富士電機(6504)　三協精機製作所(7757)

日経平均の動き
週足チャート掲載
一週間の相場の動きをわかりやすく説明！
毎週 水曜日更新10／30更新

新井邦宏の独り言
10月30日　更新
株の達人オプションコメント担当
『新井邦宏』氏の独り言・・・

目指せ株の達人
株式分析に欠かせないチャートの基礎を

知子の達人道
只今休業中

【 ご利用の皆様へのお願い 】

・巻末のハガキでご登録いただくと、最新データの利用が可能な正規版（1ヶ月無料）のCD-ROMをお届けいたします。

・この操作マニュアルは、株の達人の基礎知識のみを抜粋しております。
正規版マニュアルは、登録後にご提供させていただきます。

・このデモ版では、データ更新・会員専用ホームページのご利用はできません。

・銘柄に関する個別相談はお受けできませんので、あらかじめご了承下さい。

・売買に関する責任・最終判断は投資家ご自身でなされますよう、お願いいたします。

【 マウス操作の基本 】

① クリック
マウスの左ボタンを1回押します。
※このマニュアルでは右を押すときのみ「右クリック」と表記します。

② ダブルクリック
マウスの左ボタンをすばやく2回押すことをダブルクリックと言います。

③ ドラッグ
マウスの左ボタンを押したまま移動し、目的の場所でボタンから手を離すことをドラッグと言います。

サポートのご案内

ご利用中のトラブル等、ご不明な点はご遠慮なくお問い合わせ下さい。

```
例えば・・・
 ・いろいろなチャートを画面に表示したい
 ・インストールがうまくいかない
 ・銘柄選択をためしたい
 ・チャートのアレンジ方法を教えて
```

■ 東京本社 ■

TEL：03－3204－3727

FAX：03－3204－3691

E-MAIL：staff@sevendata.co.jp（各種お問い合わせ）
　　　　：support@sevendata.co.jp（技術サポート）

〒169-0075　東京都新宿区高田馬場2－14－2　原田ビル8F

■ 関西営業所 ■

TEL：06－6308－2295

FAX：06－6308－2298

E-MAIL：kansai@sevendata.co.jp

〒532-0011　大阪市淀川区西中島7－12－5　大阪屋北2号館3階

■ 営業時間 ■

平　日　9：30〜19：00

土曜日　10：00〜17：00

※土曜日にご来社予定の方は、事前にご連絡をお願いいたします。
※日曜・祭日はお休みをいただいております。ご了承ください。

【 著者紹介 】

新井邦宏　Kunihiro Arai

証券投資顧問会社のファンド・マネジャーを経て、プロの個人投資家として独立。ボリンジャー・バンド、一目均衡表、回帰分析などを駆使した独自のテクニカル分析手法は、多くの投資家から熱烈な支持を受けている。特に「新井バージョン」のボリンジャー・バンド（σバンド）は、日本の証券マーケットで「標準ツール」としての位置を確立している。先物、オプション、裁定取引に関しても深い造詣を持ち、講演、執筆活動など多方面で活躍中。著書に『エクセルでやる　株価チャートの読み方』（明日香出版）、『信用取引　実践バイブル』（投資レーダー）、『日経225オプション取引実践バイブル　基礎編』（エム・ケイ・ニュース社）など多数。トレンドライン（http://members.jcom.home.ne.jp/trendline/）代表。

投資の王道　株式市場のテクニカル分析

2003年3月31日　第1刷発行

著　者 ───　新井邦宏
装　幀 ───　日下充典
組版指定 ───　渡辺勝利
ＤＴＰ ───　福田工芸株式会社
編集協力 ───　セブンデータ・システムズ株式会社
発行者 ───　岡村　久
発　行 ───　日経ＢＰ社
発　売 ───　日経ＢＰ出版センター
　　　　　　〒102-8622　東京都千代田区平河町2-7-6
　　　　　　TEL 03-3221-4640（編集）／03-3238-7200（営業）
　　　　　　http://store.nikkeibp.co.jp/
印刷・製本 ───　株式会社廣済堂

ISBN-4-8222-4314-1　Printed in Japan　©Kunihiro Arai 2003

本書の無断複写複製（コピー）は特定の場合を除き著作者・出版者の権利侵害になります。本書は投資に関する特定の助言を提供する目的ではなく、一般的な意見を発表する目的で執筆されたものです。本書に述べられた投資方法の適用によって万一損失を被ったとしても、本書の著者、出版者、本書に引用された情報源は一切その責任を負うものではないことをご了承ください。

好評既刊

国際会計基準戦争

磯山友幸著
定価：1500円＋税

バブル崩壊、金融破綻、企業不祥事、会計不信…。21世紀の国家と企業の盛衰は「会計」で決まる。
現場記者が10数年の取材を経て明らかにする、国際会計基準の過去・今・未来。

会計トリックはこう見抜け

ハワード・シリット著、菊田良治訳
定価：2400円＋税

相次ぐアメリカ企業の会計粉飾。投資家のために財務粉飾の情報提供をする財務調査・
分析センター（CFRA）のトップが明らかにした粉飾大全。

取締役の条件——21世紀のコーポレート・ガバナンスはどうあるべきか

日本取締役協会編
定価：本体1500円＋税

会社は誰のものか、誰が経営をチェックするのか、そのコーポレート・ガバナンスのあり方を
実践的に学ぶテキスト。経営者・役員、その候補である経営幹部の方々にとっては必読の一冊。

ビジョナリーカンパニー2 飛躍の法則

ジェームズ・C・コリンズ著、山岡洋一訳
定価：本体2200円＋税

ジレットやフィリップモリスなど一見すると地味な企業11社が、GEやインテルを上回る実績を
残した要因を徹底分析。普通の良い企業が偉大な企業へと飛躍する法則を明らかにする。

ビジョナリーカンパニー 時代を超える生存の原則

ジェームズ・C・コリンズ／ジェリー・I・ポラス著、山岡洋一訳
定価：本体1942円＋税

「時代を超え、際立った存在であり続ける企業（ビジョナリーカンパニー）」の源泉を解き明かした
ロングセラー。ライバル企業との徹底比較から、これまでの経営神話を次々と看破する。

好評既刊

MBA財務会計──日経BP実戦MBA③

金子智朗著
定価：本体2400円＋税

気鋭の実務家・学者が執筆する「MBAを超えるMBA」好評シリーズ第三弾。少ない原理・原則から財務会計の基本と全体像をロジカルに理解することを主眼とし、ビジネスに携わる全ての人を対象にわかりやすく解説。

MBAバリュエーション──日経BP実戦MBA②

森生 明著
定価：本体2400円＋税

M＆A（企業の買収・合併）の要であるバリュエーションの理論と実践を、基礎編、応用編にわけて解説。
ひたすら現場感覚で常識的に考えるアプローチにより、一見複雑で難解そうなファイナンスやM＆Aの世界に迫る。

金融市場は謎だらけ

倉都康行著
定価：本体1400円＋税

日本金融マーケットの最重要問題は、金融取引に「値段」が付いていなかったことだ。
東京銀行、バンカーズトラストなど、金融の最先端に身を置いた著者が抉る日本市場の非常識。

外資の常識

藤巻健史著
定価：本体1600円＋税

東京No.1トレーダー、元モルガン銀行支店長にしてかのジョージ・ソロスと手を組んだ著者が、
外資系金融機関のオシゴトについて面白く、分かりやすく伝えるニュータイプのコラム型テキスト。

渋沢栄一とヘッジファンドにリスクマネジメントを学ぶ

渋澤健著
定価：本体1600＋税

渋沢栄一とヘッジファンドには共通点があった。渋沢栄一の子孫にして日本人初の「ヘッジファンド」
東京オフィス代表経験者たる著者が、渋沢流リスクマネジメントのすべてを明かす。

好評既刊

デイトレード──マーケットで勝ち続けるための発想術

オリバー・ベレス／グレッグ・カプラ著、林康史 監訳、藤野隆太 訳
定価：本体2200円＋税

全米最強のトレーダー養成機関「プリスティーン」が、勝者のセオリーを初公開！
デイトレーダーとして成功するための心構えを凝縮した一冊。

独立投資家宣言！──めざせ、ファイナンシャル・インデペンデンス

澤上篤人／伊藤宏一著
定価：本体1600円＋税

日本初の独立系投信「さわかみファンド」の運用者として実績のある澤上篤人と、実力派ファイナンシャル・プランナーの伊藤宏一が、お金と生き方について新しい資産形成のビジョンを提案する。

投資力──自分の頭で考える資産運用トレーニング

野尻哲史著
定価：本体1800円＋税

デフレ、ペイオフ、ゼロ金利…リスクの時代を生き延びるためには自分で資産を殖やす力が必要だ。
投資の設計図を書く力をつけるトレーニング・テキスト。

バロンズ金融用語辞典 第5版

ジョン・ダウンズ／ジョーダン・エリオット・グッドマン編、西村信勝／井上直樹 他監訳
定価：本体6000円＋税

金融・投資の本場アメリカで1985年に刊行されて以来、プロフェッショナルの間で圧倒的な支持を受けている金融・投資用語辞典の決定版。

コーポレート ファイナンス（第6版）

リチャード・ブリーリー／スチュワート・マイヤーズ著、藤井眞理子／国枝繁樹監訳
定価：上下刊とも本体5000円＋税

コーポレート・ファイナンスの理論とその実践について基礎から最先端までをカバーする、欧米トップ・ビジネススクールが採用するバイブル的テキスト。